古典文獻研究輯刊

十六 編

潘美月・杜潔祥 主編

第 4 冊

經典釋文周易音義疏證（中）

〔唐〕陸德明撰／蔡飛舟疏

國家圖書館出版品預行編目資料

經典釋文周易音義疏證（中）／〔唐〕陸德明撰／蔡飛舟疏
— 初版 — 新北市：花木蘭文化出版社，2013〔民 102〕
目 4+254 面；19×26 公分
（古典文獻研究輯刊 十六編；第 4 冊）
ISBN：978-986-322-155-5（精裝）
1. 易經　2. 研究考訂
011.08　　　　　　　　　　　　　　　102002351

ISBN-978-986-322-155-5

9 789863 221555

古典文獻研究輯刊
十六編　第四冊　　　　　　　　ISBN：978-986-322-155-5

經典釋文周易音義疏證（中）

作　　　者　〔唐〕陸德明撰／蔡飛舟疏
主　　　編　潘美月　杜潔祥
總 編 輯　杜潔祥
企劃出版　北京大學文化資源研究中心
出　　　版　花木蘭文化出版社
發 行 所　花木蘭文化出版社
發 行 人　高小娟
聯絡地址　235 新北市中和區中安街七二號十三樓
　　　　　　電話：02-2923-1455／傳眞：02-2923-1452
網　　　址　http://www.huamulan.tw 信箱 sut81518@gmail.com
印　　　刷　普羅文化出版廣告事業
初　　　版　2013 年 3 月
定　　　價　十六編 30 冊（精裝）新台幣 50,000 元

經典釋文周易音義疏證（中）

〔唐〕陸德明撰／蔡飛舟疏

目次

下　冊

周易上經噬嗑傳第三

☲ 噬｜ 市制反。齧也。〔註1913〕

【疏】噬《廣韻》時制切，禪祭開三去蟹。《釋文》音同。「齧也」者，《廣雅‧釋詁三》：「噬，齧也。」〔註1914〕《易‧噬嗑》「噬嗑，亨」王弼注：「噬，齧也。」〔註1915〕

嗑｜ 胡臘反。合也。巽宮五世卦。

【疏】嗑《廣韻》二讀，多言之嗑音古盍切，見盍開一入咸。噬嗑之嗑音胡臘切，匣盍開一入咸，《釋文》音同。嗑訓「合也」者，《易‧噬嗑》「噬嗑，亨」王弼注：「嗑，合也。」〔註1916〕江藩《周易述補》於〈序卦〉云：「嗑、合聲相近，義從音出也。」〔註1917〕

齧｜ 研節反。

【疏】所在注文爲「噬，齧也」。〔註1918〕齧《廣韻》五結切，疑屑開四入山。《釋文》音同。

有間｜ 如字，下同。又音間厠之間。

【疏】所在注文爲「凡物之不親，由有間也」。〔註1919〕間《廣韻》三讀，其中間隙之間音古閑切，見山開二平山。厠、隔音古莧切，見襇開二去山。

〔註1913〕 《經典釋文彙校》：「寫本、宋本、雅雨本同。汲古本依閩監本『制』作『利』。」見黃焯撰：《經典釋文彙校》，北京：中華書局，1980年版，第13頁。

〔註1914〕 〔清〕王念孫撰：《廣雅疏證》，北京：中華書局，景印嘉慶年間王氏家刻本，1983年版，第100頁。

〔註1915〕 〔魏〕王弼、韓康伯注，〔唐〕孔穎達等正義：《周易正義》，北京：中華書局景印阮刻本，1980年版，第25頁。

〔註1916〕 〔魏〕王弼、韓康伯注，〔唐〕孔穎達等正義：《周易正義》，北京：中華書局景印阮刻本，1980年版，第25頁。

〔註1917〕 〔清〕江藩撰：《周易述補》（續四庫經部易類第27冊），上海：上海古籍出版社，景印清嘉慶間刻本，2002年版，第32頁。

〔註1918〕 〔魏〕王弼、韓康伯注，〔唐〕孔穎達等正義：《周易正義》，北京：中華書局景印阮刻本，1980年版，第25頁。

〔註1919〕 〔魏〕王弼、韓康伯注，〔唐〕孔穎達等正義：《周易正義》，北京：中華書局景印阮刻本，1980年版，第25頁。

如字者，依平聲讀，訓爲間隙。又音間廁之閒者，義爲閒隔。亦通。

與過｜ 一本作「有過」。

【疏】所在注文爲「物之不齊，由有過也。有間與過，豄而合之，所以通也」。〔註1920〕本作「有過」者，亦通。

頤｜ 以之反。

【疏】所在經文爲「頤中有物」。〔註1921〕頤《廣韻》與之切，以之開三平止。《釋文》音同。

不合｜ 本又作「而合」。

【疏】所在注文今注疏本作爲「頤中有物，豄而合之，『噬嗑』之義也。」〔註1922〕依文義，當作「而」，「不」非。「不」乃「而」下脱筆致譌也。

不溷｜ 胡困反。濁也，雜也，亂也。韋昭云：汙辱也。

【疏】所在注文爲「剛柔分動，不溷乃明，雷電並合，不亂乃章，皆『利用獄』之義。」〔註1923〕溷《廣韻》胡困切，匣慁合一去臻。《釋文》音同。濁、雜、亂者，《說文‧水部》：「溷，亂也。一曰水濁皃。」〔註1924〕《廣雅‧釋詁三》：「溷，濁也。」〔註1925〕溷字從水，其本義當是水濁貌也，引申之則有雜亂之義。《楚辭‧離騷》「世溷濁而不分兮」王逸注：「溷，亂也。」〔註1926〕《爾雅‧釋水》「所渠並千七百，一川色黃」郭璞注「眾水溷淆」陸

〔註1920〕〔魏〕王弼、韓康伯注，〔唐〕孔穎達等正義：《周易正義》，北京：中華書局景印阮刻本，1980年版，第25頁。

〔註1921〕〔魏〕王弼、韓康伯注，〔唐〕孔穎達等正義：《周易正義》，北京：中華書局景印阮刻本，1980年版，第25頁。

〔註1922〕〔魏〕王弼、韓康伯注，〔唐〕孔穎達等正義：《周易正義》，北京：中華書局景印阮刻本，1980年版，第25頁。

〔註1923〕〔魏〕王弼、韓康伯注，〔唐〕孔穎達等正義：《周易正義》，北京：中華書局景印阮刻本，1980年版，第25頁。

〔註1924〕〔漢〕許慎撰：《說文解字》，北京：中華書局，景印同治十二年陳昌治刻本，1963年版，第231頁。

〔註1925〕〔清〕王念孫撰：《廣雅疏證》，北京：中華書局，景印嘉慶年間王氏家刻本，1983年版，第89頁。

〔註1926〕〔漢〕王逸撰：《楚辭章句》（叢書集成初編文學類第1810～1811冊），上海：商務印書館，據湖北叢書本排印，1939年版，第13頁。

德明《釋文》:「溷，謂淆亂。」〔註 1927〕韋昭云「汙辱也」者，《資治通鑑・陳紀一》「以溷沃其頭」胡三省注:溷，「不潔也。」〔註1928〕《漢書・翼奉傳》「天氣溷濁」顏師古注:「溷，汙也。」〔註 1929〕溷有污濁之義，引申之則爲污辱。《資治通鑑・周紀五》「是天以寡人溷先生而存先生之宗廟也」胡三省注引毛晃曰:「溷，污辱也。」〔註 1930〕《漢書・陸賈傳》「毋久溷女爲也」顏師古注引服虔曰:「溷，辱也。」〔註 1931〕按:此處「不溷乃明」與下「不亂乃章」對文，故當訓爲雜亂，《正義》「不相溷雜」〔註1932〕是也，韋昭訓爲汙辱恐失。

上行| 時掌反。注同。

【疏】所在經文爲「柔得中而上行」。〔註 1933〕參看〈乾〉「上下」條。

勅法| 恥力反。此俗字也，《字林》作「勑」。鄭云:勑，猶理也。□云整也。〔註 1934〕

【疏】所在經文爲「先王以明罰勅法」。〔註 1935〕阮元《校勘記》:「石經、

〔註1927〕 〔唐〕陸德明撰:《經典釋文》，北京:中華書局，景印徐乾學通志堂刻本，1983 年版，第 423 頁。

〔註1928〕 〔宋〕司馬光編著，〔元〕胡三省音注:《資治通鑑》，北京:中華書局排印，1956 年版，第 5164 頁。

〔註1929〕 〔漢〕班固撰:《前漢書》(四部備要本)，上海:中華書局，據武英殿本校刊，1936 年版，第 1044 頁。

〔註1930〕 〔宋〕司馬光編著，〔元〕胡三省音注:《資治通鑑》，北京:中華書局排印，1956 年版，第 159 頁。

〔註1931〕 〔漢〕班固撰:《前漢書》(四部備要本)，上海:中華書局，據武英殿本校刊，1936 年版，第 705 頁。

〔註1932〕 〔魏〕王弼、韓康伯注，〔唐〕孔穎達等正義:《周易正義》，北京:中華書局景印阮刻本，1980 年版，第 25 頁。

〔註1933〕 〔魏〕王弼、韓康伯注，〔唐〕孔穎達等正義:《周易正義》，北京:中華書局景印阮刻本，1980 年版，第 25 頁。

〔註1934〕 《經典釋文彙校》:「案《說文》，勑，勞也，从來聲。敕，誡也。从束聲。『勑』則『敕』之後出字，通作『飭』。《釋名》云:敕，飭也，使自警敕，不敢廢慢也。自不費慢之義言之，則與勞義亦近，故『敕』或作『勑』。嚴曰:《玉篇》『敕』今作『勑』，五經文字『敕』今相承皆作『勑』，蓋自漢魏以來，『誡敕』字皆作『勑』，至元明尚爾。」見黃焯撰:《經典釋文彙校》，北京:中華書局，1980 年版，第 13 頁。

〔註1935〕 〔魏〕王弼、韓康伯注，〔唐〕孔穎達等正義:《周易正義》，北京:中華書局景印阮刻本，1980 年版，第 25 頁。

岳本、閩監本同。《釋文》出『勅法』。毛本『勅』作『敕』。」〔註 1936〕《周
易章句證異‧卷五》:「敕,班固（本《藝文志》）作飭。顏師古曰:飭,憨也,
讀與敕同。惠棟從飭,云:飭,古敕字,又作餝,王弼從俗作敕,非也。陸
德明曰:勅,俗字也,《字林》作勅。毛居正曰:勅,俗本誤作敕。高宗《石
經》作勅,紹興府《注疏》及建安余氏本皆作勅,漢以來作勅,非。俗字也。」
〔註 1937〕敕《廣韻》恥力切,徹職開三入曾。《釋文》音同。勅,同敕。《集韻‧
職部》:「敕,古从力」。〔註 1938〕《說文》無勅。故黃氏《彙校》以勅為敕之
後出字也。然依《集韻》,似以勅為古。按勅、敕二字本異,《說文‧力部》:
「勅,勞也。从力來聲。」〔註 1939〕《說文‧攴部》:「敕,誠也。舌地曰敕。
从攴束聲。」〔註 1940〕段注於「勅」下云:「勅,俗誤用為敕字。」〔註 1941〕
《釋文》云勅為勅之俗字,蓋二字義近故也。黃氏《彙校》於此言詳,可資
參看。《廣雅‧釋詁二》「勅,理也」王念孫《疏證》:「〈噬嗑‧象傳〉:先王
以明罰勅法。鄭注云:勅,猶理也。〈小雅‧六月篇〉云:戎車既飭。勅、
勅、飭竝通。」〔註 1942〕由此,敕（勅）、勅、飭實異體字也。其形符力、攴
皆有力役之義,聲符束（職部）來（之部）食（職部）,之職音近,於義可通,
故三字乃異體也。鄭云「勅,猶理也」者,《廣雅‧釋詁二》:「敕,理也。」
〔註 1943〕《資治通鑒‧漢紀二十三》「不如御史大夫音謹敕」胡三省注:「敕,
理也。」〔註 1944〕一云「整也」者,義與理同,《漢書‧郊祀志下》「禮敬敕備」

〔註 1936〕〔魏〕王弼、韓康伯注,〔唐〕孔穎達等正義:《周易正義》,北京:中華書
　　　　　局景印阮刻本,1980 年版,第 32 頁。
〔註 1937〕〔清〕翟均廉撰:《周易章句證異》,臺灣:商務印書館,景印文淵閣四庫全
　　　　　書本第 53 冊,1983 年版,第 758 頁。
〔註 1938〕〔宋〕丁度撰:《集韻》,北京:中華書局,景印北京圖書館藏宋刻本,1988
　　　　　年版,第 218 頁。
〔註 1939〕〔漢〕許慎撰:《說文解字》,北京:中華書局,景印同治十二年陳昌治刻本,
　　　　　1963 年版,第 292 頁。
〔註 1940〕〔漢〕許慎撰:《說文解字》,北京:中華書局,景印同治十二年陳昌治刻本,
　　　　　1963 年版,第 68 頁。
〔註 1941〕〔清〕段玉裁撰:《說文解字注》,上海:上海古籍出版社,景印嘉慶二十年
　　　　　經韻樓本,1988 年版,第 699 頁。
〔註 1942〕〔清〕王念孫撰:《廣雅疏證》,北京:中華書局,景印嘉慶年間王氏家刻本,
　　　　　1983 年版,第 58 頁。
〔註 1943〕〔清〕王念孫撰:《廣雅疏證》,北京:中華書局,景印嘉慶年間王氏家刻本,
　　　　　1983 年版,第 58 頁。
〔註 1944〕〔宋〕司馬光編著,〔元〕胡三省音注:《資治通鑒》,北京:中華書局排印,

顏師古注:「勅,整也。」〔註 1945〕《後漢書・張衡傳》「懼余身之未勅也」李
賢注:「勅,整也。」〔註 1946〕

屨|　紀具反。

　　【疏】所在經文爲「屨校滅趾」。〔註 1947〕屨《廣韻》九遇切,見遇合三
去遇。《釋文》音同。王弼注:「屨,貫也。」〔註 1948〕

校|　爻教反。注及下同。馬音教。

　　【疏】校《廣韻》二讀,校尉音胡教切,匣效開二去效。檢校考校音古
孝切,見效開二去效。於校之音義,《羣經音辨・卷二》言之甚明:「校,木
囚也,古孝切。校,疾也,古飽切。校,几足也,苦交切。校,木闌也,戶
教切。」〔註 1949〕《釋文》首音爻教反與《廣韻》胡教切同。馬音教者,與《廣
韻》古孝切音同。按,此處校當訓爲木囚,故《釋文》首音非,當依馬音。

滅止|　本亦作「趾」。趾,足也。

　　【疏】《周易章句證異・卷一》:「『趾』,陸德明本一作『止』,元本亦
『趾』。呂祖謙云:『趾』,今本作『止』。晁說之曰:止,古文。」馬王堆漢
墓帛書《周易》作「止」。〔註 1950〕按,「止」乃「趾」之本字。「止」甲骨作𐂃
(甲六〇〇)、𐂃(庫九二),〔註 1951〕皆象足貌。惠棟《周易述・卷三》即作
「止」,其於「屨校滅止」下注曰:「止,足也。」〔註 1952〕「趾,足也」者,

　　　　　　1956 年版,第 989 頁。
〔註 1945〕　〔漢〕班固撰:《前漢書》(四部備要本),上海:中華書局,據武英殿本校
　　　　　　刊,1936 年版,第 438 頁。
〔註 1946〕　〔南朝宋〕范曄撰:《後漢書》(四部備要本),上海:中華書局,據武英殿
　　　　　　本校刊,1936 年版,第 780 頁。
〔註 1947〕　〔魏〕王弼、韓康伯注,〔唐〕孔穎達等正義:《周易正義》,北京:中華書
　　　　　　局景印阮刻本,1980 年版,第 25 頁。
〔註 1948〕　〔魏〕王弼、韓康伯注,〔唐〕孔穎達等正義:《周易正義》,北京:中華書
　　　　　　局景印阮刻本,1980 年版,第 25 頁。
〔註 1949〕　〔宋〕賈昌朝撰:《羣經音辨》(叢書集成初編語文學類第 1208 冊),上海:
　　　　　　商務印書館,景印畿輔叢書本,1939 年版,第 51～52 頁。
〔註 1950〕　廖名春釋文:《馬王堆帛書周易經傳釋文》(續四庫經部易類第 1 冊),上海:
　　　　　　上海古籍出版社,2002 年版,第 13 頁。
〔註 1951〕　中國科學院考古研究所編輯:《甲骨文編》(考古學專刊本,乙種第十四號),
　　　　　　北京:中華書局,1965 年版,第 55 頁。
〔註 1952〕　〔清〕惠棟撰:《周易述》(四部備要本),上海:中華書局,據學海堂經解

《爾雅·釋言》：「趾，足也。」郝懿行《義疏》：「趾者，《說文》作止。云：下基也。」〔註 1953〕

桎│ 章實反。

【疏】所在注文爲「桎其行也」。〔註 1954〕桎《廣韻》之日切，章質開三入臻。《釋文》音同。

足懲│ 直冰反。

【疏】所在注文爲「足懲而已」。〔註 1955〕懲《廣韻》直陵切，澄蒸開三平曾。《釋文》音同。

木絞│ 交卯反。

【疏】所在注文爲「以木絞校者也」。〔註 1956〕絞《廣韻》古巧切，見巧開二上效。《釋文》音同。

械│ 口戒反。〔註 1957〕

【疏】所在注文爲「即械也」。〔註 1958〕械《廣韻》胡介切，匣怪開二去蟹。《釋文》「口戒反」當依宋本作「戶」，則戶戒反與《廣韻》音同。若作「口」者，則爲溪紐字矣，非。

不行也│ 或本作「止不行也」。〔註 1959〕

本校刊，1936 年版，第 21 頁。

〔註 1953〕〔清〕郝懿行撰：《爾雅義疏》（漢小學四種本），成都：巴蜀書社，景印同治四年郝氏家刻本，2001 年版，第 1017 頁。

〔註 1954〕〔魏〕王弼、韓康伯注，〔唐〕孔穎達等正義：《周易正義》，北京：中華書局景印阮刻本，1980 年版，第 25 頁。

〔註 1955〕〔魏〕王弼、韓康伯注，〔唐〕孔穎達等正義：《周易正義》，北京：中華書局景印阮刻本，1980 年版，第 25 頁。

〔註 1956〕〔魏〕王弼、韓康伯注，〔唐〕孔穎達等正義：《周易正義》，北京：中華書局景印阮刻本，1980 年版，第 25 頁。

〔註 1957〕《經典釋文彙校》：「『口』，雅雨本同。宋本作『戶』，十行本、閩監本同。案作『戶』是也。」見黃焯撰：《經典釋文彙校》，北京：中華書局，1980 年版，第 13 頁。

〔註 1958〕〔魏〕王弼、韓康伯注，〔唐〕孔穎達等正義：《周易正義》，北京：中華書局景印阮刻本，1980 年版，第 25 頁。

〔註 1959〕《經典釋文彙校》：「寫本、宋本、朱鈔、十行本、閩監本、雅雨本『或本』

【疏】所在經文爲「『屨校滅趾』，不行也。」〔註1960〕自《周易集解》引
虞翻、干寶《易》注，可知二人所見亦無「止」字。《釋文》言本或作「止不
行也」者，《正義》：「小懲大誡，故罪過止息不行也。」〔註1961〕是孔穎達所
見本當有「止」字也。

噬膚｜ 方于反。馬云：柔脃肥美曰膚。

【疏】所在經文爲「噬膚滅鼻」。〔註1962〕膚《廣韻》甫無切，非虞合三
平遇。《釋文》音同。馬云者，《玉篇·肉部》：「膚，皮也。」〔註1963〕皮乃柔
脆物。故王弼注：「膚者，柔脆之物也。」〔註1964〕馬略近，多肥美義。按膚
有美義，《廣雅·釋詁一》：「膚，美也。」〔註1965〕《詩·豳風·狼跋》「公孫
碩膚」〔註1966〕、《詩·大雅·文王》「殷士膚敏」〔註1967〕毛《傳》皆訓「膚」
爲美也。故此處馬融之注合皮、美二義，故云：「柔脃肥美曰膚」。

未盡｜ 津忍反。下同。

【疏】所在注文爲「未盡順道」。〔註1968〕《羣經音辨·卷八》：「盡，極
也，即忍切。既極曰盡，慈忍切。」〔註1969〕盡上聲義爲極度，盡去聲義爲竭

　　　皆作『本或』。案作『本或』是也。」見黃焯撰：《經典釋文彙校》，北京：
　　　中華書局，1980年版，第13頁。
〔註1960〕〔魏〕王弼、韓康伯注，〔唐〕孔穎達等正義：《周易正義》，北京：中華書
　　　局景印阮刻本，1980年版，第25頁。
〔註1961〕〔魏〕王弼、韓康伯注，〔唐〕孔穎達等正義：《周易正義》，北京：中華書
　　　局景印阮刻本，1980年版，第25頁。
〔註1962〕〔魏〕王弼、韓康伯注，〔唐〕孔穎達等正義：《周易正義》，北京：中華書
　　　局景印阮刻本，1980年版，第25頁。
〔註1963〕〔梁〕顧野王撰：《宋本玉篇》，北京：中國書店，景印張氏澤存堂本，1983
　　　年版，第139頁。
〔註1964〕〔魏〕王弼、韓康伯注，〔唐〕孔穎達等正義：《周易正義》，北京：中華書
　　　局景印阮刻本，1980年版，第25頁。
〔註1965〕〔清〕王念孫撰：《廣雅疏證》，北京：中華書局，景印嘉慶年間王氏家刻本，
　　　1983年版，第23頁。
〔註1966〕〔漢〕毛公傳、鄭玄箋，〔唐〕孔穎達等正義：《毛詩正義》，北京：中華書
　　　局景印阮刻本，1980年版，第132頁。
〔註1967〕〔漢〕毛公傳、鄭玄箋，〔唐〕孔穎達等正義：《毛詩正義》，北京：中華書
　　　局景印阮刻本，1980年版，第237頁。
〔註1968〕〔魏〕王弼、韓康伯注，〔唐〕孔穎達等正義：《周易正義》，北京：中華書
　　　局景印阮刻本，1980年版，第25頁。
〔註1969〕〔宋〕貫昌朝撰：《羣經音辨》（叢書集成初編語文學類第1208冊），上海：

盡。參看〈乾〉「故盡」條。

其分｜ 扶問反。〔註 1970〕

【疏】所在注文爲「噬過其分」。〔註 1971〕分作分際、限度解時《廣韻》扶問切，奉問合三去臻。《釋文》音同。

脆｜ 七歲反。

【疏】所在注文爲「柔脆之物也」。〔註 1972〕阮元《校勘記》曰：「閩監本、毛本同，岳本『脆』作『脃』，《釋文》出『脃』字。按脆，俗脃字。」〔註 1973〕《說文·肉部》：「𦞬，小奕易斷也。从肉，从絕省。」〔註 1974〕故柔脃之脃隸定爲脃爲是，脆乃其形譌之字也。脆《廣韻》此芮切，清祭合三去蟹。《釋文》音同。

腊肉｜ 音昔。馬云：晞於陽而煬於火曰腊肉。鄭注《周禮》：小物全乾曰腊。〔註 1975〕

【疏】所在經文爲「噬腊肉」。〔註 1976〕腊《廣韻》思積切，心昔開一入咸。《釋文》音同。馬云者，《說文·日部》：「晞，乾也。」〔註 1977〕《說文·

商務印書館，景印㴞輔叢書本，1939 年版，第 138 頁。

〔註 1970〕 《經典釋文彙校》：「寫本、宋本、葉鈔、十行本、閩監本、雅雨本『扶』並作『符』，阮云：作『符』不誤。焯案扶、符同屬奉紐，《廣韻》分，扶悶切，《集韻》符問切，是作『扶』亦未爲誤，特因唐宋本爲善耳。」見黃焯撰：《經典釋文彙校》，北京：中華書局，1980 年版，第 13 頁。按，《彙校》引《廣韻》分作扶悶切疑誤，當作扶問切。

〔註 1971〕 〔魏〕王弼、韓康伯注，〔唐〕孔穎達等正義：《周易正義》，北京：中華書局景印阮刻本，1980 年版，第 25 頁。

〔註 1972〕 〔魏〕王弼、韓康伯注，〔唐〕孔穎達等正義：《周易正義》，北京：中華書局景印阮刻本，1980 年版，第 25 頁。

〔註 1973〕 〔魏〕王弼、韓康伯注，〔唐〕孔穎達等正義：《周易正義》，北京：中華書局景印阮刻本，1980 年版，第 32 頁。

〔註 1974〕 〔漢〕許慎撰：《說文解字》，北京：中華書局，景印同治十二年陳昌治刻本，1963 年版，第 90 頁。

〔註 1975〕 《經典釋文彙校》：「汲古本、雅雨本同。寫本宋本『火』作『日』，惠云：日似誤。」見黃焯撰：《經典釋文彙校》，北京：中華書局，1980 年版，第 13 頁。

〔註 1976〕 〔魏〕王弼、韓康伯注，〔唐〕孔穎達等正義：《周易正義》，北京：中華書局景印阮刻本，1980 年版，第 25 頁。

〔註 1977〕 〔漢〕許慎撰：《說文解字》，北京：中華書局，景印同治十二年陳昌治刻本，

火部》:「熇,炙燥也。」〔註1978〕是皆有乾義,晞於陽而熇於火者,言曝於日而乾於火也,皆腊肉之制法也。《彙校》云「寫本火作日」,則前後義同,故惠氏疑其誤也,然《周禮・天官・序官》「腊人」鄭玄注:「腊之言夕也。」賈公彥疏:「乾曰腊,朝曝於夕乃乾。」〔註1979〕故作日者未必非,《丹鉛總錄・脯腊》引文亦作「日」。〔註1980〕鄭注《周禮》者,《周禮・天官・腊人》「凡田獸之脯腊膴胖之事」鄭玄注:「大物解肆乾之謂之乾肉,若今涼州烏翅矣。薄析曰脯。棰之而施薑桂口鍛脩。腊,小物全乾。」賈公彥疏:「云小物全乾者,案〈特牲〉云:陳鼎于門外,椉在其南,南順,實獸于上。又云:宗人舉獸尾告備,是其全者。士用兔,是其小物全乾,少牢用麝。不云舉獸尾,則未全。若然,則天子諸侯之所用雖無文,其獸必大,亦不必全。今云全者,據有全者耳。」〔註1981〕

乾| 音干。

【疏】所在經文爲「噬乾胏」。〔註1982〕乾燥之乾《廣韻》古寒切,見寒開一平山。《釋文》音同。

胏| 緇美反。馬云:有骨謂之胏。鄭云:簀也。《字林》云:含食所遺也,一曰脯也。子夏作「脯」。徐音甫。荀、董同。〔註1983〕

【疏】胏《廣韻》阻史切,莊止開三上止。《釋文》音同。馬云「有骨謂

1963年版,第139頁。

〔註1978〕 〔漢〕許慎撰:《說文解字》,北京:中華書局,景印同治十二年陳昌治刻本,1963年版,第208頁。

〔註1979〕 〔漢〕鄭玄注,〔唐〕賈公彥疏:《周禮注疏》,北京:中華書局景印阮刻本,1980年版,第3頁。

〔註1980〕 〔明〕楊慎撰:《丹鉛總錄》,臺灣:商務印書館,景印文淵閣四庫全書本第855冊,1983年版,第534頁。

〔註1981〕 〔漢〕鄭玄注,〔唐〕賈公彥疏:《周禮注疏》,北京:中華書局景印阮刻本,1980年版,第26頁。

〔註1982〕 〔魏〕王弼、韓康伯注,〔唐〕孔穎達等正義:《周易正義》,北京:中華書局景印阮刻本,1980年版,第25頁。

〔註1983〕 《經典釋文彙校》:「寫本止作『食所遺也』,無『含』字。宋本、葉鈔『含』作『食』,盧改作『朁』。今謂盧碻,按《說文》『朁』、『胏』一字。此引《字林》而覆述本文。《釋文》中罕見此例。蓋由宋本誤重『食』字,校者漫改作『含』,盧遂緣《說文》重加改定,實則依唐寫本爲正耳。」見黃焯撰:《經典釋文彙校》,北京:中華書局,1980年版,第13頁。

之肺」者，肺，胏之譌也。《說文》二字不同，此處淆亂者，隸變故也。《玉篇·肉部》：「胏，脯有骨也。」〔註1984〕《易·噬嗑》「噬乾胏」李鼎祚《集解》引陸績曰：「肉有骨謂之胏」。〔註1985〕鄭云「簀也」者，假胏為第也。《說文·竹部》：「第，牀簀也。」〔註1986〕段玉裁於《說文·肉部》「胏」下注云：「鄭云：胏，簀也。蓋謂胏為第之假借。其說未聞。」〔註1987〕《字林》「含」字當從《經典釋文彙校》依《說文》改為㮤，《說文·肉部》：「㮤，食所遺也。」〔註1988〕《說文·敘》言引《易》皆孟氏，故段注曰：「訓為食所遺。蓋孟本孟說與。」〔註1989〕一曰「脯也」者，渾言之也，脯之有骨者曰胏，則胏亦脯之屬也。子夏作「脯」者，李富孫《異文釋》：「《初學記·二十六》、《太平御覽·八百六十二》，引王肅說作脯。」〔註1990〕徐音甫者，則徐氏本亦作「脯」也。脯《廣韻》方矩切，非紐合三上遇。甫《廣韻》方矩切，幫紐合三上遇。幫非古皆重唇音也。

未光大也｜ 本亦無「大」字。

【疏】所在經文為「『利艱貞吉』，未光也」。〔註1991〕《周易章句證異·卷五》云：「陸德明作『未光大也』，云：本亦无『大也』字。呂祖謙曰：『未光大也』，今本作『未光也』。李心傳曰：『未光也』，本亦作『未光大也』。毛奇齡曰：有『大』字則與『當』字不協矣。」〔註1992〕毛說是。

〔註1984〕 〔梁〕顧野王撰：《宋本玉篇》，北京：中國書店，景印張氏澤存堂本，1983年版，第147頁。

〔註1985〕 〔唐〕李鼎祚撰：《周易集解》，北京：中國書店，景印嘉慶三年姑蘇喜墨齋張遇堯局鐫本，1987年版，卷五，第10頁。

〔註1986〕 〔漢〕許慎撰：《說文解字》，北京：中華書局，景印同治十二年陳昌治刻本，1963年版，第96頁。

〔註1987〕 〔清〕段玉裁撰：《說文解字注》，上海：上海古籍出版社，景印嘉慶二十年經韻樓本，1988年版，第177頁。

〔註1988〕 〔漢〕許慎撰：《說文解字》，北京：中華書局，景印同治十二年陳昌治刻本，1963年版，第90頁。

〔註1989〕 〔清〕段玉裁撰：《說文解字注》，上海：上海古籍出版社，景印嘉慶二十年經韻樓本，1988年版，第176頁。

〔註1990〕 〔清〕李富孫撰：《易經異文釋》（續四庫經部易類第27冊），上海：上海古籍出版社，景印南菁書院續經解本，2002年版，第675頁。

〔註1991〕 〔魏〕王弼、韓康伯注，〔唐〕孔穎達等正義：《周易正義》，北京：中華書局景印阮刻本，1980年版，第25頁。

〔註1992〕 〔清〕翟均廉撰：《周易章句證異》，臺灣：商務印書館，景印文淵閣四庫全書本第53冊，1983年版，第758頁。

何校｜ 何可反，又音何。本亦作「荷」，音同。下同。王肅云：荷，擔。
〔註 1993〕

【疏】所在經文爲「何校滅耳」。〔註 1994〕《廣韻》語辭之何音胡歌切，匣歌開一平果。負荷之何音胡可切，匣哿開一上果。按何本是負荷之本字，後借作語辭，亦因聲而別義也。《說文・人部》：「何，儋也。从人可聲。」〔註 1995〕徐鉉等注：「儋何即負何也，借爲誰何之何。今俗別作儋荷，非是。」〔註 1996〕甲骨文「何」作𠂤（合二〇二三九）、𠂤（合二九七二五），〔註 1997〕皆象負荷之狀也。《釋文》首音何可反，與《廣韻》上聲同。其又音者，明何有異讀，非注「何校」音也。本亦作「荷」者，馬王堆漢墓帛書《周易》同。〔註 1998〕何、荷，古今字也，皆讀上聲。呂祖謙《古易音訓》引晁說之曰：「何，古文。」〔註 1999〕王肅云「荷，擔」者，則王肅本亦作「荷」字。

聰不明也｜ 馬云：耳無所聞。鄭云：目不明，耳不聰。王肅云：言其聰之不明。

【疏】所在經文爲「『何校滅耳』，聰不明也」。〔註 2000〕《說文・耳部》：「聰，察也。」〔註 2001〕《莊子・外物》：「目徹爲明，耳徹爲聰。」〔註 2002〕

〔註 1993〕 《經典釋文彙校》：「各本皆同，盧本『何』改『河』。案『又音何』，謂又如字讀平聲也。盧改作『河』，則如〈大畜〉『何天』音河之比。」見黃焯撰：《經典釋文彙校》，北京：中華書局，1980 年版，第 13 頁。
〔註 1994〕 〔魏〕王弼、韓康伯注，〔唐〕孔穎達等正義：《周易正義》，北京：中華書局景印阮刻本，1980 年版，第 25 頁。
〔註 1995〕 〔漢〕許慎撰：《說文解字》，北京：中華書局，景印同治十二年陳昌治刻本，1963 年版，第 163 頁。
〔註 1996〕 〔漢〕許慎撰：《說文解字》，北京：中華書局，景印同治十二年陳昌治刻本，1963 年版，第 163 頁。
〔註 1997〕 劉釗等編：《新甲骨文編》，福州：福建人民出版社，2009 年版，第 458～459 頁。
〔註 1998〕 廖名春釋文：《馬王堆帛書周易經傳釋文》（續四庫經部易類第 1 冊），上海：上海古籍出版社，2002 年版，第 13 頁。
〔註 1999〕 〔宋〕呂祖謙撰，〔清〕宋咸熙輯：《古易音訓》（續四庫經部易類第 2 冊），上海：上海古籍出版社，景印清嘉慶七年刻本，2002 年版，第 35 頁。
〔註 2000〕 〔魏〕王弼、韓康伯注，〔唐〕孔穎達等正義：《周易正義》，北京：中華書局景印阮刻本，1980 年版，第 25 頁。
〔註 2001〕 〔漢〕許慎撰：《說文解字》，北京：中華書局，景印同治十二年陳昌治刻本，1963 年版，第 250 頁。
〔註 2002〕 〔清〕郭慶藩輯：《莊子集釋》，上海：上海書店，景印諸子集成本，1986

又《易・鼎》:「巽而耳目聰明。」〔註2003〕故聰、明析言有別，聰謂耳，明謂目。此處何校滅耳，但言耳者，故「聰不明也」之「不明」，非言目也。鄭云「目不明，耳不聰」者，非。

可解| 佳買反。

【疏】所在注文爲「聰不明，故不慮惡積，至于不可解也。」〔註2004〕解《廣韻》四讀，訓爲脫散音佳買切，見蟹開二上蟹。《釋文》音同。

☲☶ 賁| 彼僞反。徐甫寄反，李軌府瓮反。傅氏云:賁，古斑字，文章貌。鄭云:變也，文飾之貌。王肅符文反，云:有文飾，黃白色。艮宮一世卦。〔註2005〕

【疏】賁《廣韻》四讀，訓作卦名、賁飾義時音彼義切，幫合寘重紐三去止，《釋文》首音彼僞反，音同。徐甫寄反者，反切上字幫上麌合口三上遇，下字見寘開重紐三去止，此處其被切字之開合口依切上字而定，則其音亦與《釋文》首音同也。而李軌府瓮反者，非魂合一平臻，《廣韻》賁有「博昆切」（幫魂合一平臻）一讀，非、幫古皆重脣，是二音古同也。又王肅符文反者，音同《廣韻》符分切，奉文合三平臻。顧炎武《易音・卷一》於〈賁〉六四爻下云:「今按六四賁、旛、翰三字佀同爲一韻，猶〈屯〉六二之屯、邅、班三字亦同爲一韻也。當從王肅音爲定。」〔註2006〕按賁本無異讀，後漸因聲別義，彼義切者，乃作卦名、賁飾之專用也。傅氏云者，賁，古斑字。賁，上古幫紐文部。斑，幫紐元部。雙聲且韻近，故二字可通。斑，《楚辭・離騷》「斑陸離其上下」洪興祖《補注》:「斑，駁文也。」〔註2007〕又《呂氏

年版，第404頁。

〔註2003〕〔魏〕王弼、韓康伯注，〔唐〕孔穎達等正義:《周易正義》，北京:中華書局景印阮刻本，1980年版，第49頁。

〔註2004〕〔魏〕王弼、韓康伯注，〔唐〕孔穎達等正義:《周易正義》，北京:中華書局景印阮刻本，1980年版，第25頁。

〔註2005〕《經典釋文彙校》:「『斑』乃『斑』字之譌。寫本作『斑』。宋本誤作『班』。『變』，宋本作『有』，寫本作『變』。」見黃焯撰:《經典釋文彙校》，北京:中華書局，1980年版，第13頁。

〔註2006〕〔清〕顧炎武撰:《音學五書》，北京:中華書局，景印觀稼樓仿刻本，1982年版，第194頁。

〔註2007〕〔宋〕洪興祖撰:《楚辭補注》（叢書集成初編文學類第1812～1816冊），上海:商務印書館，據惜陰軒叢書本排印，1939年版，第22頁。

春秋‧壹行》：「孔子卜，得〈賁〉。孔子曰『不吉。』子貢曰：『夫賁亦好矣，何謂不吉乎？』孔子曰：『夫白而白，黑而黑，夫賁又何好乎？』」高誘注：「賁，色不純也。」〔註2008〕斑義爲文采斑駁，即文章貌。鄭云「變也」者，聲訓也，蓋取變易，言賁乃變易純色以致斑駁也，亦即文飾，故《易‧序卦》曰：「賁者，飾也」。按《經典釋文彙校》云「變，宋本作有，寫本作變」者，若依宋本作「有」，則「有也」之「也」衍，當作「有文飾之貌」，與王肅「有文飾」義同。王肅云「黃白色」者，《詩‧小雅‧白駒》「賁然來思」鄭玄《箋》：「賁，黃白色也。」〔註2009〕《太玄‧視》「賁于東方」范望注：「賁，黃白色也。」〔註2010〕

剛上｜ 時掌反，注「剛上」皆同。

【疏】所在經文爲「分剛上而文柔」。〔註2011〕參看〈乾〉「上下」條。

解天｜ 音蟹，下同。〔註2012〕

【疏】所在注文今注疏本作「觀天之文，則時變可知也；觀人之文，則化成可爲也。」〔註2013〕《釋文》作「解」者，義亦通。解《廣韻》四讀，訓作曉時音胡買切，匣蟹開二上蟹。《釋文》音同。

以明｜ 蜀才本作「命」。

〔註2008〕 〔漢〕高誘注：《呂氏春秋》，上海：上海書店，景印諸子集成本，1986 年版，第 291 頁。

〔註2009〕 〔漢〕毛公傳、鄭玄箋，〔唐〕孔穎達等正義：《毛詩正義》，北京：中華書局景印阮刻本，1980 年版，第 166 頁。

〔註2010〕 〔漢〕楊雄撰，〔晉〕范望注：《太玄經》（四部叢刊本），上海：商務印書館，景印上海涵芬樓景印明萬玉堂翻宋本，1922 年版，卷五，第 15～16頁。

〔註2011〕 〔魏〕王弼、韓康伯注，〔唐〕孔穎達等正義：《周易正義》，北京：中華書局景印阮刻本，1980 年版，第 25 頁。

〔註2012〕 《經典釋文彙校》：「盧云：注疏本自作『觀天』，宋本、錢本、官本皆從《釋文》作『解天』、『解人』，不知與疏不相應也。神廟本〈易釋文〉作『觀天，音官』。焯案疏自依經爲説，與注之作『解天』、『解人』不相涉，固無所謂不相應也，作『觀』誤。寫本作『解』，唐殘寫本《周易注》亦作『解天』、『解人』，與今本作『觀』異。」見黃焯撰：《經典釋文彙校》，北京：中華書局，1980 年版，第 13～14 頁。

〔註2013〕 〔魏〕王弼、韓康伯注，〔唐〕孔穎達等正義：《周易正義》，北京：中華書局景印阮刻本，1980 年版，第 25 頁。

【疏】所在經文爲「君子以明庶政，无敢折獄」。〔註2014〕《易・繫辭下》「繫辭焉而命之」《釋文》：「命，孟作明。」〔註2015〕蓋音近而相假也。孔疏：「『以明庶政』者，用此文章明達以治理庶政也。」〔註2016〕此處作「命」者，亦通，言用此文章以命令庶政也。

折｜ 之舌反，注同。鄭云：斷也。斷，音丁亂反。〔註2017〕

【疏】折《廣韻》三讀，折斷之折旨熱切，章薛開三入蟹。《釋文》音同。鄭云「斷也」者，常訓也。《說文・艸部》：「斷，斷也。」〔註2018〕《易・豐・象傳》「君子以折獄致刑」《釋文》：「折，斷也。」〔註2019〕斷音丁亂反者，參看〈蒙〉「能斷」條。

其趾｜ 一本作「止」。鄭云：趾，足。

【疏】所在經文爲「賁其趾」。〔註2020〕參看〈噬嗑〉「滅止」條。

舍｜ 音捨，下及注同。

【疏】所在經文爲「舍車而徒」。〔註2021〕舍、捨，古今字。參看〈屯〉「如舍」條。

車｜ 音居。鄭張本作「輿」。從漢時始有居音。

【疏】車《廣韻》二讀。尺遮切，昌麻開三平假。九魚切，見魚合三平

〔註2014〕 〔魏〕王弼、韓康伯注，〔唐〕孔穎達等正義：《周易正義》，北京：中華書局景印阮刻本，1980 年版，第 25 頁。
〔註2015〕 〔唐〕陸德明撰：《經典釋文》，北京：中華書局，景印徐乾學通志堂刻本，1983 年版，第 32 頁。
〔註2016〕 〔魏〕王弼、韓康伯注，〔唐〕孔穎達等正義：《周易正義》，北京：中華書局景印阮刻本，1980 年版，第 25 頁。
〔註2017〕 《經典釋文彙校》：「寫本『折』上出『敢』字。」見黃焯撰：《經典釋文彙校》，北京：中華書局，1980 年版，第 14 頁。
〔註2018〕 〔漢〕許慎撰：《說文解字》，北京：中華書局，景印同治十二年陳昌治刻本，1963 年版，第 25 頁。
〔註2019〕 〔唐〕陸德明撰：《經典釋文》，北京：中華書局，景印徐乾學通志堂刻本，1983 年版，第 29 頁。
〔註2020〕 〔魏〕王弼、韓康伯注，〔唐〕孔穎達等正義：《周易正義》，北京：中華書局景印阮刻本，1980 年版，第 25 頁。
〔註2021〕 〔魏〕王弼、韓康伯注，〔唐〕孔穎達等正義：《周易正義》，北京：中華書局景印阮刻本，1980 年版，第 25 頁。

遇。音異義同。《釋文》音居者，音同《廣韻》九魚切。《尚書·牧誓第四》「武王戎車三百兩」《釋文》：「車，音居。《釋名》云：古者聲如居，所以居人也。今曰車，聲近舍。車，舍也。韋昭《辯釋名》云：古皆尺遮反，從漢始有音居。」〔註2022〕《經典釋文彙校》於此曰：「盧云：音居是也。韋昭古皆尺遮反之說不可信。焯案盧說是。從，宋本、景宋本同。何煌云：從，余仁仲附音義本作後。」〔註2023〕按，車、遮、居古音同在魚部。古同而後世別也。鄭張本作「輿」者，參看〈大有〉「大車」條。「從漢時始有居音」者，「從」當是「後」字之譌，當依《尚書》「戎車」《音義》之宋本、景宋本改。

安夫| 音符。

【疏】所在注文爲「安夫徒步以從其志者也」。〔註2024〕參看〈乾〉「夫位」條。

其須| 如字。字從彡，水邊作非。〔註2025〕

【疏】所在經文爲「賁其須」。〔註2026〕《說文·須部》：「須，面毛也。從頁從彡。」〔註2027〕「須」金文作 𩓣（易叔盨）、𩓣（白多父盨），〔註2028〕皆象鬍鬚，乃「鬚」之本字也。水邊者字爲「湏」，乃「沫」之古文也。《說文·水部》：「沫，洒面也。從水未聲。湏，古文沫從頁。」〔註2029〕刻本多因形近而致譌也。

〔註2022〕〔唐〕陸德明撰：《經典釋文》，北京：中華書局，景印徐乾學通志堂刻本，1983年版，第45頁。

〔註2023〕黃焯撰：《經典釋文彙校》，北京：中華書局，1980年版，第38頁。

〔註2024〕〔魏〕王弼、韓康伯注，〔唐〕孔穎達等正義：《周易正義》，北京：中華書局景印阮刻本，1980年版，第25頁。

〔註2025〕《經典釋文彙校》：「盧謂『非』上脫『湏』字，阮謂監本『非』上有『湏』字，誤。焯案阮說是也。雅雨本『非』上有『頁』字，亦係後人誤增。寫本作『水邊非』，無『須』字，亦無『作』字。」見黃焯撰：《經典釋文彙校》，北京：中華書局，1980年版，第14頁。

〔註2026〕〔魏〕王弼、韓康伯注，〔唐〕孔穎達等正義：《周易正義》，北京：中華書局景印阮刻本，1980年版，第26頁。

〔註2027〕〔漢〕許慎撰：《說文解字》，北京：中華書局，景印同治十二年陳昌治刻本，1963年版，第184頁。

〔註2028〕容庚編著，張振林、馬國權摹補：《金文編》，北京：中華書局，1985年版，第634頁。

〔註2029〕〔漢〕許慎撰：《說文解字》，北京：中華書局，景印同治十二年陳昌治刻本，1963年版，第237頁。

而比｜　毗志反，下同。

【疏】所在注文爲「俱无應而比焉」。〔註2030〕參看〈比〉「比」條。

上附｜　時掌反。

【疏】所在注文爲「須之爲物，上附者也」。〔註2031〕參看〈乾〉「上下」條。

循｜　似遵反。

【疏】所在注文爲「循其所履以附于上」。〔註2032〕循《廣韻》詳遵切，邪諄合三平臻。《釋文》音同。

濡｜　如臾反。

【疏】所在經文爲「賁如濡如」。〔註2033〕濡《廣韻》二讀，霑濡音人朱切，日虞合三平遇。《釋文》音同。

皤｜　白波反。《說文》云：老人貌。董音槃，云：馬作足橫行曰皤。鄭、陸作「燔」，音煩。荀作「波」。〔註2034〕

【疏】所在經文爲「賁如皤如，白馬翰如」。〔註2035〕皤《廣韻》二讀，薄波切，並戈合一平果。博禾切，幫戈合一平果。音異義同。《釋文》首音與《廣韻》薄波切音同。《說文》云「老人貌」者，今《說文·白部》：「皤，老人白也。」〔註2036〕段玉裁注云：「〈易釋文〉、《文選·兩都賦》注皆作老人皃。

〔註2030〕〔魏〕王弼、韓康伯注，〔唐〕孔穎達等正義：《周易正義》，北京：中華書局景印阮刻本，1980年版，第26頁。
〔註2031〕〔魏〕王弼、韓康伯注，〔唐〕孔穎達等正義：《周易正義》，北京：中華書局景印阮刻本，1980年版，第26頁。
〔註2032〕〔魏〕王弼、韓康伯注，〔唐〕孔穎達等正義：《周易正義》，北京：中華書局景印阮刻本，1980年版，第26頁。
〔註2033〕〔魏〕王弼、韓康伯注，〔唐〕孔穎達等正義：《周易正義》，北京：中華書局景印阮刻本，1980年版，第26頁。
〔註2034〕《經典釋文彙校》：「寫本『槃』作『盤』。『燔』，宋本同。十行本作『蟠』。閩本作『膰』，盧本改作『蹯』，寫本脫。」見黃焯撰：《經典釋文彙校》，北京：中華書局，1980年版，第14頁。
〔註2035〕〔魏〕王弼、韓康伯注，〔唐〕孔穎達等正義：《周易正義》，北京：中華書局景印阮刻本，1980年版，第26頁。
〔註2036〕〔漢〕許慎撰：《說文解字》，北京：中華書局，景印同治十二年陳昌治刻本，1963年版，第160頁。

非是。」〔註2037〕皤，本爲老人白貌，此引申爲白。《周易集解》李氏案曰：「皤亦白素之貌也。」〔註2038〕「董音槃，云：馬作足橫行曰皤」者，《集韻》、《周易述》依之，惠棟自疏曰：「馬作足橫行曰皤，董遇義也。董讀皤爲槃，震爲馬，爲作足，應在初而乘三剛，作足橫行不前，故賁如皤如。鄭氏謂四欲飾以適初，進退未定，故皤如，義亦同也。」〔註2039〕鄭、陸作「燔」者，燔《廣韻》附袁切，奉元合三平山，《釋文》音煩者同。《禮記・檀弓》「牲用騂」《正義》引鄭玄《易》注曰：「六四巽爻也，有應於初九，欲自飾以適初，既進退未定，故皤如也。」〔註2040〕皤當依《釋文》作燔，此處似讀燔爲蹯，蹯者，盤桓不進貌也。則與董遇義略近，皆馬足不進貌也。《彙校》云燔「十行本作蟠。閩本作膰，盧本改作蹯」者，「蟠」蓋「燔」之形譌也。膰者，同燔，炙肉也，此處皆爲蹯之假借字。盧作「蹯」者，朱彝尊《經義考・卷九》引鄭氏《易》曰：「『皤』作『蹯』」，〔註2041〕《周易章句證異・卷一》曰：「朱彝尊引鄭作『蹯』，誤。」〔註2042〕盧氏改字蓋因乎朱彝尊，詳考《禮記正義》所引鄭注進退未定之義，鄭玄當是讀燔爲蹯也。漢蔡邕〈述行賦〉：「塗迤遭其蹇連兮，潦汙滯而爲災；乘馬蹯而不進兮，心鬱悒而憤思。」〔註2043〕是蹯有蹣跚不進之義也。又顧炎武《易音・卷一》：「今按，此句與下『翰如』爲韻，當從鄭陸爲是。今皤字入八戈韻。」〔註2044〕荀作「波」者，蓋假借爲皤也，波與因番得聲之字多通。《周禮・夏官・職方氏》「其浸波溠」鄭玄注：「波，讀爲播」。〔註2045〕

〔註2037〕〔清〕段玉裁撰：《說文解字注》，上海：上海古籍出版社，景印嘉慶二十年經韻樓本，1988年版，第363頁。

〔註2038〕〔唐〕李鼎祚撰：《周易集解》，北京：中國書店，景印嘉慶三年姑蘇喜墨齋張遇堯局鐫本，1987年版，卷五，第12頁。

〔註2039〕〔清〕惠棟撰：《周易述》（四部備要本），上海：中華書局，據學海堂經解本校刊，1936年版，第22頁。

〔註2040〕〔漢〕鄭玄注，〔唐〕孔穎達等正義：《禮記正義》，北京：中華書局景印阮刻本，1980年版，第48頁。

〔註2041〕〔清〕朱彝尊撰，許維萍等點校：《點校補正經義考》（全八冊），臺灣：中研院中國文哲研究所籌備處，1997年版，第一冊，第158頁。

〔註2042〕〔清〕翟均廉撰：《周易章句證異》，臺灣：商務印書館，景印文淵閣四庫全書本第53冊，1983年版，第692頁。

〔註2043〕〔清〕嚴可均輯：《全上古三代秦漢三國六朝文》，北京：中華書局，景印清光緒年間刊本，1985年版，第852頁。

〔註2044〕〔清〕顧炎武撰：《音學五書》，北京：中華書局，景印觀稼樓仿刻本，1982年版，第194頁。

〔註2045〕〔漢〕鄭玄注，〔唐〕賈公彥疏：《周禮注疏》，北京：中華書局景印阮刻本，

《莊子‧人間世》「夫言者，風波也」郭慶藩《集解》：「波，當讀爲播。」
〔註 2046〕故此處當假借爲皤。皤（並紐歌部）、槃（並紐元部）、燔（並紐元部）、
波（幫紐歌部），皆一聲之轉也。

翰｜ 尸旦反。董、黃云：馬舉頭高卬也。馬、荀云：高也。鄭云：白也。
亦作寒案反。〔註 2047〕

【疏】翰《廣韻》二讀，侯旰切，匣翰開一去山。胡安切，匣寒開一平
山。音異義同。《釋文》首音「尸旦反」者，「尸」者，「戶」之脫誤也。戶旦
反音同《廣韻》侯旰切。董、黃云「馬舉頭高卬也」者，《說文‧羽部》：「翰，
天雞，赤羽也。」〔註 2048〕此處用假借義也。朱駿聲《說文通訓定聲》：「《易‧
賁》：白馬翰如。馬、荀注：高也。黃注：舉頭高卬也。謂借爲戶。失之。《禮
記‧檀弓》：戎事乘翰。注：白色馬也。或曰：《易》借爲鶾，〈檀弓〉借爲騿。
亦通。」〔註 2049〕馬、荀云「高也」者，《易‧中孚》「翰音登于天」李鼎祚《集
解》引虞翻曰：「翰，高也。」〔註 2050〕《詩‧小雅‧小宛》：「翰飛戾天」毛
《傳》：「翰，高。」〔註 2051〕鄭云「白也」者，《禮記‧檀弓上》「戎事乘翰」
鄭玄注：「翰，白色馬也」。〔註 2052〕《廣雅‧釋器》「皔，白也」王念孫《疏
證》：「翰，與皔通。」〔註 2053〕亦作寒案反者，與首音同。

1980 年版，第 224 頁。
〔註 2046〕〔清〕郭慶藩輯：《莊子集釋》，上海：上海書店，景印諸子集成本，1986
年版，第 73 頁。
〔註 2047〕《經典釋文彙校》：「『白』，寫本、宋本、十行本、閩監本同。盧從雅雨本改
作『幹』，阮云：作『幹』是也。」見黃焯撰：《經典釋文彙校》，北京：中
華書局，1980 年版，第 14 頁。
〔註 2048〕〔漢〕許慎撰：《說文解字》，北京：中華書局，景印同治十二年陳昌治刻本，
1963 年版，第 75 頁。
〔註 2049〕〔清〕朱駿聲撰：《說文通訓定聲》（續四庫經部小學類第 220～221 冊），上
海：上海古籍出版社，景印道光二十八年刻本，2002 年版，第 221 冊，第
174 頁。
〔註 2050〕〔唐〕李鼎祚撰：《周易集解》，北京：中國書店，景印嘉慶三年姑蘇喜墨齋
張遇堯局鐫本，1987 年版，卷十二，第 6 頁。
〔註 2051〕〔漢〕毛公傳、鄭玄箋，〔唐〕孔穎達等正義：《毛詩正義》，北京：中華書
局景印阮刻本，1980 年版，第 183 頁。
〔註 2052〕〔漢〕鄭玄注，〔唐〕孔穎達等正義：《禮記正義》，北京：中華書局景印阮
刻本，1980 年版，第 48 頁。
〔註 2053〕〔清〕王念孫撰：《廣雅疏證》，北京：中華書局，景印嘉慶年間王氏家刻本，
1983 年版，第 273 頁。

媾｜ 古豆反。

【疏】所在經文爲「匪寇婚媾。」〔註2054〕媾《廣韻》古候切，見候開一去流。《釋文》音同。

而閡｜ 五戴反。〔註2055〕

【疏】所在注文爲「有應在初而閡于三」。〔註2056〕《廣韻》五溉切，疑代開一去流。《釋文》音同。

寇難｜ 乃旦反，下同。〔註2057〕

【疏】所在注文爲「爲己寇難」。〔註2058〕參看〈乾〉「而難」條。

賁于丘園｜ 黃本「賁」作「丗」。

【疏】黃穎作「丗」者，當是「賁」字之缺也。

束帛｜ 《子夏傳》云：五匹爲束，三玄二纁象陰陽。

【疏】所在經文爲「束帛戔戔」。〔註2059〕《子夏傳》云「五匹爲束，三玄二纁象陰陽」者，《儀禮・士昏禮第二》「納徵，玄纁束帛、儷皮，如納吉禮。」鄭玄注：「用玄纁者，象陰陽備也。束帛，十端也。《周禮》曰：『凡嫁子取妻，入幣純帛無過五兩。』」賈公彥於此疏曰：「鄭彼注云：『納幣帛緇，

〔註2054〕〔魏〕王弼、韓康伯注，〔唐〕孔穎達等正義：《周易正義》，北京：中華書局景印阮刻本，1980年版，第26頁。

〔註2055〕《經典釋文彙校》：「『戴』，寫本、宋本、十行本同。汲古本、雅雨本依閩監本作『載』。案戴、載皆在代韻，據陳澧《切韻考》，韻類亦同，是作『載』亦無不可。惟《集韻》切語下字祇用『戴』，固依唐宋本作『戴』也。」見黃焯撰：《經典釋文彙校》，北京：中華書局，1980年版，第14頁。

〔註2056〕〔魏〕王弼、韓康伯注，〔唐〕孔穎達等正義：《周易正義》，北京：中華書局景印阮刻本，1980年版，第26頁。

〔註2057〕《經典釋文彙校》：「盧云：案下文及下卦並不見有『難』字，官本無『下同』二字。當以衍去之。焯案寫本已衍『下同』二字。」見黃焯撰：《經典釋文彙校》，北京：中華書局，1980年版，第14頁。按「下同」二字不當去。王弼注下曰：「欲進則懼三之難」，見〔魏〕王弼、韓康伯注，〔唐〕孔穎達等正義：《周易正義》，北京：中華書局景印阮刻本，1980年版，第26頁。是有難字也。

〔註2058〕〔魏〕王弼、韓康伯注，〔唐〕孔穎達等正義：《周易正義》，北京：中華書局景印阮刻本，1980年版，第26頁。

〔註2059〕〔魏〕王弼、韓康伯注，〔唐〕孔穎達等正義：《周易正義》，北京：中華書局景印阮刻本，1980年版，第26頁。

婦人陰也。凡於娶禮，必用其類。五兩，十端也。必言兩者，欲得其配合之名，十象五行十日相成也。士大夫乃以玄纁束帛，天子加以穀圭，諸侯加以大璋。〈雜記〉云：納幣一束，束五兩，兩五尋。然則每端二丈。』若彼據庶人空用緇色，無纁，故鄭云用緇婦人陰，此玄纁俱有，故云象陰陽備也。案〈玉人〉，穀圭，天子以聘女；大璋，諸侯以聘女。故鄭據而言焉。玄纁束帛者，合言之陽奇陰耦。三玄二纁也。其大夫無冠禮而有昏禮，若試爲大夫及幼爲大夫者，依士禮。若五十而爵，改娶者，大夫昏禮，玄纁及鹿皮則同於士。餘有異者，無文以言也。」〔註2060〕

戔戔| 在千反。馬云：委積貌。薛虞云：禮之多也。又音賤。黃云：猥積貌。一云：顯見貌。《子夏傳》作「殘殘」。〔註2061〕

【疏】所在經文爲「束帛戔戔」。〔註2062〕馬王堆漢墓帛書《周易》同。〔註2063〕戔《廣韻》昨干切，從寒開一平山。《釋文》「在千反」者，當是「在干反」之譌，在干反音同《廣韻》。馬云「委積貌」者，《文選·陸績〈演連珠〉》「丘園之秀」李善注引《周易》王肅注：「戔戔，委積之貌也。」〔註2064〕委，音去聲，積也。《文選·揚雄〈甘泉賦〉》：「儐暗藹兮降清壇，瑞穰穰兮委如山。」李善注：「委，積也。」〔註2065〕薛虞云「禮之多也」者，義同，故《正義》曰「戔戔，眾多也」〔註2066〕。又音賤者，精先開四平山，《集韻》將先切，同。戔本無異讀，後戔戔多讀精紐。黃云「猥積貌」者，猥，亦積

〔註2060〕　〔漢〕鄭玄注，〔唐〕賈公彥疏：《儀禮注疏》，北京：中華書局景印阮刻本，1980年版，第18～19頁。

〔註2061〕　《經典釋文彙校》：「葉鈔、朱鈔闕『見』字。宋本作『兒兒』，蓋上『兒』字爲『見』之誤。寫本有『見』字。」見黃焯撰：《經典釋文彙校》，北京：中華書局，1980年版，第14頁。

〔註2062〕　〔魏〕王弼、韓康伯注，〔唐〕孔穎達等正義：《周易正義》，北京：中華書局景印阮刻本，1980年版，第26頁。

〔註2063〕　廖名春釋文：《馬王堆帛書周易經傳釋文》（續四庫經部易類第1冊），上海：上海古籍出版社，2002年版，第3頁。

〔註2064〕　〔梁〕蕭統編，〔唐〕李善注：《文選》（四部精要本第十六冊），上海：上海古籍出版社，景印嘉慶十四年胡克家仿宋淳熙刊本，1992年版，第768頁。

〔註2065〕　〔梁〕蕭統編，〔唐〕李善注：《文選》（四部精要本第十六冊），上海：上海古籍出版社，景印嘉慶十四年胡克家仿宋淳熙刊本，1992年版，第483頁。

〔註2066〕　〔魏〕王弼、韓康伯注，〔唐〕孔穎達等正義：《周易正義》，北京：中華書局景印阮刻本，1980年版，第26頁。

也。《漢書・董仲舒傳》「勿猥勿并」顏師古注：「猥，積也。」〔註2067〕一云「顯見貌」者，此又一義，明吳桂森因之，其《周易像象述・卷四》注云：「戔戔，顯見貌。曰束帛則玄黃黼黻，有文彩而又不外露，所謂闇然之文，美之至也。」〔註2068〕《子夏傳》作「殘殘」者，《說文・戈部》：「戔，賊也。从二戈。」〔註2069〕段玉裁注：「戔，與殘音義皆同，今則殘行而戔廢矣。」〔註2070〕由此，戔、殘古今字也。此處戔戔為連緜字，不作賊害之義解。戔戔者，狀物之字也，義為束帛之貌。除卻訓為委積、顯見外，亦有訓為少也。《夢溪補筆談・卷一》：「《易》曰：束帛戔戔。戔戔者，寡也。」〔註2071〕又朱熹《周易本義》：「戔戔，淺小之意。」〔註2072〕

有喜｜ 如字。徐許意反。〈无妄〉、〈大畜〉卦放此。

【疏】所在經文為「六五之吉，有喜也」。〔註2073〕喜「如字」者，讀如《廣韻》虛里切，曉止開三上止。徐許意反者，曉志開三去止。《羣經音辨・卷二》：「喜，樂也，虛里切。喜，心所悅也，虛記切，《易》『六五之吉有喜也』徐邈讀。」〔註2074〕由此，喜如字者，為動詞，徐破讀為去聲者，則為名詞矣。義為心有所悅也。

☷☶ 剝｜ 邦角反。〈彖〉云：剝，剝也。馬云：落也。《說文》云：裂也。乾宮五世卦。

【疏】剝《廣韻》北角切，幫覺開二入江。《釋文》音同。〈彖〉云「剝，

〔註2067〕〔漢〕班固撰：《前漢書》（四部備要本），上海：中華書局，據武英殿本校刊，1936年版，第827頁。

〔註2068〕〔明〕吳桂森撰：《周易像象述》，臺灣：商務印書館，景印文淵閣四庫全書本第34冊，1983年版，第466頁。

〔註2069〕〔漢〕許慎撰：《說文解字》，北京：中華書局，景印同治十二年陳昌治刻本，1963年版，第266頁。

〔註2070〕〔清〕段玉裁撰：《說文解字注》，上海：上海古籍出版社，景印嘉慶二十年經韻樓本，1988年版，第632頁。

〔註2071〕〔宋〕沈約撰，胡道靜校證：《夢溪筆談校證》，上海：上海古籍出版社，1987年版，第912頁。

〔註2072〕〔宋〕朱熹撰：《周易本義》（四書五經本），北京：中國書店，據世界書局本景印，1985年版，第23頁。

〔註2073〕〔魏〕王弼、韓康伯注，〔唐〕孔穎達等正義：《周易正義》，北京：中華書局景印阮刻本，1980年版，第26頁。

〔註2074〕〔宋〕賈昌朝撰：《羣經音辨》（叢書集成初編語文學類第1208冊），上海：商務印書館，景印畿輔叢書本，1939年版，第44頁。

剥也」者，今同。同字爲訓也。《正義》曰：「『剥，剥也』者，釋剥卦名爲剥，不知何以稱剥，故釋云剥者解剥之義，是陰長解剥於陽也。」〔註 2075〕馬云「落也」者，《廣雅・釋詁三》：「剥，落也。」〔註 2076〕《周易・剥・象傳》「不利有攸往」李鼎祚《集解》引鄭玄曰：「萬物霝落，故謂之剥也。」〔註 2077〕《說文》云「裂也」者，《說文・刀部》：「剥，裂也。从刀从录。录，刻割也，录亦聲。」〔註 2078〕

人長｜ 丁丈反。下注皆同。

【疏】所在經文爲「小人長也」。〔註 2079〕參看〈師〉「長子」條。

激｜ 經歷反。

【疏】所在注文爲「強亢激拂」。〔註 2080〕激《廣韻》二讀，訓作水急，音古弔切，見嘯開四去效。訓作疾波、姓者，音古歷切，見錫開四入梗。於水急義二讀皆可，然後世激流皆讀入聲。《釋文》音與《廣韻》入聲同。

拂｜ 附弗反。

【疏】拂《廣韻》敷勿切，敷物合三入臻。《釋文》附弗反，奉物合三入臻，《集韻》增符勿切，音同。

觸忤｜ 五故反。

【疏】所在注文爲「觸忤以隕身」。〔註 2081〕忤《廣韻》五故切，疑暮合一去遇。《釋文》音同。

〔註 2075〕〔魏〕王弼、韓康伯注，〔唐〕孔穎達等正義：《周易正義》，北京：中華書局景印阮刻本，1980 年版，第 26 頁。

〔註 2076〕〔清〕王念孫撰：《廣雅疏證》，北京：中華書局，景印嘉慶年間王氏家刻本，1983 年版，第 90 頁。

〔註 2077〕〔唐〕李鼎祚撰：《周易集解》，北京：中國書店，景印嘉慶三年姑蘇喜墨齋張遇堯局鐫本，1987 年版，卷五，第 14 頁。

〔註 2078〕〔漢〕許慎撰：《說文解字》，北京：中華書局，景印同治十二年陳昌治刻本，1963 年版，第 92 頁。

〔註 2079〕〔魏〕王弼、韓康伯注，〔唐〕孔穎達等正義：《周易正義》，北京：中華書局景印阮刻本，1980 年版，第 26 頁。

〔註 2080〕〔魏〕王弼、韓康伯注，〔唐〕孔穎達等正義：《周易正義》，北京：中華書局景印阮刻本，1980 年版，第 26 頁。

〔註 2081〕〔魏〕王弼、韓康伯注，〔唐〕孔穎達等正義：《周易正義》，北京：中華書局景印阮刻本，1980 年版，第 26 頁。

以殞| 于敏反。

　　【疏】殞《廣韻》于敏切，云軫開三上臻。《釋文》音同。

失處| 昌呂反，又昌預反。

　　【疏】所在注文爲「安宅者，物不失處也。」〔註 2082〕處《廣韻》二讀，居止音昌與切，昌語合三上遇。《釋文》首音同。處所音昌據切，昌御合三去遇，《釋文》又音同。物不失處，處上去二讀，於義皆可。

蔑| 莫結反。猶削也，楚俗有削蔑之言。馬云：無也。鄭云：輕慢。荀作「滅」。

　　【疏】所在經文爲「剝牀以足，蔑貞凶」。蔑《廣韻》莫結切，明屑開四入山。《釋文》音同。「猶削也」者，王弼注：「滅，猶削也。」〔註 2083〕「楚俗有削蔑之言」者，明方以智《通雅》云：「削蔑即消滅。〈易釋文〉：楚俗有削蔑之言。削或謂消，荀蔑作滅。」〔註 2084〕馬云「無也」者，《小爾雅·廣詁》：「蔑，無也。」〔註 2085〕《詩·大雅·板》「喪亂蔑資」毛《傳》：「蔑，無。」〔註 2086〕《左傳·僖公十年》「蔑不濟矣」杜預注：「蔑，無也。」〔註 2087〕《周易集解》引虞翻曰：「蔑，无。貞，正也。失位无應，故蔑貞凶。」〔註 2088〕是亦訓蔑爲無也。鄭云「輕慢」者，《詩·大雅·桑柔》「國步蔑資」鄭玄《箋》：「蔑，猶輕也」，又云：「國家爲政行此，輕蔑民之資用。」〔註 2089〕輕蔑義同輕慢。荀作「滅」者，《文選·謝靈運〈鄰里相送方山詩〉》「音塵慰

〔註 2082〕〔魏〕王弼、韓康伯注，〔唐〕孔穎達等正義：《周易正義》，北京：中華書局景印阮刻本，1980 年版，第 26 頁。

〔註 2083〕〔魏〕王弼、韓康伯注，〔唐〕孔穎達等正義：《周易正義》，北京：中華書局景印阮刻本，1980 年版，第 26 頁。

〔註 2084〕〔明〕方以智撰：《通雅》，清光緒間刊本，卷八，第 4 頁。

〔註 2085〕〔清〕宋翔鳳撰：《小爾雅訓纂》（續四庫經部小學類第 189 冊），上海：上海古籍出版社，景印嘉慶年間浮溪精舍叢書本，2002 年版，第 482 頁。

〔註 2086〕〔漢〕毛公傳、鄭玄箋，〔唐〕孔穎達等正義：《毛詩正義》，北京：中華書局景印阮刻本，1980 年版，第 281 頁。

〔註 2087〕〔晉〕杜預注，〔唐〕孔穎達等正義：《春秋左傳正義》，北京：中華書局景印阮刻本，1980 年版，第 100 頁。

〔註 2088〕〔唐〕李鼎祚撰：《周易集解》，北京：中國書店，景印嘉慶三年姑蘇喜墨齋張遇堯局鐫本，1987 年版，卷五，第 14 頁。

〔註 2089〕〔漢〕毛公傳、鄭玄箋，〔唐〕孔穎達等正義：《毛詩正義》，北京：中華書局景印阮刻本，1980 年版，第 290 頁。

寂蔑」李善注：「蔑，一作滅。」〔註2090〕蔑、滅，音義同。《易‧剝‧象傳》「以滅下也」李鼎祚《集解》引虞翻曰：「蔑，滅也。」〔註2091〕《詩‧大雅‧桑柔》「國步蔑資」朱熹《集傳》：「蔑，滅。」〔註2092〕

猶削｜ 相略反。或作「消」，此從荀本也。下皆然。〔註2093〕

【疏】所在注文爲「蔑猶削也」。〔註2094〕《廣韻》息約切，心藥開三入宕。《釋文》音同。或作「消」者，音近義同也。

辨｜ 徐音辨具之辨。足上也。馬、鄭同。黃云：牀簀也。薛虞：膝下也。鄭符勉反。王肅否勉反。

【疏】所在經文爲「剝牀以辨」。〔註2095〕辨《廣韻》二讀，辨別音符蹇切，並獼開重紐三上山。辨具音蒲莧切，並襇開二去山。徐音辨具之辨者，與《廣韻》蒲莧切同。《周禮‧考工記總目》「以辨民器」鄭玄注：「辨，猶具也。」〔註2096〕《周禮‧天官‧酒正》「辨三酒之物」賈公彥疏：「辨者，豫先之名。」〔註2097〕此處辨有具辨之義。辦，辨之俗字也。《墨子‧號令》「辦護諸門」孫詒讓《閒詁》：「辦即今辦治字。」〔註2098〕「足上也」者，《周易集解》引鄭玄曰：「足上稱辨，謂近膝之下。詘則相近，信則相遠，故謂之辨。

〔註2090〕〔梁〕蕭統編，〔唐〕李善注：《文選》（四部精要本第十六冊），上海：上海古籍出版社，景印嘉慶十四年胡克家仿宋淳熙刊本，1992年版，第562頁。

〔註2091〕〔唐〕李鼎祚撰：《周易集解》，北京：中國書店，景印嘉慶三年姑蘇喜墨齋張遇堯局鐫本，1987年版，卷五，第14頁。

〔註2092〕〔宋〕朱熹撰：《詩經集傳》（四書五經本），北京：中國書店，據世界書局本景印，1985年版，第141頁。

〔註2093〕《經典釋文彙校》：「唐寫本《周易》六二注『長柔而削正』，又六四注『豈唯削正』，兩『削』字皆作『消』，寫本《釋文》則作『削』。」見黃焯撰：《經典釋文彙校》，北京：中華書局，1980年版，第14頁。

〔註2094〕〔魏〕王弼、韓康伯注，〔唐〕孔穎達等正義：《周易正義》，北京：中華書局景印阮刻本，1980年版，第26頁。

〔註2095〕〔魏〕王弼、韓康伯注，〔唐〕孔穎達等正義：《周易正義》，北京：中華書局景印阮刻本，1980年版，第26頁。

〔註2096〕〔漢〕鄭玄注，〔唐〕賈公彥疏：《周禮注疏》，北京：中華書局景印阮刻本，1980年版，第267頁。

〔註2097〕〔漢〕鄭玄注，〔唐〕賈公彥疏：《周禮注疏》，北京：中華書局景印阮刻本，1980年版，第31頁。

〔註2098〕〔清〕孫詒讓撰：《墨子閒詁》，上海：上海書店，景印諸子集成本，1986年版，第347頁。

辨，分也。」〔註2099〕薛虞「膝下也」者，義同。然則足上膝下者，即今所謂小腿也。《集解》又引崔憬曰：「今以牀言之，則辨當在笫足之閒，是牀桄也。」〔註2100〕《慧琳音義・卷六十一》「桯木」注云：「桯，牀桄也，牀腳上前後長木也。」其義蓋與足上同。黃云「牀簀也」者，《說文・竹部》：「簀，牀棧也。」〔註2101〕牀棧即牀笫，竹席也。清任啓運《周易洗心・卷二》云：「國之有賢，若牀之有簀。而賊賢以自專者，不知若寢而剝其牀之簀者然。」〔註2102〕《釋文》所引諸說，當是辨之假借義也，其本字爲何，實難確考。故諸說恐皆出於臆斷，蓋因初六「剝牀以足」、六四「剝牀以膚」推之，則辨當在足膚之間。「剝牀以膚」下《集解》引崔憬曰：「牀之膚謂薦席」，〔註2103〕若據此說，則足上、膝下、牀桄之說近是。此外，或有訓爲指間者，《集解》引虞翻說如是，則與「剝牀以足」齟齬，而黃氏「牀簀」說則與「剝牀以膚」相左矣。鄭符勉反者，奉獮開重紐三上山，與《廣韻》符蹇切類隔，古皆重脣音。王肅否勉反者，毛居正《六經正誤》云：「辨，鄭符勉反，符當作蒲。王肅否勉反，否呼如否卦之否，則與蒲勉反同，若呼作可否之否，則反不成音。」〔註2104〕毛說可從。

道浸| 子鴆反。下同。

【疏】所在注文爲「剝道浸長」。〔註2105〕浸《廣韻》二讀，訓作漬、漸音子鴆切，精沁開三去深。訓作浸淫音七林切，清侵開三平深。《釋文》音同《廣韻》去聲。參看〈臨〉「剛浸」條。

〔註2099〕〔唐〕李鼎祚撰：《周易集解》，北京：中國書店，景印嘉慶三年姑蘇喜墨齋張遇堯局鐫本，1987年版，卷五，第14頁。

〔註2100〕〔唐〕李鼎祚撰：《周易集解》，北京：中國書店，景印嘉慶三年姑蘇喜墨齋張遇堯局鐫本，1987年版，卷五，第14頁。

〔註2101〕〔漢〕許慎撰：《說文解字》，北京：中華書局，景印同治十二年陳昌治刻本，1963年版，第96頁。

〔註2102〕〔清〕任啓運撰：《周易洗心》，臺灣：商務印書館，景印文淵閣四庫全書本第51冊，1983年版，第268頁。

〔註2103〕〔唐〕李鼎祚撰：《周易集解》，北京：中國書店，景印嘉慶三年姑蘇喜墨齋張遇堯局鐫木，1987年版，卷五，第14頁。

〔註2104〕〔宋〕毛居正撰：《六經正誤》，揚州：江蘇廣陵古籍刻印社，景印通志堂經解本第十六冊，1996年版，第571頁。

〔註2105〕〔魏〕王弼、韓康伯注，〔唐〕孔穎達等正義：《周易正義》，北京：中華書局景印阮刻本，1980年版，第26頁。

稍近｜ 附近之近。

【疏】所在注文爲「稍近於牀」。〔註2106〕參看〈乾〉「近乎」條。

六三，剝，无咎。｜ 一本作「剝之无咎」，非。

【疏】所在經文集解本同《釋文》，注疏本作「剝之无咎」。〔註2107〕《周易章句證異・卷一》：「毛奇齡云：陸說大謬。項云：『之』字因〈小象〉『之』字而誤增，〈小象〉設問，猶云剝之所以无咎，爻辭無問答。俞云：『之』字衍。」翟均廉又自案云：「時本注疏經中有『之』字，王注孔疏原文無『之』字。」〔註2108〕

以膚｜ 方于反。京作「簠」，謂祭器。

【疏】所在經文爲「剝牀以膚」。〔註2109〕膚《廣韻》甫無切，非虞合三平遇。《釋文》音同。京作「簠」者，《仲氏易》云：「不可解。」〔註2110〕此處蓋假借爲膚也。朱駿聲《說文通訓定聲》：「簠，又借爲膚。」〔註2111〕又有以簠讀之者，宋王應麟《困學紀聞・卷一》云：「京氏《易》剝牀以簠，謂祭器。澹庵云：《易》於剝坎取象簠簋，以精意寓焉。」〔註2112〕黃宗炎《周易象辭・卷八》云：「愚嘗讀《儀禮》，知虛文之盛，莫甚于饗禮，極其賁飾，然後成饗，一饗以後，籩豆撓亂，品物委棄而不問，故曰致飾然後饗則盡矣。致飾者，極其文飾也，盡者遺落无餘也。剝牀以膚正既饗則盡之謂，先儒誤

〔註2106〕 〔魏〕王弼、韓康伯注，〔唐〕孔穎達等正義：《周易正義》，北京：中華書局景印阮刻本，1980年版，第26頁。

〔註2107〕 〔魏〕王弼、韓康伯注，〔唐〕孔穎達等正義：《周易正義》，北京：中華書局景印阮刻本，1980年版，第26頁。

〔註2108〕 〔清〕翟均廉撰：《周易章句證異》，臺灣：商務印書館，景印文淵閣四庫全書本第53冊，1983年版，第693頁。

〔註2109〕 〔魏〕王弼、韓康伯注，〔唐〕孔穎達等正義：《周易正義》，北京：中華書局景印阮刻本，1980年版，第26頁。

〔註2110〕 〔清〕毛奇齡撰：《仲氏易》（皇清經解本），上海：上海書店，景印清經解本第一冊，1988年版，第513頁。

〔註2111〕 〔清〕朱駿聲撰：《說文通訓定聲》（續四庫經部小學類第220～221冊），上海：上海古籍出版社，景印道光二十八年刻本，2002年版，第220冊，第489頁。

〔註2112〕 〔宋〕王應麟撰，〔清〕翁元圻注：《困學紀聞注》（續四庫子部雜家類第1142～1143冊），上海：上海古籍出版社，景印道光乙酉年餘姚守福堂刊本，2002年版，第1142冊，第431頁。

讀燕亨之亨爲元亨之亨，此義茫然矣。觀京氏《易》作『剝牀以簞』，其義益明。」〔註2113〕黃氏以爲簞爲牀上之陳設，饗禮後委棄，故云剝牀以簞。世傳本多作「膚」，或訓爲牀笫，或訓爲膚體。《周易章句證異・卷一》：「虞翻諸儒如字，虞云：辨上稱膚。崔憬謂薦席。陸希聲云茵席。王弼、孔穎達謂人之膚體，朱、程同。」〔註2114〕

切近| 如字。徐巨靳反。鄭云：切，急也。

【疏】所在經文爲「『剝牀以膚』，切近災也」。〔註2115〕近《廣韻》、《集韻》可見三讀，義亦有別，參看〈乾〉「近乎」條。又《羣經音辨・卷一》：「近，邇也，其謹切。近，附也，其靳切。近辭也，居利切，《詩》『往近王舅』。」〔註2116〕此處「如字」者，讀如《廣韻》其謹切，邇也。徐音巨靳反者，與《廣韻》去聲同，附也。鄭云「切，急也」者，切有急迫之義，《論語・子張》「切問而近思」皇侃疏：「切，猶急也。」〔註2117〕《後漢書・史弼傳》「詔書前後切卻州郡」李賢注：「切，急也。」〔註2118〕《諸子平議・淮南內篇四》「抄和切適」俞樾按：「切者，急切也。」〔註2119〕

貫魚| 古亂反。徐音官，穿也。

【疏】所在經文爲「貫魚，以宮人寵」。〔註2120〕貫《廣韻》二讀，訓作事、穿音古玩切，見換合一去山。訓作穿音古丸切，見桓合一平山。據此，

〔註2113〕〔清〕黃宗炎撰：《周易象辭》，臺灣：商務印書館，景印文淵閣四庫全書本第40冊，1983年版，第358頁。

〔註2114〕〔清〕翟均廉撰：《周易章句證異》，臺灣：商務印書館，景印文淵閣四庫全書本第53冊，1983年版，第693頁。

〔註2115〕〔魏〕王弼、韓康伯注，〔唐〕孔穎達等正義：《周易正義》，北京：中華書局景印阮刻本，1980年版，第26頁。

〔註2116〕〔宋〕賈昌朝撰：《羣經音辨》（叢書集成初編語文學類第1208冊），上海：商務印書館，景印畿輔叢書本，1939年版，第16頁。

〔註2117〕〔魏〕何晏解，〔梁〕皇侃疏：《論語集解義疏》（叢書集成初編哲學類第481～484冊），上海：商務印書館，1937年版，第267頁。

〔註2118〕〔南朝宋〕范曄撰：《後漢書》（四部備要本），上海：中華書局，據武英殿本校刊，1936年版，第834頁。

〔註2119〕〔清〕俞樾撰：《諸子平議》（續四庫子部雜家類第1161～1162冊），上海：上海古籍出版社，景印同治丙寅春在堂刊本，2002年版，第1162冊，第240頁。

〔註2120〕〔魏〕王弼、韓康伯注，〔唐〕孔穎達等正義：《周易正義》，北京：中華書局景印阮刻本，1980年版，第26頁。

似訓作穿二讀皆可，後則有別。《釋文》古亂反者，與《廣韻》古玩切音同。徐音官者，與《廣韻》古丸切同。王弼注：「貫魚謂此眾陰也，駢頭相次，似貫魚也。」〔註2121〕亦即貫穿之義也。

駢頭｜ 薄田反。

【疏】所在注文爲「駢頭相次」。〔註2122〕駢《廣韻》部田切，並先開四平山。《釋文》音同。

得輿｜ 音餘。京作「德輿」。董作「德車」。

【疏】所在經文注疏本作「君子得輿」。〔註2123〕輿《廣韻》二讀《廣韻》以諸切，以魚合三平遇。羊洳切，以御合三去遇。車輿二讀皆可。《釋文》音餘與《廣韻》平聲音同。《周易章句證異·卷一》：「得輿，京房作『德輿』。荀爽、虞翻、董遇、李鼎祚作『德車』。虞云：乾爲君子，爲德，坤爲車，乾在坤，故以德爲車。晁說之曰：車，古文。惠棟曰：『德車』。本或『德舉』，坤爲大舉。孔穎達、侯果作『得輿』。」〔註2124〕按，京作「德輿」者，德、得古通。董作「德車」者，車、輿義同。參看〈大有〉「大車」條。

廬｜ 力居反。

【疏】所在經文爲「小人剝廬」。〔註2125〕廬《廣韻》力居切，來魚合三平遇。《釋文》音同。

覆蔭｜ 於鴆反。

【疏】所在注文爲「則爲民覆蔭」。〔註2126〕蔭《廣韻》於禁切，影沁開

〔註2121〕 〔魏〕王弼、韓康伯注，〔唐〕孔穎達等正義：《周易正義》，北京：中華書局景印阮刻本，1980年版，第26頁。

〔註2122〕 〔魏〕王弼、韓康伯注，〔唐〕孔穎達等正義：《周易正義》，北京：中華書局景印阮刻本，1980年版，第26頁。

〔註2123〕 〔魏〕王弼、韓康伯注，〔唐〕孔穎達等正義：《周易正義》，北京：中華書局景印阮刻本，1980年版，第26頁。

〔註2124〕 〔清〕翟均廉撰：《周易章句證異》，臺灣：商務印書館，景印文淵閣四庫全書本第53冊，1983年版，第693頁。

〔註2125〕 〔魏〕王弼、韓康伯注，〔唐〕孔穎達等正義：《周易正義》，北京：中華書局景印阮刻本，1980年版，第26頁。

〔註2126〕 〔魏〕王弼、韓康伯注，〔唐〕孔穎達等正義：《周易正義》，北京：中華書局景印阮刻本，1980年版，第26頁。

重紐三去深。《釋文》音同。

所芘｜ 本又作庇，必利反。又悲備反。〔註2127〕

【疏】所在注文爲「則剝牀所庇也」。〔註2128〕本又作「庇」者，朱駿聲《說文通訓定聲》：「芘，叚借爲庇。」〔註2129〕《詩・大雅・雲漢》「云我無所」鄭玄《箋》「言我無所庇蔭處」陸德明《釋文》：「芘，本亦作庇。」〔註2130〕庇《廣韻》必至切，幫至開重紐四去止。《釋文》必利反，反切上字幫質開重紐四入臻，下字來至開三去止，此處被切字爲重紐四等，故《釋文》之讀當以上字定其開合等次，是《釋文》音同《廣韻》也。又悲備反，幫至開重紐三去止，《集韻》增兵媚切，音同。

䷗復｜ 音服。反也，還也。坤宮一世卦。

【疏】復《廣韻》二讀，房六切，奉屋合三入通。扶富切，奉宥開三去流。訓作返時，二讀皆可。《釋文》音服同《廣韻》入聲。「反也」者，常訓也。《易・訟》「復即命渝」孔穎達疏：「復，反也。」〔註2131〕「還也」者，義同「反」。《小爾雅・廣言》：「復，還也。」〔註2132〕參看〈乾〉「反復」條。

朋來｜ 如字。京作「崩」。〔註2133〕

【疏】所在經文爲「朋來无咎」。〔註2134〕「如字」者，明字形當作「朋」

〔註2127〕《經典釋文彙校》：「唐寫本《周易》作『庇』，與今本同。」見黃焯撰：《經典釋文彙校》，北京：中華書局，1980年版，第14頁。

〔註2128〕〔魏〕王弼、韓康伯注，〔唐〕孔穎達等正義：《周易正義》，北京：中華書局景印阮刻本，1980年版，第26頁。

〔註2129〕〔清〕朱駿聲撰：《說文通訓定聲》（續四庫經部小學類第220～221冊），上海：上海古籍出版社，景印道光二十八年刻本，2002年版，第221冊，第43頁。

〔註2130〕〔唐〕陸德明撰：《經典釋文》，北京：中華書局，景印徐乾學通志堂刻本，1983年版，第99頁。

〔註2131〕〔魏〕王弼、韓康伯注，〔唐〕孔穎達等正義：《周易正義》，北京：中華書局景印阮刻本，1980年版，第13頁。

〔註2132〕〔清〕宋翔鳳撰：《小爾雅訓纂》（續四庫經部小學類第189冊），上海：上海古籍出版社，景印嘉慶年間浮溪精舍叢書本，2002年版，第491頁。

〔註2133〕《經典釋文彙校》：「寫本、宋本『萌』作『崩』，十行本、閩監本、雅雨本同。阮云：作『崩』是也。」見黃焯撰：《經典釋文彙校》，北京：中華書局，1980年版，第14頁。

〔註2134〕〔魏〕王弼、韓康伯注，〔唐〕孔穎達等正義：《周易正義》，北京：中華書

也。京作「萠」者，《經典釋文彙校》膽作「萌」，誤。阮云「作崩是也」者，蓋依寫本、宋本改之，當是。《周易章句證異・卷一》：「『朋』，京房作『崩』。見《釋文》及《漢書・五行志》。京房《易傳》云：自上下者爲崩。顏師古注：今《易》作『朋』。毛奇齡云：京誤。」〔註2135〕按《漢書・五行志》：「《京房易傳》曰：復，崩來無咎，自上下者爲崩。厥應泰山之石顛而下。」〔註2136〕惠棟《周易述・卷四》依之，彼注曰：「自上下者爲崩，剝艮反初得正，故无咎，反復其道，有崩道也。虞氏作『朋來』，云：兌爲朋，在內稱來，五陰從初，初陽正，息而成兌，故朋來无咎，乾成坤，反于震，陽爲道，故復其道。」〔註2137〕

反復| 芳福反。劉本同。本又作「覆」。〈彖〉并注「反復」皆同。〔註2138〕

【疏】所在經文爲「反復其道」。〔註2139〕參看〈乾〉「反復」條。

剛反| 絕句。

【疏】所在經文爲「剛反動而以順行」。〔註2140〕「剛反」絕句者，如朱熹《周易本義》於「剛反」下注云：「剛反則亨。」〔註2141〕則朱子以「剛反」二字釋「復亨」。而連言之者，如《周易正義》云：「『復亨』者，以陽復則亨，故以亨連復而釋之也。剛反動而以順行者，既上釋『復亨』之義，又下釋『出入无疾，朋來无咎』之理，故云『是以出入无疾，朋來无咎』也。」〔註2142〕

　　　局景印阮刻本，1980年版，第26頁。

〔註2135〕〔清〕翟均廉撰：《周易章句證異》，臺灣：商務印書館，景印文淵閣四庫全書本第53冊，1983年版，第693頁。

〔註2136〕〔漢〕班固撰：《前漢書》（四部備要本），上海：中華書局，據武英殿本校刊，1936年版，第486頁。

〔註2137〕〔清〕惠棟撰：《周易述》（四部備要本），上海：中華書局，據學海堂經解本校刊，1936年版，第23頁。

〔註2138〕《經典釋文彙校》：「各本經文皆作『復』，惟唐寫本《周易》作『覆』，與《釋文》一本合。」見黃焯撰：《經典釋文彙校》，北京：中華書局，1980年版，第14頁。

〔註2139〕〔魏〕王弼、韓康伯注，〔唐〕孔穎達等正義：《周易正義》，北京：中華書局景印阮刻本，1980年版，第26頁。

〔註2140〕〔魏〕王弼、韓康伯注，〔唐〕孔穎達等正義：《周易正義》，北京：中華書局景印阮刻本，1980年版，第26頁。

〔註2141〕〔宋〕朱熹撰：《周易本義》（四書五經本），北京：中國書店，據世界書局本景印，1985年版，第24頁。

〔註2142〕〔魏〕王弼、韓康伯注，〔唐〕孔穎達等正義：《周易正義》，北京：中華書

則孔氏以「剛反動」釋「復亨」，蓋以「剛反」則「復」，「動」則「亨」也。
而朱子則以「剛反」爲「復亨」之原因。二說皆通。《周易章句證異・卷三》：
「虞翻、王弼、孔穎達讀『剛反動而以順行』句。惠棟、毛奇齡同。陸德明
曰『剛反』絕句。程子、朱子諸儒從之。郭京曰：『剛反』下有『也』字。吳
澄增『也』字。朱升同。毛奇齡曰：『剛反動而』連下至『順行』七字，漢魏
讀皆如此，後儒以此作句，本屬杜撰，而朱升旁注竟增也字，彼亦以世無『剛
反』句也，然增字則益妄矣。」〔註2143〕毛氏說可備一考。

剛長｜ 丁丈反。下文注皆同。

【疏】所在經文爲「剛長也」。〔註2144〕參看〈師〉「長子」條。

心見｜ 賢遍反。

【疏】所在經文爲「復，其見天地之心乎。」〔註2145〕見《廣韻》二讀，
訓爲示音胡甸切，匣霰開四去山。訓爲視音古電切，見霰開四去山。《釋文》
音同《廣韻》胡甸切。王弼注：「故動息地中，乃天地之心見也。」〔註2146〕
孔穎達疏：「觀此復象，乃『見天地之心』也。天地非有主宰，何得有心？以
人事之心，託天地以示法爾。」〔註2147〕此處讀爲賢遍反，訓爲示，天地顯其
心也。

具存｜ 本亦作「其存」。

【疏】所在注文今注疏本爲：「則異類未獲具存矣」。〔註2148〕「具存」是。
「其」字乃「具」之譌也。具存者，古之成詞也。《漢書・揚雄傳贊》：「自雄

局景印阮刻本，1980 年版，第 26 頁。
〔註2143〕〔清〕翟均廉撰：《周易章句證異》，臺灣：商務印書館，景印文淵閣四庫全
書本第 53 冊，1983 年版，第 741 頁。
〔註2144〕〔魏〕王弼、韓康伯注，〔唐〕孔穎達等正義：《周易正義》，北京：中華書
局景印阮刻本，1980 年版，第 27 頁。
〔註2145〕〔魏〕王弼、韓康伯注，〔唐〕孔穎達等正義：《周易正義》，北京：中華書
局景印阮刻本，1980 年版，第 27 頁。
〔註2146〕〔魏〕王弼、韓康伯注，〔唐〕孔穎達等正義：《周易正義》，北京：中華書
局景印阮刻本，1980 年版，第 27 頁。
〔註2147〕〔魏〕王弼、韓康伯注，〔唐〕孔穎達等正義：《周易正義》，北京：中華書
局景印阮刻本，1980 年版，第 27 頁。
〔註2148〕〔魏〕王弼、韓康伯注，〔唐〕孔穎達等正義：《周易正義》，北京：中華書
局景印阮刻本，1980 年版，第 27 頁。

之沒，至今四十餘年，其《法言》大行，而《玄》終不顯，然篇籍具存。」
〔註2149〕《後漢書·王允傳》：「又集漢朝舊事所當施用者，一皆奏之。經籍具
存，允有力焉。」〔註2150〕

商旅｜ 鄭云：資貨而行曰商。旅，客也。

【疏】所在經文為「商旅不行」。〔註2151〕鄭云「資貨而行曰商」者，《周
禮·地官·司市》「以商賈阜貨而行布」鄭玄注：「通物曰商。」〔註2152〕《漢
書·食貨志上》：「通財鬻貨曰商。」〔註2153〕商、賈者，皆資貨者也。資者，
《說文·貝部》段玉裁注：「資者，積也。旱則資舟，水則資舟；夏則資皮，
冬則資絺綌。皆居積之謂。」〔註2154〕商、賈渾言則同，析言則異，《周禮·
天官·序官》「賈八人」賈公彥疏引鄭注：「行曰商，處曰賈。」〔註2155〕故鄭
玄云：「資貨物而行曰商」。「旅，客也」者，《廣雅·釋詁四》：「旅，客也。」
〔註2156〕又《易·旅》「旅，小亨」孔穎達疏：「旅者，客寄之名，羈旅之
稱，失其本居而寄他方謂之旅。」〔註2157〕此處鄭注以客為羈旅之人。舊詁中
亦有訓商旅之旅為商者，《左傳·襄公十四年》「商旅于市」孔穎達疏：「旅，
亦是商。」〔註2158〕《呂氏春秋·仲秋》「來商旅」高誘注：「旅者，行商也。」

〔註2149〕〔漢〕班固撰：《前漢書》（四部備要本），上海：中華書局，據武英殿本校
　　　　　刊，1936年版，第1177頁。
〔註2150〕〔南朝宋〕范曄撰：《後漢書》（四部備要本），上海：中華書局，據武英殿
　　　　　本校刊，1936年版，第856頁。
〔註2151〕〔魏〕王弼、韓康伯注，〔唐〕孔穎達等正義：《周易正義》，北京：中華書
　　　　　局景印阮刻本，1980年版，第27頁。
〔註2152〕〔漢〕鄭玄注，〔唐〕賈公彥疏：《周禮注疏》，北京：中華書局景印阮刻本，
　　　　　1980年版，第96頁。
〔註2153〕〔漢〕班固撰：《前漢書》（四部備要本），上海：中華書局，據武英殿本校
　　　　　刊，1936年版，第393頁。
〔註2154〕〔清〕段玉裁撰：《說文解字注》，上海：上海古籍出版社，景印嘉慶二十年
　　　　　經韻樓本，1988年版，第279頁。
〔註2155〕〔漢〕鄭玄注，〔唐〕賈公彥疏：《周禮注疏》，北京：中華書局景印阮刻本，
　　　　　1980年版，第2頁。
〔註2156〕〔清〕王念孫撰：《廣雅疏證》，北京：中華書局，景印嘉慶年間王氏家刻本，
　　　　　1983年版，第134頁。
〔註2157〕〔魏〕王弼、韓康伯注，〔唐〕孔穎達等正義：《周易正義》，北京：中華書
　　　　　局景印阮刻本，1980年版，第56頁。
〔註2158〕〔晉〕杜預注，〔唐〕孔穎達等正義：《春秋左傳正義》，北京：中華書局景
　　　　　印阮刻本，1980年版，第256頁。

〔註 2159〕則此處商旅同義連用也。

无祇丨 音支，辭也。馬同。音之是反。韓伯祁支反，云：大也。鄭云：病也。王肅作「禔」，時支反。陸云：禔，安也。九家本作「**衼**」字，音支。〔註 2160〕

【疏】所在經文爲「无祇悔」。〔註 2161〕《釋文》經文作祇者，音支，與《廣韻》祇字音同。「辭也」者，《易・坎》「坎不盈，祇既平」王弼注：「祇，辭也。」〔註 2162〕馬音之是反者，蓋假借爲抵也。《伊川易傳・卷二》：「祇宜音祇，抵也。《玉篇》云：適也。義亦同。无祇悔，不至於悔也。〈坎〉卦曰：祇既平无咎，謂至既平也。」〔註 2163〕朱熹《周易本義》亦訓「祇」爲「抵也」。〔註 2164〕韓伯祁支反者，則韓伯本當做祇也，與《廣韻》祇音同。「大也」者，《後漢書・郎顗傳》「務消祇悔」李賢注：「祇，大也。」〔註 2165〕又《文選・王儉〈褚淵碑文〉》「式免祇悔」呂延濟注：「祇，大。」〔註 2166〕此處祇

〔註 2159〕〔漢〕高誘注：《呂氏春秋》，上海：上海書店，景印諸子集成本，1986 年版，第 76 頁。

〔註 2160〕《經典釋文彙校》：「寫本、宋本作『無祇』，寫本《周易》亦作『祇』。寍氏、是古通用，王肅作『禔』，證知『祇』從氏，非從氐也。『韓伯』寫本作『韓康』，『衼』作『多』，汲古本依閩監本亦作『多』。阮云：作『多』，誤。」見黃焯撰：《經典釋文彙校》，北京：中華書局，1980 年版，第 14 頁。又阮元《校勘記》云：「岳本、閩監本、毛本同，石經『祇』作『祇』。《釋文》王肅作『禔』。九家本作『衼』。」見〔魏〕王弼、韓康伯注，〔唐〕孔穎達等正義：《周易正義》，北京：中華書局景印阮刻本，1980 年版，第 33 頁。又《古易音訓》引「鄭云：病也」下出「音匙」二字。見〔宋〕呂祖謙撰，〔清〕宋咸熙輯：《古易音訓》（續四庫經部易類第 2 冊），上海：上海古籍出版社，景印清嘉慶七年刻本，2002 年版，第 35 頁。

〔註 2161〕〔魏〕王弼、韓康伯注，〔唐〕孔穎達等正義：《周易正義》，北京：中華書局景印阮刻本，1980 年版，第 27 頁。

〔註 2162〕〔魏〕王弼、韓康伯注，〔唐〕孔穎達等正義：《周易正義》，北京：中華書局景印阮刻本，1980 年版，第 30 頁。

〔註 2163〕〔宋〕程頤撰：《伊川易傳》（叢書集成三編哲學類第 9 冊），臺灣：新文豐出版公司，景印中華書局聚珍倣宋版印二程全書本，1997 年版，第 103 頁。

〔註 2164〕〔宋〕朱熹撰：《周易本義》（四書五經本），北京：中國書店，據世界書局本景印，1985 年版，第 24 頁。

〔註 2165〕〔南朝宋〕范曄撰：《後漢書》（四部備要本），上海：中華書局，據武英殿本校刊，1936 年版，第 856 頁。

〔註 2166〕〔梁〕蕭統編，〔唐〕李善、呂延濟、劉良、張銑、呂向、李周翰注：《六臣注文選》，北京：中華書局，景印涵芬樓藏宋刊本，1987 年版，第 1085 頁。

與祁義同，《小爾雅・廣詁》：「祁，大也。」〔註2167〕《詩・小雅・吉日》：「瞻彼中原，其祁孔有」毛《傳》：「祁，大也。」〔註2168〕鄭云「病也」者，假衹為底也。《諸子平議・春秋繁露一》「厥辟不辟去厥衹」俞樾按：「衹者，病也。《易・復・初九》『无衹悔』鄭注曰：衹，病也。《說文・广部》：底，病也。衹與底通。」〔註2169〕《詩・小雅・白華》：「之子之遠，俾我底兮」毛《傳》：「底，病也。」〔註2170〕王肅作「禔」者，《說文・示部》「禔，安福也。从示是聲。《易》曰：禔既平。」〔註2171〕則《說文》引孟氏《易》與王肅本同。又馬王堆漢墓帛書《周易》作「提」，〔註2172〕亦是从是得聲之字，蓋與禔通。禔《廣韻》三讀，章移切，章支開三平止。杜奚切，定齊開四平蟹。是支切，禪支開三平止。音異義同，皆訓為安福。王肅時支反者，與《廣韻》是支切音同。陸云「禔安也」者，《易・坎》「禔既平」李鼎祚《集解》引虞翻曰：「禔，安也。」〔註2173〕九家本作「蚑」字者，《廣雅・釋詁三》：「蚑，多也。」〔註2174〕蚑《廣韻》章移切，章支開三平止。九家音同。九家訓為多，義與大略同。按，《經典釋文彙校》云此處當作「祇」者，祇、衹二字有別。《說文・示部》：「衹，敬也。从示氏聲。」〔註2175〕《說文・示部》：「祇，地祇，提出萬物者也。从示氏聲。」〔註2176〕段玉裁於「祇」下注云：「古音凡

〔註2167〕〔清〕宋翔鳳撰：《小爾雅訓纂》（續四庫經部小學類第189冊），上海：上海古籍出版社，景印嘉慶年間浮溪精舍叢書本，2002年版，第481頁。

〔註2168〕〔漢〕毛公傳、鄭玄箋，〔唐〕孔穎達等正義：《毛詩正義》，北京：中華書局景印阮刻本，1980年版，第162頁。

〔註2169〕〔清〕俞樾撰：《諸子平議》（續四庫子部雜家類第1161～1162冊），上海：上海古籍出版社，景印同治丙寅春在堂刊本，2002年版，第1162冊，第167頁。

〔註2170〕〔漢〕毛公傳、鄭玄箋，〔唐〕孔穎達等正義：《毛詩正義》，北京：中華書局景印阮刻本，1980年版，第229頁。

〔註2171〕〔漢〕許慎撰：《說文解字》，北京：中華書局，景印同治十二年陳昌治刻本，1963年版，第7頁。

〔註2172〕廖名春釋文：《馬王堆帛書周易經傳釋文》（續四庫經部易類第1冊），上海：上海古籍出版社，2002年版，第9頁。

〔註2173〕〔唐〕李鼎祚撰：《周易集解》，北京：中國書店，景印嘉慶三年姑蘇喜墨齋張遇堯局鑴本，1987年版，卷六，第14頁。

〔註2174〕〔清〕王念孫撰：《廣雅疏證》，北京：中華書局，景印嘉慶年間王氏家刻本，1983年版，第94頁。

〔註2175〕〔漢〕許慎撰：《說文解字》，北京：中華書局，景印同治十二年陳昌治刻本，1963年版，第7頁。

〔註2176〕〔漢〕許慎撰：《說文解字》，北京：中華書局，景印同治十二年陳昌治刻本，

氏聲字在第十五部。凡氐聲字在第十六部。此《廣韵》祇入五支、祗入六脂
所由分也。」〔註2177〕《說文》於「褆」下引《易》作「褆既平」段注云:「氐、
是同在第十六部。得相假借。」〔註2178〕故黃氏《彙校》云衹从氏,非从氐也。
从氐者,蓋形近之譌也。衹、祇《廣韻》各僅一讀,祇旨夷切,章脂開三平
止。祇巨支切,羣支開重紐四平止。後世經文因二形羼雜,故音亦相淆也。
然而段氏但依《說文》所引而推定經文當作「祇」,言之果斷。若依別家之訓,
則經文似未定也,詳參《周易章句證異》。〔註2179〕

1963年版,第8頁。

〔註2177〕〔清〕段玉裁撰:《說文解字注》,上海:上海古籍出版社,景印嘉慶二十年
經韻樓本,1988年版,第3頁。

〔註2178〕〔清〕段玉裁撰:《說文解字注》,上海:上海古籍出版社,景印嘉慶二十年
經韻樓本,1988年版,第3頁。

〔註2179〕按,段氏之說恐失之武斷。《周易章句證異》於此言之甚明,茲引如下:「『祇』,
王肅、陸績作『褆』,王云:時支反。陸云:安也。九家作『禔』,音支。《廣
雅》:多也。晁說之云:古文作『多』。毛奇齡謂:九家作『多』,訓未知何
據。馬融、鄭玄、韓伯作祇,馬云:之是反,辭也。鄭云:病也,音匙。本
晁說之。韓云:祁支反,大也。侯果·孔穎達、王宗傳同。陸希聲作『衹』,
適也。京房、劉向、一行作『祇』,安也,本晁說之。張子作『祇』,承也,
受也。又作神祇之『祇』,云:示也,劾也,見也。程子『祇』與『底』通,
至也,與〈坎〉『祇既平』同。又音抵,抵也,適也。朱子訓從程子,音從
馬融。朱了『祇』又與『只』同,本義訓抵,語錄又訓至,訓多,云:如多
見其不知量多祇也,與只同。李簡『祇』與『抵』通,從馬音。俞琰『祇』
與『底』通,吳澄作『衹』,適也,抵也,至也。從衣從氏與祇敬不同。謹
案:祇、衹、祗、褆、秖今多不辨,祇《說文》云:地祇。巨支反。《玉篇》
蓋以訓祇,《說文》、《玉篇》訓敬,旨移切。《書》『祇承于帝』是也。衹《玉
篇》訓適之移切,又音岐。祗《說文》:『祗裯,短衣。』都兮切。秖《玉篇》
釋秖爲穀始熟,竹尸切。無秖字。《廣韻》作秖,亦無適訓。五字音義各不
相同。竊謂如從陸希聲訓適,則《易》文祇字可與衹、祗、秖及褆通,但不
可作祇。《史記·韓長孺傳》『褆取辱』徐廣曰亦作祇,是褆、祇通也。《前
漢·竇嬰傳》『祇加懟』顏師古曰:字從衣,音支,訓適。是衹、祇通也。《詩》
『亦祇以異』鄭箋訓適。《左傳》『衹見疏』服虔訓適,是衹、祇通也。《前
漢·鄒陽傳》『秖怨結』師古音支,訓適。是秖、祇通也。如從韓侯訓大,
則但可作祇,不可作衹、祗、褆。如從張子訓承,則祇可作祗。如從朱子訓
多,則祇可兼作秖。《左傳》『衹見疏』孔氏音:晉宋杜本皆作多,謂古人多
祇同音,晁氏亦謂古文《易》用多,蓋多秖字形相類,秖多古音相同也。如
從京劉一行陸績訓安,則祇當作褆,祇之訓安,字書無明文,據《說文》『褆
安福也』引《易》『祇既平』爲證。如程子音抵,訓抵,訓至,又與底同。
吳澄又以祇訓適,訓抵,訓至。考宋以前字韻諸書祇、衹、祗、秖俱无上聲,
并無至訓。惟馬《易》作之是反,亦不訓至。古人訓至者,惟底字。《玉篇》

幾悔｜ 音機，下同。又音祈。

【疏】所在注文爲「幾悔而反」。〔註2180〕幾《廣韻》四讀，訓作近音渠希切，羣微開三平止。訓作庶幾音居依切，見微開三平止。訓作幾何音居狶切，見尾開三上止。訓作未已音其既切，羣未開三去止。《釋文》首音與《廣韻》居依切音同，依此則「幾悔」之「幾」似訓爲庶幾也。庶幾者，近辭也。《孟子・梁惠王下》：「王之好樂甚，則齊國其庶幾乎。」朱熹《集注》：「庶幾，近辭也。」〔註2181〕「幾悔而反」者，庶乎悔恨而反也。又音祈者，言此處「幾悔而反」或音如此。按音祈與《廣韻》渠希切音同，訓爲近也。「悔而反」者，臨近悔恨而反也。「幾悔」之「幾」音別而義亦別之，音機者「幾」作狀語，「悔」作動詞。而音祈者「幾」作動詞，「悔」作名詞。

患難｜ 乃旦反。

【疏】所在注文爲「患難遠矣」。〔註2182〕參看〈乾〉「而難」條。

遠矣｜ 袁万反。

【疏】參看〈乾〉「放遠」條。

錯之｜ 七故反。

【疏】所在注文爲「錯之於事」。〔註2183〕錯《廣韻》二讀，倉各切，清鐸開一入宕。倉故切，清暮合一去遇。《羣經音辨・卷五》：「錯，雜也，倉各切。錯，置也，七故切，《論語》『舉直錯諸枉』。」〔註2184〕《釋文》七故反

之是反，致也，至也，均也，平也。亦未聞與祇通。況底從厂，亦不從广，若朱子又謂同只，古人亦無言及，不知何所據也。」見〔清〕翟均廉撰：《周易章句證異》，臺灣：商務印書館，景印文淵閣四庫全書本第 53 冊，1983 年版，第 693～694 頁。由此觀之，諸家註釋不同，此處經文孰是，實未定也。

〔註2180〕〔魏〕王弼、韓康伯注，〔唐〕孔穎達等正義：《周易正義》，北京：中華書局景印阮刻本，1980 年版，第 27 頁。

〔註2181〕〔宋〕朱熹注：《孟子集注》（四書五經本），北京：中國書店，據世界書局本景印，1985 年版，第 9 頁。

〔註2182〕〔魏〕王弼、韓康伯注，〔唐〕孔穎達等正義：《周易正義》，北京：中華書局景印阮刻本，1980 年版，第 27 頁。

〔註2183〕〔魏〕王弼、韓康伯注，〔唐〕孔穎達等正義：《周易正義》，北京：中華書局景印阮刻本，1980 年版，第 27 頁。

〔註2184〕〔宋〕賈昌朝撰：《羣經音辨》（叢書集成初編語文學類第 1208 冊），上海：

與《廣韻》倉故切音同。訓爲置。

休復| 虛虬反。

【疏】參看〈否〉「休否」條。

最比| 毗志反。

【疏】所在注文爲「最比於初」。〔註2185〕參看〈比〉「比」條。

仁行| 下孟反。

【疏】所在注文爲「陽爲仁行」。〔註2186〕參看〈乾〉「庸行」條。

下仁| 遐嫁反。

【疏】所在注文爲「下仁之謂也」。〔註2187〕參看〈屯〉「下賤」條。

以下仁也| 如字，王肅云：下附於仁。徐戶嫁反。

【疏】所在經文爲「休復之古，以下仁也」。〔註2188〕參看〈屯〉「下賤」條。

頻復| 如字。本又作「顰」，顰眉也。鄭作「嚬」，音同。馬云：憂頻也。〔註2189〕

【疏】頻《廣韻》一讀，符眞切，並眞開重紐四平臻。則此處如字者，辨字形作「頻」也。王弼注：「頻，頻蹙之貌也。」〔註2190〕又《易·巽》「頻

商務印書館，景印畿輔叢書本，1939年版，第127頁。
〔註2185〕〔魏〕王弼、韓康伯注，〔唐〕孔穎達等正義：《周易正義》，北京：中華書局景印阮刻本，1980年版，第27頁。
〔註2186〕〔魏〕王弼、韓康伯注，〔唐〕孔穎達等正義：《周易正義》，北京：中華書局景印阮刻本，1980年版，第27頁。
〔註2187〕〔魏〕王弼、韓康伯注，〔唐〕孔穎達等正義：《周易正義》，北京：中華書局景印阮刻本，1980年版，第27頁。
〔註2188〕〔魏〕王弼、韓康伯注，〔唐〕孔穎達等正義：《周易正義》，北京：中華書局景印阮刻本，1980年版，第27頁。
〔註2189〕《經典釋文彙校》：「宋本、葉鈔、十行本、閩監本『顰』作『頻』，與正文同。『頻也』葉鈔作『嚬也』，閩監本同。寫本、宋本則同此本。」見黃焯撰：《經典釋文彙校》，北京：中華書局，1980年版，第14頁。
〔註2190〕〔魏〕王弼、韓康伯注，〔唐〕孔穎達等正義：《周易正義》，北京：中華書局景印阮刻本，1980年版，第27頁。

巽」王弼注：「頻，頻蹙，不樂而窮，不得已之謂。」〔註2191〕本又作「顰」
者，《資治通鑑·唐紀七十三》「顰蹙而已」胡三省注：「攢眉爲顰，皺頞爲蹙。」
〔註2192〕鄭作「矉」者，惠棟《九經古義·周易下》：「〈復·六三〉『頻復厲。』
古矉字。」〔註2193〕馬云「憂頻也」者，《易·巽》：「頻巽，吝。」孔穎達疏：
「頻者，頻蹙憂戚之容也。」〔註2194〕按，頻、顰、矉三字從頻得聲，於義則
通，攢眉憂戚之貌也。

頻戚| 千寂反。下同。憂也。又子六反。〔註2195〕

【疏】所在注文注疏本作「頻，頻蹙之貌也」。〔註2196〕戚《廣韻》倉歷
切，清錫開四入梗。《釋文》首音同。「憂也」者，常訓也，《書·金縢》「未
可以戚我先王」孔穎達疏引鄭云：「戚，憂也。」〔註2197〕《詩·小雅·小明》
「自詒伊戚」毛《傳》：「戚，憂也。」〔註2198〕又子六反者，則本作「蹙」，
蹙《廣韻》子六切，精屋合三入通。《釋文》又音同。段玉裁於「戚」下注云：
「戚之引伸之義爲促迫。而古書用戚者，俗多改爲蹙。」〔註2199〕《經典釋文
彙校》云寫本《周易》作「慼」者，段玉裁於「戚」下注又云：「戚訓促迫。
故又引申訓憂。〈小明〉『自詒伊戚』。傳曰：『戚、憂也。』度古衹有戚。後
乃別製慼字。」〔註2200〕慼、慼同。

〔註2191〕〔魏〕王弼、韓康伯注，〔唐〕孔穎達等正義：《周易正義》，北京：中華書
　　　　　局景印阮刻本，1980年版，第57頁。
〔註2192〕〔宋〕司馬光編著，〔元〕胡三省音注：《資治通鑑》，北京：中華書局排印，
　　　　　1956年版，第8363～8364頁。
〔註2193〕〔清〕惠棟撰：《九經古義》（叢書集成初編總類第254～255冊），上海：商
　　　　　務印書館，據貸園叢書本排印，1937年版，第21頁。
〔註2194〕〔魏〕王弼、韓康伯注，〔唐〕孔穎達等正義：《周易正義》，北京：中華書
　　　　　局景印阮刻本，1980年版，第57頁。
〔註2195〕《經典釋文彙校》：「盧云：注疏本皆作『蹙』。焯案寫本《釋文》作『戚』，
　　　　　寫本《周易注》作『慼』。下文『是以蹙也』、『蹙而求復』又皆作『蹙』。」
　　　　　見黃焯撰：《經典釋文彙校》，北京：中華書局，1980年版，第14頁。
〔註2196〕〔魏〕王弼、韓康伯注，〔唐〕孔穎達等正義：《周易正義》，北京：中華書
　　　　　局景印阮刻本，1980年版，第27頁。
〔註2197〕〔漢〕孔安國傳，〔唐〕孔穎達等正義：《尚書正義》，北京：中華書局景印
　　　　　阮刻本，1980年版，第84頁。
〔註2198〕〔漢〕毛公傳、鄭玄箋，〔唐〕孔穎達等正義：《毛詩正義》，北京：中華書
　　　　　局景印阮刻本，1980年版，第196頁。
〔註2199〕〔清〕段玉裁撰：《說文解字注》，上海：上海古籍出版社，景印嘉慶二十年
　　　　　經韻樓本，1988年版，第632頁。
〔註2200〕〔清〕段玉裁撰：《說文解字注》，上海：上海古籍出版社，景印嘉慶二十年

自考也｜ 鄭云：考，成也。向云：察也。

【疏】所在注文爲「履中則可以自考」。〔註2201〕鄭云「考，成也」者，《爾雅・釋詁下》：「考，成也。」〔註2202〕《詩・小雅・湛露》「在宋載考」鄭玄《箋》：「考，成也。」〔註2203〕又孔疏云：「既能履中，又能自考成其行。」〔註2204〕是亦訓考爲成也。向云「察也」者，猶《易・履》「視履考祥」〔註2205〕之「考」也。考訓爲察者，如《楚辭・招魂》「上無所考此聖德兮」朱熹《集注》：「考，察也。」〔註2206〕

有灾｜ 本又作「災」。鄭作「烖」。案《說文》「烖」正字也，「灾」或字也，「災」籀文也。

【疏】所在經文爲「有災眚」。〔註2207〕今注疏本作「災」。災、灾、烖，異體字也。《說文・火部》：「烖，天火曰烖。从火𢦏聲。灾，古文从才。灾，或从宀、火。災，籀文从巛。」〔註2208〕「籀」者，「籀」之譌字也。《說文・竹部》：「籀，讀書也。从竹𥸸聲。」〔註2209〕「籀」从榴諜。

眚｜ 生領反。下卦同。《子夏傳》云：傷害曰災，妖祥曰眚。鄭云：異自內生曰眚，自外曰祥，害物曰災。

【疏】所在經文爲「迷復，凶，有災眚。」〔註2210〕眚之讀音參看〈訟〉

經韻樓本，1988 年版，第 632 頁。
〔註2201〕〔魏〕王弼、韓康伯注，〔唐〕孔穎達等正義：《周易正義》，北京：中華書局景印阮刻本，1980 年版，第 27 頁。
〔註2202〕〔晉〕郭璞注，〔宋〕邢昺疏：《爾雅注疏》，北京：中華書局景印阮刻本，1980 年版，第 9 頁。
〔註2203〕〔漢〕毛公傳、鄭玄箋，〔唐〕孔穎達等正義：《毛詩正義》，北京：中華書局景印阮刻本，1980 年版，第 153 頁。
〔註2204〕〔魏〕王弼、韓康伯注，〔唐〕孔穎達等正義：《周易正義》，北京：中華書局景印阮刻本，1980 年版，第 27 頁。
〔註2205〕〔魏〕王弼、韓康伯注，〔唐〕孔穎達等正義：《周易正義》，北京：中華書局景印阮刻本，1980 年版，第 16 頁。
〔註2206〕〔宋〕朱熹撰：《楚辭集注》，清聽雨齋刊本，卷七，第 2 頁。
〔註2207〕〔魏〕王弼、韓康伯注，〔唐〕孔穎達等正義：《周易正義》，北京：中華書局景印阮刻本，1980 年版，第 27 頁。
〔註2208〕〔漢〕許慎撰：《說文解字》，北京：中華書局，景印同治十二年陳昌治刻本，1963 年版，第 209 頁。
〔註2209〕〔漢〕許慎撰：《說文解字》，北京：中華書局，景印同治十二年陳昌治刻本，1963 年版，第 95 頁。
〔註2210〕〔魏〕王弼、韓康伯注，〔唐〕孔穎達等正義：《周易正義》，北京：中華書

「眚」條。《子夏傳》云「傷害曰災，妖祥曰眚」者，亦參看〈訟〉「眚」條。鄭云者，《漢書・五行志中之上》「時則有青眚青祥」顏師古注引李奇曰：「內曰眚，外曰祥。」〔註2211〕《詩・小雅・正月》「癙憂以痒」孔穎達疏引《洪範五行傳》云：「非常曰異，害物曰災。」〔註2212〕由此，則似可梳理如下：害物曰災，非常曰異。異分祥眚，自外曰祥，自內曰眚。此皆析言之也，渾言則同，皆災異之謂也。

量斯│　音良。

【疏】所在注文爲「大敗乃復量斯勢也」。〔註2213〕參看〈同人〉「量斯」條。

雖復│　扶又反。

【疏】所在注文爲「雖復十年修之，猶未能征也」。〔註2214〕復《廣韻》二讀，房六切，奉屋合三入通。扶富切，奉宥開三去流。《羣經音辨・卷一》：「復，返也，房六切。復，白也，甫六切。復，再也，扶又切。」〔註2215〕《釋文》音同《廣韻》去聲。訓爲再也。參看〈蒙〉「則復」條。

☲☶无妄│　亡亮反。无妄，无虛妄也。《說文》云：妄，亂也。馬、鄭、王肅皆云：妄猶望，謂无所希望也。巽宮四世卦。

【疏】妄《廣韻》巫放切，微漾合三去宕。《釋文》亡亮反，反切上字微陽合三平宕，下字來漾開三去宕，上字合口，下字開口，而被切字合口，則此處被切字之開合由上字定也。「无妄，无虛妄也」者，《禮記・儒行》「今眾人之命儒也妄常」陸德明《釋文》：「妄，虛妄也。」〔註2216〕《周易集

　　　　局景印阮刻本，1980年版，第27頁。
〔註2211〕〔漢〕班固撰：《前漢書》（四部備要本），上海：中華書局，據武英殿本校刊，1936年版，第473頁。
〔註2212〕〔漢〕毛公傳、鄭玄箋，〔唐〕孔穎達等正義：《毛詩正義》，北京：中華書局景印阮刻本，1980年版，第174頁。
〔註2213〕〔魏〕王弼、韓康伯注，〔唐〕孔穎達等正義：《周易正義》，北京：中華書局景印阮刻本，1980年版，第27頁。
〔註2214〕〔魏〕王弼、韓康伯注，〔唐〕孔穎達等正義：《周易正義》，北京：中華書局景印阮刻本，1980年版，第27頁。
〔註2215〕〔宋〕賈昌朝撰：《羣經音辨》（叢書集成初編語文學類第1208冊），上海：商務印書館，景印畿輔叢書本，1939年版，第17頁。
〔註2216〕〔唐〕陸德明撰：《經典釋文》，北京：中華書局，景印徐乾學通志堂刻本，

解》引何妥曰：「何妥曰：乾上震下，天威下行，物皆絜齊，不敢虛妄也。」
〔註 2217〕又《易·无妄·象傳》「大亨以正，天之命也」王弼注「使有妄之
道滅，无妄之道成」孔穎達疏：「妄，謂虛妄矯詐不循正理。」〔註 2218〕是
亦訓妄爲虛妄也。《說文》云者，《說文·女部》：「妄，亂也。」〔註 2219〕又
《太玄·法》「法妄恣也」范望注：「妄，亂也。」〔註 2220〕馬、鄭、王肅皆
云「妄猶望」者，惠棟《周易述·卷四》同，其自注曰：「妄讀爲望，言无
所望也。」〔註 2221〕又李富孫《易經異文釋·卷二》：「无妄，《史記·春申
君傳》作毋望。」〔註 2222〕李道平《周易集解纂疏》於六二「不耕穫，不菑
畬，則利有攸往」下疏云：「无妄，馬、鄭玄皆訓无所希望。《史記》直作
『无望』，謂无所期望而有得，即董子所謂『不謀利』、『不計功』之心也。
故『利有攸往』。」〔註 2223〕又馬王堆漢墓帛書《周易》作「无孟」，「孟」
亦可假借作「望」也。〔註 2224〕《經義述聞·周易下·正乎凶也》：「无妄之
妄，或訓爲虛妄，或訓爲望，又或訓爲亡，隨文見義，固各有所當也。」
〔註 2225〕

柔邪 | 似嗟反。

1983 年版，第 216 頁。
〔註 2217〕〔唐〕李鼎祚撰：《周易集解》，北京：中國書店，景印嘉慶三年姑蘇喜墨齋
張遇堯局鐫本，1987 年版，卷六，第 3 頁。
〔註 2218〕〔魏〕王弼、韓康伯注，〔唐〕孔穎達等正義：《周易正義》，北京：中華書
局景印阮刻本，1980 年版，第 27 頁。
〔註 2219〕〔漢〕許慎撰：《說文解字》，北京：中華書局，景印同治十二年陳昌治刻本，
1963 年版，第 263 頁。
〔註 2220〕〔漢〕楊雄撰，〔晉〕范望注：《太玄經》（四部叢刊本），上海：商務印書館，
景印上海涵芬樓景印明萬玉堂翻宋本，1922 年版，卷三，第 22 頁。
〔註 2221〕〔清〕惠棟撰：《周易述》（四部備要本），上海：中華書局，據學海堂經解
本校刊，1936 年版，第 25 頁。
〔註 2222〕〔清〕李富孫撰：《易經異文釋》（續四庫經部易類第 27 冊），上海：上海古
籍出版社，景印南菁書院續經解本，2002 年版，第 677 頁。
〔註 2223〕〔清〕李道平撰，潘雨廷點校：《周易集解纂疏》，北京：中華書局，1994
年版，第 273 頁。
〔註 2224〕參看張立文撰：《帛書周易註譯》，洛陽：中州古籍出版社，1992 年版，第
65 頁。
〔註 2225〕〔清〕王引之撰：《經義述聞》（續四庫經部羣經總義類第 174～175 冊），上
海：上海古籍出版社，景印道光七年王氏京師刻本，2002 年版，第 174 冊，
第 301 冊。

【疏】所在注文爲「則柔邪之道消矣」。〔註2226〕參看〈乾〉「邪」條。

不佑| 音又。鄭云：助也。本又作「祐」。馬作「右」，謂天不右行。
〔註2227〕

【疏】所在經文注疏本爲：「天命不祐，行矣哉。」〔註2228〕集解本作「右」。
〔註2229〕《釋文》作「佑」，佑《廣韻》于救切，云宥開三去流。《釋文》音又
者，與《廣韻》音同。鄭云「助也」者，《禮記·中庸》「保佑命之」鄭玄注：
「佑，助也。」〔註2230〕本又作「祐」者，義同。宋洪邁《容齋三筆·卷十》：
「佑、祐、右三字，一也。而在《書》爲佑，在《易》爲祐，在《詩》爲右。」
〔註2231〕洪氏言三字一也是。然於典籍中之字形言之，恐未確，異文多歧故也。
《說文·示部》：「祐，助也。」〔註2232〕《易·繫辭上》引子曰：「祐者，助
也。」〔註2233〕右有佐助義，佑、祐皆從右而來，蓋右字之孳乳也，故三字義
同。「馬作右，謂天不右行」者，此又是一義，訓爲方位之右也。《周易集解》
引虞翻曰：「天，五也。巽爲命。右，助也。四已變成坤，天道助順。上動，
逆乘巽命。故『天命不右，行矣哉』。言不可行也。馬君云：『天命不右行』，
非矣。」〔註2234〕《周易集解纂疏》於此注云：「馬君謂融，彼意謂天左旋，
故『天命不右行』，虞以不應經義，故駁之。」〔註2235〕此處馬融「右行」連

〔註2226〕〔魏〕王弼、韓康伯注，〔唐〕孔穎達等正義：《周易正義》，北京：中華書
　　　　局景印阮刻本，1980年版，第27頁。
〔註2227〕《經典釋文彙校》：「各本皆同。盧本『作』字誤作『云』。」見黃焯撰：《經
　　　　典釋文彙校》，北京：中華書局，1980年版，第14頁。
〔註2228〕〔魏〕王弼、韓康伯注，〔唐〕孔穎達等正義：《周易正義》，北京：中華書
　　　　局景印阮刻本，1980年版，第27頁。
〔註2229〕〔唐〕李鼎祚撰：《周易集解》，北京：中國書店，景印嘉慶三年姑蘇喜墨齋
　　　　張遇堯局鐫本，1987年版，卷六，第4頁。
〔註2230〕〔漢〕鄭玄注，〔唐〕孔穎達等正義：《禮記正義》，北京：中華書局景印阮
　　　　刻本，1980年版，第400頁。
〔註2231〕〔宋〕洪邁撰：《容齋隨筆》，上海：上海古籍出版社，1978年版，第531
　　　　～532頁。
〔註2232〕〔漢〕許慎撰：《說文解字》，北京：中華書局，景印同治十二年陳昌治刻本，
　　　　1963年版，第7頁。
〔註2233〕〔魏〕王弼、韓康伯注，〔唐〕孔穎達等正義：《周易正義》，北京：中華書
　　　　局景印阮刻本，1980年版，第70頁。
〔註2234〕〔唐〕李鼎祚撰：《周易集解》，北京：中國書店，景印嘉慶三年姑蘇喜墨齋
　　　　張遇堯局鐫本，1987年版，卷六，第4頁。
〔註2235〕〔清〕李道平撰，潘雨廷點校：《周易集解纂疏》，北京：中華書局，1994

讀，非。按：《易·大有》「自天祐之」戰國楚簡、馬王堆漢墓帛書《周易》皆作「右」。〔註2236〕

茂對時丨 茂，盛也。馬云：茂，勉也。對，配也。

【疏】所在經文爲「先王以茂對時育萬物」。〔註2237〕「茂，盛也」者，孔穎達疏：「茂，盛也。對，當也。言先王以此无妄盛事，當其无妄之時，育養萬物也。」〔註2238〕馬云「茂，勉也」者，《詩·小雅·節南山》「方茂爾惡」毛《傳》：「茂，勉也。」〔註2239〕《左傳·昭公八年》「茂不茂」杜預注：「茂，勉也。」〔註2240〕又《爾雅·釋詁上》「茂，勉也」陸德明《釋文》：「茂，字又作懋，亦作忞。」〔註2241〕茂、懋音近相通，皆有勉義。《東坡易傳·卷三》：「茂，勉也。對，濟也。傳曰：寬以濟猛，猛以濟寬。天下既已无妄矣。則先王勉濟斯時，容養萬物而已。」〔註2242〕「對，配也」者，《詩·大雅·皇矣》「帝作邦作對」毛《傳》：「對，配也。」〔註2243〕《詩·周頌·般》「裒時之對」鄭玄《箋》：「對，配也。」〔註2244〕惠棟《周易述·卷十一》依之，彼疏曰：「對，配。馬義也。《詩·皇矣》云：帝作邦作對，毛《傳》云：對，配也。茂對者，德盛配天地也。」〔註2245〕

年版，第271頁。
〔註2236〕馬承源主編：《上海博物館藏戰國楚竹書（三）》，上海：上海古籍出版社，2003年版，第222頁。
〔註2237〕〔魏〕王弼、韓康伯注，〔唐〕孔穎達等正義：《周易正義》，北京：中華書局景印阮刻本，1980年版，第27頁。
〔註2238〕〔魏〕王弼、韓康伯注，〔唐〕孔穎達等正義：《周易正義》，北京：中華書局景印阮刻本，1980年版，第27頁。
〔註2239〕〔漢〕毛公傳、鄭玄箋，〔唐〕孔穎達等正義：《毛詩正義》，北京：中華書局景印阮刻本，1980年版，第173頁。
〔註2240〕〔晉〕杜預注，〔唐〕孔穎達等正義：《春秋左傳正義》，北京：中華書局景印阮刻本，1980年版，第351頁。
〔註2241〕〔唐〕陸德明撰：《經典釋文》，北京：中華書局，景印徐乾學通志堂刻本，1983年版，第408頁。
〔註2242〕〔宋〕蘇軾撰：《蘇氏易傳》（叢書集成初編哲學類第392～393冊），上海：商務印書館，據學津討原本排印，1936年版，第60頁。
〔註2243〕〔漢〕毛公傳、鄭玄箋，〔唐〕孔穎達等正義：《毛詩正義》，北京：中華書局景印阮刻本，1980年版，第252頁。
〔註2244〕〔漢〕毛公傳、鄭玄箋，〔唐〕孔穎達等正義：《毛詩正義》，北京：中華書局景印阮刻本，1980年版，第337頁。
〔註2245〕〔清〕惠棟撰：《周易述》（四部備要本），上海：中華書局，據學海堂經解

下賤丨 遐嫁反。

【疏】所在注文爲「以貴下賤」。〔註 2246〕參看〈屯〉「下賤」條。

不耕穫丨 黃郭反。或依注作「不耕而穫」，非。下句亦然。〔註 2247〕

【疏】所在經文爲「不耕穫」。〔註 2248〕穫《廣韻》胡郭切，匣鐸合一入宕，《釋文》音同。《禮記·坊記》引《易》作「不耕穫，不菑畬，凶。」〔註 2249〕是亦無「而」字。

不菑丨 側其反。馬云：田一歲也。董云：反草也。

【疏】所在經文爲「不菑畬」。〔註 2250〕菑俗，當作𡑍。「𡑍」小篆作𡑍，《說文·艸部》：「𡑍，不耕田也。从艸、𡿦。《易》曰：『不𡑍畬。』」〔註 2251〕徐鍇曰：「當言从艸从𡿦从田，田不耕則艸塞之，故从𡿦，𡿦音災。若从𡿦，則下有𡿦缶字相亂。」〔註 2252〕徐說是。馬云「田一歲」者，《爾雅·釋地》：「田一歲曰菑。」〔註 2253〕《詩·小雅·采芑》「于此菑畝」下毛《傳》同。〔註 2254〕《周易集解》引虞翻曰：田「一歲曰菑。」〔註 2255〕董云「反草也」

本校刊，1936 年版，第 72 頁。

〔註 2246〕〔魏〕王弼、韓康伯注，〔唐〕孔穎達等正義：《周易正義》，北京：中華書局景印阮刻本，1980 年版，第 27 頁。

〔註 2247〕《經典釋文彙校》：「嚴云：以他卦例之，爻當無『而』字。象每增字，豈得編刪。疏云釋『不耕而穫』之義，則孔所據本有『而』字。《六帖·卷八十·收穫門》引有『而』，足利本有『而』，郭京《易舉正》引『象曰：不耕而穫』，亦有『而』字。又《易林·无妄之訟》『不耕而穫，家食不給』正用《易》語。」見黃焯撰：《經典釋文彙校》，北京：中華書局，1980 年版，第 14 頁。

〔註 2248〕〔魏〕王弼、韓康伯注，〔唐〕孔穎達等正義：《周易正義》，北京：中華書局景印阮刻本，1980 年版，第 27 頁。

〔註 2249〕〔漢〕鄭玄注，〔唐〕孔穎達等正義：《禮記正義》，北京：中華書局景印阮刻本，1980 年版，第 393 頁。

〔註 2250〕〔魏〕王弼、韓康伯注，〔唐〕孔穎達等正義：《周易正義》，北京：中華書局景印阮刻本，1980 年版，第 27 頁。

〔註 2251〕〔漢〕許慎撰：《說文解字》，北京：中華書局，景印同治十二年陳昌治刻本，1963 年版，第 24 頁。

〔註 2252〕〔漢〕許慎撰：《說文解字》，北京：中華書局，景印同治十二年陳昌治刻本，1963 年版，第 24 頁。

〔註 2253〕〔晉〕郭璞注，〔宋〕邢昺疏：《爾雅注疏》，北京：中華書局景印阮刻本，1980 年版，第 50 頁。

〔註 2254〕〔漢〕毛公傳、鄭玄箋，〔唐〕孔穎達等正義：《毛詩正義》，北京：中華書局景印阮刻本，1980 年版，第 157 頁。

者，《爾雅・釋地》「田一歲曰菑」郭璞注：「今江東呼初耕地反草爲菑。」〔註2256〕《詩・大雅・皇矣》「其菑其翳」陸德明《釋文》引《韓詩》云：「菑，反草也。」〔註2257〕菑《廣韻》側持切，莊之開三平止。《釋文》音同。

畬| 音餘。馬曰：田三歲也。董云：悉耨曰畬。《說文》云：二歲治田也。《字林》弋恕反。〔註2258〕

【疏】畬《廣韻》二讀，訓作田三歲音以諸切，以魚合三平遇。訓作燒榛種田音式車切，書麻開三平假。《釋文》首音音同《廣韻》以諸切。馬王堆漢墓帛書《周易》作「餘」，〔註2259〕假借爲「畬」也。馬曰「田三歲也」者，《爾雅・釋地》：「田一歲曰菑，二歲曰新田，三歲曰畬。」〔註2260〕《詩・周頌・臣工》「如何新畬」毛《傳》：「三歲曰畬」。〔註2261〕董云「悉耨曰畬」者，蓋訓畬爲耕耨也，亦即治田也。《集韻・御部》：「畬，治田也。」〔註2262〕《說文》云「二歲治田也」者，與今本異。今本《說文・田部》：「畬，三歲治田也。《易》曰：『不菑，畬田。』从田余聲。」〔註2263〕段玉裁本《說文》依《釋文》作「二」，其注曰：「二各本作三，今正。〈周易音義〉云：畬，馬曰田二歲。《說文》云：二歲治田。此許作二之證。攷〈釋地〉曰：一歲曰菑，二歲曰新田，三歲曰畬。〈小雅〉、〈周頌〉毛《傳》同。馬融、孫炎、郭樸皆同。

〔註2255〕〔唐〕李鼎祚撰：《周易集解》，北京：中國書店，景印嘉慶三年姑蘇喜墨齋張遇堯局鐫本，1987年版，卷六，第4頁。

〔註2256〕〔晉〕郭璞注，〔宋〕邢昺疏：《爾雅注疏》，北京：中華書局景印阮刻本，1980年版，第50頁。

〔註2257〕〔唐〕陸德明撰：《經典釋文》，北京：中華書局，景印徐乾學通志堂刻本，1983年版，第92頁。

〔註2258〕《經典釋文彙校》：「『曰』當依盧本作『云』。『二歲』當依寫本作『三歲』。《詩・采芑》傳、《說文》並作『三歲』。」見黃焯撰：《經典釋文彙校》，北京：中華書局，1980年版，第14頁。

〔註2259〕廖名春釋文：《馬王堆帛書周易經傳釋文》（續四庫經部易類第1冊），上海：上海古籍出版社，2002年版，第2頁。

〔註2260〕〔晉〕郭璞注，〔宋〕邢昺疏：《爾雅注疏》，北京：中華書局景印阮刻本，1980年版，第50頁。

〔註2261〕〔漢〕毛公傳、鄭玄箋，〔唐〕孔穎達等正義：《毛詩正義》，北京：中華書局景印阮刻本，1980年版，第323頁。

〔註2262〕〔宋〕丁度撰：《集韻》，北京：中華書局，景印北京圖書館藏宋刻本，1988年版，第140頁。

〔註2263〕〔漢〕許慎撰：《說文解字》，北京：中華書局，景印同治十二年陳昌治刻本，1963年版，第290頁。

鄭注《禮記‧坊記》、許造《說文》、虞翻注《易‧无妄》皆云二歲曰畬。許全書多宗毛公，而意有未安者則不從，此其一也。畬〈艸部〉云：反耕田也。反耕者，初耕反艸。一歲爲然。二歲則用力漸舒矣。畬之言舒也。三歲則爲新田。」〔註2264〕段說可從。《字林》弋恕反者，以御合三去遇，《集韻》依之，增羊茹切。

不擅丨 市戰反。

【疏】所在注文爲「不擅其美」。〔註2265〕擅《廣韻》時戰切，禪線開三去山。《釋文》音同。

行違丨 下孟反，下之行同。

【疏】所在注文爲「行違謙順」。〔註2266〕參看〈乾〉「庸行」條。

稼丨 音嫁。

【疏】所在注文爲「牛者稼穡之資也」。〔註2267〕稼《廣韻》古訝切，見禡開二去假。《釋文》音同。

穡丨 音色。

【疏】穡《廣韻》所力切，生職開三入曾。《釋文》音同。

爲獲丨 如字。或作「穫」，非。

【疏】所在注文爲「是有司之所以爲獲，彼人之所以爲災也」。〔註2268〕「如字」者，明此字作「獲」，作「穫」非也。《說文‧犬部》：「獲，獵所獲也。从犬蒦聲。」〔註2269〕《說文‧禾部》：「穫，刈穀也。从禾蒦聲。」

〔註2264〕〔清〕段玉裁撰：《說文解字注》，上海：上海古籍出版社，景印嘉慶二十年經韻樓本，1988 年版，第 695 頁。

〔註2265〕〔魏〕王弼、韓康伯注，〔唐〕孔穎達等正義：《周易正義》，北京：中華書局景印阮刻本，1980 年版，第 28 頁。

〔註2266〕〔魏〕王弼、韓康伯注，〔唐〕孔穎達等正義：《周易正義》，北京：中華書局景印阮刻本，1980 年版，第 28 頁。

〔註2267〕〔魏〕王弼、韓康伯注，〔唐〕孔穎達等正義：《周易正義》，北京：中華書局景印阮刻本，1980 年版，第 28 頁。

〔註2268〕〔魏〕王弼、韓康伯注，〔唐〕孔穎達等正義：《周易正義》，北京：中華書局景印阮刻本，1980 年版，第 28 頁。

〔註2269〕〔漢〕許慎撰：《說文解字》，北京：中華書局，景印同治十二年陳昌治刻本，

〔註2270〕故獲爲獵獲之獲，引申之，則爲獲得。穫爲刈穫之穫，引申之，則爲收穫。此處是有司之所以爲獲，注「行人之得」也。故字當作「獲」爲是。

比｜　毗志反。

【疏】所在注文爲「比近至尊」。〔註2271〕參看〈比〉「比」條。

近｜　附近之近。

【疏】參看〈乾〉「近乎」條。

可試｜　試，驗。一云：用也。

【疏】所在經文爲「无妄之藥，不可試也」。〔註2272〕「試驗」者，驗，考驗也，察物之用也。試本義爲用，此引申之義也。一云「用也」者，用其本義。《說文・言部》：「試，用也。」〔註2273〕《論語・子罕》「吾不試，故藝」何晏《集解》引鄭玄曰：「試，用也。」〔註2274〕

☰☶大畜｜　本又作「蓄」。勑六反。義與〈小畜〉同。艮宮二世卦。

【疏】參看〈小畜〉「小畜」條。本又作「蓄」者，馬王堆漢墓帛書《周易》同。

大畜剛健｜　絕句。

【疏】所在經文爲「大畜剛健篤實輝光日新其德剛上而尚賢」。〔註2275〕《周易章句證異・卷三》：「鄭玄、虞翻、管輅『篤實』句，『輝光日新』句，

1963年版，第205頁。
〔註2270〕〔漢〕許慎撰：《說文解字》，北京：中華書局，景印同治十二年陳昌治刻本，1963年版，第145頁。
〔註2271〕〔魏〕王弼、韓康伯注，〔唐〕孔穎達等正義：《周易正義》，北京：中華書局景印阮刻本，1980年版，第28頁。
〔註2272〕〔魏〕王弼、韓康伯注，〔唐〕孔穎達等正義：《周易正義》，北京：中華書局景印阮刻本，1980年版，第28頁。
〔註2273〕〔漢〕許慎撰：《說文解字》，北京：中華書局，景印同治十二年陳昌治刻本，1963年版，第52頁。
〔註2274〕〔魏〕何晏等注，〔宋〕邢昺疏：《論語注疏》，北京：中華書局景印阮刻本，1980年版，第34頁。
〔註2275〕〔魏〕王弼、韓康伯注，〔唐〕孔穎達等正義：《周易正義》，北京：中華書局景印阮刻本，1980年版，第28頁。

『其德剛上而尙賢』句，崔憬、李鼎祚、惠棟同，云：『日新』俗讀屬下失之。陸德明『大畜剛健』句，『篤寔輝光』句，『日新其德』句。王弼諸儒以『剛健篤寔』句，『輝光日新其德』句。毛奇齡曰：鄭玄諸儒皆以『篤實』句，『輝光日新』句，李氏《集解》亦以此章。惟王弼本以『其德』章句，而宋人宗之，非是。」〔註2276〕由此觀之，此處斷句分歧有三：其一如鄭玄、虞翻、管輅、崔憬、李鼎祚、惠棟，斷句爲：大畜剛健篤實，輝光日新，其德剛上而尙賢。《周易集解》引虞翻曰：「剛健謂乾，篤實謂艮。二已之五，利涉大川。互體离坎，离爲日，故『輝光日新』也。」〔註2277〕其二如陸德明，斷句爲：大畜剛健，篤實輝光，日新其德，剛上而尙賢。其三如王弼，斷句爲：大畜剛健篤實，輝光日新其德，剛上而尙賢。孔氏《正義》曰：「言『大畜剛健篤實』者，此釋大畜之義，『剛健』謂乾也。乾體剛性健，故言『剛健』也。『篤實』，謂艮也。艮體靜止，故稱『篤實』也。『輝光日新其德』者，以其剛健篤實之故，故能輝耀光榮，日日增新其德。」〔註2278〕按，諸說中，以鄭玄諸儒斷句爲佳，「剛健篤實」句者，大畜乾下艮上，剛健謂乾，篤實謂艮，故此處不當如陸氏句讀。「輝光日新」句者，「新」與下文「尙賢」、「養賢」之「賢」上古同屬眞部，韻協。「其德剛上而尙賢」句者，《易·大有·象》「其德剛健而文明」句式同，故其德當屬下爲是。

篤實輝｜ 音輝。〔註2279〕

【疏】輝，《說文·火部》：「輝，光也。」〔註2280〕阮元《十三經注疏校勘記》：「按輝、輝，正、俗字。」〔註2281〕

〔註2276〕〔清〕翟均廉撰：《周易章句證異》，臺灣：商務印書館，景印文淵閣四庫全書本第53冊，1983年版，第742頁。

〔註2277〕〔唐〕李鼎祚撰：《周易集解》，北京：中國書店，景印嘉慶三年姑蘇喜墨齋張遇堯局鐫本，1987年版，卷六，第6頁。

〔註2278〕〔魏〕王弼、韓康伯注，〔唐〕孔穎達等正義：《周易正義》，北京：中華書局景印阮刻本，1980年版，第28頁。

〔註2279〕《經典釋文彙校》：「『輝』，寫本、宋本皆同。十行本、閩監本作『輝』，『音輝』作『音揮』。盧本作『輝，音揮』。嚴云：『輝光』石經摩改作『輝』。《說文》有『輝』無『輝』。漢碑亦但有『輝』字。」見黃焯撰：《經典釋文彙校》，北京：中華書局，1980年版，第14頁。

〔註2280〕〔漢〕許慎撰：《說文解字》，北京：中華書局，景印同治十二年陳昌治刻本，1963年版，第209頁。

〔註2281〕〔魏〕王弼、韓康伯注，〔唐〕孔穎達等正義：《周易正義》，北京：中華書

光| 絕句。

【疏】參看本卦「大畜剛健」條。

日新其德| 鄭以「日新」絕句,「其德」連下句。

【疏】參看本卦「大畜剛健」條。

厭而| 於豔反。

【疏】所在注文爲「凡物既厭而退者,弱也」。厭《廣韻》三讀,厭魅於琰切,影琰開重紐四上咸。訓食不厭精於豔切,影豔開重紐四去咸。訓作厭伏、惡夢於葉切,影葉開重紐四入咸。《釋文》於豔切與《廣韻》去聲音同。《正義》曰:「『凡物既厭而退者,弱也』者,釋經「剛健」也。若不剛健,則見厭被退。能剛健,則所爲日進,不被厭退也。」〔註2282〕由此,「物既厭而退者」之「厭」,當訓爲棄。《論語・雍也》「天厭之」邢昺疏:「厭,棄也。」〔註2283〕

夫能| 音符,發句皆然。下「非大」同。

【疏】所在注義爲「夫能『輝光日新其德』者」。〔註2284〕參看〈乾〉「夫位」條。

令賢| 力呈反。下同。

【疏】所在注文爲「令賢者不家食」。〔註2285〕參看〈訟〉「而令」條。

險難| 乃旦反。下「遇難」同。

【疏】所在注文爲「不憂險難」。〔註2286〕參看〈乾〉「而難」條。

局景印阮刻本,1980 年版,第 33 頁。

〔註2282〕〔魏〕王弼、韓康伯注,〔唐〕孔穎達等正義:《周易正義》,北京:中華書局景印阮刻本,1980 年版,第 28 頁。

〔註2283〕〔魏〕何晏等注,〔宋〕邢昺疏:《論語注疏》,北京:中華書局景印阮刻本,1980 年版,第 23 頁。

〔註2284〕〔魏〕王弼、韓康伯注,〔唐〕孔穎達等正義:《周易正義》,北京:中華書局景印阮刻本,1980 年版,第 28 頁。

〔註2285〕〔魏〕王弼、韓康伯注,〔唐〕孔穎達等正義:《周易正義》,北京:中華書局景印阮刻本,1980 年版,第 28 頁。

〔註2286〕〔魏〕王弼、韓康伯注,〔唐〕孔穎達等正義:《周易正義》,北京:中華書局景印阮刻本,1980 年版,第 28 頁。

多識| 如字。又音試。劉作「志」。

【疏】所在經文爲「君子以多識前言往行，以畜其德」。〔註 2287〕識《廣韻》二讀，訓爲常、知，賞職切，書職開三入曾。訓作標識，職吏切，章志開三去止。由此《釋文》「如字」者，讀如《廣韻》賞職切，訓爲知也。而又音試者，書志開三去止，《集韻》兼收此音，訓爲記。劉作「志」者，義亦通。

往行| 下孟反。

【疏】參看〈乾〉「庸行」條。

利巳| 夷止反。下及注「巳則」、「能巳」同。或音紀，姚同。〔註 2288〕

【疏】所在經文爲「有厲利巳」。〔註 2289〕已《廣韻》二讀：訓爲止，羊己切，以止開三上止。訓爲過事語辭，羊吏切，以志開三去止。此處夷止反者，音同《廣韻》羊己切，訓爲止。巳、已、己舊刻多淆，《釋文》夷止反，明字作「巳」也。《正義》曰：「初九雖有應于四，四乃抑畜於己。己今若往，則有危厲。唯利休巳，不須前進，則不犯禍凶也。故〈象〉云：『不犯災也。』」〔註 2290〕孔氏以「唯利休巳」釋「利巳」。是亦讀止巳字也。或音紀者，己《廣韻》居理切，見止開三上止。紀音同。姚信同之。則利己者，義爲利於己身也。依象不犯災觀之，當讀爲巳爲是，己非。

輿| 音餘，下同。本或作「轝」，音同。

【疏】所在經文爲「輿說輹」。〔註 2291〕輿《廣韻》二讀：以諸切，以魚

〔註 2287〕〔魏〕王弼、韓康伯注，〔唐〕孔穎達等正義：《周易正義》，北京：中華書局景印阮刻本，1980 年版，第 28 頁。

〔註 2288〕《經典釋文彙校》：「盧云：『能巳』注疏本作『故能利己』，衍『利』字。焯案唐殘寫本《周易注》無『利』字，與《釋文》本合。」見黃焯撰：《經典釋文彙校》，北京：中華書局，1980 年版，第 14 頁。《古易音訓》引作「〈象〉同，姚音紀。」〔宋〕呂祖謙撰，〔清〕宋咸熙輯：《古易音訓》（續四庫經部易類第 2 冊），上海：上海古籍出版社，景印清嘉慶七年刻本，2002 年版，第 35 頁。此蓋東萊刪減陸氏文也，義同。

〔註 2289〕〔魏〕王弼、韓康伯注，〔唐〕孔穎達等正義：《周易正義》，北京：中華書局景印阮刻本，1980 年版，第 28 頁。

〔註 2290〕〔魏〕王弼、韓康伯注，〔唐〕孔穎達等正義：《周易正義》，北京：中華書局景印阮刻本，1980 年版，第 28 頁。

〔註 2291〕〔魏〕王弼、韓康伯注，〔唐〕孔穎達等正義：《周易正義》，北京：中華書

合三平遇。羊洳切，以御合三去遇。車輿二讀皆可。《釋文》音餘與《廣韻》平聲音同。按，《周易章句證異‧卷一》：「『輿』，虞翻作『車』，云：萃坤爲車。陸德明曰：或作『轝』。惠棟從『轝』。」〔註2292〕虞翻作「車」者，依《周易集解》引虞翻《易》注。本或作「轝」者，同。《集韻‧御韻》：「輿，舁車也。或作轝。」〔註2293〕《墨子‧公輸》「今有人於此，舍其文軒，鄰有敝轝，而欲竊之，舍其錦繡」孫詒讓《閒詁》：「〈宋策〉、《神仙傳》並作『敝輿』。」又引畢云：「轝即輿之異文耳。」〔註2294〕參看〈大有〉「大車」條。

說| 吐活反。注及下同。馬云：解也。

【疏】參看〈蒙〉「用說」條。

輹| 音服。又音福。蜀才本同。或作「輻」。一云：車旁作复，音服，車下縛也。作畐者，音福，《老子》所云「三十輻共一轂」是也。《釋名》云：輹，似人屐。又曰伏菟，在軸上似之。又曰輹，伏於軸上。〔註2295〕

【疏】所引《老子》文，今本同。所引《釋名》文，今本《釋名‧釋車》作「屐，似人屐也。又曰伏兔，在軸上似之也。又曰輹，伏也，伏於軸上也。」《彙校》云當作「輹，似人屐」者，非。當依宋本或葉鈔本。輹之音義，參看〈小畜〉「輻」條。

馮河| 皮冰反。

【疏】所在注文爲「能以其中不爲馮河」。〔註2296〕參看〈泰〉「用馮」條。

良馬逐| 如字。鄭本作「逐逐」，云：兩馬走也。姚云：逐逐，疾並驅

局景印阮刻本，1980年版，第28頁。

〔註2292〕〔清〕翟均廉撰：《周易章句證異》，臺灣：商務印書館，景印文淵閣四庫全書本第53冊，1983年版，第696頁。

〔註2293〕〔宋〕丁度撰：《集韻》，北京：中華書局，景印北京圖書館藏宋刻本，1988年版，第140頁。

〔註2294〕〔清〕孫詒讓撰：《墨子閒詁》，上海：上海書店，景印諸子集成本，1986年版，第294頁。

〔註2295〕《經典釋文彙校》：「注文『輹』宋本作『輻』，葉鈔作『屐』，並譌。寫本作『輹』。『菟』，寫本作『兔』，『兔』、『菟』古通用。『伏於』，寫本作『伏在』。」見黃焯撰：《經典釋文彙校》，北京：中華書局，1980年版，第14頁。

〔註2296〕〔魏〕王弼、韓康伯注，〔唐〕孔穎達等正義：《周易正義》，北京：中華書局景印阮刻本，1980年版，第28頁。

之貌。一音胄。〔註 2297〕

【疏】所在經文爲「良馬逐，利艱貞」。〔註 2298〕《周易章句證異·卷一》：「『逐』，鄭玄作『逐逐』，兩馬走也。晁說之曰：王昭素謂當作『逐逐』。陸德明曰：逐，如字。一音胄。按虞翻及《漢書·五行志》引作『良馬逐』。」〔註 2299〕逐「如字」者，明此處讀如《廣韻》直六切，澄屋合三入通，不讀爲胄也。「鄭本作逐逐，云兩馬走也」者，宋鄭剛中《周易窺餘·卷六》：「乾爲馬，姚信曰逐，兩馬走也。夫賢有賢之類，上九與九三類也。上已通天之衢，君臣道合，畜極思變，不專于止，三趨而往，兩賢相望而起，此良馬逐之義也。」〔註 2300〕可爲一解。姚云「逐逐，疾並驅之貌」者，義與鄭玄同。故鄭剛中徑作姚信曰：「逐，兩馬走」也。一音胄者，《經義述聞·爾雅上·逐病也》：「《文選·西都賦》：『六師發逐』。《後漢書·班固傳》『逐』作『胄』。」〔註 2301〕是二字古音近也。按逐音胄，蓋與駎通。《淮南子·詮言》「駎者不貪最先」高誘注：「駎，競驅也。」〔註 2302〕《讀書雜志·淮南子內篇十四·詮言》王念孫按曰：「駎之言逐也。」〔註 2303〕故逐、駎皆有馬驅馳之義也。

曰丨 音越。劉云：曰猶言也。鄭人實反，云：曰習車徒。〔註 2304〕

〔註 2297〕 《經典釋文彙校》：「寫本經文作『逐逐』。宋本注文上『逐逐』下出『衍』字。姚作『疾』，並誤。寫本無『疾』字，『驅』作『馳』。」見黃焯撰：《經典釋文彙校》，北京：中華書局，1980 年版，第 14 頁。

〔註 2298〕 〔魏〕王弼、韓康伯注，〔唐〕孔穎達等正義：《周易正義》，北京：中華書局景印阮刻本，1980 年版，第 28 頁。

〔註 2299〕 〔清〕翟均廉撰：《周易章句證異》，臺灣：商務印書館，景印文淵閣四庫全書本第 53 冊，1983 年版，第 696 頁。

〔註 2300〕 〔宋〕鄭剛中撰：《周易窺餘》（叢書集成續編哲學類第 26 冊），臺灣：新文豐出版公司，景印續金華叢書本，1988 年版，第 401 頁。

〔註 2301〕 〔清〕王引之撰：《經義述聞》（續四庫經部羣經總義類第 174～175 冊），上海：上海古籍出版社，景印道光七年王氏京師刻本，2002 年版，第 174 冊，第 201 冊。

〔註 2302〕 〔漢〕劉安著，高誘注：《淮南子》，上海：上海書店，景印諸子集成本，1986 年版，第 245 頁。

〔註 2303〕 〔清〕王念孫撰：《讀書雜志》（續四庫子部雜家類第 1152～1153 冊），上海：上海古籍出版社，景印道光十二年刻本，2002 年版，第 1153 冊，第 570 頁。

〔註 2304〕 《經典釋文彙校》：「寫本『曰』與下『閑』字連文，宋本與今本同。又寫本凡『音某』多作『某音』。此作『越音』，蓋唐以前多如此作。」見黃焯撰：

【疏】所在經文注疏本作「曰閑輿衛」。〔註2305〕曰《廣韻》王伐切，云月合三入山。《釋文》音同。劉云「曰猶言也」者，《廣雅·釋詁四》：「曰，言也。」〔註2306〕《正義》：「『曰閑輿衛』者，進得其時，涉難无患，雖曰有人欲閑閣車輿，乃是防衛見護也，故云『曰閑輿衛』也。」〔註2307〕鄭玄人實反者，其經文作「曰」。集解本同。「曰習車徒」者，《周易集解》引虞翻曰：「离爲日。二至五，體師象。坎爲閑習，坤爲車輿；乾人在上，震爲驚衛，講武閑兵，故曰『曰閑輿衛』也。」〔註2308〕

閑| 如字，閣也。馬、鄭云：習。

【疏】閑「如字」者，辨字形作「閑」也。「閣也」者，阻也。《說文·門部》：「閑，闌也。」〔註2309〕引申則有阻閣義。王弼注：「閑，閣也。衛，護也。進得其時，雖涉艱難而无患也，輿雖遇閑而故衛也。」〔註2310〕是亦訓閑爲閣也。馬、鄭云「習」者，《爾雅·釋詁下》：「閑，習也。」〔註2311〕《詩·大雅·卷阿》「既閑且馳」鄭玄《箋》：「閑，習也。」〔註2312〕《集解》引虞翻《易》注亦訓閑爲習，參看上條。

險阨| 於革反。本亦作「厄」。〔註2313〕

《經典釋文彙校》，北京：中華書局，1980年版，第14～15頁。

〔註2305〕〔魏〕王弼、韓康伯注，〔唐〕孔穎達等正義：《周易正義》，北京：中華書局景印阮刻本，1980年版，第28頁。

〔註2306〕〔清〕王念孫撰：《廣雅疏證》，北京：中華書局，景印嘉慶年間王氏家刻本，1983年版，第117頁。

〔註2307〕〔魏〕王弼、韓康伯注，〔唐〕孔穎達等正義：《周易正義》，北京：中華書局景印阮刻本，1980年版，第28頁。

〔註2308〕〔唐〕李鼎祚撰：《周易集解》，北京：中國書店，景印嘉慶三年姑蘇喜墨齋張遇堯局鐫本，1987年版，卷六，第6頁。

〔註2309〕〔漢〕許慎撰：《說文解字》，北京：中華書局，景印同治十二年陳昌治刻本，1963年版，第284頁。

〔註2310〕〔魏〕王弼、韓康伯注，〔唐〕孔穎達等正義：《周易正義》，北京：中華書局景印阮刻本，1980年版，第28頁。

〔註2311〕〔晉〕郭璞注，〔宋〕邢昺疏：《爾雅注疏》，北京：中華書局景印阮刻本，1980年版，第10頁。

〔註2312〕〔漢〕毛公傳、鄭玄箋，〔唐〕孔穎達等正義：《毛詩正義》，北京：中華書局景印阮刻本，1980年版，第279頁。

〔註2313〕《經典釋文彙校》：「寫本《周易注》作『厄』，今本同。」見黃焯撰：《經典釋文彙校》，北京：中華書局，1980年版，第15頁。

【疏】所在注文爲「不憂險厄」。〔註2314〕《孟子‧萬章上》「是時孔子當阨」焦循《正義》：「阨，古厄字。」〔註2315〕厄《廣韻》於革切，影麥開二入梗。《釋文》首音同。阨未見《廣韻》，阨《集韻》二讀，訓作塞時音於革切，與《廣韻》厄音同。參看〈屯〉「厄」條。

童牛| 無角牛也。《廣蒼》作「犝」。劉云：童，妾也。

【疏】所在經文爲「童牛之牿」。〔註2316〕「無角牛也」者，《釋名‧釋長幼》：「牛羊之無角者曰童。」〔註2317〕《詩‧大雅‧抑》「彼童而角」毛《傳》：「童，羊之無角者也。」〔註2318〕故童牛訓爲牛之無角者也。《集解》於此爻象傳下引侯果曰：「童牛，无角之牛也。」〔註2319〕《廣蒼》作「犝」者，犝見《說文》新附，蓋爲童牛之後起字也。《爾雅‧釋畜》：「犝，牛」郭璞注：「今無角牛。」〔註2320〕劉云「童，妾也」者，《說文‧辛部》：「童，男有辠曰奴，奴曰童，女曰妾。」〔註2321〕劉氏訓爲妾者，即女婢之義也。《漢書‧貨殖傳》「童手指千」顏師古注引孟康曰：「童，奴婢也。」〔註2322〕此處童牛爲成詞，訓妾非。又童牛之童，許慎於《說文‧告部》告字下引《易》曰：「僮牛之告」。《說文‧牛部》新附云：「犝，古通用僮。」〔註2323〕按戰國楚簡《周

〔註2314〕〔魏〕王弼、韓康伯注，〔唐〕孔穎達等正義：《周易正義》，北京：中華書局景印阮刻本，1980 年版，第 28 頁。

〔註2315〕〔清〕焦循撰：《孟子正義》（四部備要本），上海：中華書局，據學海堂經解本校刊，1936 年版，第 192 頁。

〔註2316〕〔魏〕王弼、韓康伯注，〔唐〕孔穎達等正義：《周易正義》，北京：中華書局景印阮刻本，1980 年版，第 28 頁。

〔註2317〕〔漢〕劉熙撰，〔清〕畢沅疏證，王先謙補：《釋名疏證補》（漢小學四種本），成都：巴蜀書社，景印光緒二十二年刊本，2001 年版，第 1493 頁。

〔註2318〕〔漢〕毛公傳、鄭玄箋，〔唐〕孔穎達等正義：《毛詩正義》，北京：中華書局景印阮刻本，1980 年版，第 288 頁。

〔註2319〕〔唐〕李鼎祚撰：《周易集解》，北京：中國書店，景印嘉慶三年姑蘇喜墨齋張遇堯局鐫本，1987 年版，卷六，第 7 頁。

〔註2320〕〔晉〕郭璞注，〔宋〕邢昺疏：《爾雅注疏》，北京：中華書局景印阮刻本，1980 年版，第 87 頁。

〔註2321〕〔漢〕許慎撰：《說文解字》，北京：中華書局，景印同治十二年陳昌治刻本，1963 年版，第 58 頁。

〔註2322〕〔漢〕班固撰：《前漢書》（四部備要本），上海：中華書局，據武英殿本校刊，1936 年版，第 1211 頁。

〔註2323〕〔漢〕許慎撰：《說文解字》，北京：中華書局，景印同治十二年陳昌治刻本，1963 年版，第 30 頁。

易》即作「僮」字。〔註 2324〕

牿| 古毒反。劉云：牿之言角也。陸云：牿當作「角」。九家作「告」。《說文》同，云：牛觸，角著橫木，所以告人。〔註 2325〕

【疏】牿《廣韻》古沃切，見沃合一入通。《釋文》首音同。劉、陸云者，牿、角雙聲，《厚齋易學‧卷二‧易輯注第二》：「六四『童牛之牿』，制其剛而畜擾之之象。童去其角而平之，如童子之去其髮之貌。今山之去木者亦曰童。牿，劉表云：角也。鄭作角。陸績云：當作角。元吉，占。」〔註 2326〕九家、《說文》作「告」者，《集解》引虞翻曰：「告謂以木楅其角。」〔註 2327〕告亦即楅衡也。《詩‧魯頌‧閟宮》：「夏而楅衡。」朱熹《集傳》：「楅衡，施於牛角，所以止觸也。」〔註 2328〕《說文‧告部》：「告，牛觸人，角箸橫木，所以告人也。从口从牛。《易》曰：『僮牛之告』。」〔註 2329〕《釋文》引《說文》「牛觸」下挩「人」字。依許慎，告之本義即楅衡也，段氏疑之，可參看其注。

抑銳| 於力反。下同。本又作「挫」，災臥反。

【疏】所在注文爲「抑銳之始」。〔註 2330〕抑《廣韻》於力切，影職開三入曾。《釋文》音同，抑止也。本又作「挫」者，義近，《老子》「挫其銳」是也。挫《廣韻》則臥切，精過合一去果，《釋文》音同。

強| 其良反。

〔註 2324〕馬承源主編：《上海博物館藏戰國楚竹書（三）》，上海：上海古籍出版社，2003 年版，第 229 頁。

〔註 2325〕《經典釋文彙校》：「石經初刻作『告』，摩改作『牿』。嚴云：當從初刻。」見黃焯撰：《經典釋文彙校》，北京：中華書局，1980 年版，第 15 頁。

〔註 2326〕〔宋〕馮椅撰：《厚齋易學》，臺灣：商務印書館，景印文淵閣四庫全書本第 16 冊，1983 年版，第 32 頁。

〔註 2327〕〔唐〕李鼎祚撰：《周易集解》，北京：中國書店，景印嘉慶三年姑蘇喜墨齋張遇堯局鐫本，1987 年版，卷六，第 7 頁。

〔註 2328〕〔宋〕朱熹撰：《詩經集傳》（四書五經本），北京：中國書店，據世界書局本景印，1985 年版，第 164 頁。

〔註 2329〕〔漢〕許慎撰：《說文解字》，北京：中華書局，景印同治十二年陳昌治刻本，1963 年版，第 30 頁。

〔註 2330〕〔魏〕王弼、韓康伯注，〔唐〕孔穎達等正義：《周易正義》，北京：中華書局景印阮刻本，1980 年版，第 28 頁。

【疏】所在注文爲「以息強爭」。〔註 2331〕強《廣韻》巨良切，臺陽開三平宕。《釋文》音同。

爭|　爭鬩之爭。

【疏】「爭鬩之爭」，注音兼釋義也。

豶|　符云反。劉云：豕去勢曰豶。〔註 2332〕

【疏】所在經文爲「豶豕之牙」。〔註 2333〕豶《廣韻》符分切，奉文合三平臻。《釋文》音同。劉云「豕去勢曰豶」者，《說文·豕部》：「豶，羠豕也。」〔註 2334〕《集解》引虞翻注云：「劇豕稱豶。」〔註 2335〕義同，皆去勢豕之謂也。

之牙|　徐五加反。鄭讀為互。〔註 2336〕

【疏】牙《廣韻》五加切，疑麻開二平假。《釋文》引徐邈音同。鄭讀爲「互」者，「互」異體作「㸦」，與「牙」形近易譌。此處當作「牙」，鄭讀非。

剛暴|　一本作「剛突」。〔註 2337〕

〔註 2331〕〔魏〕王弼、韓康伯注，〔唐〕孔穎達等正義：《周易正義》，北京：中華書局景印阮刻本，1980 年版，第 28 頁。
〔註 2332〕《經典釋文彙校》：「寫本『云』作『文』。」見黃焯撰：《經典釋文彙校》，北京：中華書局，1980 年版，第 15 頁。
〔註 2333〕〔魏〕王弼、韓康伯注，〔唐〕孔穎達等正義：《周易正義》，北京：中華書局景印阮刻本，1980 年版，第 28 頁。
〔註 2334〕〔漢〕許慎撰：《說文解字》，北京：中華書局，景印同治十二年陳昌治刻本，1963 年版，第 197 頁。
〔註 2335〕〔唐〕李鼎祚撰：《周易集解》，北京：中國書店，景印嘉慶三年姑蘇喜墨齋張遇堯局鐫本，1987 年版，卷六，第 7 頁。
〔註 2336〕《經典釋文彙校》：「盧云：古牙、互通用。」見黃焯撰：《經典釋文彙校》，北京：中華書局，1980 年版，第 15 頁。
〔註 2337〕《經典釋文彙校》：「寫本無『剛暴』條，有『滑』條，注云：于八反，又作『骨』，剛突反。」見黃焯撰：《經典釋文彙校》，北京：中華書局，1980 年版，第 15 頁。按，此處似當依寫本。「滑」所在句今注疏本爲：「豕牙橫猾」，滑《廣韻》三讀，訓作滑稽，古忽切，見沒合一入臻。訓作亂，戶骨切，匣沒合一入臻。訓作利，戶八切，匣點合二入山。此處于八反，云紐，與《廣韻》三讀皆異。又作「骨」者，骨《廣韻》古忽切，見沒合一入臻。《釋文》剛突切音同。按，滑、猾異文，如《書·堯典下》「蠻夷猾夏」孫星衍今古文注疏：「猾，大傳作滑。」（見〔清〕孫星衍撰：《尚書今古文注疏》（四部

【疏】所在注文爲「剛暴難制之物」。〔註2338〕暴、突義近。

禁暴| 音金。

【疏】所在注文爲「禁暴抑盛」。〔註2339〕禁《廣韻》二讀，居吟切，見侵開重紐三平深。居蔭切，見沁開重紐三去深。《羣經音辨·卷六》：「禁，制也，居吟切。制謂之禁，居蔭切。」〔註2340〕由此，則平聲之禁爲動詞，去聲之禁爲名詞。《釋文》音同《廣韻》平聲。

何天| 音河。梁武帝音賀。

【疏】所在經文爲「何大之衢，亨」。〔註2341〕《廣韻》語辭之何音胡歌切，匣歌開一平果。負荷之何音胡可切，匣哿開一上果。《釋文》首音音同《廣韻》平聲，訓爲語辭。王弼注：「何，辭也，猶云何畜，乃天之衢亨也。」〔註2342〕梁武帝音賀者，訓何爲負也。《後漢書·崔駰傳》「何天衢於盛世兮，超千載而垂緒。」李賢注引鄭玄云：「艮爲手，手上肩也。乾爲首。首肩之間，荷物處。乾爲天，艮爲徑路，天衢象也。」〔註2343〕又明熊過《周易象旨決錄·卷二》：「陽居艮上，畜道已成，无復畜止之象。何如何校之何，梁武帝音賀，負也。王延壽〈魯靈光殿賦〉直云：荷天衢以元亨。鄭康成指艮背上，乾首下，爲肩，荷物處。陽乾爻有天象，艮爲徑路，天衢也。長寧周尙書引莊生『背負青天而莫天閼者』証之，是矣。馮氏椅曰：外无陽爻則坤順不能畜，

備要本），上海：中華書局，據冶城山館本校刊，1936年版，第19頁。)《潛夫論·敘錄》「蠻夷猾夏」汪繼培《箋》：「《志氏姓篇》『猾』作『滑』。」（見〔漢〕王符著，〔清〕汪繼培箋：《潛夫論》，上海：上海書店，景印諸子集成本，1986年版，第197頁。）滑、猾通，皆訓爲亂也。又作「骨」者，假借爲滑也。

〔註2338〕〔魏〕王弼、韓康伯注，〔唐〕孔穎達等正義：《周易正義》，北京：中華書局景印阮刻本，1980年版，第28頁。

〔註2339〕〔魏〕王弼、韓康伯注，〔唐〕孔穎達等正義：《周易正義》，北京：中華書局景印阮刻本，1980年版，第28頁。

〔註2340〕〔宋〕賈昌朝撰：《羣經音辨》（叢書集成初編語文學類第1208冊），上海：商務印書館，景印畿輔叢書本，1939年版，第141頁。

〔註2341〕〔魏〕王弼、韓康伯注，〔唐〕孔穎達等正義：《周易正義》，北京：中華書局景印阮刻本，1980年版，第28頁。

〔註2342〕〔魏〕王弼、韓康伯注，〔唐〕孔穎達等正義：《周易正義》，北京：中華書局景印阮刻本，1980年版，第28頁。

〔註2343〕〔南朝宋〕范曄撰：《後漢書》（四部備要本），上海：中華書局，據武英殿本校刊，1936年版，第709頁。

內无陰爻則同類不相畜，然則成大畜之義者在艮之上九，而能畜乾之陽者在艮之四五也。」〔註2344〕

衢| 其俱反，馬云：四達謂之衢。

【疏】衢《廣韻》其俱切，羣虞合三平遇。《釋文》音同。馬云「四達謂之衢」者，《爾雅·釋宮》：「四達謂之衢。」〔註2345〕

亨| 許庚反。

【疏】亨《廣韻》三讀，訓作通，許庚切，曉庚開二平梗。《釋文》音同。參看〈乾〉「元亨」條、〈大有〉「用亨」條。

☶ 頤| 以之反。養也。此篆文字也。巽宮遊魂卦。

【疏】頤《廣韻》與之切，以之開三平止。《釋文》音同。「養也」者，《易·序卦》：「頤者，養也。」〔註2346〕《爾雅·釋詁下》：「頤，養也。」〔註2347〕「此篆文字也」者，《說文·臣部》：「臣，顄也。象形。凡臣之屬皆从臣。𦣞，篆文臣。𦣠，籀文从首。」〔註2348〕

舍爾| 音捨。注同。

【疏】所在經文爲「舍爾靈龜」。〔註2349〕舍、捨，古今字。參看〈屯〉「如舍」條。

朵| 多果反，動也。鄭同。京作「揣」。〔註2350〕

〔註2344〕〔明〕熊過撰：《周易象旨決錄》，臺灣：商務印書館，景印文淵閣四庫全書本第31冊，1983年版，第496頁。

〔註2345〕〔晉〕郭璞注，〔宋〕邢昺疏：《爾雅注疏》，北京：中華書局景印阮刻本，1980年版，第32頁。

〔註2346〕〔魏〕王弼、韓康伯注，〔唐〕孔穎達等正義：《周易正義》，北京：中華書局景印阮刻本，1980年版，第84頁。

〔註2347〕〔晉〕郭璞注，〔宋〕邢昺疏：《爾雅注疏》，北京：中華書局景印阮刻本，1980年版，第11頁。

〔註2348〕〔漢〕許慎撰：《說文解字》，北京：中華書局，景印同治十二年陳昌治刻本，1963年版，第250頁。

〔註2349〕〔魏〕王弼、韓康伯注，〔唐〕孔穎達等正義：《周易正義》，北京：中華書局景印阮刻本，1980年版，第29頁。

〔註2350〕《經典釋文彙校》：「寫本『多』作『都』，『揣』作『揣』。宋本亦作『揣』。惠云：朵、揣同音，毛居正《正誤》曰：京作『揣』，『揣』作『揣』，誤。吳云，《爾雅》、《廣雅》『揣』並訓『動』，（案《尔疋》無『揣』訓『動』之

【疏】所在經文爲「觀我朵頤」。〔註 2351〕朵《廣韻》丁果切，端果合一上果。《釋文》音同。「動也」者，王弼注：「『朵頤』者，嚼也。」〔註 2352〕孔穎達疏：「朵是動義，如手之捉物謂之朵。」〔註 2353〕京作「㪜」者，朵、㪜、揣、端，音近義通，皆訓爲動也。《廣雅・釋詁一》：「揣，動也。」〔註 2354〕《集韻・果部》：「端，動也。」〔註 2355〕又馬王堆漢墓帛書《周易》作「掘」，疑即「揣」之或體。阜陽漢簡《周易》作「端」，〔註 2356〕亦音近而成異文也。

嚼｜ 詳略反。

【疏】所在注文爲「『朵頤』者，嚼也。」。〔註 2357〕嚼《廣韻》在爵切，從藥開三入宕。《釋文》音同。

令物｜ 力呈反。

【疏】所在注文爲「不能令物由己養」。〔註 2358〕參看〈訟〉「而令」條。

離其｜ 力智反。

【疏】所在注文爲「離其致養之至道」。〔註 2359〕參看〈乾〉「離隱」條。

文，吳說誤。）然則京作『揣』者，音義並與『朵』同，唯形異耳。黃云，『揣』訓『動』者，仍爲『朵』之假借。」見黃焯撰：《經典釋文彙校》，北京：中華書局，1980 年版，第 15 頁。

〔註 2351〕 〔魏〕王弼、韓康伯注，〔唐〕孔穎達等正義：《周易正義》，北京：中華書局景印阮刻本，1980 年版，第 29 頁。

〔註 2352〕 〔魏〕王弼、韓康伯注，〔唐〕孔穎達等正義：《周易正義》，北京：中華書局景印阮刻本，1980 年版，第 29 頁。

〔註 2353〕 〔魏〕王弼、韓康伯注，〔唐〕孔穎達等正義：《周易正義》，北京：中華書局景印阮刻本，1980 年版，第 29 頁。

〔註 2354〕 〔清〕王念孫撰：《廣雅疏證》，北京：中華書局，景印嘉慶年間王氏家刻本，1983 年版，第 38 頁。

〔註 2355〕 〔宋〕丁度撰：《集韻》，北京：中華書局，景印北京圖書館藏宋刻本，1988 年版，第 117 頁。

〔註 2356〕 韓自強撰：《阜陽漢簡周易研究・阜陽漢簡周易釋文》，上海：上海古籍出版社，2004 年版，第 60 頁。

〔註 2357〕 〔魏〕王弼、韓康伯注，〔唐〕孔穎達等正義：《周易正義》，北京：中華書局景印阮刻本，1980 年版，第 29 頁。

〔註 2358〕 〔魏〕王弼、韓康伯注，〔唐〕孔穎達等正義：《周易正義》，北京：中華書局景印阮刻本，1980 年版，第 29 頁。

〔註 2359〕 〔魏〕王弼、韓康伯注，〔唐〕孔穎達等正義：《周易正義》，北京：中華書

而闚| 苦規反。〔註2360〕

【疏】所在注文爲「闚我寵祿而競進」。〔註2361〕參看〈觀〉「闚」條。

顛頤| 丁田反。

【疏】顛《廣韻》都年切，端先開四平山。《釋文》音同。《正義》曰：「顛，倒也。」〔註2362〕

拂| 符弗反，違也。薛同。注下皆同。一音敷弗反。《子夏傳》作「弗」，云：輔弼也。

【疏】所在經文爲「拂經于丘頤」。〔註2363〕拂《廣韻》敷勿切，敷物合三入臻。《釋文》符弗反，奉物合三入臻。《集韻》增符勿切，音同。「違也」者，《集解》引王肅曰：「拂，違也。經，常也。」〔註2364〕一音敷弗反者，與《廣韻》音同。《子夏傳》作「弗」者，古音同也，故典籍中弗、拂多相假。「輔弼也」者，假借爲弼也。李富孫《易經異文釋‧卷二》：「顛頤，拂經。《晁氏易》云：劉表、一行作弗。下同。弗，古弼字。」〔註2365〕又阜陽漢簡《周易》亦作「弗」。〔註2366〕

此行| 下孟反。下「立行」同。

【疏】所在注文爲「處頤而爲此行」。〔註2367〕參看〈乾〉「庸行」條。

局景印阮刻本，1980年版，第29頁。
〔註2360〕 《經典釋文彙校》：「『觀我朵頤凶』注，寫本《周易注》作『而闚我寵祿之競進』，諸本作『闚我寵祿而競進』，《釋文》出『而闚』，與寫本合。」見黃焯撰：《經典釋文彙校》，北京：中華書局，1980年版，第15頁。
〔註2361〕 〔魏〕王弼、韓康伯注，〔唐〕孔穎達等正義：《周易正義》，北京：中華書局景印阮刻本，1980年版，第29頁。
〔註2362〕 〔魏〕王弼、韓康伯注，〔唐〕孔穎達等正義：《周易正義》，北京：中華書局景印阮刻本，1980年版，第29頁。
〔註2363〕 〔魏〕王弼、韓康伯注，〔唐〕孔穎達等正義：《周易正義》，北京：中華書局景印阮刻本，1980年版，第29頁。
〔註2364〕 〔唐〕李鼎祚撰：《周易集解》，北京：中國書店，景印嘉慶三年姑蘇喜墨齋張遇堯局鐫本，1987年版，卷六，第9頁。
〔註2365〕 〔清〕李富孫撰：《易經異文釋》（續四庫經部易類第27冊），上海：上海古籍出版社，景印南菁書院續經解本，2002年版，第678頁。
〔註2366〕 韓自強撰：《阜陽漢簡周易研究‧阜陽漢簡周易釋文》，上海：上海古籍出版社，2004年版，第60頁。
〔註2367〕 〔魏〕王弼、韓康伯注，〔唐〕孔穎達等正義：《周易正義》，北京：中華書

悖也｜ 布內反，逆也。

【疏】所在經文爲「『十年勿用』，道大悖也」。〔註2368〕悖《廣韻》二讀，心亂音蒲昧切，並隊合一去蟹。悖逆音蒲沒切，並沒合一入臻。《釋文》布內反，幫隊合一去蟹，《集韻》有補妹切，音同。毛居正《六經正誤》：「悖也，布內反。布當作步，吳音呼布如步。」〔註2369〕毛氏說可備一解。若依《廣韻》，悖逆之悖當讀入聲。然《釋文》中悖逆之悖悉讀去聲，《釋文》中讀入聲者，則與勃通假。如《左傳・莊公十一年》「其興也悖焉」陸德明《釋文》：「蒲忽反，一作勃，同。盛貌。」〔註2370〕則《釋文》音義與《廣韻》異也。「逆也」者，《易・解・象傳》「以解悖也」、〈鼎・象傳〉「鼎顛止未悖也」、〈說卦〉「雷風不相悖」《釋文》皆訓悖爲逆。〔註2371〕

虎視｜ 徐市志反。又常止反。〔註2372〕

【疏】所在經文注疏本作「虎視眈眈」，〔註2373〕集解本作「睒」。〔註2374〕睒，古文視。視《廣韻》二讀，常利切，禪至開二去止。承矢切，禪旨開二上止。訓作瞻看二讀皆可。《釋文》徐音市志反者，禪志開二去止。又常止反者，禪止開三上止。皆與《廣韻》韻稍異。

眈眈｜ 丁南反。威而不猛也。馬云：虎下視貌。一音大南反。

【疏】眈《廣韻》二讀，丁含切，端覃開一平咸。徒含切，定覃開一平

　　　　局景印阮刻本，1980年版，第29頁。
〔註2368〕〔魏〕王弼、韓康伯注，〔唐〕孔穎達等正義：《周易正義》，北京：中華書局景印阮刻本，1980年版，第29頁。
〔註2369〕〔宋〕毛居正撰：《六經正誤》，揚州：江蘇廣陵古籍刻印社，景印通志堂經解本第十六冊，1996年版，第571頁。
〔註2370〕〔唐〕陸德明撰：《經典釋文》，北京：中華書局，景印徐乾學通志堂刻本，1983年版，第228頁。
〔註2371〕〔唐〕陸德明撰：《經典釋文》，北京：中華書局，景印徐乾學通志堂刻本，1983年版，第26、28、33頁。
〔註2372〕《經典釋文彙校》：「『常』，宋本同。盧依錢本改作『市』。案《廣韻》視，常利切，『常』、『市』聲同，不煩改作。」見黃焯撰：《經典釋文彙校》，北京：中華書局，1980年版，第15頁。
〔註2373〕〔魏〕王弼、韓康伯注，〔唐〕孔穎達等正義：《周易正義》，北京：中華書局景印阮刻本，1980年版，第29頁。
〔註2374〕〔唐〕李鼎祚撰：《周易集解》，北京：中國書店，景印嘉慶三年姑蘇喜墨齋張遇堯局鐫本，1987年版，卷六，第9頁。

咸。音異義同。《釋文》首音與《廣韻》丁含切音同。「威而不猛也」者，《正義》:「『虎視耽耽』者，以上養下，不可褻瀆，恒如虎視耽耽，然威而不猛也。」〔註 2375〕《說文·目部》:「耽，視近而志遠。」〔註 2376〕段注:「耽，謂其意深沈也。」〔註 2377〕又馬王堆漢墓帛書《周易》即作「沈沈」，音近義通，是「耽耽」有深沈之義也。馬云「虎下視貌」者，《集解》引虞翻曰:「耽耽，下際頷。」〔註 2378〕「耽耽」者，諸家訓釋不一，皆虎視貌也。一音大南反者，音同《廣韻》徒含切。

逐逐| 如字，敦實也。薛云:速也。《子夏傳》作「攸攸」。《志林》云:攸，當為逐。蘇林音迪。荀作「悠悠」。劉作「跾」，云:遠也。《說文》:跾，音式六反。〔註 2379〕

【疏】所在經文為「其欲逐逐」。〔註 2380〕「如字」者，讀如《廣韻》直六切，澄屋合三入通。「敦實也」者，《正義》曰:「『其欲逐逐』者，既養于下，不可有求，其情之所欲逐逐然，尚于敦實也。」〔註 2381〕薛云「速也」者，《集韻·錫韻》:「逐，速也。」〔註 2382〕《子夏傳》作「攸攸」者，同悠悠，遠也。《別雅·卷二》:「繇繇、攸攸，悠悠也。《漢書·韋賢傳》『犬馬繇繇』。師古曰:繇與悠同。班固〈敘傳〉『攸攸外寓』。攸亦同悠。」〔註 2383〕「攸，

〔註 2375〕 〔魏〕王弼、韓康伯注，〔唐〕孔穎達等正義:《周易正義》，北京:中華書局景印阮刻本，1980 年版，第 29 頁。

〔註 2376〕 〔漢〕許慎撰:《說文解字》，北京:中華書局，景印同治十二年陳昌治刻本，1963 年版，第 71 頁。

〔註 2377〕 〔清〕段玉裁撰:《說文解字注》，上海:上海古籍出版社，景印嘉慶二十年經韻樓本，1988 年版，第 131 頁。

〔註 2378〕 〔唐〕李鼎祚撰:《周易集解》，北京:中國書店，景印嘉慶三年姑蘇喜墨齋張遇堯局鐫本，1987 年版，卷六，第 9 頁。

〔註 2379〕 《經典釋文彙校》:「盧云:舊作『字林』，非。今從宋本錢本正。焯案寫本、宋本並作『志林』。或謂仍依監本作『字林』，非也。『跾』，寫本作『跾跾』。」見黃焯撰:《經典釋文彙校》，北京:中華書局，1980 年版，第 15 頁。

〔註 2380〕 〔魏〕王弼、韓康伯注，〔唐〕孔穎達等正義:《周易正義》，北京:中華書局景印阮刻本，1980 年版，第 29 頁。

〔註 2381〕 〔魏〕王弼、韓康伯注，〔唐〕孔穎達等正義:《周易正義》，北京:中華書局景印阮刻本，1980 年版，第 29 頁。

〔註 2382〕 〔宋〕丁度撰:《集韻》，北京:中華書局，景印北京圖書館藏宋刻本，1988 年版，第 216 頁。

〔註 2383〕 〔清〕吳玉搢撰:《別雅》，光緒丁亥年菽林山房刻益雅堂叢書本，卷二，第 45 頁。

當爲逐」者，虞喜《志林》以「攸攸」當讀爲「逐逐」也，然考乎戰國楚簡《周易》，所在經文作「丌猷攸攸」，〔註 2384〕正與《子夏傳》同。《志林》之說，恐失之武斷。蘇林音迪者，《集韻》「逐」有亭歷切，定錫開四入梗，音同。所在經文馬王堆漢墓帛書《周易》作「其容笛笛」，笛《廣韻》徒歷切，定錫開四入梗。是蘇林音讀定有所據也。「笛」字異體或作「篴」，又《易‧睽》「喪馬勿逐」戰國楚簡《周易》作「□馬勿由」，〔註 2385〕此皆亦笛、逐、迪音通之佐證也。《集韻‧錫韻》曰：「速也，《周易》其欲逐逐，或作洫。」〔註 2386〕《易經異文釋‧卷二》：「其欲逐逐，《漢書‧敘傳》作其欲洫洫。」〔註 2387〕按，攸、洫《廣韻》同以周切，以尤開三平流；洫《集韻》又亭歷切，定錫開四入梗。蓋《集韻》依蘇、林增入迪音。攸古音屬幽部，迪屬覺部，音近。荀作「悠悠」、劉作「篴」者，皆從攸得聲，訓爲遠也。《爾雅‧釋詁上》：「悠，遠也。」〔註 2388〕《說文‧足部》：「篴，疾也，長也。」〔註 2389〕宋項安世《周易玩辭‧卷六》：「其欲逐逐，《說文》作篴篴。式六反。遠也。詳眈眈之義，則篴爲宜。眈眈，深也。篴篴，遠也。皆有沈厚專壹之義。艮寅爲虎，四靜而正，故其象如此。」〔註 2390〕項氏說可備一解。音式六反者，篴《廣韻》式竹切，書屋合三入通。《釋文》音同。大徐本《說文》引《唐韻》音切作式竹切，與《廣韻》切字同，與《釋文》用字異。

施賢| 始豉反。下文同。又如字。

【疏】所在注文爲「養德施賢，何可有利？」〔註 2391〕施式支、式豉二聲，

〔註 2384〕馬承源主編：《上海博物館藏戰國楚竹書（三）》，上海：上海古籍出版社，2003 年版，第 230 頁。

〔註 2385〕馬承源主編：《上海博物館藏戰國楚竹書（三）》，上海：上海古籍出版社，2003 年版，第 230 頁。□者，闕文也。

〔註 2386〕〔宋〕丁度撰：《集韻》，北京：中華書局，景印北京圖書館藏宋刻本，1988 年版，第 216 頁。

〔註 2387〕〔清〕李富孫撰：《易經異文釋》（續四庫經部易類第 27 冊），上海：上海古籍出版社，景印南菁書院續經解本，2002 年版，第 678 頁。

〔註 2388〕〔晉〕郭璞注，〔宋〕邢昺疏：《爾雅注疏》，北京：中華書局景印阮刻本，1980 年版，第 4 頁。

〔註 2389〕〔漢〕許慎撰：《說文解字》，北京：中華書局，景印同治十二年陳昌治刻本，1963 年版，第 46 頁。

〔註 2390〕〔宋〕項安世撰：《周易玩辭》，揚州：江蘇廣陵古籍刻印社，景印通志堂經解本第二冊，1996 年版，第 56 頁。

〔註 2391〕〔魏〕王弼、韓康伯注，〔唐〕孔穎達等正義：《周易正義》，北京：中華書

平爲加施、施設、陳列義；去爲施與、施惠義。《羣經音辨・卷六》：「施，行也，式支切。行惠曰施，式豉切。」〔註2392〕此處讀爲去聲則義爲施惠賢人。如字者，義爲施行賢行。參看〈乾〉「德施」條。

而比｜ 毗志反。

【疏】所在注文爲「无應於下而比於上」。〔註2393〕參看〈比〉「比」條。

得頤｜ 一本作「得順」。〔註2394〕

【疏】所在注文爲「故可守貞從上，得頤之吉」。〔註2395〕本作「得順」者，亦通。六五承上九，有順承之義。

難未｜ 乃旦反。

【疏】所在注文爲「難未可涉也」。〔註2396〕難，患難也。參看〈乾〉「而難」條。

厲吉｜ 厲，嚴厲也。馬、王肅云：危。

【疏】所在經文爲「由頤，厲吉，利涉大川」。〔註2397〕「厲，嚴厲也」者，如《禮記・玉藻》「色容厲肅」孔穎達疏：「厲，嚴也。」〔註2398〕王弼《易》注同，曰：「爲眾陰之主，不可瀆也，故厲乃吉。」馬、王肅云「危」者，《廣

局景印阮刻本，1980年版，第29頁。

〔註2392〕 〔宋〕賈昌朝撰：《羣經音辨》（叢書集成初編語文學類第1208冊），上海：商務印書館，景印畿輔叢書本，1939年版，第138頁。

〔註2393〕 〔魏〕王弼、韓康伯注，〔唐〕孔穎達等正義：《周易正義》，北京：中華書局景印阮刻本，1980年版，第29頁。

〔註2394〕 《經典釋文彙校》：「〈頤〉『居貞吉』注『得頤之吉』。寫本《周易注》作『順』，與《釋文》一本合。」見黃焯撰：《經典釋文彙校》，北京：中華書局，1980年版，第15頁。

〔註2395〕 〔魏〕王弼、韓康伯注，〔唐〕孔穎達等正義：《周易正義》，北京：中華書局景印阮刻本，1980年版，第29頁。

〔註2396〕 〔魏〕王弼、韓康伯注，〔唐〕孔穎達等正義：《周易正義》，北京：中華書局景印阮刻本，1980年版，第29頁。

〔註2397〕 〔魏〕王弼、韓康伯注，〔唐〕孔穎達等正義：《周易正義》，北京：中華書局景印阮刻本，1980年版，第29頁。

〔註2398〕 〔漢〕鄭玄注，〔唐〕孔穎達等正義：《禮記正義》，北京：中華書局景印阮刻本，1980年版，第257頁。

雅‧釋詁一》：「厲，危也。」〔註2399〕《易經》中類似「厲吉」之例，如《易‧
訟》「貞厲終吉」〈蠱〉「厲終吉」孔穎達皆訓厲爲危。《集解》引虞翻曰：「失
位，故『厲』。以坤艮自輔，故『吉』也。」〔註2400〕是訓同馬王也。

䷛大過┃ 徐古臥反，罪過也，超過也。王肅音戈。震宮遊魂卦。

【疏】過《廣韻》二讀，古臥切，見過合一去果。古禾切，見戈合一平
果。《羣經音辨‧卷六》：「過，逾也，古禾切。既逾曰過，古臥切。」〔註2401〕
由此觀之，平聲爲動詞，去聲爲名詞。徐古臥反者，音同《廣韻》。《正義》
曰：「『過』謂過越之『過』，非經過之『過』。此衰難之世，唯陽爻乃大能過
越常理，以拯患難也。故曰『大過』。以人事言之，猶若聖人過越常理以拯患
難也。」〔註2402〕王肅音戈者，音同《廣韻》平聲。

相過之過┃ 並古臥反。〔註2403〕

【疏】所在注文爲「音相過之過」。〔註2404〕《正義》曰：「『相過』者，
謂相過越之甚也，非謂相過從之『過』，故〈象〉云『澤滅木』。」〔註2405〕

棟┃ 徐丁頁反。

【疏】所在經文爲「棟撓」。〔註2406〕棟《廣韻》多貢切，端送合一去通。

〔註2399〕〔清〕王念孫撰：《廣雅疏證》，北京：中華書局，景印嘉慶年間王氏家刻本，1983年版，第29頁。
〔註2400〕〔唐〕李鼎祚撰：《周易集解》，北京：中國書店，景印嘉慶三年姑蘇喜墨齋張遇堯局鐫本，1987年版，卷六，第9頁。
〔註2401〕〔宋〕賈昌朝撰：《羣經音辨》（叢書集成初編語文學類第1208冊），上海：商務印書館，景印畿輔叢書本，1939年版，第138頁。
〔註2402〕〔魏〕王弼、韓康伯注，〔唐〕孔穎達等正義：《周易正義》，北京：中華書局景印阮刻本，1980年版，第29頁。
〔註2403〕《經典釋文彙校》：「寫本《周易‧大過》下有『音相過之過也』六字注文，今本無之，《釋文》出『相過之過』，與寫本合。臧琳《經義雜記》曰：《易‧大過》注音『相過之過』，今唯《正義》標注有此句。《釋文》大書『相過之過』四字，蓋後人疑注中不當有音，恐非王弼語，故刪之。案〈井‧象〉注音『舉上之上』，〈豐‧象〉注音『闡大之大』，可證注中有音矣。」見黃焯撰：《經典釋文彙校》，北京：中華書局，1980年版，第15頁。
〔註2404〕〔魏〕王弼、韓康伯注，〔唐〕孔穎達等正義：《周易正義》，北京：中華書局景印阮刻本，1980年版，第29頁。
〔註2405〕〔魏〕王弼、韓康伯注，〔唐〕孔穎達等正義：《周易正義》，北京：中華書局景印阮刻本，1980年版，第29頁。
〔註2406〕〔魏〕王弼、韓康伯注，〔唐〕孔穎達等正義：《周易正義》，北京：中華書

徐氏音同。

橈| 乃教反。曲折也。下同。

【疏】橈《廣韻》二讀，訓作舟楫，音如招切，日宵開三平效。訓作木曲，音奴教切，娘效開二去效。《釋文》乃教反，泥紐。娘泥二紐古合而不分也。「曲折也」者，《說文·木部》：「橈，曲木。」〔註2407〕

拯| 拯救之拯。

【疏】所在注文爲「拯弱興衰」。〔註2408〕參看〈屯〉「拯」條。

弱| 本亦作「溺」，並依字讀。下「救其弱」、「拯弱」皆同。

【疏】本亦作「溺」者，《書·禹貢》「導弱水」陸德明《釋文》：「本或作『溺』。」〔註2409〕又如《管子·水地》「夫水淖弱以清而好灑人之惡」戴望《校正》：「《文選·運命論》注引弱作溺，《御覽·地部》同。」〔註2410〕弱、溺音近，故通。按，「弱」爲弱小之弱，弱水之弱本字作「溺」，溺水之溺本字作「休」。《說文·水部》：「休，沒也。从水从人。」〔註2411〕段注云：「此沈溺之本字也，今人多用溺水水名字爲之，古今異字耳。」〔註2412〕此處並依字讀者，溺讀爲溺水之溺，引申爲患難之境也。

而說| 音悅。注同。

【疏】所在注文爲「巽而說行」。〔註2413〕音悅者，明古今字也。

局景印阮刻本，1980 年版，第 29 頁。

〔註2407〕〔漢〕許慎撰：《說文解字》，北京：中華書局，景印同治十二年陳昌治刻本，1963 年版，第 119 頁。

〔註2408〕〔魏〕王弼、韓康伯注，〔唐〕孔穎達等正義：《周易正義》，北京：中華書局景印阮刻本，1980 年版，第 29 頁。

〔註2409〕〔唐〕陸德明撰：《經典釋文》，北京：中華書局，景印徐乾學通志堂刻本，1983 年版，第 40 頁。

〔註2410〕〔唐〕尹知章注，戴望校正：《管子校正》，上海：上海書店，景印諸子集成本，1986 年版，第 244 頁。

〔註2411〕〔漢〕許慎撰：《說文解字》，北京：中華書局，景印同治十二年陳昌治刻本，1963 年版，第 233 頁。

〔註2412〕〔清〕段玉裁撰：《說文解字注》，上海：上海古籍出版社，景印嘉慶二十年經韻樓本，1988 年版，第 557 頁。

〔註2413〕〔魏〕王弼、韓康伯注，〔唐〕孔穎達等正義：《周易正義》，北京：中華書

救難難乃| 並乃旦反。上六注同。

【疏】所在注文爲「以此救難，難乃濟也」。〔註2414〕參看〈乾〉「而難」條。

遯| 本又作「遁」，同。徒遜反。

【疏】所在經文爲「遯世无悶」。〔註2415〕《五經文字‧辵部》：「遯、遁，二同。《易》卦遯逃也，下遷也。經典通用之。」〔註2416〕《古今正俗字詁》：「遁，遁遷也。从辵盾聲。此字古音同循，即遷延之意。凡逡巡字當从此作逡遁，今竟以巡字代之，更以遯淆遁，蓋誤。又本部。」「遯，下曰遯逃也，从辵从豚。遯逃字當从此作，俗因淆用，遁遯本義均晦，故正之。」〔註2417〕遯《廣韻》二讀，徒困切，定慁合一去臻。徒損切，定混合一上臻。音異義同，遯逃也。《釋文》音同《廣韻》徒困切。

藉| 在夜反。下同。馬云：在下曰藉。

【疏】所在經文爲「藉用白茅」。〔註2418〕藉《廣韻》二讀，以蘭茅藉地音慈夜切，從禡開三去假。狼藉音秦昔切，從昔開三入梗。《釋文》音同《廣韻》慈夜切。馬云「在下曰藉」者，《說文‧艸部》：「藉，祭藉也。」〔註2419〕《經義述聞‧公羊傳‧茅旌》：「茅之薦物者，或曰藉，或曰苴。」〔註2420〕初六處下，故馬云「在下曰藉」也。

局景印阮刻本，1980年版，第29頁。

〔註2414〕〔魏〕王弼、韓康伯注，〔唐〕孔穎達等正義：《周易正義》，北京：中華書局景印阮刻本，1980年版，第29頁。

〔註2415〕〔魏〕王弼、韓康伯注，〔唐〕孔穎達等正義：《周易正義》，北京：中華書局景印阮刻本，1980年版，第29頁。

〔註2416〕〔唐〕張參撰：《五經文字》（叢書集成初編語文學類第1064冊），上海：商務印書館，景印後知不足齋叢書本，1936年版，第13頁。

〔註2417〕〔清〕鄭詩撰：《古今正俗字詁》，臺灣：藝文印書館，1931年版，第34～35頁。

〔註2418〕〔魏〕王弼、韓康伯注，〔唐〕孔穎達等正義：《周易正義》，北京：中華書局景印阮刻本，1980年版，第29頁。

〔註2419〕〔漢〕許慎撰：《說文解字》，北京：中華書局，景印同治十二年陳昌治刻本，1963年版，第24頁。

〔註2420〕〔清〕王引之撰：《經義述聞》（續四庫經部羣經總義類第174～175冊），上海：上海古籍出版社，景印道光七年王氏京師刻本，2002年版，第175冊，第162冊。

唯慎｜ 辰震反。

【疏】所在注文爲「其唯愼乎」。〔註2421〕愼《廣韻》時刃切，禪震開三去臻。《釋文》音同《廣韻》。

枯楊｜ 如字。鄭音姑，謂無姑，山榆。榆，羊朱反。

【疏】所在經文爲「枯楊生稊」。〔註2422〕如字者，讀如《廣韻》苦胡切，溪模合一平遇。「鄭音姑，謂無姑山榆」者，《爾雅・釋木》：「無姑，其實夷。」郭璞注：「無姑，姑榆也。生山中，葉圓而厚，剝取皮合漬之，其味辛香，所謂無夷。」〔註2423〕《周禮・秋官・壺涿氏》「則以牡橭午貫象齒而沈之」鄭玄注引杜子春曰：「枯，榆木名。」〔註2424〕又《說文・木部》：「枯，槀也。从木古聲。〈夏書〉曰：『唯箘輅枯。』木名也。」〔註2425〕段注：「木名、未審何木。《周易・大過》之枯。鄭音姑。謂無姑山榆。《周禮・壺涿氏》杜子春讀橭爲枯，云枯榆、木名。疑當是枯榆也。」〔註2406〕

稊｜ 徒稽反，楊之秀也。鄭作「荑」，荑，木更生，音夷，謂山榆之實。〔註2427〕

【疏】稊《廣韻》杜奚切，定齊開四平蟹。《釋文》徒稽反音同。「楊之秀也」者，王弼注：「稊者，楊之秀也。」〔註2428〕鄭作「荑」者，馬王堆漢

〔註2421〕〔魏〕王弼、韓康伯注，〔唐〕孔穎達等正義：《周易正義》，北京：中華書局景印阮刻本，1980年版，第29頁。

〔註2422〕〔魏〕王弼、韓康伯注，〔唐〕孔穎達等正義：《周易正義》，北京：中華書局景印阮刻本，1980年版，第29頁。

〔註2423〕〔晉〕郭璞注，〔宋〕邢昺疏：《爾雅注疏》，北京：中華書局景印阮刻本，1980年版，第71頁。

〔註2424〕〔漢〕鄭玄注，〔唐〕賈公彥疏：《周禮注疏》，北京：中華書局景印阮刻本，1980年版，第251頁。

〔註2425〕〔漢〕許慎撰：《說文解字》，北京：中華書局，景印同治十二年陳昌治刻本，1963年版，第119頁。

〔註2406〕〔清〕段玉裁撰：《說文解字注》，上海：上海古籍出版社，景印嘉慶二十年經韻樓本，1988年版，第251頁。

〔註2427〕《經典釋文彙校》：「盧曰：《說文》無『稊』字，毛居正謂當作『梯』，亦無左證。焯案寫本《釋文》作『梯』，寫本《周易》亦作『梯』。或云，《大戴記・夏小正》『柳稊』宋本亦作『梯』，知古本从木旁作也。」見黃焯撰：《經典釋文彙校》，北京：中華書局，1980年版，第15頁。

〔註2428〕〔魏〕王弼、韓康伯注，〔唐〕孔穎達等正義：《周易正義》，北京：中華書局景印阮刻本，1980年版，第29頁。

墓帛書《周易》同。〔註2429〕稊、荑，古音同在定紐脂部，故二字可通。李富
孫《異文釋》：「《後漢・方術・徐登傳》注引作『生荑』。」〔註2430〕又《文
選・宋玉〈風賦〉》「被荑楊」李善注：「稊與荑同。」〔註2431〕《文選・劉琨
〈勸進表〉》「生繁華於枯荑」李善注：「稊與荑通。」〔註2432〕「荑，木更生」
者，《詩・豳風・七月》「猗彼女桑」毛《傳》「女桑，荑桑也」孔穎達疏：「荑
是葉之新生者。」〔註2433〕「音夷」者，荑《廣韻》二讀，訓爲荑秀，音杜奚
切，定齊開四平蟹。訓爲萐荑，以脂切，以脂開三平止。夷音同以脂切。「謂
山榆之實」者，蓋木更生之引申也。詳考鄭玄義，訓枯楊爲山榆，訓生稊爲
木更生，於義則可，而又訓荑爲山榆之實者，則未免迂迴，故《周易章句證
異・卷一》云：「鄭玄謂山榆之實，益非矣。即《詩》之『柔荑』亦无稊
義。」〔註2434〕《經典釋文彙校》云寫本《周易》作「梯」者，毛居正《六經
正誤》：「九二『枯楊生梯』作『稊』誤。案『梯』字從木，從弟，梯稚也，
木根再生稚條也，音題。又他兮反，階梯也。從禾者，亦音題，稊稗之『稊』，
《孟子》『五穀不熟，不如稊稗』是也。」〔註2435〕毛氏以梯爲本字，稊爲假
借字也。

老夫｜ 如字。下同。

　　【疏】所在經文爲「老夫得其女妻」。〔註2436〕「如字」者，讀如《廣韻》

〔註2429〕廖名春釋文：《馬王堆帛書周易經傳釋文》（續四庫經部易類第 1 冊），上海：
　　　　　上海古籍出版社，2002 年版，第 11 頁。
〔註2430〕〔清〕李富孫撰：《易經異文釋》（續四庫經部易類第 27 冊），上海：上海古
　　　　　籍出版社，景印南菁書院續經解本，2002 年版，第 679 頁。
〔註2431〕〔梁〕蕭統編，〔唐〕李善注：《文選》（四部精要本第十六冊），上海：上海
　　　　　古籍出版社，景印嘉慶十四年胡克家仿宋淳熙刊本，1992 年版，第 516
　　　　　頁。
〔註2432〕〔梁〕蕭統編，〔唐〕李善注：《文選》（四部精要本第十六冊），上海：上海
　　　　　古籍出版社，景印嘉慶十四年胡克家仿宋淳熙刊本，1992 年版，第 665
　　　　　頁。
〔註2433〕〔漢〕毛公傳、鄭玄箋，〔唐〕孔穎達等正義：《毛詩正義》，北京：中華書
　　　　　局景印阮刻本，1980 年版，第 122 頁。
〔註2434〕〔清〕翟均廉撰：《周易章句證異》，臺灣：商務印書館，景印文淵閣四庫全
　　　　　書本第 53 冊，1983 年版，第 699 頁。
〔註2435〕〔宋〕毛居正撰：《六經正誤》，揚州：江蘇廣陵古籍刻印社，景印通志堂經
　　　　　解本第十六冊，1996 年版，第 568 頁。
〔註2436〕〔魏〕王弼、韓康伯注，〔唐〕孔穎達等正義：《周易正義》，北京：中華書
　　　　　局景印阮刻本，1980 年版，第 29 頁。

甫無切，非虞合三平遇。男子也。

特吝| 「特」或作「持」。〔註2437〕

【疏】所在注文爲「心无持吝」。〔註2438〕阮元《校勘记》：「岳本、閩監、毛本『持』作『特』。《釋文》：『特』或作『持』。」〔註2439〕按，注疏本孔疏作「特」。「特」者，蓋「持」字之譌也，「持」是。

能令| 力呈反。

【疏】所在注文爲「故能令枯楊更生稊」。〔註2440〕參看〈訟〉「而令」條。

得少| 詩照反。下同。

【疏】所在注文爲「老夫更得少妻」。〔註2441〕少《廣韻》二讀，多少音書沼切，書小開三上效。幼少失照切，書笑開三去效。《釋文》音同《廣韻》去聲。

則穉| 直吏反。〔註2442〕

【疏】所在注文爲「少過則稚」。〔註2443〕稚《廣韻》直利切，澄至開三去止。《釋文》直吏反，澄志開三去遇。《釋文》之、脂二韻多混同。

者長| 丁丈反。

【疏】所在注文爲「以老分少，則稚者長」。〔註2444〕長《廣韻》三讀，

〔註2437〕《經典釋文彙校》：「寫本《周易注》『特』作『持』，與《釋文》或本合。」見黃焯撰：《經典釋文彙校》，北京：中華書局，1980年版，第15頁。

〔註2438〕〔魏〕王弼、韓康伯注，〔唐〕孔穎達等正義：《周易正義》，北京：中華書局景印阮刻本，1980年版，第29頁。

〔註2439〕〔魏〕王弼、韓康伯注，〔唐〕孔穎達等正義：《周易正義》，北京：中華書局景印阮刻本，1980年版，第33頁。

〔註2440〕〔魏〕王弼、韓康伯注，〔唐〕孔穎達等正義：《周易正義》，北京：中華書局景印阮刻本，1980年版，第29頁。

〔註2441〕〔魏〕王弼、韓康伯注，〔唐〕孔穎達等正義：《周易正義》，北京：中華書局景印阮刻本，1980年版，第29頁。

〔註2442〕《經典釋文彙校》：「寫本、宋本皆作『穉』。」見黃焯撰：《經典釋文彙校》，北京：中華書局，1980年版，第15頁。

〔註2443〕〔魏〕王弼、韓康伯注，〔唐〕孔穎達等正義：《周易正義》，北京：中華書局景印阮刻本，1980年版，第29頁。

〔註2444〕〔魏〕王弼、韓康伯注，〔唐〕孔穎達等正義：《周易正義》，北京：中華書

訓爲久遠音直良切，澄陽開三平宕。訓爲大音知丈切，知養開三上宕。訓爲多音直亮切，澄漾開三去宕。《釋文》音與《廣韻》知丈反類隔，古則無別。參看〈師〉「長子」條。

淹溺｜ 乃歷反。〔註 2445〕

【疏】所在注文爲「宜其淹弱而凶衰也」。〔註 2446〕溺《廣韻》三讀，淹溺之溺奴歷切，泥錫開四入梗。《釋文》音同。注疏本作「淹弱」者，蓋假弱爲溺也。

生華｜ 如字。徐音花。

【疏】所在經文爲「枯楊生華」。〔註 2447〕華《廣韻》三讀，華莩呼瓜切，曉麻合二平假。華榮戶花切，匣麻合二平假。崋山胡化切，匣禡合二去假。《羣經音辨·卷二》：「華，榮也，戶瓜切。華，艸木之蕚也，呼瓜切。」〔註 2448〕由此觀之，華作名詞音呼瓜切，作動詞音戶花切。《釋文》「如字」者，讀如《廣韻》戶花切。而徐音花者，讀爲名詞。按華、花古今字也。徐氏音讀爲是。因九二爻「枯楊生稊」可知，此處華當作名詞解，徐音是。

无譽｜ 音預。又音餘。

【疏】所在經文爲「无咎无譽」。〔註 2449〕參看〈乾〉「无譽」條。

滅頂｜ 徐都冷反。

　　　局景印阮刻本，1980 年版，第 29 頁。
〔註 2445〕《經典釋文彙校》：「寫本『淹溺』條下又出『喪』條。案〈大過〉『棟橈凶』注『宜其淹弱而凶衰也』寫本《周易》作『宜其淹溺而凶喪矣』，寫本《釋文》出『淹溺』及『喪』字，正與寫本《周易》同。」見黃焯撰：《經典釋文彙校》，北京：中華書局，1980 年版，第 15 頁。按，今注疏本作「凶衰」、寫本作「凶喪」者，義同。
〔註 2446〕〔魏〕王弼、韓康伯注，〔唐〕孔穎達等正義：《周易正義》，北京：中華書局景印阮刻本，1980 年版，第 29 頁。
〔註 2447〕〔魏〕王弼、韓康伯注，〔唐〕孔穎達等正義：《周易正義》，北京：中華書局景印阮刻本，1980 年版，第 30 頁。
〔註 2448〕〔宋〕賈昌朝撰：《羣經音辨》（叢書集成初編語文學類第 1208 冊），上海：商務印書館，景印畿輔叢書本，1939 年版，第 54 頁。
〔註 2449〕〔魏〕王弼、韓康伯注，〔唐〕孔穎達等正義：《周易正義》，北京：中華書局景印阮刻本，1980 年版，第 30 頁。

【疏】所在經文爲「過涉滅頂」。〔註 2450〕頂《廣韻》都挺切，端迥開四上梗。徐音都冷反，端梗開四平梗。毛居正《六經正誤》：「滅頂，徐都冷反。吳音呼冷如領，故都冷反成頂字。要當作都領反。」〔註 2451〕毛說非，領爲靜韻開口三等字，與《廣韻》都挺切亦不協。

䷜ 習丨 便習也，重也。劉云：水流行不休故曰習。

【疏】所在經文爲「習坎」。〔註 2452〕「便習也」者，王弼注：「『習』謂便習之。」〔註 2453〕孔穎達疏：「『習』者，便習之義。險難之事，非經便習，不可以行。故須便習於坎，事乃得用，故云『習坎』也。」〔註 2454〕「重也」者，孔穎達疏：「『習』有二義：一者習重也，謂上下俱坎，是重疊有險，險之重疊，乃成險之用也。二者人之行險，先須使習其事，乃可得通，故云『習』也。」〔註 2455〕又《易·坎·象傳》：「習坎，重險也。」〔註 2456〕是訓習爲重也。習本義爲鳥數飛，引申之，則有重複、便習之義。劉云者，義亦與重略近。

坎丨 徐苦感反。本亦作「埳」。京、劉作「欲」，險也，陷也。八純卦，象水。

【疏】坎《廣韻》苦感切，溪感開一上咸。徐音同。本亦作「埳」者，坎之異體字也。朱駿聲《說文通訓定聲》：「坎，字亦作埳。」〔註 2457〕京、劉

〔註 2450〕〔魏〕王弼、韓康伯注，〔唐〕孔穎達等正義：《周易正義》，北京：中華書局景印阮刻本，1980 年版，第 30 頁。

〔註 2451〕〔宋〕毛居正撰：《六經正誤》，揚州：江蘇廣陵古籍刻印社，景印通志堂經解本第十六冊，1996 年版，第 571 頁。

〔註 2452〕〔魏〕王弼、韓康伯注，〔唐〕孔穎達等正義：《周易正義》，北京：中華書局景印阮刻本，1980 年版，第 30 頁。

〔註 2453〕〔魏〕王弼、韓康伯注，〔唐〕孔穎達等正義：《周易正義》，北京：中華書局景印阮刻本，1980 年版，第 30 頁。

〔註 2454〕〔魏〕王弼、韓康伯注，〔唐〕孔穎達等正義：《周易正義》，北京：中華書局景印阮刻本，1980 年版，第 30 頁。

〔註 2455〕〔魏〕王弼、韓康伯注，〔唐〕孔穎達等正義：《周易正義》，北京：中華書局景印阮刻本，1980 年版，第 30 頁。

〔註 2456〕〔魏〕王弼、韓康伯注，〔唐〕孔穎達等正義：《周易正義》，北京：中華書局景印阮刻本，1980 年版，第 30 頁。

〔註 2457〕〔清〕朱駿聲撰：《說文通訓定聲》（續四庫經部小學類第 220～221 冊），上海：上海古籍出版社，景印道光二十八年刻本，2002 年版，第 220 冊，第 222 頁。

作「欲」者，坎、欲，音近故通。《說文・欠部》：「欲，欲得也。」〔註 2458〕
《說文・土部》：「坎，陷也。」〔註 2459〕此假欲爲坎也。欲坎相通之例，又如
《周禮・秋官・司盟》「掌盟載之盟」鄭玄注「坎其牲」孫詒讓《正義》：「坎，
今本《左傳》作欲，坎、欲聲近通用。」〔註 2460〕又如《詩・魏風・伐檀》「坎
坎伐檀兮」王先謙《三家義集疏》：「魯坎作欲。」〔註 2461〕《爾雅・釋言》「坎，
銓也」陸德明《釋文》：「坎，字又作欲。」〔註 2462〕皆是也。險、陷者，皆坎
之常訓也。《釋名・釋天》：「坎，險也。」〔註 2463〕《易・序卦》：「坎者，陷
也。」〔註 2464〕

險陷| 陷沒之陷。

【疏】所在注文爲「『坎』，險陷之名也」。〔註 2465〕「陷沒之陷」者，釋
義也。

謂便| 婢面反。下同。

【疏】所在注文爲「『習』謂便習之」。〔註 2466〕便《廣韻》二讀，使利音
婢面切，並線開重紐四去山。便嬖音房連切，並仙開重紐四平山。《釋文》音
同《廣韻》去聲。便習之便，訓作習慣，音去聲；訓作便嬖，音平聲。此處
讀去聲，《淮南子・原道訓》：「鴈門之北，狄不穀食，賤長貴壯，俗尚氣力，

〔註 2458〕〔漢〕許慎撰：《說文解字》，北京：中華書局，景印同治十二年陳昌治刻本，
　　　　　1963 年版，第 180 頁。

〔註 2459〕〔漢〕許慎撰：《說文解字》，北京：中華書局，景印同治十二年陳昌治刻本，
　　　　　1963 年版，第 288 頁。

〔註 2460〕〔清〕孫詒讓撰：《周禮正義》（四部備要本），上海：中華書局，據清光緒
　　　　　乙巳本校刊，1368 年版，第 751 頁。

〔註 2461〕〔清〕王先謙撰：《詩三家義集疏》（續四庫經部詩類第 77 冊），上海：上海
　　　　　古籍出版社，景印民國四年虛受堂刊本，2002 年版，第 522 頁。

〔註 2462〕〔唐〕陸德明撰：《經典釋文》，北京：中華書局，景印徐乾學通志堂刻本，
　　　　　1983 年版，第 411 頁。

〔註 2463〕〔漢〕劉熙撰，〔清〕畢沅疏證，王先謙補：《釋名疏證補》（漢小學四種本），
　　　　　成都：巴蜀書社，景印光緒二十二年刊本，2001 年版，第 1465 頁。

〔註 2464〕〔魏〕王弼、韓康伯注，〔唐〕孔穎達等正義：《周易正義》，北京：中華書
　　　　　局景印阮刻本，1980 年版，第 84 頁。

〔註 2465〕〔魏〕王弼、韓康伯注，〔唐〕孔穎達等正義：《周易正義》，北京：中華書
　　　　　局景印阮刻本，1980 年版，第 30 頁。

〔註 2466〕〔魏〕王弼、韓康伯注，〔唐〕孔穎達等正義：《周易正義》，北京：中華書
　　　　　局景印阮刻本，1980 年版，第 30 頁。

人不弛弓，馬不解勒，便之也。」高誘注：「便，習也。」〔註 2467〕而讀平聲者，如《戰國策‧楚策三》「願王召所便習而觴之」〔註 2468〕是也。

重險|　直龍反。注下並同。

【疏】所在經文爲「『習坎』，重險也」。〔註 2469〕重《廣韻》三讀，重複重疊之重直容切，澄鍾合三平通。《釋文》音同。孔穎達疏：「兩『坎』相重，謂之『重險』。」〔註 2470〕

陗|　七妙反。

【疏】所在注文爲「險陗之釋」。〔註 2471〕陗《廣韻》七肖切，清笑開三去效。《釋文》音同。字亦作「峭」。阮元《校勘記》：「岳本、閩監、毛本同。古本陗作欲。」〔註 2472〕義亦通。

洊|　在薦反。徐在悶反。舊又才本反。《爾雅》云：再也。劉云：仍也。京作「臻」。干作「荐」。〔註 2473〕

【疏】所在經文爲「水洊至，『習坎』」。〔註 2474〕洊《廣韻》在甸切，從霰開四去山。《釋文》首音同。徐在悶反，從慁合一去臻。舊又才本反，從混合一上臻，《集韻》增粗本切，音同。《爾雅》云「再也」者，今本《爾雅》作「荐」，《爾雅‧釋言》：「荐，再也。」〔註 2475〕洊音義同。李鼎祚《集解》

〔註 2467〕〔漢〕劉安著，高誘注：《淮南子》，上海：上海書店，景印諸子集成本，1986 年版，第 6 頁。

〔註 2468〕〔漢〕高誘注：《戰國策》（叢書集成初編史地類第 3684～3687 冊），上海：商務印書館，據士禮居景宋本排印，1937 年版，第 3685 冊，第 32 頁。

〔註 2469〕〔魏〕王弼、韓康伯注，〔唐〕孔穎達等正義：《周易正義》，北京：中華書局景印阮刻本，1980 年版，第 30 頁。

〔註 2470〕〔魏〕王弼、韓康伯注，〔唐〕孔穎達等正義：《周易正義》，北京：中華書局景印阮刻本，1980 年版，第 30 頁。

〔註 2471〕〔魏〕王弼、韓康伯注，〔唐〕孔穎達等正義：《周易正義》，北京：中華書局景印阮刻本，1980 年版，第 30 頁。

〔註 2472〕〔魏〕王弼、韓康伯注，〔唐〕孔穎達等正義：《周易正義》，北京：中華書局景印阮刻本，1980 年版，第 34 頁。

〔註 2473〕《經典釋文彙校》：「『荐』，寫本、宋本、十行本、閩本同。阮云：監本『荐』作『薦』。案汲古本、雅雨本與監本同。」見黃焯撰：《經典釋文彙校》，北京：中華書局，1980 年版，第 15 頁。

〔註 2474〕〔魏〕王弼、韓康伯注，〔唐〕孔穎達等正義：《周易正義》，北京：中華書局景印阮刻本，1980 年版，第 30 頁。

〔註 2475〕〔晉〕郭璞注，〔宋〕邢昺疏：《爾雅注疏》，北京：中華書局景印阮刻本，

於此引陸績曰：「洊，再。」〔註2476〕劉云「仍也」者，義與再同。《易·震·象傳》「洊雷震」孔穎達疏：「洊者，重也，因仍也。」〔註2477〕京作「臻」者，疑京房本作「水薦至」，其訓「薦」爲「臻」也，蓋陸氏以「臻」屬作京本經文也。《爾雅·釋詁下》「薦，臻也。」〔註2478〕又《爾雅·釋詁上》：「臻，至也。」〔註2479〕是京氏以爲薦、至同義連用也。干作「荐」者，與洊同，再也。《彙校》云「監本荐作薦」，音近義通，亦訓爲重也。《詩·小雅·節南山》「天方薦瘥」毛《傳》：「薦，重。」〔註2480〕《左傳·昭公十八年》「荐爲敝邑不利」杜預注：「荐，重也。」〔註2481〕

德行| 下孟反。注同。

【疏】所在經文爲「君子以常德行，習教事」。〔註2482〕「常德行」、「習教事」對文，詞性同，故行讀去聲。參看〈乾〉「庸行」條。

險難| 乃旦反。下「險難」同。

【疏】所在注文爲「然後乃能不以險難爲困」。〔註2483〕參看〈乾〉「而難」條。

則夫| 音符。

【疏】所在注文爲「故則夫『習坎』」。〔註2484〕參看〈乾〉「夫位」條。

1980年版，第15頁。

〔註2476〕〔唐〕李鼎祚撰：《周易集解》，北京：中國書店，景印嘉慶三年姑蘇喜墨齋張遇堯局鐫本，1987年版，卷六，第12頁。

〔註2477〕〔魏〕王弼、韓康伯注，〔唐〕孔穎達等正義：《周易正義》，北京：中華書局景印阮刻本，1980年版，第50頁。

〔註2478〕〔晉〕郭璞注，〔宋〕邢昺疏：《爾雅注疏》，北京：中華書局景印阮刻本，1980年版，第11頁。

〔註2479〕〔晉〕郭璞注，〔宋〕邢昺疏：《爾雅注疏》，北京：中華書局景印阮刻本，1980年版，第2頁。

〔註2480〕〔漢〕毛公傳、鄭玄箋，〔唐〕孔穎達等正義：《毛詩正義》，北京：中華書局景印阮刻本，1980年版，第172頁。

〔註2481〕〔晉〕杜預注，〔唐〕孔穎達等正義：《春秋左傳正義》，北京：中華書局景印阮刻本，1980年版，第384頁。

〔註2482〕〔魏〕王弼、韓康伯注，〔唐〕孔穎達等正義：《周易正義》，北京：中華書局景印阮刻本，1980年版，第30頁。

〔註2483〕〔魏〕王弼、韓康伯注，〔唐〕孔穎達等正義：《周易正義》，北京：中華書局景印阮刻本，1980年版，第30頁。

〔註2484〕〔魏〕王弼、韓康伯注，〔唐〕孔穎達等正義：《周易正義》，北京：中華書

窞｜ 徒坎反。《說文》云：坎中更有坎。王肅又作徒感反，云：窞，坎底也。《字林》云：坎中小坎。一曰旁入。〔註2485〕

【疏】所在經文爲「入于坎窞」。〔註2486〕窞《廣韻》徒感切，定感開一上咸。《釋文》音同。《說文》云者，與徐鍇義近。徐氏《繫傳》：「窞，坎中復有坎也。」〔註2487〕《釋文》引與今本《說文》異，大徐本《說文·穴部》：「窞，坎中小坎也。从穴从臽，臽亦聲。《易》曰：『入于坎窞。』一曰旁入也。」〔註2488〕王肅又作徒感反者，正與《廣韻》切語用字同。「窞，坎底也」者，《集韻》依之。《易·坎》「入于坎窞」李鼎祚《集解》引干寶曰：「窞，坎之深者也。」〔註2489〕又李賀〈假龍吟歌〉「窞中跳汰截清涎」王琦注：「窞，蓋謂坎中之最深處也。」〔註2490〕由此，王肅訓爲坎底，義即坎之最深處也。《字林》云「坎中小坎」者，與今本《說文》同。一曰「旁入」者，與《說文》一曰同。

處欲｜ 亦作「坎」字。〔註2491〕

局景印阮刻本，1980年版，第30頁。

〔註2485〕《經典釋文彙校》：「盧云：今《說文》作『坎中小坎』也。與《字林》同。此引《字林》『坎中小坎』，則陸所見《說文》不與今同。焯案『徒感反』宋本作『陵感反』，汲古本、雅雨本、盧本與此同。吳云：盧校依通志堂本作『徒感反』，非也。《類篇》、《集韻》『窞』字並有『盧敢』一切，注引王肅云：『坎底也』，即本自《釋文》。此北宋本作『陵感』之證。黃云，監从蹈聲，而从監之字多讀來紐，窞讀陵感，何足怪耶。又云，从臽聲者有啗，从閻聲者有蘭，皆舌音。」見黃焯撰：《經典釋文彙校》，北京：中華書局，1980年版，第15頁。

〔註2486〕〔魏〕王弼、韓康伯注，〔唐〕孔穎達等正義：《周易正義》，北京：中華書局景印阮刻本，1980年版，第30頁。

〔註2487〕〔南唐〕徐鍇：《說文解字繫傳》，北京：中華書局，景印道光年間祁㴐藻刻本，1987年版，第151頁。

〔註2488〕〔漢〕許慎撰：《說文解字》，北京：中華書局，景印同治十二年陳昌治刻本，1963年版，第152頁。

〔註2489〕〔唐〕李鼎祚撰：《周易集解》，北京：中國書店，景印嘉慶三年姑蘇喜墨齋張遇堯局鐫本，1987年版，卷六，第13頁。

〔註2490〕〔唐〕李賀，〔清〕王琦等評注：《三家評註李長吉歌詩》，上海：中華書局上海編輯所，1959年版，第173頁。

〔註2491〕《經典釋文彙校》：「〈坎〉『入于坎窞凶』注『最處坎底』，寫本《周易》作『欿』。《釋文》出『處欲』，正與寫本同。」見黃焯撰：《經典釋文彙校》，北京：中華書局，1980年版，第15頁。

【疏】所在注文為「最處坎底，入坎窞者也」。〔註2492〕欲通坎。參看本卦「坎」條。

而復｜ 扶又反。下「雖復」同。

【疏】所在注文為「處重險而復入坎底」。〔註2493〕參看〈蒙〉「則復」條。

險且｜ 如字。古文及鄭、向本作「檢」。鄭云：木在手曰檢。

【疏】所在經文為「險且枕」。〔註2494〕「如字」者，明字作「險」也。古文及鄭、向本作「檢」者，《周易象旨決錄·卷二》：「晁氏謂：象數合，蓋互艮之下為手，而近震木，檢之象也。枕鄭云木在首，三互艮之下，而橫艮木于上爻，枕象。此又以互體取義。」〔註2495〕尚秉和《周易尚氏學》亦從之作「檢」，其注云：「《孟子》：狗彘食人食而不知檢。趙岐云：檢，斂也。又《釋名》云：枕，檢也，所以檢項也。然則枕與檢義同。」〔註2496〕《周易章句證異·卷一》：「晁說之曰：按象數當作『檢』。毛奇齡云：鄭說較似有理，但須改經，故不從。」〔註2497〕檢訓為木在手者，蓋與桎梏同，《釋名·釋書契》「檢，禁也，禁閉諸物，使不得開露也。」〔註2498〕鄭氏「木在手曰檢」者，蓋禁閉封斂義之引申也。然典籍中未見訓檢為手械者，鄭說恐未確。

枕｜ 徐針鴆反。王肅針甚反。鄭玄云：木在首曰枕。陸云：閑礙險害之

〔註2492〕〔魏〕王弼、韓康伯注，〔唐〕孔穎達等正義：《周易正義》，北京：中華書局景印阮刻本，1980年版，第30頁。

〔註2493〕〔魏〕王弼、韓康伯注，〔唐〕孔穎達等正義：《周易正義》，北京：中華書局景印阮刻本，1980年版，第30頁。

〔註2494〕〔魏〕王弼、韓康伯注，〔唐〕孔穎達等正義：《周易正義》，北京：中華書局景印阮刻本，1980年版，第30頁。

〔註2495〕〔明〕熊過撰：《周易象旨決錄》，臺灣：商務印書館，景印文淵閣四庫全書本第31冊，1983年版，第501頁。

〔註2496〕尚秉和撰：《周易尚氏學》（張善文先生尚氏易學存稿校理本第三卷），北京：中國大百科全書出版社，2005年版，第128頁。

〔註2497〕〔清〕翟均廉撰：《周易章句證異》，臺灣：商務印書館，景印文淵閣四庫全書本第53冊，1983年版，第700頁。

〔註2498〕〔漢〕劉熙撰，〔清〕畢沅疏證，王先謙補：《釋名疏證補》（漢小學四種本），成都：巴蜀書社，景印光緒二十二年刊本，2001年版，第1531頁。

貌。九家作「玷」。古文作「沈」。沈，直林反。〔註2499〕

【疏】枕《廣韻》三讀，訓作枕席，章荏切，章寢開三上深。訓作枕頭，之任切，章沁開三去深。訓作繫牛杙，直深切，澄侵開三平深。就枕之常用義言之，上聲爲名詞，去聲爲動詞。《羣經音辨·卷六》：「枕，藉首木也，章荏切。首在木曰枕，章鴆切。」〔註2500〕徐針鴆反音同《廣韻》去聲，王肅針甚反音當同《廣韻》上聲。按甚《廣韻》二讀：時鴆切，禪沁開三去深。常枕切，禪寢開三上深。此處與徐氏音切對舉，蓋讀爲上聲。鄭玄云「木在首曰枕」者，《說文·木部》：「枕，臥所薦首者。」〔註2501〕至若其取象如何，可參看上條疏證援《周易象旨決錄》所引晁氏說。陸云「閑礙險害之貌」者，《周易集解》引虞翻曰：「枕，止也。艮爲止。三失位乘二，則險。承五隔四，故『險且枕』。」〔註2502〕其義殆枕倚義之引申也。九家作「玷」者，《詩·大雅·抑》「白圭之玷」毛《傳》：「玷，缺也。」〔註2503〕義略同咎害。古文作「沈」者，沈或訓爲深，或訓爲溺。訓爲深者，《莊子·外物》「慰暋沈屯」陸德明《釋文》引司馬云：「沈，深也。」〔註2504〕宋林栗《周易經傳集解·卷十五》：「按陸氏《音義》枕古本作沈，直林反，傳寫誤耳。沈，深也。下坎，上艮。坎爲水，艮爲山，水在山下，險且深也。」〔註2505〕訓爲溺者，《厚齋易學·卷二·易輯注第二》：「沈，古文。薛同。平聲，沈溺也。」〔註2506〕

〔註2499〕《經典釋文彙校》：「『閑』，宋本同。雅雨本作『閡』。惠曰：《漢上易傳》作『閡』。寫本作『閑閡險之兒』，無『害』字。」見黃焯撰：《經典釋文彙校》，北京：中華書局，1980年版，第15頁。《古易音訓》引《釋文》「直林反」下出「薛同」二字。見〔宋〕呂祖謙撰，〔清〕宋咸熙輯：《古易音訓》（續四庫經部易類第2冊），上海：上海古籍出版社，景印清嘉慶七年刻本，2002年版，第36頁。

〔註2500〕〔宋〕賈昌朝撰：《羣經音辨》（叢書集成初編語文學類第1208冊），上海：商務印書館，景印畿輔叢書本，1939年版，第135頁。

〔註2501〕〔漢〕許慎撰：《說文解字》，北京：中華書局，景印同治十二年陳昌治刻本，1963年版，第121頁。

〔註2502〕〔唐〕李鼎祚撰：《周易集解》，北京：中國書店，景印嘉慶三年姑蘇喜墨齋張遇堯局鐫本，1987年版，卷六，第13頁。

〔註2503〕〔漢〕毛公傳、鄭玄箋，〔唐〕孔穎達等正義：《毛詩正義》，北京：中華書局景印阮刻本，1980年版，第287頁。

〔註2504〕〔唐〕陸德明撰：《經典釋文》，北京：中華書局，景印徐乾學通志堂刻本，1983年版，第396頁。

〔註2505〕〔宋〕林栗撰：《周易經傳集解》，臺灣：商務印書館，景印文淵閣四庫全書本第12冊，1983年版，第202頁。

〔註2506〕〔宋〕馮椅撰：《厚齋易學》，臺灣：商務印書館，景印文淵閣四庫全書本第

沈《廣韻》三讀，其中沈溺之沈直深切，澄侵開三平深；直禁切，澄沁開三去深。二讀皆可。《釋文》音同《廣韻》平聲。

出則之坎| 一本作「出則亦坎」，誤。〔註 2507〕

【疏】所在注文爲「出則之坎，居則亦坎」。〔註 2508〕本作「出則亦坎」者，未必誤。如《春秋繁露卷第一·楚莊王第一》：「於尊亦然，於賢亦然」。〔註 2509〕句式同之。

樽酒| 音尊。絕句。

【疏】所在經文爲「樽酒簋貳用缶」。〔註 2510〕樽《廣韻》祖昆切，精魂合一平臻。《釋文》音同。此句陸氏斷句爲「樽酒，簋貳，用缶。」鄭玄、王弼、孔穎達同。王弼注：「處『坎』以斯，雖復一樽之酒，二簋之食，瓦缶之器，納此至約，自進于牖，乃可羞之于王公，薦之于宗廟，故『終无咎』也。」集解本斷句作「尊酒簋，貳用缶。」《集解》引虞翻曰：「震主祭器，故有『尊簋』。坎爲酒、簋，黍稷器。三至五，有頤口象。震獻在中，故爲『簋』。坎爲木，震爲足；坎酒在上，樽酒之象。貳，副也。坤爲缶，禮有副樽，故『貳用缶』耳。」〔註 2511〕

簋貳| 音軌。絕句。

【疏】簋《廣韻》居洧切，見旨合重紐三上止。《釋文》音同。「軌」爲「軌」之譌字。古書中軌、軌、軌三字形多有譌混。

用缶| 方有反。絕句。舊讀「樽酒簋」絕句。「貳用缶」一句。

16 冊，1983 年版，第 35 頁。

〔註 2507〕《經典釋文彙校》：「〈坎〉『來之坎坎』注『出則之坎』，寫本《周易》之作『亦』，與《釋文》一本同。」見黃焯撰：《經典釋文彙校》，北京：中華書局，1980 年版，第 15 頁。

〔註 2508〕〔魏〕王弼、韓康伯注，〔唐〕孔穎達等正義：《周易正義》，北京：中華書局景印阮刻本，1980 年版，第 30 頁。

〔註 2509〕〔清〕凌曙撰：《春秋繁露注》（皇清經解續編本），上海：上海書店，景印清經解續編本第四冊，1988 年版，第 71 頁。

〔註 2510〕〔魏〕王弼、韓康伯注，〔唐〕孔穎達等正義：《周易正義》，北京：中華書局景印阮刻本，1980 年版，第 30 頁。

〔註 2511〕〔唐〕李鼎祚撰：《周易集解》，北京：中國書店，景印嘉慶三年姑蘇喜墨齋張遇堯局鐫本，1987 年版，卷六，第 13 頁。

【疏】缶《廣韻》方久切，非有開三上流。《釋文》音同。

自牖｜ 音酉。陸作「誘」。

【疏】所在經文爲「納約自牖」。〔註2512〕牖《廣韻》與久切，以有開三上流。《釋文》音同。陸作「誘」者，毛奇齡《仲氏易》：「陸績本作誘，聲誤。」毛氏之說不知何據。《詩・大雅・板》「天之牖民」孔穎達疏：「牖與誘古字通用，故以爲導也。」〔註2513〕是牖、誘古通也。

承比｜ 毗志反。下同。

【疏】所在注文爲「皆无餘應以相承比」。〔註2514〕參看〈比〉「比」條。

之食｜ 音嗣。飯也。

【疏】所在注文爲「二簋之食」。〔註2515〕食中古三讀。羊吏切，以志開始去止。乘力切，船職開三入曾。此二讀見《廣韻》。祥吏切，邪志開三去止。見《集韻》。羊吏切爲人名用字，如審食其者。而其餘乘力、祥吏二讀，考乎《釋文》音讀，二音別義，作動詞解或讀平聲，或讀去聲。動詞之平聲者，餐也，如《易・訟》「食舊德」之類，《釋文》未注音，蓋依如字讀之。動詞之去聲者，以食食人也，如〈鄭・緇衣〉「食之」《釋文》：「音嗣。」〔註2516〕〈唐風・有杕之杜〉「食之」《釋文》：「音嗣。」〔註2517〕皆是也。而名詞之食亦讀爲去聲，〈小雅・大田〉鄭注「饁食」《釋文》：「音嗣。」〔註2518〕《論語・雍也》「一簞食」《釋文》：「音嗣。」〔註2519〕皆是也。此處食爲名詞，音嗣，

〔註2512〕〔魏〕王弼、韓康伯注，〔唐〕孔穎達等正義：《周易正義》，北京：中華書局景印阮刻本，1980年版，第30頁。

〔註2513〕〔漢〕毛公傳、鄭玄箋，〔唐〕孔穎達等正義：《毛詩正義》，北京：中華書局景印阮刻本，1980年版，第281～282頁。

〔註2514〕〔魏〕王弼、韓康伯注，〔唐〕孔穎達等正義：《周易正義》，北京：中華書局景印阮刻本，1980年版，第30頁。

〔註2515〕〔魏〕王弼、韓康伯注，〔唐〕孔穎達等正義：《周易正義》，北京：中華書局景印阮刻本，1980年版，第30頁。

〔註2516〕〔唐〕陸德明撰：《經典釋文》，北京：中華書局，景印徐乾學通志堂刻本，1983年版，第64頁。

〔註2517〕〔唐〕陸德明撰：《經典釋文》，北京：中華書局，景印徐乾學通志堂刻本，1983年版，第68頁。

〔註2518〕〔唐〕陸德明撰：《經典釋文》，北京：中華書局，景印徐乾學通志堂刻本，1983年版，第85頁。

〔註2519〕〔唐〕陸德明撰：《經典釋文》，北京：中華書局，景印徐乾學通志堂刻本，

與《廣韻》祥吏切音同。「飯也」者，《禮記・曲禮上》「執食興辭」孔穎達疏：「食，飯也。」〔註2520〕《論語・爲政》「有酒食，先生饌」朱熹《集注》：「食，飯也。」〔註2521〕

象曰樽酒簋｜ 一本更有「貳」字。〔註2522〕

【疏】所在經文爲「『樽酒簋貳』，剛柔際也」。〔註2523〕「貳」之有無關乎句讀，不知孰是。

祇｜ 音支。又祁支反。鄭云：當為坻，小丘也。京作「禔」，《說文》同，音支，又上支反，安也。〔註2524〕

【疏】所在經文爲「坎不盈，祇既平，无咎。」〔註2525〕阮元《校勘記》：「祇既平，閩監、毛本同，石經、岳本祇作祇，是也。《釋文》祇京作禔。」〔註2526〕祇《廣韻》二讀，訓爲適音章移切，章支開三平止。訓爲地祇音巨支切，羣支開重紐四平止。《釋文》音支者，音同《廣韻》章移切，王弼注：「祇，辭也。」〔註2527〕此處祇、祇同，皆可訓爲語辭，蓋因二字形近相譌而兼此義

1983 年版，第 347 頁。

〔註2520〕 〔漢〕鄭玄注，〔唐〕孔穎達等正義：《禮記正義》，北京：中華書局景印阮刻本，1980 年版，第 14 頁。

〔註2521〕 〔宋〕朱熹注：《論語集注》（四書五經本），北京：中國書店，據世界書局本景印，1985 年版，第 6 頁。

〔註2522〕 《經典釋文彙校》：「今本《周易・象》曰『樽酒簋貳』，寫本《周易》無『貳』字。據《釋文》此條，是陸氏正本無『貳』，與寫本同。」見黃焯撰：《經典釋文彙校》，北京：中華書局，1980 年版，第 15 頁。

〔註2523〕 〔魏〕王弼、韓康伯注，〔唐〕孔穎達等正義：《周易正義》，北京：中華書局景印阮刻本，1980 年版，第 30 頁。

〔註2524〕 《經典釋文彙校》：「『祇』，寫本、宋本同。寫本《周易》經文作『祇』，從礻。注作『祇』，從礻。石經作『祇』。嚴云：案王注『祇，辭也。』《玉篇・衣部》、《五經文字》並云：『祇，適也。』『辭』與『適』猶今謂『語助』。自毛居正妄謂『祇』作『祇』誤，又謂俗作『祇』。後人刻經，因改作『祇』矣。『上』，寫本、宋本、十行本、閩本同。監本作『止』，阮從監本。焯謂作『上』是也。蓋『止支』不能成音，『上支』則正切『禔』音也。」見黃焯撰：《經典釋文彙校》，北京：中華書局，1980 年版，第 15～16 頁。

〔註2525〕 〔魏〕王弼、韓康伯注，〔唐〕孔穎達等正義：《周易正義》，北京：中華書局景印阮刻本，1980 年版，第 30 頁。

〔註2526〕 〔魏〕王弼、韓康伯注，〔唐〕孔穎達等正義：《周易正義》，北京：中華書局景印阮刻本，1980 年版，第 34 頁。

〔註2527〕 〔魏〕王弼、韓康伯注，〔唐〕孔穎達等正義：《周易正義》，北京：中華書

也。又祁支反者，音同《廣韻》巨支切，訓作大，參看〈復〉「无祇」條。鄭云「當爲坻，小丘也」者，明熊過《周易象旨決錄・卷二》曰：「祇，依鄭作坻。按《詩》『宛在水中』，坻《說文》云：小渚。坎之象也。澤水盈科而後進者，九五坎中之陽，流而不盈，適平于坻而已，蓋陽剛中正而能出險之象，故无咎也。」〔註2528〕此亦是一解，可資參考。「京作禔，《說文》同」者，《說文・示部》「禔，安福也。从示是聲。《易》曰：禔既平。」〔註2529〕禔《廣韻》三讀，章移切，章支開三平止。杜奚切，定齊開四平蟹。是支切，禪支開三平止。音異義同，皆訓爲安福。音支者，音同《廣韻》章移切。上支反者，音同《廣韻》是支切。「安也」者，常訓也。又此處李鼎祚《集解》引虞翻曰：「禔，安也。」〔註2530〕則虞翻經文亦與京、許同也。

盡平 | 津忍反。

【疏】所在注文爲「盡平乃无咎」。〔註2531〕參看〈乾〉「故盡」條。

徽 | 許韋反。

【疏】所在經文爲「係用徽纆」。〔註2532〕《廣韻》許歸切，曉微合三平止。《釋文》音同。

纆 | 音墨。劉云：三股曰徽，兩股曰纆，皆索名。

【疏】纆《廣韻》莫北切，明德開一入曾。《釋文》音同。劉云者，《說文・糸部》：「徽，一曰三糾繩也。」〔註2533〕《穀梁傳・宣公三年》「趙盾入諫」范甯注「繼用徽纆」陸德明《釋文》：「徽、纆，皆繩也。三股曰徽，兩

局景印阮刻本，1980年版，第2頁。
〔註2528〕〔明〕熊過撰：《周易象旨決錄》，臺灣：商務印書館，景印文淵閣四庫全書本第31冊，1983年版，第501～502頁。
〔註2529〕〔漢〕許慎撰：《說文解字》，北京：中華書局，景印同治十二年陳昌治刻本，1963年版，第7頁。
〔註2530〕〔唐〕李鼎祚撰：《周易集解》，北京：中國書店，景印嘉慶三年姑蘇喜墨齋張遇堯局鐫本，1987年版，卷六，第14頁。
〔註2531〕〔魏〕王弼、韓康伯注，〔唐〕孔穎達等正義：《周易正義》，北京：中華書局景印阮刻本，1980年版，第30頁。
〔註2532〕〔魏〕王弼、韓康伯注，〔唐〕孔穎達等正義：《周易正義》，北京：中華書局景印阮刻本，1980年版，第30頁。
〔註2533〕〔漢〕許慎撰：《說文解字》，北京：中華書局，景印同治十二年陳昌治刻本，1963年版，第275頁。

股曰縲。」〔註2534〕此皆與《釋文》所引劉氏義同者。然縲或有訓爲三股繩者，如《史記·屈原賈生列傳》「何異糾縲」司馬貞索隱引《字林》：「縲，三合繩也。」〔註2535〕又《文選·孫楚〈征西官屬送於陟陽侯作詩〉》「吉凶如糾縲」李善注：「縲，三股索。」〔註2536〕皆異於此。

寘丨 之豉反，置也。注同。劉作「示」，言衆議於九棘之下也。《子夏傳》作「湜」。姚作「寔」，寔，置也。張作「置」。

【疏】所在經文爲「寘于叢棘」。〔註2537〕寘《廣韻》支義切，章寘開三去止。《釋文》音同。「置也」者，《詩·魏風·伐檀》：「寘之河之干兮」毛《傳》：「寘，置也。」〔註2538〕劉作「示」者，《周禮·秋官·朝士》「右九棘」鄭玄注引鄭司農云「故《易》曰：寘于叢棘」孫詒讓《正義》：「寘、示，字並通。」〔註2539〕《公羊傳·卷十五》疏引鄭玄注云：「繫，拘也。爻辰在己。巳爲蛇，蛇之蟠屈似徽縲也。三五互體艮，又與震同體，艮爲門闕，於木爲多節，震之所爲有叢拘之類，門闕之內有叢朩多節之木，是大阝外朝左右九棘之象也。外朝者，所以詢事之處也，左嘉石平罷民焉，右肺石達窮民焉。罷民，邪惡之民也。上六乘陽，有邪惡之罪，故縛約徽縲，寘于叢棘，而後公卿以下議之，其害人者，寘之圜土，而施職事焉，以明刑恥之能復者，上罪三年而赦，中罪二年而赦，下罪一年而赦，不得者朩自思以得止道，終不自改而出圜土者殺，故凶是也。」〔註2540〕是以劉瓛義與鄭玄同也。《子夏傳》作「湜」者，蓋假借爲寔也，湜或作湜，從寔得聲。寔則與姚信本同。訓爲置。姚作「寔」

〔註2534〕〔唐〕陸德明撰：《經典釋文》，北京：中華書局，景印徐乾學通志堂刻本，1983年版，第334頁。

〔註2535〕〔漢〕司馬遷撰：《史記》（四部備要本），上海：中華書局，據武英殿本校刊，1936年版，第881頁。

〔註2536〕〔梁〕蕭統編，〔唐〕李善注：《文選》（四部精要本第十六冊），上海：上海古籍出版社，景印嘉慶十四年胡克家仿宋淳熙刊本，1992年版，第561頁。

〔註2537〕〔魏〕王弼、韓康伯注，〔唐〕孔穎達等正義：《周易正義》，北京：中華書局景印阮刻本，1980年版，第30頁。

〔註2538〕〔漢〕毛公傳、鄭玄箋，〔唐〕孔穎達等正義：《毛詩正義》，北京：中華書局景印阮刻本，1980年版，第90頁。

〔註2539〕〔清〕孫詒讓撰：《周禮正義》（四部備要本），上海：中華書局，據清光緒乙巳本校刊，1936年版，第741頁。

〔註2540〕〔漢〕何休注，〔唐〕徐彥疏：《春秋公羊傳注疏》，北京：中華書局景印阮刻本，1980年版，第83頁。

者，《說文・宀部》：「寚，止也。」〔註 2541〕引申之則有置義。又朱駿聲《說文通訓定聲》：「寚，字亦作寘。」〔註 2542〕則朱氏假寚爲寘，亦通。張作「置」者，同寘。

叢│ 才公反。

【疏】叢《廣韻》徂紅切，從東合一平通。《釋文》音同。

法峻│ 荀潤反。

【疏】所在注文爲「嚴法峻整」。〔註 2543〕峻《廣韻》私閏切，心稕合三去臻。《釋文》音同。

☰☰離│ 列池反，麗也。麗，著也。八純卦，象日，象火。

【疏】離《廣韻》三讀，其中訓作卦名音呂支切，來支開三平止。《釋文》音同。「麗也」者，《易・序卦》：「離，麗也。」〔註 2544〕又《易・離・象傳》：「離，麗也。」〔註 2545〕《易・否》「疇離祉」孔穎達疏：「離，麗也。」〔註 2546〕麗爲附麗，故陸氏又云「麗，著也」。「象日，象火」者，《易・說卦》：「離爲火，爲日。」〔註 2547〕

畜│ 許六反。注同。

【疏】所在經文爲「畜牝牛」。〔註 2548〕畜《廣韻》二讀，作畜生解時音

〔註 2541〕〔漢〕許慎撰：《說文解字》，北京：中華書局，景印同治十二年陳昌治刻本，1963 年版，第 150 頁。

〔註 2542〕〔清〕朱駿聲撰：《說文通訓定聲》（續四庫經部小學類第 220～221 冊），上海：上海古籍出版社，景印道光二十八年刻本，2002 年版，第 220 冊，第 601 頁。

〔註 2543〕〔魏〕王弼、韓康伯注，〔唐〕孔穎達等正義：《周易正義》，北京：中華書局景印阮刻本，1980 年版，第 30 頁。

〔註 2544〕〔魏〕王弼、韓康伯注，〔唐〕孔穎達等正義：《周易正義》，北京：中華書局景印阮刻本，1980 年版，第 84 頁。

〔註 2545〕〔魏〕王弼、韓康伯注，〔唐〕孔穎達等正義：《周易正義》，北京：中華書局景印阮刻本，1980 年版，第 31 頁。

〔註 2546〕〔魏〕王弼、韓康伯注，〔唐〕孔穎達等正義：《周易正義》，北京：中華書局景印阮刻本，1980 年版，第 17 頁。

〔註 2547〕〔魏〕王弼、韓康伯注，〔唐〕孔穎達等正義：《周易正義》，北京：中華書局景印阮刻本，1980 年版，第 83 頁。

〔註 2548〕〔魏〕王弼、韓康伯注，〔唐〕孔穎達等正義：《周易正義》，北京：中華書

丑救切，徹宥開三去流。作養解時音許竹切，曉屋合三入通。《釋文》音同《廣韻》許竹切音同。

牝｜ 頻忍反。徐又扶死反。

【疏】牝《廣韻》二讀，毗忍切，並輕開重紐四上臻。扶履切，並旨開重紐四上止。音異義同，牝牡之牝也。《釋文》頻忍反音同《廣韻》毗忍切。徐又扶死反音同《廣韻》扶履切。

外強｜ 其良反。

【疏】所在注文為「外強而內順」。〔註2549〕此處「強」本字作「彊」，強《廣韻》巨良切，羣陽開三平宕。《釋文》音同。

猶著｜ 直畧反。卦內同。

【疏】所在注文為「麗猶著也」。〔註2550〕著《廣韻》五讀，其中剛著之著音直略切，澄藥開三入宕。《釋文》音同。

草木麗｜ 如字。《說文》作「蘺」。

【疏】所在經文為「百穀草木麗乎土」。〔註2551〕麗《廣韻》二讀，訓作附著音郎計切，來霽開四去蟹。《釋文》「如字」同。《說文》作「蘺」者，《說文·艸部》：「蘺，艸木相附蘺土而生。从艸麗聲。《易》曰：『百穀艸木蘺於地。』」〔註2552〕又《廣雅·釋詁三》：「蘺，著也。」〔註2553〕《集韻·霽韻》：「蘺，通作麗。」〔註2554〕

局景印阮刻本，1980年版，第31頁。
〔註2549〕 〔魏〕王弼、韓康伯注，〔唐〕孔穎達等正義：《周易正義》，北京：中華書局景印阮刻本，1980年版，第31頁。
〔註2550〕 〔魏〕王弼、韓康伯注，〔唐〕孔穎達等正義：《周易正義》，北京：中華書局景印阮刻本，1980年版，第31頁。
〔註2551〕 〔魏〕王弼、韓康伯注，〔唐〕孔穎達等正義：《周易正義》，北京：中華書局景印阮刻本，1980年版，第31頁。
〔註2552〕 〔漢〕許慎撰：《說文解字》，北京：中華書局，景印同治十二年陳昌治刻本，1963年版，第24頁。
〔註2553〕 〔清〕王念孫撰：《廣雅疏證》，北京：中華書局，景印嘉慶年間王氏家刻本，1983年版，第85頁。
〔註2554〕 〔宋〕丁度撰：《集韻》，北京：中華書局，景印北京圖書館藏宋刻本，1988年版，第144頁。

乎土丨 王肅本作「地」。

【疏】阮元《校勘記》：「石經、岳本、閩監、毛本同。《釋文》『乎土』
王肅本作『地』。」〔註2555〕依《周易集解》引虞翻注，亦作「地」。土、地義
同。

重明丨 直龍反。

【疏】所在經文爲「重明以麗乎正」。〔註2556〕重《廣韻》三讀，重複之
重直容切，澄鍾合三平通。《釋文》音同。《正義》：「『重明』，謂上下俱離。」
〔註2557〕

明兩作丨 鄭云：作，起也。荀云：用也。

【疏】所在經文爲「明兩作，離」。〔註2558〕鄭云「作，起也」者，《易·
乾》「聖人作」陸德明《釋文》引鄭云：「作，起也。」〔註2559〕《易·繫辭下》
「神農氏作」李鼎祚《集解》引虞翻曰：「作，起也。」〔註2560〕宋朱震《漢
上易傳·卷三》於此注曰：「鄭康成曰：作，起也。明明相繼而起。」〔註2561〕
荀云「用也」者，《左傳·成公八年》「遐不作人」杜預注：「作，用也。」
〔註2562〕《周禮·夏官·羅氏》「蜡則作羅襦」鄭玄注：「作，猶用也。」
〔註2563〕荀爽義亦通，蓋謂明明相繼爲用也。

〔註2555〕〔魏〕王弼、韓康伯注，〔唐〕孔穎達等正義：《周易正義》，北京：中華書
　　　　局景印阮刻本，1980年版，第34頁。
〔註2556〕〔魏〕王弼、韓康伯注，〔唐〕孔穎達等正義：《周易正義》，北京：中華書
　　　　局景印阮刻本，1980年版，第31頁。
〔註2557〕〔魏〕王弼、韓康伯注，〔唐〕孔穎達等正義：《周易正義》，北京：中華書
　　　　局景印阮刻本，1980年版，第31頁。
〔註2558〕〔魏〕王弼、韓康伯注，〔唐〕孔穎達等正義：《周易正義》，北京：中華書
　　　　局景印阮刻本，1980年版，第31頁。
〔註2559〕〔唐〕陸德明撰：《經典釋文》，北京：中華書局，景印徐乾學通志堂刻本，
　　　　1983年版，第19頁。
〔註2560〕〔唐〕李鼎祚撰：《周易集解》，北京：中國書店，景印嘉慶三年姑蘇喜墨齋
　　　　張遇堯局鐫本，1987年版，卷十五，第3頁。
〔註2561〕〔宋〕朱震撰：《漢上易傳》，揚州：江蘇廣陵古籍刻印社，景印通志堂經解
　　　　本第一冊，1996年版，第222頁。
〔註2562〕〔晉〕杜預注，〔唐〕孔穎達等正義：《春秋左傳正義》，北京：中華書局景
　　　　印阮刻本，1980年版，第202頁。
〔註2563〕〔漢〕鄭玄注，〔唐〕賈公彥疏：《周禮注疏》，北京：中華書局景印阮刻本，
　　　　1980年版，第208頁。

明照相繼｜ 一本無「明照」二字。

【疏】所在經文爲「大人以繼明照于四方」。〔註 2564〕無「明照」二字者
非。

履錯｜ 鄭、徐七各反。馬七路反。

【疏】所在經文爲「履錯然」。〔註 2565〕錯《廣韻》二讀，倉各切，清鐸
開一入宕。倉故切，清暮合一去遇。《羣經音辨·卷五》：「錯，雜也，倉各切。
錯，置也，七故切，《論語》『舉直錯諸枉』。」〔註 2566〕鄭、徐七各反者，音
同《廣韻》倉各切，則訓錯爲錯雜、交錯也。宋鄭剛中《周易窺餘·卷七》：
「錯然者，固相離而有文，亦錯亂而生患。存乎敬與不敬而已。」〔註 2567〕是
訓錯然爲錯雜義也。而王弼注云：「錯然者，警慎之貌也。」〔註 2568〕蓋因下
文敬之終吉而爲訓也，此則「錯然」之敬者也。又《伊川易傳·卷二》於此
注云：「其履錯然，謂交錯也，雖未進而跡已動矣，動則失居下之分，而有咎
也。」〔註 2569〕此則「錯然」之不敬者也。皆隨文爲訓，於義皆通。馬七路反
者，音同《廣韻》倉故切，訓錯爲安置也。惠棟《周易述·卷四》於此注云：
「初爲履，履，禮也。錯，置也。初得正，故履錯然。」〔註 2570〕

警｜ 京領反。

【疏】所在注文爲「警慎之貌也」。〔註 2571〕警《廣韻》居影切，見梗開

〔註 2564〕〔魏〕王弼、韓康伯注，〔唐〕孔穎達等正義：《周易正義》，北京：中華書
　　　　　局景印阮刻本，1980 年版，第 31 頁。
〔註 2565〕〔魏〕王弼、韓康伯注，〔唐〕孔穎達等正義：《周易正義》，北京：中華書
　　　　　局景印阮刻本，1980 年版，第 31 頁。
〔註 2566〕〔宋〕賈昌朝撰：《羣經音辨》（叢書集成初編語文學類第 1208 冊），上海：
　　　　　商務印書館，景印畿輔叢書本，1939 年版，第 127 頁。
〔註 2567〕〔宋〕鄭剛中撰：《周易窺餘》（叢書集成續編哲學類第 26 冊），臺灣：新文
　　　　　豐出版公司，景印續金華叢書本，1988 年版，第 408 頁。
〔註 2568〕〔魏〕王弼、韓康伯注，〔唐〕孔穎達等正義：《周易正義》，北京：中華書
　　　　　局景印阮刻本，1980 年版，第 31 頁。
〔註 2569〕〔宋〕程頤撰：《伊川易傳》（叢書集成三編哲學類第 9 冊），臺灣：新文豐
　　　　　出版公司，景印中華書局聚珍倣宋版印二程全書本，1997 年版，第 113
　　　　　頁。
〔註 2570〕〔清〕惠棟撰：《周易述》（四部備要本），上海：中華書局，據學海堂經解
　　　　　本校刊，1936 年版，第 29 頁。
〔註 2571〕〔魏〕王弼、韓康伯注，〔唐〕孔穎達等正義：《周易正義》，北京：中華書
　　　　　局景印阮刻本，1980 年版，第 31 頁。

三上梗。《釋文》京領反，見靜開三上梗。異於《廣韻》。按《釋文》梗攝字韻多混用。

辟其丨 音避。象同。

【疏】所在注文爲「辟其咎也」。〔註2572〕音避者，辟、避，古今字也。

日昃丨 王嗣宗本作「仄」，音同。

【疏】所在經文爲「日昃之離」。〔註2573〕阮元《校勘記》：「閩監、毛本同。石經昃作昃。」〔註2574〕《玉篇·日部》：「昃，同昃。」〔註2575〕《說文·日部》：「昗，日在西方時。側也。从日仄聲。《易》曰：『日昗之離。』」〔註2576〕《說文》作「昗」，與「昃」同。王嗣宗本作「仄」者，《說文·人部》段玉裁注云：「仄，古與側、昃相假借。」〔註2577〕此處假借爲昃。

鼓丨 鄭本作「擊」。

【疏】所在經文爲「不鼓缶而歌」。〔註2578〕鄭本作「擊」者，《詩·唐風·山有樞》「弗鼓弗考」陸德明《釋文》：「鼓，本或作擊，非。」〔註2579〕《易經異文釋·卷二》：「《詩》：弗擊弗考。《文選·河陽縣作詩》注引作擊。」〔註2580〕此皆二字異文之例也。按鼓、擊義同。《呂氏春秋·古樂》「以其尾鼓

〔註2572〕〔魏〕王弼、韓康伯注，〔唐〕孔穎達等正義：《周易正義》，北京：中華書局景印阮刻本，1980年版，第31頁。

〔註2573〕〔魏〕王弼、韓康伯注，〔唐〕孔穎達等正義：《周易正義》，北京：中華書局景印阮刻本，1980年版，第31頁。

〔註2574〕〔魏〕王弼、韓康伯注，〔唐〕孔穎達等正義：《周易正義》，北京：中華書局景印阮刻本，1980年版，第34頁。

〔註2575〕〔梁〕顧野王撰：《宋本玉篇》，北京：中國書店，景印張氏澤存堂本，1983年版，第372頁。

〔註2576〕〔漢〕許愼撰：《説文解字》，北京：中華書局，景印同治十二年陳昌治刻本，1963年版，第138頁。

〔註2577〕〔清〕段玉裁撰：《説文解字注》，上海：上海古籍出版社，景印嘉慶二十年經韻樓本，1988年版，第447頁。

〔註2578〕〔魏〕王弼、韓康伯注，〔唐〕孔穎達等正義：《周易正義》，北京：中華書局景印阮刻本，1980年版，第31頁。

〔註2579〕〔唐〕陸德明撰：《經典釋文》，北京：中華書局，景印徐乾學通志堂刻本，1983年版，第68頁。

〔註2580〕〔清〕李富孫撰：《易經異文釋》（續四庫經部易類第27冊），上海：上海古籍出版社，景印南菁書院續經解本，2002年版，第681頁。

其腹」高誘注：「鼓，擊。」〔註 2581〕《儀禮·鄉飲酒禮記》「北面鼓之」鄭玄注：「鼓，猶擊也。」〔註 2582〕惠棟《周易述》依之作「擊」。

大耊｜ 田節反。馬云：七十曰耊。王肅又他結反，云：八十曰耊。京作「絰」。蜀才作「咥」。

【疏】所在經文爲「則大耊之嗟」。〔註 2583〕耊、耋，異體字也。耋《廣韻》徒結切，定屑開四入山。《釋文》首音同。馬云者，《左傳·僖公九年》「以伯舅耊老」杜預注：「七十曰耋。」〔註 2584〕《禮記·射義》「耆耊好禮」孔穎達疏引《左傳》服虔曰：「七十曰耊。」〔註 2585〕王肅又他結反者，透屑開四入山，《集韻》據增此音。「八十曰耋」者，《說文·老部》：「耋，年八十曰耋。从老省，从至。」〔註 2586〕《詩·秦風·車鄰》「逝者其耋」毛《傳》：「耋，老也，八十曰耋。」〔註 2587〕《鹽鐵論·孝養》：「八十曰耋。」〔註 2588〕《爾雅·釋言》「耋，老也」郭璞注：「八十爲耋。」〔註 2589〕此外，亦有以六十爲耆者，《公羊傳·宣公十二年》「使帥一二耊老而絞焉」何休注：「六十稱耊。」〔註 2590〕《左傳·僖公九年》「以伯舅耊老」孔穎達疏引舍人云：「耊，年六十稱也。」〔註 2591〕三說不知孰是，然皆老之謂也。故《爾

〔註 2581〕 〔漢〕高誘注：《呂氏春秋》，上海：上海書店，景印諸子集成本，1986 年版，第 52 頁。

〔註 2582〕 〔漢〕鄭玄注，〔唐〕賈公彥疏：《儀禮注疏》，北京：中華書局景印阮刻本，1980 年版，第 47 頁。

〔註 2583〕 〔魏〕王弼、韓康伯注，〔唐〕孔穎達等正義：《周易正義》，北京：中華書局景印阮刻本，1980 年版，第 31 頁。

〔註 2584〕 〔晉〕杜預注，〔唐〕孔穎達等正義：《春秋左傳正義》，北京：中華書局景印阮刻本，1980 年版，第 98 頁。

〔註 2585〕 〔漢〕鄭玄注，〔唐〕孔穎達等正義：《禮記正義》，北京：中華書局景印阮刻本，1980 年版，第 459～460 頁。

〔註 2586〕 〔漢〕許慎撰：《說文解字》，北京：中華書局，景印同治十二年陳昌治刻本，1963 年版，第 173 頁。

〔註 2587〕 〔漢〕毛公傳、鄭玄箋，〔唐〕孔穎達等正義：《毛詩正義》，北京：中華書局景印阮刻本，1980 年版，第 101 頁。

〔註 2588〕 〔漢〕桓寬撰：《鹽鐵論》，上海：上海書店，景印諸子集成本，1986 年版，第 28 頁。

〔註 2589〕 〔晉〕郭璞注，〔宋〕邢昺疏：《爾雅注疏》，北京：中華書局景印阮刻本，1980 年版，第 17 頁。

〔註 2590〕 〔漢〕何休注，〔唐〕徐彥疏：《春秋公羊傳注疏》，北京：中華書局景印阮刻本，1980 年版，第 91 頁。

〔註 2591〕 〔晉〕杜預注，〔唐〕孔穎達等正義：《春秋左傳正義》，北京：中華書局景印

雅・釋言》「耊，老也」郝懿行《義疏》:「耊無正訓，故有六十、七十、八十
之異，要爲老壽之稱則同。」〔註2592〕京作「經」者，馬王堆漢墓帛書《周
易》同。〔註2593〕《說文・糸部》:「經，喪首戴也。」〔註2594〕蓋訓經爲喪首
戴也，意即不擊缶而歌則有死喪之嗟也。而蜀才作「咥」者，咥《廣韻》二
讀，此處與耊、經爲異文，蓋讀如《廣韻》陡結切，定屑開四入山。《廣雅・
釋詁三》:「咥，齧也。」〔註2595〕「大咥之嗟」者，義殊不可解。疑經、咥
皆耊字之假借也。又毛奇齡《仲氏易》:「京房作經，蜀才作咥，俱聲誤。」
〔註2596〕毛說非。

之嗟| 如字。王肅又遭哥反。荀作「差」。下「嗟若」亦爾。

【疏】嗟如字者，讀如《廣韻》子邪切，精麻開三平假。王肅遭哥反，
精歌開一平果，《集韻》據增遭歌切。荀作「差」者，假借爲嗟也。《爾雅・
釋詁下》「嗟，嗟也」郝懿行《義疏》:「嗟，又通作差。」〔註2597〕

凶| 古文及鄭無「凶」字。〔註2598〕

【疏】所在經文爲「則大耊之嗟，凶」。宋馮椅《厚齋易學・卷二・易輯
注第二》:「今本有凶字，古文及鄭本无。晁曰:无凶字，得象數。」〔註2599〕
惠棟《周易述・卷四》亦依古文，彼疏曰:「俗本差下有凶字者，衍文也。」

印阮刻本，1980 年版，第 98 頁。
〔註2592〕〔清〕郝懿行撰:《爾雅義疏》(漢小學四種本)，成都：巴蜀書社，景印同
　　　　治四年郝氏家刻本，2001 年版，第 1005 頁。
〔註2593〕廖名春釋文:《馬王堆帛書周易經傳釋文》(續四庫經部易類第 1 冊)，上海：
　　　　上海古籍出版社，2002 年版，第 11 頁。
〔註2594〕〔漢〕許慎撰:《説文解字》，北京：中華書局，景印同治十二年陳昌治刻本，
　　　　1963 年版，第 277 頁。
〔註2595〕〔清〕王念孫撰:《廣雅疏證》，北京：中華書局，景印嘉慶年間王氏家刻本，
　　　　1983 年版，第 100 頁。
〔註2596〕〔清〕毛奇齡撰:《仲氏易》(皇清經解本)，上海：上海書店，景印清經解
　　　　本第一冊，1988 年版，第 520 頁。
〔註2597〕〔清〕郝懿行撰:《爾雅義疏》(漢小學四種本)，成都：巴蜀書社，景印同
　　　　治四年郝氏家刻本，2001 年版，第 952 頁。
〔註2598〕《古易音訓》引《釋文》「鄭」下多「薛」字。見〔宋〕呂祖謙撰，〔清〕宋
　　　　咸熙輯:《古易音訓》(續四庫經部易類第 2 冊)，上海：上海古籍出版社，
　　　　景印清嘉慶七年刻本，2002 年版，第 36 頁。
〔註2599〕〔宋〕馮椅撰:《厚齋易學》，臺灣：商務印書館，景印文淵閣四庫全書本第
　　　　16 冊，1983 年版，第 36 頁。

〔註2600〕晁說之之說未聞，不知何據。

突| 徒忽反。王肅唐屑反，舊又湯骨反。《字林》同，云：暫出。〔註2601〕

【疏】所在經文爲「突如其來如」。〔註2602〕突《廣韻》陀骨切，定沒合一入臻。《釋文》首音同。王肅唐屑反，定屑開四入山，《集韻》據增徒結切。舊又湯骨切者，透沒合一入臻，《集韻》增他骨切，音同。《字林》同者，同湯骨反也。「暫出」者，《說文·穴部》：「突，犬從穴中暫出也。」〔註2603〕又馬王堆漢墓帛書《周易》〔註2604〕、阜陽漢簡《周易》〔註2605〕皆作「出」，義同。

逼近| 附近之近。

【疏】所在注文爲「逼近至尊」。〔註2606〕參看〈乾〉「近乎」條。

出| 如字。徐尺遂反。王嗣宗勑類反。

【疏】所在經文爲「出涕沱若」。〔註2607〕出《廣韻》二讀，赤律切，昌術合三入臻。尺類切，昌至合三去止。《釋文》如字者，蓋讀如《廣韻》赤律切。徐尺遂反，音同《廣韻》尺類切。王嗣宗勑類反，徹至合三去止，《集韻》增敕類切，音同。

涕| 徐他米反。又音弟。

〔註2600〕〔清〕惠棟撰：《周易述》（四部備要本），上海：中華書局，據學海堂經解本校刊，1936年版，第29頁。

〔註2601〕《經典釋文彙校》：「惠云：突，湯骨反訓爲暫出，乃吳音也。」見黃焯撰：《經典釋文彙校》，北京：中華書局，1980年版，第16頁。

〔註2602〕〔魏〕王弼、韓康伯注，〔唐〕孔穎達等正義：《周易正義》，北京：中華書局景印阮刻本，1980年版，第31頁。

〔註2603〕〔漢〕許慎撰：《說文解字》，北京：中華書局，景印同治十二年陳昌治刻本，1963年版，第153頁。

〔註2604〕廖名春釋文：《馬王堆帛書周易經傳釋文》（續四庫經部易類第1冊），上海：上海古籍出版社，2002年版，第11頁。

〔註2605〕韓自強撰：《阜陽漢簡周易研究·阜陽漢簡周易釋文》，上海：上海古籍出版社，2004年版，第63頁。

〔註2606〕〔魏〕王弼、韓康伯注，〔唐〕孔穎達等正義：《周易正義》，北京：中華書局景印阮刻本，1980年版，第31頁。

〔註2607〕〔魏〕王弼、韓康伯注，〔唐〕孔穎達等正義：《周易正義》，北京：中華書局景印阮刻本，1980年版，第31頁。

【疏】涕《廣韻》二讀，目汁他禮切，透薺開四上蟹。涕淚他計切，透薺開四去蟹。《集韻》增待禮切，定薺開四上蟹。亦訓爲泣也。參乎三切語，疑訓爲名詞音他禮切，動詞則其餘二讀。徐他米反者，音同《集韻》待禮切，又音弟者，音亦同之。毛居正《六經正誤》：「涕，徐他米反。又音替。替作弟誤。」〔註2608〕作替則音同《廣韻》他計切，毛氏蓋有所本，可備一說。

沱| 徒河反。荀作「池」。一本作「沲」。

【疏】沱《廣韻》二讀，滂沱音徒河切，定歌開一平果。瀢沱人徒可切，定哿開一上果。《釋文》音同《廣韻》徒河切。荀作「池」者，从也、从它之字，於古則同。然後世分衍爲二字，故此處池爲沱之假借字也。又本作「沲」者，沱之俗字也。沲爲沱之異體。《五經文字·水部》：「沱，亦作沲。」〔註2609〕又《詩經異文釋》於《詩·小雅·漸漸之石》「俾滂沱矣」下曰：「《史記·仲尼弟子列傳》引作滂池，《論衡·說日》引作沲。」〔註2610〕

若| 古文「若」皆如此。〔註2611〕

【疏】經文「若」當依盧氏改作「叒」。若《說文·艸部》：「𦬼，擇菜也。从艸、右。右，手也。一曰杜若，香艸。」〔註2612〕又叒《說文·叒部》「叒，日初出東方湯谷，所登榑桑，叒木也。象形。凡叒之屬皆从叒。𣚤籀文。」〔註2613〕本爲二字，蓋後世淆同也。「叒」爲「叒」之籀文也。

戚| 千寂反。《子夏傳》作「嘁」，嘁子六反。咨慼也。〔註2614〕

〔註2608〕〔宋〕毛居正撰：《六經正誤》，揚州：江蘇廣陵古籍刻印社，景印通志堂經解本第十六冊，1996年版，第571頁。

〔註2609〕〔唐〕張參撰：《五經文字》（叢書集成初編語文學類第1064冊），上海：商務印書館，景印後知不足齋叢書本，1936年版，第56頁。

〔註2610〕〔清〕李富孫撰：《詩經異文釋》（續四庫經部詩類第75冊），上海：上海古籍出版社，景印南菁書院續經解本，2002年版，第239頁。

〔註2611〕《經典釋文彙校》：「寫本、宋本、十行本、閩監本同，盧改『叒』。惠曰：《呂氏春秋音訓》作『叒』，云『古文若』。」見黃焯撰：《經典釋文彙校》，北京：中華書局，1980年版，第16頁。

〔註2612〕〔漢〕許愼撰：《說文解字》，北京：中華書局，景印同治十二年陳昌治刻本，1963年版，第24頁。

〔註2613〕〔漢〕許愼撰：《說文解字》，北京：中華書局，景印同治十二年陳昌治刻本，1963年版，第127頁。

〔註2614〕《經典釋文彙校》：「宋本『咨』上有『戚』字。」見黃焯撰：《經典釋文彙

【疏】所在經文爲「戚嗟若」。〔註 2615〕戚《廣韻》倉歷切，清錫開四入梗。《釋文》音同。《子夏傳》作「嘁」者，嘁《廣韻》子答切，精合開一入咸。《釋文》子六反，精屋合一入通，韻異於《廣韻》子答切。从戚得聲之字如顣、蹙、蹴者，《廣韻》俱子六切，是以《釋文》「嘁」之音讀，蓋有所據也。按《經典釋文彙校》云「宋本咨上有戚字」，「戚」似當作「嘁」。《慧琳音義・卷二十》「聱嘁」注引《博雅》云：「嘁咨，慼也。」〔註 2616〕又《古易音訓》引晁說之曰：「戚，古义。」〔註 2617〕

不勝丨 音升。

【疏】所在注文爲「不勝所履」。〔註 2618〕勝《廣韻》二讀，訓作任、舉音識蒸切，書蒸開三平曾。訓作勝負、加、克音詩證切，書證開三去曾。《釋文》音同《廣韻》平聲。

逆首丨 本又作「逆道」。兩得。

【疏】所在注文爲「四爲逆首，憂傷至深」。〔註 2619〕阮元《校勘記》：「岳本、閩監、毛本同。《釋义》：逆首本又作逆道，兩得。」〔註 2620〕「逆首」者，言九四近於六五尊位，乃爲叛逆之首也，故憂傷至深。《釋文》本又作「逆道」者，逆乎道而行也。漢王符《潛夫論・衰制》：「愚君闇主，託坐於左，而姦臣逆道，執轡於右。」〔註 2621〕「逆道」亦古之成詞。二者於義皆可，故云

校》，北京：中華書局，1980 年版，第 16 頁。

〔註 2615〕〔魏〕王弼、韓康伯注，〔唐〕孔穎達等正義：《周易正義》，北京：中華書局景印阮刻本，1980 年版，第 31 頁。

〔註 2616〕〔唐〕釋慧琳撰：《一切經音義》（續四庫經部小學類第 196～197 冊），上海：上海古籍出版社，景印日本元文三年至延亨三年榑桑雒東獅谷白蓮社刻本，2002 年版，第 196 冊，第 500 頁。

〔註 2617〕〔宋〕呂祖謙撰，〔清〕宋咸熙輯：《古易音訓》（續四庫經部易類第 2 冊），上海：上海古籍出版社，景印清嘉慶七年刻本，2002 年版，第 36 頁。

〔註 2618〕〔魏〕王弼、韓康伯注，〔唐〕孔穎達等正義：《周易正義》，北京：中華書局景印阮刻本，1980 年版，第 31 頁。

〔註 2619〕〔魏〕王弼、韓康伯注，〔唐〕孔穎達等正義：《周易正義》，北京：中華書局景印阮刻本，1980 年版，第 31 頁。

〔註 2620〕〔魏〕王弼、韓康伯注，〔唐〕孔穎達等正義：《周易正義》，北京：中華書局景印阮刻本，1980 年版，第 34 頁。

〔註 2621〕〔漢〕王符著，〔清〕汪繼培箋：《潛夫論》，上海：上海書店，景印諸子集成本，1986 年版，第 100 頁。

「兩得」。

離王公也｜ 音麗。鄭作「麗」。王肅云：麗王者之後為公。梁武力智反，王嗣宗同。

【疏】離《廣韻》三讀，其中訓作附著音郎計切，來霽開四去蟹。《釋文》首音同。音麗者，亦明通假。《易·序卦》：「離者，麗也。」〔註2622〕鄭作「麗」者，於附著義二字古通。《正義》：「離附於王公之位。」〔註2623〕宋俞琰《周易集說·爻傳》：「易以大事稱王，小事稱公，今以王公並稱，蓋言其名位，非言其事也。」〔註2624〕又宋魏了翁《周易要義》：「五爲王位，而言公者，此連王而言公，取其便文以會韻也。」〔註2625〕王肅云者，又異於此二說。梁武力智反者，離《廣韻》有來智切，來寘開三去止，梁武音同。王嗣宗同者，音同梁武帝。俞琰云：「離，如字。或作去聲，非。」〔註2626〕

折首｜ 徐之舌反。注同。

【疏】所在經文爲「有嘉折首」。〔註2627〕折《廣韻》三讀，拗折旨熱切，章薛開三入蟹。《釋文》音同。孔穎達疏：「斷罪人之首。」〔註2628〕

以去｜ 羌呂反。

【疏】所在注文爲「則除其非類以去民害」。〔註2629〕去《廣韻》二讀，訓爲離，丘倨切，溪御合三去遇。訓爲除，羌舉切，溪語合三上遇。《釋文》

〔註2622〕〔魏〕王弼、韓康伯注，〔唐〕孔穎達等正義：《周易正義》，北京：中華書局景印阮刻本，1980年版，第84頁。

〔註2623〕〔魏〕王弼、韓康伯注，〔唐〕孔穎達等正義：《周易正義》，北京：中華書局景印阮刻本，1980年版，第31頁。

〔註2624〕〔宋〕俞琰撰：《周易集說》，揚州：江蘇廣陵古籍刻印社，景印通志堂經解本第三冊，1996年版，第405頁。

〔註2625〕〔宋〕魏了翁撰：《周易要義》，臺灣：商務印書館，景印文淵閣四庫全書本第18冊，1983年版，第197頁。

〔註2626〕〔宋〕俞琰撰：《周易集說》，揚州：江蘇廣陵古籍刻印社，景印通志堂經解本第三冊，1996年版，第405頁。

〔註2627〕〔魏〕王弼、韓康伯注，〔唐〕孔穎達等正義：《周易正義》，北京：中華書局景印阮刻本，1980年版，第31頁。

〔註2628〕〔魏〕王弼、韓康伯注，〔唐〕孔穎達等正義：《周易正義》，北京：中華書局景印阮刻本，1980年版，第31頁。

〔註2629〕〔魏〕王弼、韓康伯注，〔唐〕孔穎達等正義：《周易正義》，北京：中華書局景印阮刻本，1980年版，第31頁。

音同《廣韻》羌舉切。

王用出征，以正邦也。｜ 王肅本此下更有「獲匪其醜，大有功也」。

【疏】所在經文爲「『王用出征』，以正邦也」。〔註2630〕宋朱震《漢上易傳·卷三》：「王肅《易》本曰：『獲匪其醜，大有功也。』疑今本脫之。」〔註2631〕

周易下經咸傳第四〔註2632〕

☷ 咸｜ 如字。〈象〉云：感也。兌宮三世卦。

【疏】如字者，辨字形作「咸」也。〈象〉云「感也」者，《易·咸·象傳》「咸，感也」惠棟《周易述》：「咸、感，古今字耳。」〔註2633〕又《廣雅·釋言》：「咸，感也。」〔註2634〕

取｜ 七具反。本亦作「娶」。音同。

【疏】所在經文爲「取女吉」。〔註2635〕《古易音訓》引晁說之曰：「取，古文。」〔註2636〕七具反，清遇合三去遇。參看〈蒙〉「用取」條。

相與｜ 如字。鄭云：與猶親也。

【疏】所在經文爲「二氣感應以相與」。〔註2637〕與「如字」者，讀如《廣

〔註2630〕〔魏〕王弼、韓康伯注，〔唐〕孔穎達等正義：《周易正義》，北京：中華書局景印阮刻本，1980年版，第31頁。

〔註2631〕〔宋〕朱震撰：《漢上易傳》，揚州：江蘇廣陵古籍刻印社，景印通志堂經解本第一冊，1996年版，第223頁。

〔註2632〕《經典釋文彙校》：「寫本止作『咸傳第四』，注『下經』二字。」見黃焯撰：《經典釋文彙校》，北京：中華書局，1980年版，第16頁。

〔註2633〕〔清〕惠棟撰：《周易述》（四部備要本），上海：中華書局，據學海堂經解本校刊，1936年版，第57頁。

〔註2634〕〔清〕王念孫撰：《廣雅疏證》，北京：中華書局，景印嘉慶年間王氏家刻本，1983年版，第153頁。

〔註2635〕〔魏〕王弼、韓康伯注，〔唐〕孔穎達等正義：《周易正義》，北京：中華書局景印阮刻本，1980年版，第34頁。

〔註2636〕〔宋〕呂祖謙撰，〔清〕宋咸熙輯：《古易音訓》（續四庫經部易類第2冊），上海：上海古籍出版社，景印清嘉慶七年刻本，2002年版，第36頁。

〔註2637〕〔魏〕王弼、韓康伯注，〔唐〕孔穎達等正義：《周易正義》，北京：中華書局景印阮刻本，1980年版，第34頁。

韻》余呂切，以語合三上遇。鄭云者，《論語・微子》「吾非斯人之徒與而誰與」邢昺疏：「與，謂相親與。」〔註2638〕

而說| 音悅。

【疏】所在經文爲「止而說」。〔註2639〕說、悅古今字。

男下| 遐嫁反。下注「必下」同。

【疏】所在經文爲「男下女」。〔註2640〕參看〈屯〉「下賤」條。

見於| 賢遍反。

【疏】所在注文爲「天地萬物之情見於所感也」。〔註2641〕見，顯也。參看〈乾〉「見龍」條。

各亢| 口浪反。本或作「有」。

【疏】所在經文爲「同類而不相感應，以其各亢所處也」。〔註2642〕亢《廣韻》二讀，訓作人頸，古郎切，見唐開一平宕。訓作高也，苦浪切，溪宕開一去宕。《釋文》音同《廣韻》去聲。《廣雅・釋詁三》：「亢，當也。」〔註2643〕又《漢書・趙充國傳》「料敵制勝，威謀靡亢」顏師古注：「亢，當也。」〔註2644〕「各亢所處」者，猶各居所處也。本或作「有」者，義同。

拇| 茂后反。馬、鄭、薛云：足大指也。子夏作「𤿮」。荀作「母」，云：陰位之尊。

〔註2638〕〔魏〕何晏等注，〔宋〕邢昺疏：《論語注疏》，北京：中華書局景印阮刻本，1980年版，第73頁。
〔註2639〕〔魏〕王弼、韓康伯注，〔唐〕孔穎達等正義：《周易正義》，北京：中華書局景印阮刻本，1980年版，第34頁。
〔註2640〕〔魏〕王弼、韓康伯注，〔唐〕孔穎達等正義：《周易正義》，北京：中華書局景印阮刻本，1980年版，第34頁。
〔註2641〕〔魏〕王弼、韓康伯注，〔唐〕孔穎達等正義：《周易正義》，北京：中華書局景印阮刻本，1980年版，第34頁。
〔註2642〕〔魏〕王弼、韓康伯注，〔唐〕孔穎達等正義：《周易正義》，北京：中華書局景印阮刻本，1980年版，第34頁。
〔註2643〕〔清〕王念孫撰：《廣雅疏證》，北京：中華書局，景印嘉慶年間王氏家刻本，1983年版，第86頁。
〔註2644〕〔漢〕班固撰：《前漢書》（四部備要本），上海：中華書局，據武英殿本校刊，1936年版，第980頁。

【疏】所在經文爲「咸其拇」。〔註2645〕拇《廣韻》莫厚切，明厚開一上流。《釋文》音同。馬、鄭、薛云「足大指也」者，《爾雅・釋訓》「敏，拇也」陸德明《釋文》：「拇，足大指也。」子夏作「踇」者，《玉篇・足部》：「踇，大踇指。」〔註2646〕畢沅《經典文字辨証書・手部》：「拇，正；踇，俗。」〔註2647〕蓋拇从手，本義爲手拇指，後引申之則足拇指亦沿用此字。从足之「踇」，後起之字也。「荀作母，云：陰位之尊」者，此又是一義。考乎此卦「咸其腓」、「咸其股」諸爻，此當作「拇」爲是。本作「母」者，假借爲拇也。故《古易音訓》引晁說之曰：「母，古文。荀云陰位之尊則失之。」〔註2648〕

腓｜ 房非反。鄭云：腨腸也。腨音市兗反。王廙云：腓，腓腸也。荀作「肥」，云：謂五也，尊盛故稱肥。〔註2649〕

【疏】所在經文爲「咸其腓」。〔註2650〕腓《廣韻》二讀，符非切，奉微合三平止。扶沸切，奉未合三去止。音與義同，脚腨腸也。《釋文》音同《廣韻》不聲。鄭云「腨腸也」者，《集解》引崔覲曰：「腓，脚腨。」〔註2651〕腨《類篇・肉部》：「腨，腓腸也。」〔註2652〕皆足肚之謂也。腨音市兗反者，腨《廣韻》、《集韻》共三讀，訓爲股骨音殊倫切，禪諄合三平臻，見《集韻》。《釋文》市兗反，禪桓合一平山，韻異。王廙云「腓，腓腸也」者，義同。荀作「肥」者，腓、肥，音同故通。此處荀氏依肥字讀之，謂五也者，二五

〔註2645〕〔魏〕王弼、韓康伯注，〔唐〕孔穎達等正義：《周易正義》，北京：中華書局景印阮刻本，1980年版，第35頁。
〔註2646〕〔梁〕顧野王撰：《宋本玉篇》，北京：中國書店，景印張氏澤存堂本，1983年版，第135頁。
〔註2647〕〔清〕畢沅撰：《經典文字辨證書》（續四庫經部小學類第239冊），上海：上海古籍出版社，景印乾隆間刻經訓堂叢書本，2002年版，第510頁。
〔註2648〕〔宋〕呂祖謙撰，〔清〕宋咸熙輯：《古易音訓》（續四庫經部易類第2冊），上海：上海古籍出版社，景印清嘉慶七年刻本，2002年版，第36頁。
〔註2649〕《經典釋文彙校》：「荀作『肥』，云：謂五也。惠曰：《乾鑿度》云，咸於五。」見黃焯撰：《經典釋文彙校》，北京：中華書局，1980年版，第16頁。
〔註2650〕〔魏〕王弼、韓康伯注，〔唐〕孔穎達等正義：《周易正義》，北京：中華書局景印阮刻本，1980年版，第35頁。
〔註2651〕〔唐〕李鼎祚撰：《周易集解》，北京：中國書店，景印嘉慶三年姑蘇喜墨齋張遇堯局鐫本，1987年版，卷七，第2頁。
〔註2652〕〔宋〕司馬光撰：《類篇》，上海：上海古籍出版社，景印汲古閣景印宋鈔本，1988年版，第146頁。

相應，尊盛五也。毛奇齡《仲氏易・卷十四》：「荀爽本作『肥』，云尊盛稱肥。誤。」〔註2653〕按馬王堆漢墓帛書《周易》作「𦜹」，字亦从肥，此蓋「腓」之異構也。

離拇｜ 力智反。

〔疏〕所在注文爲「離拇升腓」。〔註2654〕參看〈乾〉「離隱」條。

動躁｜ 早報反。

〔疏〕所在注文爲「腓體動躁者也」。〔註2655〕躁《廣韻》則到切，精號開一去效。《釋文》音同。

股｜ 音古。

〔疏〕所在經文爲「咸其股」。〔註2656〕股《廣韻》公戶切，見姥合一上遇。《釋文》音同。

憧憧｜ 昌容反。馬云：行貌。王肅云：往來不絕貌。《廣雅》云：往來也。劉云：意未定也。徐又音童，又音鍾。京作「㠋」，遲也。㠋《字林》云：㠋，遲也。丈冢反。〔註2657〕

〔疏〕所在經文爲「憧憧往來」。〔註2658〕憧《廣韻》二讀，憧憧，尺容切，昌鍾合三平通。戇憧，直絳切，澄絳開二去江。《釋文》音同《廣韻》平聲。馬云「行貌」者，《玉篇・心部》：「憧，行意，往來不定皃。」〔註2659〕

〔註2653〕〔清〕毛奇齡撰：《仲氏易》（皇清經解本），上海：上海書店，景印清經解本第一冊，1988年版，第521頁。

〔註2654〕〔魏〕王弼、韓康伯注，〔唐〕孔穎達等正義：《周易正義》，北京：中華書局景印阮刻本，1980年版，第35頁。

〔註2655〕〔魏〕王弼、韓康伯注，〔唐〕孔穎達等正義：《周易正義》，北京：中華書局景印阮刻本，1980年版，第35頁。

〔註2656〕〔魏〕王弼、韓康伯注，〔唐〕孔穎達等正義：《周易正義》，北京：中華書局景印阮刻本，1980年版，第35頁。

〔註2657〕《經典釋文彙校》：「宋本『鍾』作『鐘』。」見黃焯撰：《經典釋文彙校》，北京：中華書局，1980年版，第16頁。

〔註2658〕〔魏〕王弼、韓康伯注，〔唐〕孔穎達等正義：《周易正義》，北京：中華書局景印阮刻本，1980年版，第35頁。

〔註2659〕〔梁〕顧野王撰：《宋本玉篇》，北京：中國書店，景印張氏澤存堂本，1983年版，第154頁。

王肅、《廣韻》義同。劉云者，《說文·心部》：「憧，意不定也。」〔註2660〕徐又音童者、又音鍾者，疑徐氏本作「童」。按馬王堆漢墓帛書《周易》即作「童童往來」。童又音鍾。《公羊傳·桓公十一年》：「公會宋公于夫童。」陸德明《釋文》：「童，音鍾。《左氏》作『夫鍾』。」〔註2661〕京作「憧」者，憧《說文·心部》：「憧，遲也。」〔註2662〕徸《廣韻》直隴切，澄腫合三上通。《釋文》音同。

脢｜ 武杯反。又音每。心之上，口之下也。鄭云：背脊肉也。《說文》同。王肅又音灰。《廣雅》云：肸謂之脢。肸，音以人反。〔註2663〕

　　【疏】所在經文爲「咸其脢」。〔註2664〕脢《廣韻》二讀，莫杯切，明灰合一平蟹。莫佩切，明隊合一去蟹。音異義同，背肉也。《釋文》武杯反，微紐，與《廣韻》莫杯切古無別也。每《廣韻》二讀，武罪切，明賄合一上蟹。莫佩切，明隊合一去蟹。《釋文》「每」若讀去聲則與《廣韻》「脢」之莫佩切音同，此處《釋文》「每」字蓋如字讀之，則又與《廣韻》音異矣。「心之上，口之下也」者，王弼注：「『脢』者，心之上，口之下。」〔註2665〕鄭云「背脊肉也」者，孔穎達疏引鄭玄云：「脢，脊肉也。」〔註2666〕與《釋文》引文字稍異。《說文》同者，《說文·肉部》：「脢，背肉也。」〔註2667〕同者，蓋言其義也。王肅又音灰者，《集韻》依王肅音增錄。李富孫《異文釋》引晁氏《易》云：「『脢』，或作『脄』，作『脄』，作『脄』。」〔註2668〕「脢」，或

〔註2660〕〔漢〕許慎撰：《説文解字》，北京：中華書局，景印同治十二年陳昌治刻本，1963年版，第220頁。

〔註2661〕〔唐〕陸德明撰：《經典釋文》，北京：中華書局，景印徐乾學通志堂刻本，1983年版，第309頁。

〔註2662〕〔漢〕許慎撰：《説文解字》，北京：中華書局，景印同治十二年陳昌治刻本，1963年版，第217頁。

〔註2663〕《經典釋文彙校》：「寫本同。宋本『杯』譌『抔』。」見黃焯撰：《經典釋文彙校》，北京：中華書局，1980年版，第16頁。

〔註2664〕〔魏〕王弼、韓康伯注，〔唐〕孔穎達等正義：《周易正義》，北京：中華書局景印阮刻本，1980年版，第35頁。

〔註2665〕〔魏〕王弼、韓康伯注，〔唐〕孔穎達等正義：《周易正義》，北京：中華書局景印阮刻本，1980年版，第35頁。

〔註2666〕〔魏〕王弼、韓康伯注，〔唐〕孔穎達等正義：《周易正義》，北京：中華書局景印阮刻本，1980年版，第35頁。

〔註2667〕〔漢〕許慎撰：《説文解字》，北京：中華書局，景印同治十二年陳昌治刻本，1963年版，第87頁。

〔註2668〕〔清〕李富孫撰：《易經異文釋》（續四庫經部易類第27冊），上海：上海古

作「脄」、「骹」，皆從灰得聲，蓋古音近也。《廣雅》云者，見《廣雅·釋親》。胂《說文·肉部》：「胂，夾脊肉也。」〔註2669〕《廣韻》失人切，書眞開三平臻。《釋文》以人反，以眞開三平臻，音異《廣韻》。然則此切語乃「豂」字之音讀也。豂亦有脊肉之義，又豂《廣韻》翼眞切，正與《釋文》以人切音同。

輔 如字，馬云：上頷也。虞作「酺」，云：耳目之間。〔註2670〕

【疏】所在經文爲「咸其輔頰舌」。〔註2671〕「如字」者，辨字形作「輔」也。馬云「上頷也」者，《說文·車部》：「輔，人頰車也。」〔註2672〕《易·艮》「艮其輔」李鼎祚《集解》引虞翻曰：「輔，面頰骨上頰車者也。」〔註2673〕《詩·衛風·碩人》「巧笑倩兮」毛《傳》「倩，好口輔」下《正義》引服虔云：「輔，上頷車也，與牙相依。」〔註2674〕由此，則頰車、上頷爲一處，馬氏義同。虞作「酺」者，《說文·面部》：「酺，頰也」〔註2675〕「酺」從面，蓋爲本字，故段玉裁注云：「古多借輔爲酺。」〔註2676〕「耳目之間」者，義同。戰國楚簡《周易》作「頮」、馬王堆漢墓帛書《周易》作「胶」，〔註2677〕蓋皆「酺」字之異體也。

籍出版社，景印南菁書院續經解本，2002年版，第682頁。

〔註2669〕〔漢〕許慎撰：《説文解字》，北京：中華書局，景印同治十二年陳昌治刻本，1963年版，第87頁。

〔註2670〕《古易音訓》引用《釋文》「耳目之間」多「稱酺頰」三字。見〔宋〕呂祖謙撰，〔清〕宋咸熙輯：《古易音訓》(續四庫經部易類第2冊)，上海：上海古籍出版社，景印清嘉慶七年刻本，2002年版，第37頁。

〔註2671〕〔魏〕王弼、韓康伯注，〔唐〕孔穎達等正義：《周易正義》，北京：中華書局景印阮刻本，1980年版，第35頁。

〔註2672〕〔漢〕許慎撰：《説文解字》，北京：中華書局，景印同治十二年陳昌治刻本，1963年版，第303頁。

〔註2673〕〔唐〕李鼎祚撰：《周易集解》，北京：中國書店，景印嘉慶三年姑蘇喜墨齋張遇堯局鐫本，1987年版，卷十，第12頁。

〔註2674〕〔漢〕毛公傳、鄭玄箋，〔唐〕孔穎達等正義：《毛詩正義》，北京：中華書局景印阮刻本，1980年版，第54頁。

〔註2675〕〔漢〕許慎撰：《説文解字》，北京：中華書局，景印同治十二年陳昌治刻本，1963年版，第184頁。

〔註2676〕〔清〕段玉裁撰：《説文解字注》，上海：上海古籍出版社，景印嘉慶二十年經韻樓本，1988年版，第422頁。

〔註2677〕馬承源主編：《上海博物館藏戰國楚竹書(三)》，上海：上海古籍出版社，2003年版，第231頁。

頰｜ 兼叶反。孟作「俠」。

【疏】頰《廣韻》古協切，見帖開四入咸。《釋文》音同。孟作「俠」者，皆從夾得聲，當作「頰」爲是。「頰」又作「脥」，孟喜本作「俠」者，抑「脥」字之譌耶？又戰國楚簡《周易》作「夾」，馬王堆漢墓帛書《周易》作「陜」，〔註2678〕皆假作「頰」也。

滕｜ 徒登反，達也。九家作「乘」。虞作「朕」。鄭云：送也。〔註2679〕

【疏】所在經文爲「滕口說也」。〔註2680〕滕《廣韻》徒登切，定登開一平曾。《釋文》音同。「達也」者，《說文·水部》：「滕，水超涌也。」〔註2681〕引申之，則有上達之義。九家作「乘」者，明熊過《周易象旨決錄·卷三》：「九家作『乘』者，非也。」〔註2682〕「虞作朕，鄭云：送也」者，《爾雅·釋言》：「朕，送也。」〔註2683〕《集解》引虞翻曰：「朕，送也。不得之三，山澤通氣，故『朕口說也』。」〔註2684〕

口說｜ 如字。注同。徐音脫。又始銳反。

【疏】如字者，讀如《廣韻》失爇切，書薛合三入山。徐邈「音脫」者，假說爲脫也。又始銳反者，音同《廣韻》舒芮切，書祭合三去蟹，說誘之說也。然其義悉已無考矣。此外，亦有讀說爲悅者，如黃宗炎《周易象辭·卷十》於此注云：「說讀若悅。」〔註2685〕此又是一義。

〔註2678〕馬承源主編：《上海博物館藏戰國楚竹書（三）》，上海：上海古籍出版社，2003年版，第231頁。

〔註2679〕《經典釋文彙校》：「寫本『徒』作『待』。」見黃焯撰：《經典釋文彙校》，北京：中華書局，1980年版，第16頁。按，寫本「徒」作「待」者，音同，疑「徒」之譌也。

〔註2680〕〔魏〕王弼、韓康伯注，〔唐〕孔穎達等正義：《周易正義》，北京：中華書局景印阮刻本，1980年版，第35頁。

〔註2681〕〔漢〕許慎撰：《說文解字》，北京：中華書局，景印同治十二年陳昌治刻本，1963年版，第230頁。

〔註2682〕〔明〕熊過撰：《周易象旨決錄》，臺灣：商務印書館，景印文淵閣四庫全書本第31冊，1983年版，第507頁。

〔註2683〕〔晉〕郭璞注，〔宋〕邢昺疏：《爾雅注疏》，北京：中華書局景印阮刻本，1980年版，第15頁。

〔註2684〕〔唐〕李鼎祚撰：《周易集解》，北京：中國書店，景印嘉慶三年姑蘇喜墨齋張遇堯局鐫本，1987年版，卷七，第3頁。

〔註2685〕〔清〕黃宗炎撰：《周易象辭》，臺灣：商務印書館，景印文淵閣四庫全書本第40冊，1983年版，第416頁。

䷟恒｜ 如字。久也。震宮三世卦。

【疏】如字者，讀如《廣韻》胡登切，匣登開一平曾。久也者。《廣雅‧釋詁三》：「恒，久也。」〔註 2686〕《易‧雜卦》：「恒，久也。」〔註 2687〕

長陽長陰｜ 並丁丈反。〈大象〉注同。

【疏】所在注文爲「長陽長陰，能相成也」。〔註 2688〕參看〈師〉「長子」條。

媲｜ 普計反。配也。

【疏】所在注文爲「不孤媲也」。〔註 2689〕媲《廣韻》匹詣切，滂霽開四去蟹。《釋文》音同。「配也」者，《正義》曰：「媲，配也。」

復始｜ 扶又反。

【疏】所在注文爲「故終則復始」。〔註 2690〕參看〈蒙〉「則復」條。

見於｜ 賢遍反。

【疏】所在注文爲「天地萬物之情，見於『所恒』也」。〔註 2691〕參看〈乾〉「見龍」條。

浚｜ 荀潤反，深也。鄭作「濬」。

【疏】所在經文爲「浚恒」。〔註 2692〕浚《廣韻》私閏切，心稕合三去臻。《釋文》音同。鄭作「濬」者，《爾雅‧釋言》「濬，深也」郝懿行《義疏》：

〔註 2686〕〔清〕王念孫撰：《廣雅疏證》，北京：中華書局，景印嘉慶年間王氏家刻本，1983 年版，第 106 頁。

〔註 2687〕〔魏〕王弼、韓康伯注，〔唐〕孔穎達等正義：《周易正義》，北京：中華書局景印阮刻本，1980 年版，第 84 頁。

〔註 2688〕〔魏〕王弼、韓康伯注，〔唐〕孔穎達等正義：《周易正義》，北京：中華書局景印阮刻本，1980 年版，第 35 頁。

〔註 2689〕〔魏〕王弼、韓康伯注，〔唐〕孔穎達等正義：《周易正義》，北京：中華書局景印阮刻本，1980 年版，第 35 頁。

〔註 2690〕〔魏〕王弼、韓康伯注，〔唐〕孔穎達等正義：《周易正義》，北京：中華書局景印阮刻本，1980 年版，第 35 頁。

〔註 2691〕〔魏〕王弼、韓康伯注，〔唐〕孔穎達等正義：《周易正義》，北京：中華書局景印阮刻本，1980 年版，第 35 頁。

〔註 2692〕〔魏〕王弼、韓康伯注，〔唐〕孔穎達等正義：《周易正義》，北京：中華書局景印阮刻本，1980 年版，第 35 頁。

「濬，通作浚。」〔註 2693〕又《書・皋陶謨》「濬畎澮距川」劉逢祿《今古文集解》：「『濬』，《本紀》作『浚』。」〔註 2694〕是濬、浚古通也。又楚簡《周易》作「![字]」，〔註 2695〕字與鄭本「濬」皆從睿得聲也。

令物｜ 力呈反。

【疏】所在注文爲「令物无餘縕」。〔註 2696〕參看〈訟〉「而令」條。

餘縕｜ 紆粉反。《廣雅》云：積也。

【疏】縕《廣韻》三讀，此處通蘊，音如《廣韻》於粉切，影吻合三上臻。《釋文》音同。朱駿聲《說文通訓定聲》：「縕，叚借爲蘊。」〔註 2697〕《廣雅・釋詁一》：「蘊，積也」〔註 2698〕

或承｜ 或，有也。一云：常也。鄭本作「咸承」。

【疏】所在經文爲「不恒其德，或承之羞，貞吝。」〔註 2699〕「或，有也」者，《書・大禹謨》「罔或干予正」孔安國《傳》：「或，有也。」〔註 2700〕《周禮・考工記・梓人》「冊或若女不寧侯」鄭玄注：「或，有也。」〔註 2701〕一云「常也」者，《墨子・小取》：「或也者不盡也。」〔註 2702〕由此，則

〔註 2693〕〔清〕郝懿行撰：《爾雅義疏》（漢小學四種本），成都：巴蜀書社，景印同治四年郝氏家刻本，2001 年版，第 1010 頁。

〔註 2694〕〔清〕劉逢祿撰：《尚書今古文集解》（續四庫經部書類第 48 冊），上海：上海古籍出版社，景印南菁書院續經解本，2002 年版，第 204 頁。

〔註 2695〕馬承源主編：《上海博物館藏戰國楚竹書（三）》，上海：上海古籍出版社，2003 年版，第 232 頁。

〔註 2696〕〔魏〕王弼、韓康伯注，〔唐〕孔穎達等正義：《周易正義》，北京：中華書局景印阮刻本，1980 年版，第 35 頁。

〔註 2697〕〔清〕朱駿聲撰：《說文通訓定聲》（續四庫經部小學類第 220～221 冊），上海：上海古籍出版社，景印道光二十八年刻本，2002 年版，第 221 冊，第 261 頁。

〔註 2698〕〔清〕王念孫撰：《廣雅疏證》，北京：中華書局，景印嘉慶年間王氏家刻本，1983 年版，第 18 頁。

〔註 2699〕〔魏〕王弼、韓康伯注，〔唐〕孔穎達等正義：《周易正義》，北京：中華書局景印阮刻本，1980 年版，第 35 頁。

〔註 2700〕〔漢〕孔安國傳，〔唐〕孔穎達等正義：《尚書正義》，北京：中華書局景印阮刻本，1980 年版，第 23 頁。

〔註 2701〕〔漢〕鄭玄注，〔唐〕賈公彥疏：《周禮注疏》，北京：中華書局景印阮刻本，1980 年版，第 288 頁。

〔註 2702〕〔清〕孫詒讓撰：《墨子閒詁》，上海：上海書店，景印諸子集成本，1986

「或」似有常義，然於典墳失考，猶恐不安。故疑此處「常也」者，當是訓釋前文「不恒其德」之「恒」也。《爾雅·釋詁上》：「恒，常也。」〔註 2703〕《詩·小雅·小明》「無恒安處」鄭玄《箋》：「恒，常也。」〔註 2704〕《左傳·莊公七年》「恒星不見」杜預注：「恒，常也。」「常」乃「恒」之常訓明矣。故一云「常也」者，當是上文注解羼入所致。鄭本作「咸承」者，或、咸形近。故二字或有譌混，如《讀書雜志·漢書第八·張陳王周傳》：「『絳灌等或讒平』，《史記》作『咸』。」〔註 2705〕此處鄭本作「咸承」者，於義亦通。

德行| 下孟反。

【疏】所在注文爲「德行无恒」。〔註 2706〕參看〈乾〉「庸行」條。

詰| 去吉反。

【疏】所在注文爲「不可致詰」。〔註 2707〕詰《廣韻》去吉切，溪質開重紐四入臻。《釋文》音同。

而分| 扶運反。〔註 2708〕

【疏】所在注文爲「而分无所定」。〔註 2709〕句在「德行无恒」前，當依盧本改。

年版，第 251 頁。

〔註 2703〕〔晉〕郭璞注，〔宋〕邢昺疏：《爾雅注疏》，北京：中華書局景印阮刻本，1980 年版，第 3 頁。

〔註 2704〕〔漢〕毛公傳、鄭玄箋，〔唐〕孔穎達等正義：《毛詩正義》，北京：中華書局景印阮刻本，1980 年版，第 196 頁。

〔註 2705〕〔清〕王念孫撰：《讀書雜志》（續四庫子部雜家類第 1152～1153 冊），上海：上海古籍出版社，景印道光十二年刻本，2002 年版，第 1152 冊，第 708 頁。

〔註 2706〕〔魏〕王弼、韓康伯注，〔唐〕孔穎達等正義：《周易正義》，北京：中華書局景印阮刻本，1980 年版，第 35 頁。

〔註 2707〕〔魏〕王弼、韓康伯注，〔唐〕孔穎達等正義：《周易正義》，北京：中華書局景印阮刻本，1980 年版，第 35 頁。

〔註 2708〕《經典釋文彙校》：「寫本無此條。宋本、葉鈔及各本俱在『詰』條下，盧本移在『德行』條上。阮云：盧本是也。」見黃焯撰：《經典釋文彙校》，北京：中華書局，1980 年版，第 16 頁。

〔註 2709〕〔魏〕王弼、韓康伯注，〔唐〕孔穎達等正義：《周易正義》，北京：中華書局景印阮刻本，1980 年版，第 35 頁。

振恒｜ 之刃反。馬云：動也。鄭云：搖落也。張作「震」。

【疏】所在經文爲「振恒，凶」。〔註2710〕振《廣韻》二讀，章刃切，章震開三去臻。側鄰切，章真開三平臻。音異而義似無別。《釋文》之刃反者，與《廣韻》去聲同。馬云「動也」者，《廣雅·釋詁一》：「振，動也。」〔註2711〕《左傳·莊公二十八年》「而振萬焉」杜預注：「振，動也。」〔註2712〕《禮記·月令》「蟄蟲始振」鄭玄注：「振，動也。」〔註2713〕鄭云「搖落也」者，亦動之引申也。張作「震」者，振、震古通。《廣雅·釋地》「振澤，池」王念孫《疏證》：「振，或作震。」〔註2714〕《周易集解》即作「震恒」，彼注引虞翻曰：「在震上，故『震恒』。」〔註2715〕

☰☴ 遯｜ 徒巽反。字又作「遂」，又作「遁」，同。隱退也。匿迹避時，奉身退隱之謂也。鄭云：逃去之名。〈序卦〉云：遯者，退也。乾宮二世卦。〔註2716〕

【疏】遯《廣韻》一讀，徒困切，定慁合一去臻。徒損切，定混合一上臻。音異義同。《釋文》音同《廣韻》去聲。字又作「遂」、又作「遁」者，《集韻·混韻》：「遯、遁、遂、踲，遁也、逃也，或從盾、從象，亦作踲。」〔註2717〕又馬王堆漢墓帛書《周易》作「掾」，〔註2718〕阜陽漢簡《周易》作

〔註2710〕〔魏〕王弼、韓康伯注，〔唐〕孔穎達等正義：《周易正義》，北京：中華書局景印阮刻本，1980年版，第36頁。

〔註2711〕〔清〕王念孫撰：《廣雅疏證》，北京：中華書局，景印嘉慶年間王氏家刻本，1983年版，第38頁。

〔註2712〕〔晉〕杜預注，〔唐〕孔穎達等正義：《春秋左傳正義》，北京：中華書局景印阮刻本，1980年版，第79頁。

〔註2713〕〔漢〕鄭玄注，〔唐〕孔穎達等正義：《禮記正義》，北京：中華書局景印阮刻本，1980年版，第127頁。

〔註2714〕〔清〕王念孫撰：《廣雅疏證》，北京：中華書局，景印嘉慶年間王氏家刻本，1983年版，第294～295頁。

〔註2715〕〔唐〕李鼎祚撰：《周易集解》，北京：中國書店，景印嘉慶三年姑蘇喜墨齋張遇堯局鐫本，1987年版，卷七，第5頁。

〔註2716〕《經典釋文彙校》：「寫本『巽』作『遯』，宋本注文『遯』作『遷』。惠云：陰稱退。」見黃焯撰：《經典釋文彙校》，北京：中華書局，1980年版，第16頁。

〔註2717〕〔宋〕丁度撰：《集韻》，北京：中華書局，景印北京圖書館藏宋刻本，1988年版，第106頁。

〔註2718〕廖名春釋文：《馬王堆帛書周易經傳釋文》（續四庫經部易類第1冊），上海：上海古籍出版社，2002年版，第1頁。

「橡」，〔註2719〕亦皆从象得聲也。「隱退也」者，《說文・辵部》：「遯，逃也。」〔註2720〕《廣雅・釋詁二》：「遯，去也。」〔註2721〕《易・遯》「遯，亨」孔穎達疏：「『遯』者，隱退逃避之名。」〔註2722〕「匿迹避時奉身退隱之謂也」者，義同。鄭玄云「逃去之名」者，亦同。〈序卦〉云「遯者，退也」者，今本同。又《易・雜卦》：「遯者，退也。」〔註2723〕

夫靜｜ 音扶。〔註2724〕

【疏】所在注文爲「夫靜爲躁君。」〔註2725〕夫《廣韻》二讀，其中訓爲語辭，防無切，奉虞合三平遇。《釋文》音同。參看〈乾〉「夫位」條。

非否｜ 備鄙反。下同。

【疏】所在注文爲「非否亢也」。〔註2726〕參看〈屯〉「則否」條。否，閉也。

亢｜ 苦浪反。

【疏】亢《廣韻》二讀，高亢之亢苦浪切，溪宕開一去宕。《釋文》音同。參看〈乾〉「亢」條。亢，過也。「非否亢也」者，蓋言不閉塞不過亢，而與隨行也。

浸｜ 子鴆反。注同。

〔註2719〕 韓自強撰：《阜陽漢簡周易研究・阜陽漢簡周易釋文》，上海：上海古籍出版社，2004 年版，第 63 頁。
〔註2720〕 〔漢〕許慎撰：《説文解字》，北京：中華書局，景印同治十二年陳昌治刻本，1963 年版，第 41 頁。
〔註2721〕 〔清〕王念孫撰：《廣雅疏證》，北京：中華書局，景印嘉慶年間王氏家刻本，1983 年版，第 53 頁。
〔註2722〕 〔魏〕王弼、韓康伯注，〔唐〕孔穎達等正義：《周易正義》，北京：中華書局景印阮刻本，1980 年版，第 36 頁。
〔註2723〕 〔魏〕王弼、韓康伯注，〔唐〕孔穎達等正義：《周易正義》，北京：中華書局景印阮刻本，1980 年版，第 84 頁。
〔註2724〕 《經典釋文彙校》：「寫本無此條，宋本、葉鈔及各本俱在『非否』條上，盧本移在〈恒〉卦末。阮云：盧本是也。」見黃焯撰：《經典釋文彙校》，北京：中華書局，1980 年版，第 16 頁。
〔註2725〕 〔魏〕王弼、韓康伯注，〔唐〕孔穎達等正義：《周易正義》，北京：中華書局景印阮刻本，1980 年版，第 36 頁。
〔註2726〕 〔魏〕王弼、韓康伯注，〔唐〕孔穎達等正義：《周易正義》，北京：中華書局景印阮刻本，1980 年版，第 36 頁。

【疏】所在經文爲「浸而長也」。〔註2727〕參看〈臨〉「剛浸」條。

而長| 丁丈反。卦內同。或如字。

【疏】所在注文爲「天下有山，陰長之象」。〔註2728〕參看〈師〉「長子」條。或「如字」者，非。

以遠| 袁万反。注並同。

【疏】所在經文爲「君子以遠小人」。〔註2729〕參看〈乾〉「放遠」條。

辟內| 音避。

【疏】所在注文爲「辟內而之外者也」。〔註2730〕辟、避，古今字。

難可| 乃旦反。

【疏】所在注文爲「難可免乎」。〔註2731〕參看〈乾〉「而難」條。

何災| 音河。褚河可反。今不用。

【疏】所在經文爲「不往何災也」。〔註2732〕音河者，蓋如字讀之。《正義》：「『何災』者，猶言无災也。與何傷、何咎之義同也。」〔註2733〕是亦讀「何」爲如字也。褚河可反者，與《廣韻》胡可切音同，匣哿開一上果，負荷之義也。今不用者，義不若如字也。

勝| 升證反。又音升。注同。

〔註2727〕〔魏〕王弼、韓康伯注，〔唐〕孔穎達等正義：《周易正義》，北京：中華書局景印阮刻本，1980年版，第36頁。

〔註2728〕〔魏〕王弼、韓康伯注，〔唐〕孔穎達等正義：《周易正義》，北京：中華書局景印阮刻本，1980年版，第36頁。

〔註2729〕〔魏〕王弼、韓康伯注，〔唐〕孔穎達等正義：《周易正義》，北京：中華書局景印阮刻本，1980年版，第36頁。

〔註2730〕〔魏〕王弼、韓康伯注，〔唐〕孔穎達等正義：《周易正義》，北京：中華書局景印阮刻本，1980年版，第36頁。

〔註2731〕〔魏〕王弼、韓康伯注，〔唐〕孔穎達等正義：《周易正義》，北京：中華書局景印阮刻本，1980年版，第36頁。

〔註2732〕〔魏〕王弼、韓康伯注，〔唐〕孔穎達等正義：《周易正義》，北京：中華書局景印阮刻本，1980年版，第36頁。

〔註2733〕〔魏〕王弼、韓康伯注，〔唐〕孔穎達等正義：《周易正義》，北京：中華書局景印阮刻本，1980年版，第36頁。

【疏】所在經文爲「莫之勝說」。〔註 2734〕勝《廣韻》二讀，訓作任、舉音識蒸切，書蒸開三平曾。訓作勝負、加、克音詩證切，書證開三去曾。《釋文》首音同《廣韻》去聲。則陸氏之斷句當爲「莫之勝，說。」《正義》：「惟有中和厚順之道，可以固而安之也。能用此道，則不能勝己解脫而去也。」〔註 2735〕意爲行中和厚順之道，則無能勝己者，己則能解脫而去也。又音升者，音同《廣韻》平聲。「勝說」連讀。《集解》引虞翻曰：「勝，能。說，解也。」〔註 2736〕朱熹《本義》亦作平聲。

說| 王肅如字。解說也。師同。徐吐活反。又始銳反。〔註 2737〕

【疏】王肅「如字」者，明依本字讀之，不作通假。「解說也」者，《伊川易傳·卷三》：「二五以中正順道相與，其固如執係之以牛革也。莫之勝說謂其交之固，不可勝言也。」〔註 2738〕師同者，九師易亦如字也。徐吐活反者，同脫。歷代《易》家多同此。又馬王堆漢墓帛書《周易》作「奪」，〔註 2739〕奪與脫通。又始銳反者，明說又有始銳一讀，非「勝說」之注音也。說之音讀，參看〈蒙〉「用說」條。

遯巳| 音以。或音紀。

【疏】所在注文爲「居內處中，爲遯之主，物皆遯巳，何以固之？」〔註 2740〕此處注音辨字形也。巳、已、己三字古巠多淆。音以者，明字作「已」也，非。或音紀者，明字作「己」也，是。

〔註 2734〕〔魏〕王弼、韓康伯注，〔唐〕孔穎達等正義：《周易正義》，北京：中華書局景印阮刻本，1980 年版，第 36 頁。

〔註 2735〕〔魏〕王弼、韓康伯注，〔唐〕孔穎達等正義：《周易正義》，北京：中華書局景印阮刻本，1980 年版，第 36 頁。

〔註 2736〕〔唐〕李鼎祚撰：《周易集解》，北京：中國書店，景印嘉慶三年姑蘇喜墨齋張遇堯局鐫本，1987 年版，卷七，第 6 頁。

〔註 2737〕《經典釋文彙校》：「寫本『吐』作『脫』。」見黃焯撰：《經典釋文彙校》，北京：中華書局，1980 年版，第 16 頁。

〔註 2738〕〔宋〕程頤撰：《伊川易傳》（叢書集成三編哲學類第 9 冊），臺灣：新文豐出版公司，景印中華書局聚珍倣宋版印二程全書本，1997 年版，第 119 頁。

〔註 2739〕廖名春釋文：《馬王堆帛書周易經傳釋文》（續四庫經部易類第 1 冊），上海：上海古籍出版社，2002 年版，第 1 頁。

〔註 2740〕〔魏〕王弼、韓康伯注，〔唐〕孔穎達等正義：《周易正義》，北京：中華書局景印阮刻本，1980 年版，第 36 頁。

係遯｜ 古詣文。本或作「繫」。〔註 2741〕

【疏】係《廣韻》古詣切，見霽開四去蟹。《釋文》「古詣文」當依盧本改作「古詣反」，音同。又毛居正《六經正誤》:「係遯，胡詣反。胡作古，誤。」〔註 2742〕毛氏音同《集韻》胡計切，然二讀音異義同，實不煩改作。本或作「繫」者，《爾雅·釋詁上》「係，繼也」邵晉涵《正義》:「係，通作繫。」〔註 2743〕

近二｜ 附近之近。

【疏】所在注文爲「在內近二」。〔註 2744〕參看〈乾〉「近乎」條。

憊｜ 蒲拜反。鄭云：困也。《廣雅》云：極也。王肅作「斃」。荀作「備」。〔註 2745〕

【疏】所在經文爲「『係遯』之厲，有疾憊也」。〔註 2746〕憊《廣韻》蒲拜切，並怪開二去蟹。《釋文》音同。鄭云「困也」者，《荀子·賦》「往來惛憊」楊倞注：「憊，困也。」〔註 2747〕《集韻·德韻》:「憊，困也。」〔註 2748〕《廣雅》云者，見《廣雅·釋詁一》。王肅作「斃」者，仆也。《左傳·定公八年》「與一人俱斃」杜預注：「斃，仆也。」〔註 2749〕《禮記·檀弓上》「吾得正而斃焉」鄭玄注：「斃，仆也。」〔註 2750〕義亦通。荀作「備」者，讀爲憊也。

〔註 2741〕《經典釋文彙校》:「『文』字誤，盧本改作『反』。」見黄焯撰：《經典釋文彙校》，北京：中華書局，1980 年版，第 16 頁。

〔註 2742〕〔宋〕毛居正撰：《六經正誤》，揚州：江蘇廣陵古籍刻印社，景印通志堂經解本第十六冊，1996 年版，第 571 頁。

〔註 2743〕〔清〕邵晉涵撰：《爾雅正義》(續四庫經部小學類第 187 冊)，上海：上海古籍出版社，景印乾隆五十三年邵氏面水層軒刻本，2002 年版，第 52 頁。

〔註 2744〕〔魏〕王弼、韓康伯注，〔唐〕孔穎達等正義：《周易正義》，北京：中華書局景印阮刻本，1980 年版，第 36 頁。

〔註 2745〕《經典釋文彙校》:「盧云：今《廣雅》作『憊』。」見黄焯撰：《經典釋文彙校》，北京：中華書局，1980 年版，第 16 頁。

〔註 2746〕〔魏〕王弼、韓康伯注，〔唐〕孔穎達等正義：《周易正義》，北京：中華書局景印阮刻本，1980 年版，第 36 頁。

〔註 2747〕〔唐〕楊倞注，〔清〕王先謙集解：《荀子集解》，上海：上海書店，景印諸子集成本，1986 年版，第 315 頁。

〔註 2748〕〔宋〕丁度撰：《集韻》，北京：中華書局，景印北京圖書館藏宋刻本，1988 年版，第 219 頁。

〔註 2749〕〔晉〕杜預注，〔唐〕孔穎達等正義：《春秋左傳正義》，北京：中華書局景印阮刻本，1980 年版，第 440 頁。

〔註 2750〕〔漢〕鄭玄注，〔唐〕孔穎達等正義：《禮記正義》，北京：中華書局景印阮

如《呂氏春秋·慎人》「宰予備矣」高誘注：「備，當作僃。」〔註2751〕是備、僃音同相假也。

好遯| 呼報反。注下同。

【疏】參看〈屯〉「合好」條。

小人否| 音鄙，注下同。惡也。徐方有反。鄭、王肅備鄙反，云：塞也。

【疏】所在經文爲「好遯，君子吉，小人否」。〔註2752〕否《廣韻》二讀，訓作不方久切，非有開三上流。訓作塞符鄙切，奉旨開重紐三上止。《釋文》「音鄙」者，幫旨開重紐三上止。《集韻》增補美切，音同。「惡也」者，《易·師》「師出以律，否臧凶」、《易·鼎》「鼎顛趾，利出否」、《詩·大雅·抑》「未知臧否」、《詩·大雅·烝民》「邦國若否」陸德明《釋文》皆訓爲惡也。〔註2753〕徐方有反者，音同《廣韻》方久切，訓爲不也，言小人不然也。馬王堆漢墓帛書《周易》作「不」。鄭、王肅備鄙反者，並紐，與《廣韻》符鄙切有輕重脣之別，古俱爲重脣音。「塞也」者，亦常訓也。《廣韻·旨部》：「否，塞也。」〔註2754〕《禮記·月令》「天氣下降」孔穎達疏云：「七月爲否。否，塞也。」〔註2755〕

能舍| 音捨。

【疏】所在注文爲「故能舍之」。〔註2756〕舍、捨，古今字。參看〈屯〉「如舍」條。

　　　　　　刻本，1980 年版，第 49 頁。
〔註2751〕〔漢〕高誘注：《呂氏春秋》，上海：上海書店，景印諸子集成本，1986 年版，第 151 頁。
〔註2752〕〔魏〕王弼、韓康伯注，〔唐〕孔穎達等正義：《周易正義》，北京：中華書局景印阮刻本，1980 年版，第 36 頁。
〔註2753〕〔唐〕陸德明撰：《經典釋文》，北京：中華書局，景印徐乾學通志堂刻本，1983 年版，第 20、28、97、99 頁。
〔註2754〕〔宋〕陳彭年，丘雍撰：《宋本廣韻》，南京：江蘇教育出版社，景印南宋巾箱本，2008 年版，第 71 頁。
〔註2755〕〔漢〕鄭玄注，〔唐〕孔穎達等正義：《禮記正義》，北京：中華書局景印阮刻本，1980 年版，第 128～129 頁。
〔註2756〕〔魏〕王弼、韓康伯注，〔唐〕孔穎達等正義：《周易正義》，北京：中華書局景印阮刻本，1980 年版，第 36 頁。

肥遯| 如字。《子夏傳》云：肥，饒裕。

【疏】肥「如字」者，明此字依本字讀之，不作通假。《子夏傳》云「肥，饒裕」者，《說文·肉部》：「肥，多肉也。」〔註2757〕《廣雅·釋詁二》：「肥，盛也。」〔註2758〕肥本義爲多肉，引申之，則有厚盛、饒裕之義也。《正義》引《子夏傳》同，言上九最處於外，遯之最厚，故曰肥遯。王弼注云：「矰繳不能及，是以『肥遯无不利』也。」〔註2759〕疑王弼讀肥爲飛也。

能累| 劣僞反。

【疏】所在注文爲「憂患不能累」。〔註2760〕參看〈乾〉「之累」條。

矰| 則能反。

【疏】所在注文爲「矰繳不能及」。〔註2761〕矰假借爲矰也。矰《廣韻》作滕切，精登開一平曾。《釋文》音同。

繳| 章畧反。

【疏】繳《廣韻》二讀，矰繳音之若切，章藥開三入效。《釋文》音同。

☳☰大壯| 壯亮反。威盛強猛之名。鄭云：氣力浸強之名。王肅云：壯，盛也。《廣雅》云：健也。馬云：傷也。郭璞云：今淮南人呼壯爲傷。坤宮四世卦。〔註2762〕

【疏】壯《廣韻》側亮切，莊漾開三去宕。《釋文》音同。《正義》曰：「『大壯』，卦名也。『壯』者，強盛之名。以陽稱大，陽長既多，是大者盛壯，故

〔註2757〕〔漢〕許慎撰：《說文解字》，北京：中華書局，景印同治十二年陳昌治刻本，1963年版，第90頁。

〔註2758〕〔清〕王念孫撰：《廣雅疏證》，北京：中華書局，景印嘉慶年間王氏家刻本，1983年版，第53頁。

〔註2759〕〔魏〕王弼、韓康伯注，〔唐〕孔穎達等正義：《周易正義》，北京：中華書局景印阮刻本，1980年版，第36頁。

〔註2760〕〔魏〕王弼、韓康伯注，〔唐〕孔穎達等正義：《周易正義》，北京：中華書局景印阮刻本，1980年版，第36頁。

〔註2761〕〔魏〕王弼、韓康伯注，〔唐〕孔穎達等正義：《周易正義》，北京：中華書局景印阮刻本，1980年版，第36頁。

〔註2762〕《經典釋文彙校》：「段云：此引《方言注》也。盧依《方言注》改『呼傷爲壯』。」見黃焯撰：《經典釋文彙校》，北京：中華書局，1980年版，第16頁。

曰『大壯』。」〔註2763〕陸、鄭、王諸說義同。《廣雅》云者，見《廣雅・釋詁二》。馬云「傷也」者，《淮南子・俶眞》「形苑而神壯」高誘注：「壯，傷也。」〔註2764〕《方言・卷三》「凡草木刺人北燕朝鮮之間或謂之茦，或謂之壯」郭璞注：「今淮南人亦呼壯。壯，傷也。」〔註2765〕郭注與《釋文》所引文字稍異，義同。又《廣雅・釋詁二》「壯，箴也」王念孫《疏證》：「壯之言創也。」〔註2766〕壯、創一聲之轉，故壯有創傷之義。《集解》引虞翻曰：「陽息，泰也。壯，傷也。大謂四，失位爲陰所乘。兌爲毀折傷，與五易位乃得正，故『利貞』也。」〔註2767〕是虞氏亦訓壯爲傷也。

而愼禮也｜ 「愼」或作「順」，義亦通。

【疏】所在注文爲「故君子以『大壯』而順體也」。〔註2768〕阮元《校勘記》：「岳本、錢本、閩監、毛本『體』作『禮』，《釋文》『而愼禮也』，『愼』或作『順』。」〔註2769〕愼、順古通，參看〈坤〉「施愼」條。又注文作「愼體」者非，考《象傳》「君子以非禮弗履」一語，作「禮」是。

用罔｜ 罔，羅也。馬、王肅云：无。

【疏】所在經文爲「小人用壯，君子用罔，貞厲」。〔註2770〕「罔，羅也」者，王弼注：「處健之極，以陽處陽，用其壯者也。故小人用之以爲壯，君子用之以爲羅己者也。」〔註2771〕是王弼亦訓罔爲羅也。君子用壯不遜，則以爲

〔註2763〕〔魏〕王弼、韓康伯注，〔唐〕孔穎達等正義：《周易正義》，北京：中華書局景印阮刻本，1980年版，第36頁。

〔註2764〕〔漢〕劉安著，高誘注：《淮南子》，上海：上海書店，景印諸子集成本，1986年版，第21頁。

〔註2765〕〔晉〕郭璞注，〔清〕錢繹箋疏：《方言箋疏》（漢小學四種本），成都：巴蜀書社，景印光緒庚寅年紅蝠山房校刻本，2001年版，第1277頁。

〔註2766〕〔清〕王念孫撰：《廣雅疏證》，北京：中華書局，景印嘉慶年間王氏家刻本，1983年版，第68頁。

〔註2767〕〔唐〕李鼎祚撰：《周易集解》，北京：中國書店，景印嘉慶三年姑蘇喜墨齋張遇堯局鐫本，1987年版，卷七，第7頁。

〔註2768〕〔魏〕王弼、韓康伯注，〔唐〕孔穎達等正義：《周易正義》，北京：中華書局景印阮刻本，1980年版，第36頁。

〔註2769〕〔魏〕王弼、韓康伯注，〔唐〕孔穎達等正義：《周易正義》，北京：中華書局景印阮刻本，1980年版，第42頁。

〔註2770〕〔魏〕王弼、韓康伯注，〔唐〕孔穎達等正義：《周易正義》，北京：中華書局景印阮刻本，1980年版，第36頁。

〔註2771〕〔魏〕王弼、韓康伯注，〔唐〕孔穎達等正義：《周易正義》，北京：中華書

累矣。罔訓爲羅，同網。如《漢書·刑法志》「以死罔民」顏師古注：「罔，謂羅網也。」〔註2772〕《孟子·梁惠王上》「是罔民也」朱熹《集注》：「罔，猶羅網。」〔註2773〕皆是也。馬、王肅云「无」者，亦罔之常訓也。《爾雅·釋言》：「罔，無也。」〔註2774〕又《詩·大雅·民勞》「以謹罔極」鄭玄《箋》：「罔，無。」〔註2775〕《禮記·表記》「敬忌而罔有擇言在躬」孔穎達疏：「罔，無也。」〔註2776〕此皆罔訓無之證也。宋張載《橫渠易說·卷二》於此注曰：「君子知幾則否」，〔註2777〕考究其義，是亦訓罔爲無也。又馬王堆漢墓帛書《周易》作「亡」，〔註2778〕亦當訓爲無也。《易·泰》「朋亡」孔穎達疏：「亡，无也。」〔註2779〕《玉篇·亡部》：「亡，無也。」〔註2780〕

羝羊| 音低。張云：羖羊也。《廣雅》云：吳羊曰羝。〔註2781〕

【疏】所在經文爲「羝羊觸藩」。〔註2782〕羝《廣韻》都奚切，端齊開四平蟹。《釋文》音同。張云「羖羊也」者，《說文·羊部》：「羝，牡羊也。」〔註2783〕羖羊義同。《資治通鑑·周紀一》「孰與五羖大夫賢」胡三省注：「羖，

局景印阮刻本，1980年版，第36頁。

〔註2772〕〔漢〕班固撰：《前漢書》（四部備要本），上海：中華書局，據武英殿本校刊，1936年版，第392頁。

〔註2773〕〔宋〕朱熹注：《孟子集注》（四書五經本），北京：中國書店，據世界書局本景印，1985年版，第8頁。

〔註2774〕〔晉〕郭璞注，〔宋〕邢昺疏：《爾雅注疏》，北京：中華書局景印阮刻本，1980年版，第15頁。

〔註2775〕〔漢〕毛公傳·鄭玄箋，〔唐〕孔穎達等正義：《毛詩正義》，北京：中華書局景印阮刻本，1980年版，第280頁。

〔註2776〕〔漢〕鄭玄注，〔唐〕孔穎達等正義：《禮記正義》，北京：中華書局景印阮刻本，1980年版，第410頁。

〔註2777〕〔宋〕張載撰：《橫渠先生易說》，揚州：江蘇廣陵古籍刻印社，景印通志堂經解本第一冊，1996年版，第78頁。

〔註2778〕廖名春釋文：《馬王堆帛書周易經傳釋文》（續四庫經部易類第1冊），上海：上海古籍出版社，2002年版，第6頁。

〔註2779〕〔魏〕王弼、韓康伯注，〔唐〕孔穎達等正義：《周易正義》，北京：中華書局景印阮刻本，1980年版，第16頁。

〔註2780〕〔梁〕顧野王撰：《宋本玉篇》，北京：中國書店，景印張氏澤存堂本，1983年版，第520頁。

〔註2781〕《經典釋文彙校》：「寫本『羖』作『𦍯』。盧云：案《廣雅》吳羊三歲曰羝。」見黃焯撰：《經典釋文彙校》，北京：中華書局，1980年版，第16頁。

〔註2782〕〔魏〕王弼、韓康伯注，〔唐〕孔穎達等正義：《周易正義》，北京：中華書局景印阮刻本，1980年版，第36頁。

〔註2783〕〔漢〕許慎撰：《說文解字》，北京：中華書局，景印同治十二年陳昌治刻本，

牡羊也。」〔註2784〕是羖、羝義同也。《廣雅》云者，《廣雅·釋畜》：「吳羊牡一歲曰牡挑，三歲曰羝。」〔註2785〕「吳羊」者，或訓爲白羊，《爾雅·釋畜》「羊，牡羒」郭璞注：「謂吳羊白羝。」〔註2786〕郝懿行《義疏》：「吳羊，白色羊也。」〔註2787〕或訓爲吳地之羊，明李時珍《本草綱目·獸一·羊》：「生江南者爲吳羊，頭身相等而毛短。」〔註2788〕

觸丨 徐處六反。

【疏】觸《廣韻》尺玉切，昌燭合三入通。徐音昌屋合三入通。陸氏引徐音，其正音蓋亦讀如《廣韻》尺玉切也。

藩丨 方袁反。徐甫言反。下同。馬云：籬落也。

【疏】藩《廣韻》二讀，訓作藩籬甫煩切，非元合三平山。訓作薂芺附袁切，奉元合三平山。《釋文》首音同《廣韻》甫煩切。徐甫言反，反切上字幫奬合三上遇，下字疑元開三平山。被切字合口，則徐邈音之開合當由其上字定。是以《釋文》首音與徐音唯輕重脣之別耳，於古則同。馬云「籬落」者，《廣雅·釋宮》：「藩，枇也。」〔註2789〕枇者，籬也。

贏丨 律悲反。又力追反。下同。馬云：大索也。徐力皮反。王肅作「縲」，音螺。鄭、虞作「纍」。蜀才作「累」。張作「虆」。〔註2790〕

1963年版，第78頁。

〔註2784〕 〔宋〕司馬光編著，〔元〕胡三省音注：《資治通鑒》，北京：中華書局排印，1956年版，第62頁。

〔註2785〕 〔清〕王念孫撰：《廣雅疏證》，北京：中華書局，景印嘉慶年間王氏家刻本，1983年版，第390頁。

〔註2786〕 〔晉〕郭璞注，〔宋〕邢昺疏：《爾雅注疏》，北京：中華書局景印阮刻本，1980年版，第87頁。

〔註2787〕 〔清〕郝懿行撰：《爾雅義疏》（漢小學四種本），成都：巴蜀書社，景印同治四年郝氏家刻本，2001年版，第1222頁。

〔註2788〕 〔明〕李時珍撰：《本草綱目》，萬曆十八年金陵胡承龍刊本，卷五十，第12頁。

〔註2789〕 〔清〕王念孫撰：《廣雅疏證》，北京：中華書局，景印嘉慶年間王氏家刻本，1983年版，第213頁。

〔註2790〕 《經典釋文彙校》：「吳云：律悲、力追二反聲韻並同。案〈井〉卦辭『贏其瓶』《釋文》云」贏，律悲反，徐力追反，〈大壯〉之又音即〈井〉之徐音，故反音雖同，而反語有異者，亦具列之。〈同人〉九三『伏戎於莽』《釋文》云：莽，莫蕩反，王肅冥黨反，二反同音，是其比也。」見黃焯撰：《經典

【疏】所在經文爲「羸其角」。〔註2791〕羸《廣韻》力爲切，來支合三平止。《釋文》首音律悲反，反切上字來術合三入臻，下字幫脂開三平止。音與《廣韻》異。又力追反者，音同《釋文》首音。馬云「大索也」者，《易·姤》「羸豕孚蹢躅」李鼎祚《集解》引宋衷曰：「羸，大索，所以繫豕者也。」〔註2792〕是亦訓羸爲大索也。羸《說文·羊部》：「羸，瘦也。」〔註2793〕本無索義，此假借爲纍也。《說文·糸部》：「纍，綴得理也。一曰大索也。」〔註2794〕徐力皮反與《廣韻》音同。王肅作「縲」、鄭虞作「纍」、蜀才作「累」者，《廣雅·釋器》「纍，索也」王念孫《疏證》：「《論語·公冶長篇》『雖在縲絏之中』。《史記·仲尼弟子傳》作『累』，《漢書·司馬遷傳》作『纍』。竝字異而義同。」〔註2795〕張作「虆」，假借爲纍也。

雖復| 扶又反。

【疏】所在注文爲「貞厲以壯，雖復羝羊，以之觸藩，能无羸乎？」〔註2796〕參看〈蒙〉「則復」條。

藩決| 音穴。注下同。〔註2797〕

釋文彙校》，北京：中華書局，1980年版，第16頁。

〔註2791〕〔魏〕王弼、韓康伯注，〔唐〕孔穎達等正義：《周易正義》，北京：中華書局景印阮刻本，1980年版，第36頁。

〔註2792〕〔唐〕李鼎祚撰：《周易集解》，北京：中國書店，景印嘉慶三年姑蘇喜墨齋張遇堯局鐫本，1987年版，卷九，第5頁。

〔註2793〕〔漢〕許慎撰：《說文解字》，北京：中華書局，景印同治十二年陳昌治刻本，1963年版，第78頁。

〔註2794〕〔漢〕許慎撰：《說文解字》，北京：中華書局，景印同治十二年陳昌治刻本，1963年版，第275頁。

〔註2795〕〔清〕王念孫撰：《廣雅疏證》，北京：中華書局，景印嘉慶年間王氏家刻本，1983年版，第238～239頁。

〔註2796〕〔魏〕王弼、韓康伯注，〔唐〕孔穎達等正義：《周易正義》，北京：中華書局景印阮刻本，1980年版，第36頁。

〔註2797〕吳檢齋《經籍舊音辨證》：「玄應《一切經音義》二云：『《易》藩決不羸，王弼、徐邈等音背穴。』」承仕按：《天文志》『暈適背穴』，王、徐蓋讀『決』爲『暈適背穴』之『穴』，云『音背穴』者，省言之。德明作音，與王弼、徐邈同意，故不具引耳。而唐之初元，徐邈《易音》尚存，故玄應得引之，此逸文之可珍者。又案：臧琳《經義雜記》曰：『《易·大過》音相過之過，明神廟、崇禎兩刻本皆無，《正義》標注有此句，《釋文》大書相過之過四字。蓋後人疑注中不當有音，恐非王弼語，故刪之。』承仕按：魏了翁《經外雜鈔》云：『王輔嗣注《易·遯卦》音臧否之否，〈井卦〉音舉上之上，〈大過〉

【疏】所在經文爲「藩決不羸」。〔註2798〕決《廣韻》二讀，決斷古穴切，見屑合四入山。決起而飛呼決切，曉屑合四入山。《釋文》音穴，匣屑合四入山，與《廣韻》聲異。《周易本義》：「決，開也。」〔註2799〕

大輿| 音餘。

【疏】所在經文爲「壯于大輿之輹」。〔註2800〕輿《廣韻》二讀，以諸切，以魚合三平遇。羊洳切，以御合三去遇。訓爲車輿音異義同。《釋文》音同《廣韻》平聲。

之輹| 音福。本又作「輻」。〔註2801〕

【疏】輹《廣韻》方六切，非屋合三入通。《釋文》音福同。參看〈小畜〉「輻」條。

行不| 下孟反。

【疏】所在注文爲「行不違謙」。〔註2802〕參看〈乾〉「庸行」條。

能說| 吐活反。

【疏】所在注文爲「无有能說其輹者」。〔註2803〕說通挩。參看〈蒙〉「用說」條。

音相過之過，是音字起於魏晉間也。」然則南宋善本固無脱文，輒刪此這，疑是明人據誤本爲之。案：〈井象注〉『音舉上之上』，〈豐象注〉『音闡大之大』，可證注中本有音矣。」然則『藩決』『音背穴』亦王弼注語也，後人刪之，與刪〈大過〉音同。」見吳承仕撰：《經籍舊音序錄、經籍舊音辨證》，北京：中華書局，1986 年版，第 82 頁。

〔註2798〕〔魏〕王弼、韓康伯注，〔唐〕孔穎達等正義：《周易正義》，北京：中華書局景印阮刻本，1980 年版，第 36 頁。

〔註2799〕〔宋〕朱熹撰：《周易本義》（四書五經本），北京：中國書店，據世界書局本景印，1985 年版，第 31 頁。

〔註2800〕〔魏〕王弼、韓康伯注，〔唐〕孔穎達等正義：《周易正義》，北京：中華書局景印阮刻本，1980 年版，第 36 頁。

〔註2801〕《經典釋文彙校》：「寫本作『鄭作復伏反』。」見黃焯撰：《經典釋文彙校》，北京：中華書局，1980 年版，第 16 頁。按，寫本「鄭作復伏反」者，奉屋合三入通。

〔註2802〕〔魏〕王弼、韓康伯注，〔唐〕孔穎達等正義：《周易正義》，北京：中華書局景印阮刻本，1980 年版，第 36 頁。

〔註2803〕〔魏〕王弼、韓康伯注，〔唐〕孔穎達等正義：《周易正義》，北京：中華書局景印阮刻本，1980 年版，第 36 頁。

喪羊｜ 息浪反。注下同。

【疏】所在經文爲「喪羊于易」。〔註2804〕參看〈乾〉「知喪」條。

于易｜ 以豉反。注下同。鄭音亦，謂狡易也。陸作「場」，謂壇場也。
〔註2805〕

【疏】易《廣韻》二讀，變易羊益切，以昔開三入梗。難易以豉切，以
寘開三去止。《釋文》以豉反音同《廣韻》夫聲，訓爲平易。王弼注：「能喪
壯于易，不于險難，故得『无悔』。」〔註2806〕鄭音亦同《廣韻》入聲，「謂狡
易也」者，宋本作「佼易」，音同故通。《公羊傳·莊公十三年》「公會齊侯盟
於柯，何以不日，易也」何休注：「易，猶佼易也，相親信無後患之辭。」
〔註2807〕《詩·周頌·天作》「彼徂矣，岐有夷之行」鄭玄《箋》「後之往者，
又以岐邦之君，有佼易之道故也」孔穎達疏：「謂此君其性佼健和易，愛民之
情深，故歸之也。」〔註2808〕則佼易者，和悅也。惠棟以象解之，《周易述·
卷五》於此疏曰﹕「鄭氏謂易，佼易也。四上之五，體坎，坎五乾也。故兌還
屬乾，喪羊于易也。」〔註2809〕陸作「場」者，《經義述聞·易·喪羊于易》：
「《荀子·富國篇》：『觀國之治亂臧否，至於疆易而端已見矣。』〈周頌·載
芟〉傳曰：『畛，易也。』《漢書·禮樂志·安世房中歌》：『吾易久遠』。晉灼
曰：『易，疆易也。』《漢沛相楊統碑》：『疆易不爭』。《魏橫海將軍呂君碑》：
『慎守壃易』。是古疆場字多作『易』，故《說文》無『場』字。」〔註2810〕宋
項安世《周易玩辭·卷七》：「晁說之氏曰：易，古文疆場字也。今按：場在

〔註2804〕 〔魏〕王弼、韓康伯注，〔唐〕孔穎達等正義：《周易正義》，北京：中華書
局景印阮刻本，1980 年版，第 36 頁。

〔註2805〕 《經典釋文彙校》：「宋本『狡』作『佼』。十行本、閩監本同。」見黃焯撰：
《經典釋文彙校》，北京：中華書局，1980 年版，第 16 頁。

〔註2806〕 〔魏〕王弼、韓康伯注，〔唐〕孔穎達等正義：《周易正義》，北京：中華書
局景印阮刻本，1980 年版，第 36 頁。

〔註2807〕 〔漢〕何休注，〔唐〕徐彥疏：《春秋公羊傳注疏》，北京：中華書局景印阮
刻本，1980 年版，第 39 頁。

〔註2808〕 〔漢〕毛公傳、鄭玄箋，〔唐〕孔穎達等正義：《毛詩正義》，北京：中華書
局景印阮刻本，1980 年版，第 318 頁。

〔註2809〕 〔清〕惠棟撰：《周易述》（四部備要本），上海：中華書局，據學海堂經解
本校刊，1936 年版，第 33 頁。

〔註2810〕 〔清〕王引之撰：《經義述聞》（續四庫經部羣經總義類第 174～175 冊），上
海：上海古籍出版社，景印道光七年王氏京師刻本，2002 年版，第 174 冊，
第 273 冊。

兩界之間，常有喪失牛羊之事，故聖人取之以爲兩爻相易之象。」〔註2811〕

險難| 如字。亦乃旦反。〔註2812〕

【疏】所在注文爲「不于險難」。〔註2813〕參看〈乾〉「而難」條。

則難| 乃旦反。〔註2814〕

【疏】所在注文爲「委之則難不至」。〔註2815〕參看〈乾〉「而難」條。

剛長| 丁丈反。下「剛長」同。

【疏】所在注文爲「懼於剛長」。〔註2816〕參看〈師〉「長子」條。

猶與| 音預。一本作「預」。〔註2817〕

【疏】所在注文爲「持疑猶豫」。〔註2818〕參看〈乾〉「與」條。

其分| 扶問反。

【疏】所在注文爲「苟定其分」。〔註2819〕分作分際、限度解時《廣韻》
扶問切，奉問合三去臻。《釋文》音同。

不詳| 詳，審也。鄭、王肅作「祥」，善也。

〔註2811〕〔宋〕項安世撰：《周易玩辭》，揚州：江蘇廣陵古籍刻印社，景印通志堂經
　　　　解本第二冊，1996年版，第62頁。

〔註2812〕《經典釋文彙校》：「盧云：浦氏鏜云，『亦』當作『又』。」見黃焯撰：《經
　　　　典釋文彙校》，北京：中華書局，1980年版，第16頁。

〔註2813〕〔魏〕王弼、韓康伯注，〔唐〕孔穎達等正義：《周易正義》，北京：中華書
　　　　局景印阮刻本，1980年版，第36頁。

〔註2814〕《經典釋文彙校》：「宋本、葉鈔無此條。」見黃焯撰：《經典釋文彙校》，北
　　　　京：中華書局，1980年版，第16頁。

〔註2815〕〔魏〕王弼、韓康伯注，〔唐〕孔穎達等正義：《周易正義》，北京：中華書
　　　　局景印阮刻本，1980年版，第36頁。

〔註2816〕〔魏〕王弼、韓康伯注，〔唐〕孔穎達等正義：《周易正義》，北京：中華書
　　　　局景印阮刻本，1980年版，第37頁。

〔註2817〕《經典釋文彙校》：「盧云：『預』當作『豫』，後來避諱改之。」見黃焯撰：
　　　　《經典釋文彙校》，北京：中華書局，1980年版，第16頁。

〔註2818〕〔魏〕王弼、韓康伯注，〔唐〕孔穎達等正義：《周易正義》，北京：中華書
　　　　局景印阮刻本，1980年版，第37頁。

〔註2819〕〔魏〕王弼、韓康伯注，〔唐〕孔穎達等正義：《周易正義》，北京：中華書
　　　　局景印阮刻本，1980年版，第37頁。

【疏】所在經文爲「不詳也」。〔註2820〕「詳，審也」者，《詩・鄘風・牆有茨》「不可詳也」毛《傳》：「詳，審也。」〔註2821〕鄭、王肅作「祥」者，詳、祥古通。「善也」者，《爾雅・釋詁上》：「祥，善也。」〔註2822〕

䷢ 晉｜〈彖〉云：進也。孟作「齊」，齊，子西反，義同。乾宮遊魂卦。

【疏】〈彖〉云「進也」者，今本同。《爾雅・釋詁下》：「晉，進也。」〔註2823〕孟作「齊」者，與晉雙聲通假。音子西反者，假齊爲躋。《禮記・樂記》「地氣上齊」鄭玄注：「齊，讀爲躋。」孔穎達疏：「齊，升也。」〔註2824〕故云「義同」。按，「齊」與「晉」字形近，又疑爲譌誤所致。

康｜ 美之名也。馬云：安也。鄭云：尊也，廣也。陸云：安也，樂也。
〔註2825〕

【疏】所在經文爲「康侯用錫馬蕃庶」。〔註2826〕「美之名也」者，王弼注云：「康，美之名也。」〔註2827〕馬云「安也」者，《爾雅・釋詁下》：「康，安也。」〔註2828〕鄭云「尊也，廣也」者，《禮記・祭統》「康周公」鄭玄注：「康，猶褒大也。」〔註2829〕陸云「安也，樂也」者，《爾雅・釋詁上》：「康，

〔註2820〕〔魏〕王弼、韓康伯注，〔唐〕孔穎達等正義：《周易正義》，北京：中華書局景印阮刻本，1980年版，第37頁。

〔註2821〕〔漢〕毛公傳、鄭玄箋，〔唐〕孔穎達等正義：《毛詩正義》，北京：中華書局景印阮刻本，1980年版，第45頁。

〔註2822〕〔晉〕郭璞注，〔宋〕邢昺疏：《爾雅注疏》，北京：中華書局景印阮刻本，1980年版，第2頁。

〔註2823〕〔晉〕郭璞注，〔宋〕邢昺疏：《爾雅注疏》，北京：中華書局景印阮刻本，1980年版，第7頁。

〔註2824〕〔漢〕鄭玄注，〔唐〕孔穎達等正義：《禮記正義》，北京：中華書局景印阮刻本，1980年版，第303頁。

〔註2825〕《經典釋文彙校》：「惠云：鄭讀爲『康周公』之『康』，故云『尊也，廣也』。」見黃焯撰：《經典釋文彙校》，北京：中華書局，1980年版，第16頁。

〔註2826〕〔魏〕王弼、韓康伯注，〔唐〕孔穎達等正義：《周易正義》，北京：中華書局景印阮刻本，1980年版，第37頁。

〔註2827〕〔魏〕王弼、韓康伯注，〔唐〕孔穎達等正義：《周易正義》，北京：中華書局景印阮刻本，1980年版，第37頁。

〔註2828〕〔晉〕郭璞注，〔宋〕邢昺疏：《爾雅注疏》，北京：中華書局景印阮刻本，1980年版，第9頁。

〔註2829〕〔漢〕鄭玄注，〔唐〕孔穎達等正義：《禮記正義》，北京：中華書局景印阮

樂也。」〔註 2830〕

蕃| 音煩，多也。鄭發袁反。

【疏】多也者，蕃《廣韻》二讀，訓作茂附袁切，奉元合三平山。訓作蕃屏甫煩切，非元合三平山。《釋文》首音同《廣韻》附袁切。「多也」者，《說文・艸部》：「蕃，艸茂也。」〔註 2831〕引申之，則有多貌。《詩・召南・騶虞序》「庶類蕃殖」陸德明《釋文》：「蕃，多也。」〔註 2832〕鄭發袁反音同《廣韻》甫煩切。

庶| 如字，眾也。鄭止奢反，謂蕃遮禽也。

【疏】庶《廣韻》二讀，「如字」者，讀如商署切，書御合三去遇。「眾也」者，《爾雅・釋詁下》：「庶，眾也。」〔註 2833〕鄭止奢反，假疏爲遮也。遮《廣韻》正奢切，章麻開三平假。鄭玄音同。「謂蕃遮禽也」者，惠棟《九經古義・周易上》案云：「《管子・侈靡篇》云『六畜遮育，五穀遮熟』。則蕃遮猶蕃育也。」〔註 2834〕尹知章《管子》彼注云：「遮，猶兼也。」〔註 2835〕訓與惠棟異。

晝日| 竹又反。

【疏】所在經文爲「晝日三接」。〔註 2836〕晝《廣韻》陟救切，知宥開三去流。《釋文》音同。

刻本，1980 年版，第 379 頁。

〔註 2830〕〔晉〕郭璞注，〔宋〕邢昺疏：《爾雅注疏》，北京：中華書局景印阮刻本，1980 年版，第 3 頁。

〔註 2831〕〔漢〕許慎撰：《說文解字》，北京：中華書局，景印同治十二年陳昌治刻本，1963 年版，第 27 頁。

〔註 2832〕〔唐〕陸德明撰：《經典釋文》，北京：中華書局，景印徐乾學通志堂刻本，1983 年版，第 57 頁。

〔註 2833〕〔晉〕郭璞注，〔宋〕邢昺疏：《爾雅注疏》，北京：中華書局景印阮刻本，1980 年版，第 8 頁。

〔註 2834〕〔清〕惠棟撰：《九經古義》（叢書集成初編總類第 254～255 冊），上海：商務印書館，據貸園叢書本排印，1937 年版，第 9～10 頁。

〔註 2835〕〔唐〕尹知章注，戴望校正：《管子校正》，上海：上海書店，景印諸子集成本，1986 年版，第 194 頁。

〔註 2836〕〔魏〕王弼、韓康伯注，〔唐〕孔穎達等正義：《周易正義》，北京：中華書局景印阮刻本，1980 年版，第 37 頁。

三| 徐息懃反。下及注同。〔註2837〕

【疏】徐息懃反，心談開一平咸。參看〈蒙〉「再三」條。

接| 如字。鄭音捷，勝也。

【疏】如字者，明依本字讀之，不作通假。如《正義》:「一畫之間，三度接見也。」〔註2838〕是孔氏亦如字讀之也。鄭音捷者，假借爲捷也。《爾雅·釋詁下》:「接，捷也。」〔註2839〕《禮記·內則》「接以大牢」鄭玄注:「接，讀爲捷。捷，勝也。」〔註2840〕

上行| 時掌反。凡「上行」並同。

【疏】所在經文爲「柔進而上行」。〔註2841〕參看〈乾〉「上下」條。

以著| 直畧反。下「著明」同。

【疏】所在注文爲「以順著明」。〔註2842〕參看〈離〉「猶著」條。

三褫| 勅紙反。又直紙反。

【疏】所在注文爲「以『訟受服』，則『終朝三褫』」。〔註2843〕參看〈訟〉「褫」條。

摧如| 罪雷反，退也。鄭讀如「南山崔崔」之「崔」。

【疏】所在經文爲「晉如摧如，貞吉」。〔註2844〕摧《廣韻》昨回切，

〔註2837〕《經典釋文彙校》:「十行本、閩監本同。寫本、宋本、葉鈔、朱鈔『懃』作『暫』。盧疑當作『息暫反』，是也。阮謂『懃』字不誤，非也。」見黃焯撰:《經典釋文彙校》，北京:中華書局，1980年版，第16頁。

〔註2838〕〔魏〕王弼、韓康伯注，〔唐〕孔穎達等正義:《周易正義》，北京:中華書局景印阮刻本，1980年版，第37頁。

〔註2839〕〔晉〕郭璞注，〔宋〕邢昺疏:《爾雅注疏》，北京:中華書局景印阮刻本，1980年版，第11頁。

〔註2840〕〔漢〕鄭玄注，〔唐〕孔穎達等正義:《禮記正義》，北京:中華書局景印阮刻本，1980年版，第241頁。

〔註2841〕〔魏〕王弼、韓康伯注，〔唐〕孔穎達等正義:《周易正義》，北京:中華書局景印阮刻本，1980年版，第37頁。

〔註2842〕〔魏〕王弼、韓康伯注，〔唐〕孔穎達等正義:《周易正義》，北京:中華書局景印阮刻本，1980年版，第37頁。

〔註2843〕〔魏〕王弼、韓康伯注，〔唐〕孔穎達等正義:《周易正義》，北京:中華書局景印阮刻本，1980年版，第37頁。

〔註2844〕〔魏〕王弼、韓康伯注，〔唐〕孔穎達等正義:《周易正義》，北京:中華書

從灰合一平蟹。《釋文》音同。鄭讀如「南山崔崔」之「崔」者，崔嵬之崔《廣韻》昨回切，從灰合一平蟹。崔崔之崔蓋如此音。又《詩・齊風・南山》「南山崔崔」陸德明《釋文》：「子雖反。又音佳。高大貌。」〔註2845〕此處讀子雖反，精脂合三平止。與《廣韻》異，《集韻》增有遵綏切，音則同之。

未著｜ 張慮反。

【疏】所在注文爲「功業未著」。〔註2846〕著《廣韻》五讀，著名之著陟慮切，知御合三去遇。《釋文》音同。參看〈坤〉「積著」條。

自喪｜ 息浪反。

【疏】所在注文爲「自喪其長者也」。〔註2847〕參看〈乾〉「知喪」條。

愁｜ 狀由反。鄭子小反，云：變色貌。

【疏】所在注文爲「晉如愁如」。〔註2848〕愁《廣韻》士尤切，崇尤開三平流。《釋文》音同。鄭子小反者，假愁爲愀也。《禮記・哀公問》「孔子愀然作色」鄭玄注：「愀然，變動貌也。」〔註2849〕《史記・司馬相如列傳》「愀然改容」司馬貞《索隱》引郭璞云：「愀，變色貌。」〔註2850〕《後漢書・郅惲傳》「愀然前曰」李賢注：「愀，變色貌。」〔註2851〕

介｜ 音戒，大也。馬同。

　　　　　局景印阮刻本，1980 年版，第 37 頁。
〔註2845〕〔唐〕陸德明撰：《經典釋文》，北京：中華書局，景印徐乾學通志堂刻本，1983 年版，第 66 頁。
〔註2846〕〔魏〕王弼、韓康伯注，〔唐〕孔穎達等正義：《周易正義》，北京：中華書局景印阮刻本，1980 年版，第 37 頁。
〔註2847〕〔魏〕王弼、韓康伯注，〔唐〕孔穎達等正義：《周易正義》，北京：中華書局景印阮刻本，1980 年版，第 37 頁。
〔註2848〕〔魏〕王弼、韓康伯注，〔唐〕孔穎達等正義：《周易正義》，北京：中華書局景印阮刻本，1980 年版，第 37 頁。
〔註2849〕〔漢〕鄭玄注，〔唐〕孔穎達等正義：《禮記正義》，北京：中華書局景印阮刻本，1980 年版，第 383 頁。
〔註2850〕〔漢〕司馬遷撰：《史記》（四部備要本），上海：中華書局，據武英殿本校刊，1936 年版，第 1087 頁。
〔註2851〕〔南朝宋〕范曄撰：《後漢書》（四部備要本），上海：中華書局，據武英殿本校刊，1936 年版，第 496 頁。

【疏】所在經文爲「受茲介福」。〔註2852〕介《廣韻》古拜切，見怪開二去蟹。《釋文》音同。「大也」者，《爾雅‧釋詁上》：「介，大也。」〔註2853〕馬同者，馬融訓同也。

聞乎｜ 「聞」亦作「文」，又作「交」。義並通。

【疏】所在注文爲「脩德以斯，間乎幽昧，得正之吉也，故曰『貞吉』」。〔註2854〕阮元《校勘記》：「閩監、毛本同。岳本、宋本、古本、足利本『間』作『聞』，《釋文》出『聞乎』。」〔註2855〕按，作「聞」是，作「間」者，「聞」之譌也。作「文」者，同聲致譌。又作「交」者，則又「文」字之形譌也。

和之｜ 胡臥反。

【疏】所在注文爲「則其子和之」。〔註2856〕和《廣韻》二讀，和順戶戈切，匣戈合一平果。聲相應胡臥切，匣過合一去果。《釋文》音同《廣韻》去聲。

鼫｜ 音石。《子夏傳》作「碩鼠」。鼫鼠，五技鼠也。《本草》：螻蛄一名鼫鼠。

【疏】所在經文爲「晉如鼫鼠」。〔註2857〕鼫《廣韻》常隻切，禪昔開三入梗。《釋文》音同。《子夏傳》作「碩鼠」者，鼫與碩古通。碩鼠者，大鼠也，見《詩‧魏風‧碩鼠》鄭玄《箋》。「鼫鼠，五技鼠也」者，《說文‧鼠部》「鼫，五技鼠也。能飛，不能過屋；能緣，不能窮木；能游，不能渡谷；能穴，不能掩身；能走，不能先人。」〔註2858〕《本草》「螻蛄一名鼫鼠」者，

〔註2852〕 〔魏〕王弼、韓康伯注，〔唐〕孔穎達等正義：《周易正義》，北京：中華書局景印阮刻本，1980年版，第37頁。
〔註2853〕 〔晉〕郭璞注，〔宋〕邢昺疏：《爾雅注疏》，北京：中華書局景印阮刻本，1980年版，第2頁。
〔註2854〕 〔魏〕王弼、韓康伯注，〔唐〕孔穎達等正義：《周易正義》，北京：中華書局景印阮刻本，1980年版，第37頁。
〔註2855〕 〔魏〕王弼、韓康伯注，〔唐〕孔穎達等正義：《周易正義》，北京：中華書局景印阮刻本，1980年版，第43頁。
〔註2856〕 〔魏〕王弼、韓康伯注，〔唐〕孔穎達等正義：《周易正義》，北京：中華書局景印阮刻本，1980年版，第37頁。
〔註2857〕 〔魏〕王弼、韓康伯注，〔唐〕孔穎達等正義：《周易正義》，北京：中華書局景印阮刻本，1980年版，第37頁。
〔註2858〕 〔漢〕許慎撰：《說文解字》，北京：中華書局，景印同治十二年陳昌治刻本，

鼫鼠之別稱，與五技鼠名同實異。

失得｜ 如字。孟、馬、鄭、虞、王肅本作「矢」。馬、王云：離為矢。虞云：矢，古誓字。

【疏】所在經文爲「失得勿恤」。〔註 2859〕如字者，明字形作「失」也，王弼注同。而本作「矢」者，失、矢形近相淆也。馬王堆漢墓帛書《周易》亦作「矢」。〔註 2860〕馬、王云「離爲矢」者，《集解》引荀爽曰：「五從坤動而來爲离。离者，射也。故曰『矢得』。」〔註 2861〕《周易集解纂疏》於此疏曰：「旅外爲離，六五曰『射雉一矢亡』，故云『離者，射也』。〈說卦〉曰『離爲戈兵』，故曰『矢得』。」〔註 2862〕虞云「矢，古誓字」者，《爾雅·釋言》：「矢，誓也。」〔註 2863〕《集解》引虞翻曰：「動之乾，乾爲慶也。矢古誓字。誓，信也。勿，无。卹，憂也。五變得正，坎象不見，故『誓得勿恤，往有慶也』。」〔註 2864〕

失夫｜ 音符。

【疏】所在注文爲「失夫道化无爲之事」。〔註 2865〕參看〈乾〉「夫位」條。

☷☲ 明夷｜ 夷，傷也。坎宮遊魂卦。

【疏】「夷，傷也」者，《易·序卦》：「夷者，傷也。」〔註 2866〕又《左

1963 年版，第 206 頁。

〔註 2859〕〔魏〕王弼、韓康伯注，〔唐〕孔穎達等正義：《周易正義》，北京：中華書局景印阮刻本，1980 年版，第 37 頁。

〔註 2860〕廖名春釋文：《馬王堆帛書周易經傳釋文》（續四庫經部易類第 1 冊），上海：上海古籍出版社，2002 年版，第 12 頁。

〔註 2861〕〔唐〕李鼎祚撰：《周易集解》，北京：中國書店，景印嘉慶三年姑蘇喜墨齋張遇堯局鐫本，1987 年版，卷七，第 10 頁。

〔註 2862〕〔清〕李道平撰，潘雨廷點校：《周易集解纂疏》，北京：中華書局，1994 年版，第 341 頁。

〔註 2863〕〔晉〕郭璞注，〔宋〕邢昺疏：《爾雅注疏》，北京：中華書局景印阮刻本，1980 年版，第 16 頁。

〔註 2864〕〔唐〕李鼎祚撰：《周易集解》，北京：中國書店，景印嘉慶三年姑蘇喜墨齋張遇堯局鐫本，1987 年版，卷七，第 10 頁。

〔註 2865〕〔魏〕王弼、韓康伯注，〔唐〕孔穎達等正義：《周易正義》，北京：中華書局景印阮刻本，1980 年版，第 37 頁。

〔註 2866〕〔魏〕王弼、韓康伯注，〔唐〕孔穎達等正義：《周易正義》，北京：中華書

傳・成公十三年》「芟夷我農功」杜預注：「夷，傷也。」〔註2867〕皆訓夷爲傷也。

以蒙大難｜ 乃旦反。卦內同。鄭云：蒙，猶遭也。一云：蒙，冒也。

【疏】難音參看〈乾〉「而難」條。鄭云「蒙，猶遭也」者，遭受、被受之義也。《漢書・成帝紀》「百姓蒙辜」顏師古注：「蒙，被也。」〔註2868〕一云「蒙，冒也」者，冒，犯也。《漢書・李陵傳》「冒白刃」顏師古注：「冒，犯也。」〔註2869〕

文王以之｜ 王肅云：唯文王能用之。鄭、荀、向作「似之」，下亦然。

【疏】王肅云「唯文王能用之」者，則其本作「以」字。《廣雅・釋詁四》：「以，用也。」〔註2870〕孔疏亦訓爲用。鄭、荀、向作「似之」者，義亦通。

莅｜ 履二反。又律祕反。〔註2871〕

【疏】所在經文爲「君子以莅眾，用晦而明」。〔註2872〕莅《集韻》力至切，來至開三去止。《釋文》首音同。又律祕反者，音亦同。切語字異耳。

蔽僞｜ 本或作「弊僞」。〔註2873〕

【疏】所在注文爲「莅眾顯明，蔽僞百姓者也」。〔註2874〕「蔽僞」者，

局景印阮刻本，1980 年版，第 84 頁。

〔註2867〕〔晉〕杜預注，〔唐〕孔穎達等正義：《春秋左傳正義》，北京：中華書局景印阮刻本，1980 年版，第 210 頁。

〔註2868〕〔漢〕班固撰：《前漢書》（四部備要本），上海：中華書局，據武英殿本校刊，1936 年版，第 108 頁。

〔註2869〕〔漢〕班固撰：《前漢書》（四部備要本），上海：中華書局，據武英殿本校刊，1936 年版，第 812 頁。

〔註2870〕〔清〕王念孫撰：《廣雅疏證》，北京：中華書局，景印嘉慶年間王氏家刻本，1983 年版，第 132 頁。

〔註2871〕《經典釋文彙校》：「《老子釋文》莅，力至反。古無此字，《說文》作『隷』。嚴云：漢碑『莅』亦作『涖』。」見黃焯撰：《經典釋文彙校》，北京：中華書局，1980 年版，第 16 頁。

〔註2872〕〔魏〕王弼、韓康伯注，〔唐〕孔穎達等正義：《周易正義》，北京：中華書局景印阮刻本，1980 年版，第 37 頁。

〔註2873〕《經典釋文彙校》：「寫本『弊』作『敝』，下有『並依字讀』四字。」見黃焯撰：《經典釋文彙校》，北京：中華書局，1980 年版，第 16 頁。

〔註2874〕〔魏〕王弼、韓康伯注，〔唐〕孔穎達等正義：《周易正義》，北京：中華書局景印阮刻本，1980 年版，第 37 頁。

蒙蔽欺詐也。《說文・人部》：「僞，詐也。」〔註2875〕本或作「弊僞」者，蓋假弊爲蔽也。

所辟|　音避，下同。

【疏】所在注文爲「藏明於內，乃得明也。顯明於外，巧所辟也。」〔註2876〕音避者，明古今字也。「巧所辟也」，蓋言巧於所避也。《十三經注疏校勘記補》云：「岳本、毛本同，古本、足利本『巧』作『乃』，閩本、明監本『辟』作『避』。」〔註2877〕乃、巧二字形近故淆。義亦通。

最遠|　袁万反，下「遠難」同。

【疏】所在注文爲「最遠於難也」。〔註2878〕參看〈乾〉「放遠」條。

遠遯|　徒遜反。〔註2879〕

【疏】所在注文爲「明夷遠遯」。〔註2880〕遯《廣韻》二讀，徒困切，定慁合一去臻。徒損切，定混合一上臻。於遁逃義上，二讀皆可。《釋文》徒遜反，同《廣韻》去聲。

匿形|　女力反。〔註2881〕

【疏】所在注文爲「絕跡匿形」。〔註2882〕匿《廣韻》女力切，泥職開三

〔註2875〕〔漢〕許慎撰：《說文解字》，北京：中華書局，景印同治十二年陳昌治刻本，1963年版，第166頁。

〔註2876〕〔魏〕王弼、韓康伯注，〔唐〕孔穎達等正義：《周易正義》，北京：中華書局景印阮刻本，1980年版，第37頁。

〔註2877〕〔魏〕王弼、韓康伯注，〔唐〕孔穎達等正義：《周易正義》，北京：中華書局景印阮刻本，1980年版，第43頁。

〔註2878〕〔魏〕王弼、韓康伯注，〔唐〕孔穎達等正義：《周易正義》，北京：中華書局景印阮刻本，1980年版，第37頁。

〔註2879〕《經典釋文彙校》：「注疏本『遁』作『遯』。寫本『遯』作『困』。」見黃焯撰：《經典釋文彙校》，北京：中華書局，1980年版，第16頁。按，寫本音亦同《廣韻》去聲。

〔註2880〕〔魏〕王弼、韓康伯注，〔唐〕孔穎達等正義：《周易正義》，北京：中華書局景印阮刻本，1980年版，第37頁。

〔註2881〕毛居正《六經正誤》：「匿，女力反。女作如，誤。〈節〉卦女力反，是。」則毛氏所見本《釋文》作「如」也。見〔宋〕毛居正撰：《六經正誤》，揚州：江蘇廣陵古籍刻印社，景印通志堂經解本第十六冊，1996年版，第571頁。

〔註2882〕〔魏〕王弼、韓康伯注，〔唐〕孔穎達等正義：《周易正義》，北京：中華書

入曾。《釋文》音同。

不遑｜ 音皇。

　　【疏】所在注文爲「飢不遑食」。〔註 2883〕遑《廣韻》胡光切，匣唐合一平宕。《釋文》音同。

夷于｜ 如字。子夏作「睇」，鄭陸同，云：旁視曰睇。亦作「眱」。
〔註 2884〕

　　【疏】所在經文爲「夷于左股」。〔註 2885〕「如字」者，明字形作「夷」也，訓爲傷。「子夏作睇，鄭陸同，云：旁視曰睇」者，《禮記・內則》孔穎達疏引鄭玄彼注云：「旁視爲睇。六二辰在酉，酉在西方，又下體離，離爲日，九三體在震，震東方，九三又在辰，辰得巽氣爲股，此謂六二有明德，欲承九三，故云睇于左股。」〔註 2886〕鄭玄以爻辰解之，可備一說。亦作「眱」者，《集韻・霽韻》：「睇，《說文》：『目小視也』。或从夷。」〔註 2887〕

左股｜ 音古。馬、王肅作「般」，云：旋也，日隨天左旋也。姚作「右槃」，云：自辰右旋入丑。〔註 2888〕

　　【疏】股音古者，股《廣韻》公戶切，見姥合一上遇。《釋文》音同。馬、王肅作「般」者，股、般形近致淆。「旋也，日隨天左旋也」者，《爾雅・釋言》：「般，還也。」〔註 2889〕還，旋也。元董眞卿《周易會通》引晁說之案曰：

〔註 2883〕　〔魏〕王弼、韓康伯注，〔唐〕孔穎達等正義：《周易正義》，北京：中華書局景印阮刻本，1980 年版，第 37 頁。

〔註 2884〕　《經典釋文彙校》：「宋本、葉鈔、朱鈔、十行本『亦』作『京』。閩監本作『京作眱』。」見黃焯撰：《經典釋文彙校》，北京：中華書局，1980 年版，第 16 頁。按《彙校》云閩監本「京作眱」者，「眱」爲「睇」之譌也。

〔註 2885〕　〔魏〕王弼、韓康伯注，〔唐〕孔穎達等正義：《周易正義》，北京：中華書局景印阮刻本，1980 年版，第 37 頁。

〔註 2886〕　〔漢〕鄭玄注，〔唐〕孔穎達等正義：《禮記正義》，北京：中華書局景印阮刻本，1980 年版，第 234 頁。

〔註 2887〕　〔宋〕丁度撰：《集韻》，北京：中華書局，景印北京圖書館藏宋刻本，1988 年版，第 144 頁。

〔註 2888〕　《經典釋文彙校》：「惠云：『左股』謂三，三在辰，四在丑，故『右旋入丑』。」見黃焯撰：《經典釋文彙校》，北京：中華書局，1980 年版，第 16 頁。

〔註 2889〕　〔晉〕郭璞注，〔宋〕邢昺疏：《爾雅注疏》，北京：中華書局景印阮刻本，

「此約《周髀》而言，當作『股』。」〔註 2890〕唐李籍《周髀音義》於「蓋天」下引周髀家云：「天圓如張蓋，地方如棊局。天旁轉如推磨而左行，日月右行，隨天左轉，故日月實東行，而天牽之以西沒。」〔註 2891〕「姚作右槃，云：自辰右旋入丑」者，亦讀槃爲旋也。姚信用爻辰之說，《易經乾鑿度》云：「乾貞于十一月子，左行陽時六。坤貞于六月未，右行陰時六。」〔註 2892〕由此，則乾九三爲辰，坤六四爲丑，故云「自辰右旋入丑」也。

用拯｜ 拯救之拯，注同。《說文》云：舉也。鄭云：承也。子夏作「抍」，《字林》云：抍，上舉，音承。〔註 2893〕

【疏】所在經文爲「用拯馬壯」。〔註 2894〕「拯救之拯」者，釋義也。參看〈屯〉「拯」條。孔穎達《正義》訓爲拯濟，義同。《說文》云者，「拯」小篆作，《說文・手部》：「抍，上舉也。从手升聲。《易》曰：『抍馬，壯，吉。』」〔註 2895〕徐鉉等曰：「今俗別作『拯』，非是。」〔註 2896〕《釋文》引《說文》文字稍異，義同。鄭云「承也」者，拯、承古通。《呂氏春秋・勸學》「是拯溺而隆之以石也」畢沅《新校正》：「拯、承通。」〔註 2897〕此皆拯訓承之證也。子夏作「抍」者，與《說文》引《易》同。《字林》云者，義同《說文》，其音承者，明假借也。

示行｜ 「示」或作「亦」。

1980 年版，第 19 頁。

〔註 2890〕〔元〕董眞卿撰：《周易會通》，揚州：江蘇廣陵古籍刻印社，景印通志堂經解本第四冊，1996 年版，第 252 頁。

〔註 2891〕〔唐〕李籍撰：《周髀音義》，清光緒間吳縣朱氏槐廬叢書本，第 1 頁。

〔註 2892〕〔漢〕鄭玄注：《易緯・易經乾鑿度》，光緒二十五年廣雅書局重刊本，卷下，第 5 頁。

〔註 2893〕《經典釋文彙校》：「寫本、宋本、朱鈔『拯』並作『承』，葉鈔作『丞』。」見黃焯撰：《經典釋文彙校》，北京：中華書局，1980 年版，第 16 頁。

〔註 2894〕〔魏〕王弼、韓康伯注，〔唐〕孔穎達等正義：《周易正義》，北京：中華書局景印阮刻本，1980 年版，第 37 頁。

〔註 2895〕〔漢〕許愼撰：《說文解字》，北京：中華書局，景印同治十二年陳昌治刻本，1963 年版，第 254 頁。

〔註 2896〕〔漢〕許愼撰：《說文解字》，北京：中華書局，景印同治十二年陳昌治刻本，1963 年版，第 254 頁。

〔註 2897〕〔清〕畢沅撰：《呂氏春秋》（二十二子本），上海：上海古籍出版社，景印光緒初年浙江書局輯刊本，1986 年版，第 639 頁。

【疏】所在注文爲「『夷于左股』，是行不能壯也」。〔註 2898〕阮元《校勘記》：「閩監、毛本同。岳本、宋本、古本、足利本『是』作『示』。《釋文》出『示行』。」〔註 2899〕是、示，音同成異，義皆得通。示或作「亦」者，形譌也。

近難| 附近之近，下最近同。

【疏】所仕注义爲「退不近難」。〔註 2900〕「附近之近」者，參看〈乾〉「近乎」條。

疑憚| 但旦反。

【疏】所在注文爲「不見疑憚」。〔註 2901〕憚《廣韻》徒案切，定翰開一去山。《釋文》音同。

然後而免也| 一本作「**然後乃獲免也**」。

【疏】所在注文爲「不垂其翼，然後乃免也」。〔註 2902〕阮元《校勘記》：「岳本、閩監、毛本同。《釋文》『然後而免也』，一本作『然後乃獲免也』。古本『乃』作『獲』。」〔註 2903〕義皆同。

南狩| 手又反。本亦作「守」，同。

【疏】所在經文爲「明夷于南狩」。〔註 2904〕狩《廣韻》舒救切，書宥開三去流。《釋文》音同。本亦作「守」者，假借爲狩也。惠棟《周易述·卷五》

〔註 2898〕〔魏〕王弼、韓康伯注，〔唐〕孔穎達等正義：《周易正義》，北京：中華書局景印阮刻本，1980 年版，第 37 頁。

〔註 2899〕〔魏〕王弼、韓康伯注，〔唐〕孔穎達等正義：《周易正義》，北京：中華書局景印阮刻本，1980 年版，第 43 頁。

〔註 2900〕〔魏〕王弼、韓康伯注，〔唐〕孔穎達等正義：《周易正義》，北京：中華書局景印阮刻本，1980 年版，第 37 頁。

〔註 2901〕〔魏〕王弼、韓康伯注，〔唐〕孔穎達等正義：《周易正義》，北京：中華書局景印阮刻本，1980 年版，第 37 頁。

〔註 2902〕〔魏〕王弼、韓康伯注，〔唐〕孔穎達等正義：《周易正義》，北京：中華書局景印阮刻本，1980 年版，第 38 頁。

〔註 2903〕〔魏〕王弼、韓康伯注，〔唐〕孔穎達等正義：《周易正義》，北京：中華書局景印阮刻本，1980 年版，第 43 頁。

〔註 2904〕〔魏〕王弼、韓康伯注，〔唐〕孔穎達等正義：《周易正義》，北京：中華書局景印阮刻本，1980 年版，第 38 頁。

依之作「守」，其注云：「守，獵也。」〔註2905〕是亦讀守爲狩獵之狩也。

去闇| 羌呂反。

【疏】所在注文爲「去闇主也」。〔註2906〕參看〈蒙〉「擊去」條。

逆忤| 五故反。

【疏】所在注文爲「能不逆忤也」。〔註2907〕忤《廣韻》五故切，疑暮合一去遇。《釋文》音同。

箕子之明夷| 蜀才「箕」作「其」。劉向云：今《易》「箕子」作「荄滋」。鄒湛云：訓箕爲荄，詁子爲滋，漫衍無經，不可致詰，以譏荀爽。〔註2908〕

【疏】蜀才「箕」作「其」者，或依其字讀之，如宋馮椅《厚齋易學·卷三·易輯注第三》：「六五『其子之明夷』，繼統而當明傷之時之象。其指大君也，當明夷之時，而傳之子，則其子亦爲明夷矣。」〔註2909〕又《古易音訓》引晁說之曰：「其，古文。箕，今文。」〔註2910〕劉向云今《易》「箕子」作「荄滋」者，《漢書·儒林傳》：「又蜀人趙賓，好小數書，後爲《易》，飾《易》文以爲『箕子明夷，陰陽氣亡箕子；箕子者，萬物方荄茲也。』賓持論巧慧，《易》家不能難，皆曰非古法也。」顏師古注云：「《易·明夷卦·象》曰：『內文明而外柔順，以蒙大難，文王以之。利艱貞，晦其明也，內難而能正其志，箕子以之。』而六五爻辭曰：『箕子之明夷，利貞。』此箕子者，謂殷父師說〈洪範〉者也，而賓妄爲說耳。荄茲言其根荄方滋茂也。」

〔註2905〕〔清〕惠棟撰：《周易述》（四部備要本），上海：中華書局，據學海堂經解本校刊，1936年版，第34頁。

〔註2906〕〔魏〕王弼、韓康伯注，〔唐〕孔穎達等正義：《周易正義》，北京：中華書局景印阮刻本，1980年版，第38頁。

〔註2907〕〔魏〕王弼、韓康伯注，〔唐〕孔穎達等正義：《周易正義》，北京：中華書局景印阮刻本，1980年版，第38頁。

〔註2908〕《經典釋文彙校》：「惠云：經學亡於晉，晉人已不識字，且無師法，鄒湛、袁準之輩是也。又云：湛有《周易統略》五卷，見《隋志》。」見黃焯撰：《經典釋文彙校》，北京：中華書局，1980年版，第17頁。

〔註2909〕〔宋〕馮椅撰：《厚齋易學》，臺灣：商務印書館，景印文淵閣四庫全書本第16冊，1983年版，第41頁。

〔註2910〕〔宋〕呂祖謙撰，〔清〕宋咸熙輯：《古易音訓》（續四庫經部易類第2冊），上海：上海古籍出版社，景印清嘉慶七年刻本，2002年版，第37頁。

〔註 2911〕後或疑之者，如明熊過《周易象旨決錄・卷六》曰：「陸德明引劉向云『箕子』作『荄滋』，今按《漢・儒林傳》趙賓爲《易》師，飭《易》文，以爲箕子明夷，萬物方荄滋也。是古人有不指爲殷之箕子者矣，況蜀才正作『其子』哉。」〔註 2912〕《古易音訓》引晁說之曰：「趙賓、荀爽『荄滋』之說見斥於劉向、班固、鄒湛矣。」〔註 2913〕又尚秉和先生《焦氏易詁・〈明夷〉六五、〈易林〉「箕子」之確詁》爲「荄滋」辯之甚詳，曰：「《易林》雖以震爲箕、爲箕子。本〈明夷・象傳〉也。至六五『箕子之明夷』，自西漢以來無作紂臣解者，蜀趙賓讀箕子爲荄茲。荄茲者，萬物方荄茲也。師古云：言根荄方滋茂也。見《孟喜傳》。蓋古文原如此。而班固非《易》家，不知其爲確詁，反摭拾梁邱、施二家譭謗孟喜之詞，謂孟喜喜爲名之，後賓死，因不肯仞云云。若讀箕子爲荄茲，爲趙賓創解且大誤者，豈知劉向云：今《易》『箕子』作『荄滋』，與賓讀同也。向所據皆中古文，非依賓讀，可見賓讀之爲舊詁，非所自創。更可見〈孟喜傳〉嘲譏孟喜之語之爲誣詞。宋晁景迂嘗再四不平，欲爲孟喜辨誣，而不能求得其故。至惠定宇始昌言之。惠氏眞善於讀史者也。至東漢馬融，始詁六五之『箕子』亦爲殷太師。豈知〈象傳〉所言之『箕子』，與六五所言之『箕子』，在當時字必不同。蜀才『箕』作『其』，是其證。即王弼亦讀子爲茲，與趙賓同。後人以其音近混同之耳。設六五之『箕子』即爲殷之『箕子』。〈象傳〉萬不能引以解《易》。六十四卦〈象傳〉之辭，有一例如是者乎，可覆按也。凡〈象傳〉皆自出新義。無有引爻詞以解〈象〉者。是皆因卦象失傳。故駭怪荄滋之讀。豈知〈明夷〉六五，震體也。震爲生，故曰滋。震爲萌芽，故曰荄。」〔註 2914〕尚氏又以《易林》明之，可備一說。其子、箕子、荄茲者，皆音近相通，其本爲何，則不可確考矣。按，馬王堆漢墓帛書《周易》作「箕子」，與世傳本同。

爲比｜ 毗志反。

〔註 2911〕〔漢〕班固撰：《前漢書》（四部備要本），上海：中華書局，據武英殿本校刊，1936 年版，第 1182 頁。

〔註 2912〕〔明〕熊過撰：《周易象旨決錄》，臺灣：商務印書館，景印文淵閣四庫全書本第 31 冊，1983 年版，第 620 頁。

〔註 2913〕〔宋〕呂祖謙撰，〔清〕宋咸熙輯：《古易音訓》（續四庫經部易類第 2 冊），上海：上海古籍出版社，景印清嘉慶七年刻本，2002 年版，第 37 頁。

〔註 2914〕尚秉和撰：《焦氏易詁》（張善文先生尚氏易學存稿校理本第一卷），北京：中國大百科全書出版社，2005 年版，第 157～158 頁。

【疏】所在注文爲「與難爲比」。〔註2915〕參看〈比〉「比」條。

☲ 家人│ 《說文》：家，居也。案，人所居稱家。《爾雅》：室內謂之家，是也。巽宮二世卦。

【疏】《說文》「家，居也」者，今本《說文》同。《爾雅》「室內謂之家」者，《爾雅·釋宮》：「牖戶之間謂之扆，其內謂之家。」〔註2916〕義同。又《詩·大雅·緜》「未有家室」毛《傳》：「室內曰家。」〔註2917〕

熾也│ 尺志反。

【疏】所在注文爲「由內以相成熾也」。〔註2918〕熾《廣韻》昌志切，昌志開三去止。《釋文》音同。

而行│ 下孟反。注皆同。

【疏】所在注文爲「行必有恆而身无擇行」。〔註2919〕參看〈乾〉「庸行」條。

閑│ 馬云：闌也，防也。鄭云：習也。

【疏】所在經文爲「閑有家」。〔註2920〕馬云者，《說文·門部》：「閑，闌也。从門中有木。」〔註2921〕閑本義爲門闌，引申之，則有防義。《易·乾·文言》「閑邪存其誠」李鼎祚《集解》引宋衷曰：「閑，防也。」〔註2922〕又《太

〔註2915〕〔魏〕王弼、韓康伯注，〔唐〕孔穎達等正義：《周易正義》，北京：中華書局景印阮刻本，1980 年版，第 38 頁。

〔註2916〕〔晉〕郭璞注，〔宋〕邢昺疏：《爾雅注疏》，北京：中華書局景印阮刻本，1980 年版，第 31 頁。

〔註2917〕〔漢〕毛公傳、鄭玄箋，〔唐〕孔穎達等正義：《毛詩正義》，北京：中華書局景印阮刻本，1980 年版，第 241 頁。

〔註2918〕〔魏〕王弼、韓康伯注，〔唐〕孔穎達等正義：《周易正義》，北京：中華書局景印阮刻本，1980 年版，第 38 頁。

〔註2919〕〔魏〕王弼、韓康伯注，〔唐〕孔穎達等正義：《周易正義》，北京：中華書局景印阮刻本，1980 年版，第 38 頁。

〔註2920〕〔魏〕王弼、韓康伯注，〔唐〕孔穎達等正義：《周易正義》，北京：中華書局景印阮刻本，1980 年版，第 38 頁。

〔註2921〕〔漢〕許慎撰：《說文解字》，北京：中華書局，景印同治十二年陳昌治刻本，1963 年版，第 284 頁。

〔註2922〕〔唐〕李鼎祚撰：《周易集解》，北京：中國書店，景印嘉慶三年姑蘇喜墨齋張遇堯局鐫本，1987 年版，卷一，第 5 頁。

玄·閑》「閑」司馬光《集注》：「閑，閑也，防也。」〔註2923〕《正義》曰：「治家之道，在初即須嚴正，立法防閑。」〔註2924〕是孔氏亦訓閑爲防也。鄭云「習也」者，亦閑之常訓也，《爾雅·釋詁下》：「閑，習也。」〔註2925〕又〈大畜〉「曰閑輿衞」陸德明《釋文》引馬、鄭云：「閑，習也。」〔註2926〕《集解》於「閑有家」下引荀爽曰：「初在潛位，未干國政，閑習家事而已。」〔註2927〕是荀氏亦訓閑爲習也。

中饋丨 巨愧反。食也。

【疏】所在經文爲「在中饋」。〔註2928〕饋《廣韻》求位切，羣去合重紐三至止。《釋文》音同。「食也」者，《漢書·谷永傳》「在中饋」顏師古注：「餽，與饋同。饋，食也。」〔註2929〕《後漢書·楊震傳》「在中饋」李賢注引鄭玄曰：「饋，食也。」〔註2930〕

嗃嗃丨 呼落反。又呼學反，馬云：悅樂自得貌。鄭云：苦熱之意。荀作「確確」，劉作「熇熇」。〔註2931〕

【疏】所在經文爲「家人嗃嗃，悔厲吉」。〔註2932〕嗃《廣韻》三讀，訓作曇志音許交切，曉肴開二不效。訓作大嘑音呼教切，曉效開二去效。訓作

〔註2923〕 〔漢〕楊雄撰，〔宋〕司馬光集注：《太玄集注》（新編諸子集成本），北京：中華書局，1998年版，第12頁。

〔註2924〕 〔魏〕王弼、韓康伯注，〔唐〕孔穎達等正義：《周易正義》，北京：中華書局景印阮刻本，1980年版，第38頁。

〔註2925〕 〔晉〕郭璞注，〔宋〕邢昺疏：《爾雅注疏》，北京：中華書局景印阮刻本，1980年版，第10頁。

〔註2926〕 〔唐〕陸德明撰：《經典釋文》，北京：中華書局，景印徐乾學通志堂刻本，1983年版，第23頁。

〔註2927〕 〔唐〕李鼎祚撰：《周易集解》，北京：中國書店，景印嘉慶三年姑蘇喜墨齋張遇堯局鐫本，1987年版，卷八，第2頁。

〔註2928〕 〔魏〕王弼、韓康伯注，〔唐〕孔穎達等正義：《周易正義》，北京：中華書局景印阮刻本，1980年版，第38頁。

〔註2929〕 〔漢〕班固撰：《前漢書》（四部備要本），上海：中華書局，據武英殿本校刊，1936年版，第1137頁。

〔註2930〕 〔南朝宋〕范曄撰：《後漢書》（四部備要本），上海：中華書局，據武英殿本校刊，1936年版，第725頁。

〔註2931〕 《經典釋文彙校》：「『落』，宋本同。寫本作『洛』。」見黃焯撰：《經典釋文彙校》，北京：中華書局，1980年版，第17頁。

〔註2932〕 〔魏〕王弼、韓康伯注，〔唐〕孔穎達等正義：《周易正義》，北京：中華書局景印阮刻本，1980年版，第38頁。

嚴厲兒音呵各切，曉鐸開一入宕。《釋文》首音同《廣韻》入聲，《正義》曰：
「『嗃嗃』，嚴酷之意也。」〔註2933〕又呼學反，曉覺開二入江。《集韻》「黑角
切」下增「嗃」字，訓依馬氏，蓋本《釋文》也。馬云「悅樂自得貌」者，
假嗃爲謔也，嗃、謔古音同在曉紐藥部，音近可通。又《爾雅·釋訓》：「謔
謔、謞謞，崇讒慝也。」〔註2934〕是二字音近，故義得相通。此處馬融假嗃爲
謔，《詩·大雅·板》「無然謔謔」毛《傳》：「謔謔然喜樂。」〔註2935〕故馬訓
爲悅樂自得貌。鄭云「苦熱之意」者，假嗃爲熇也。《說文·火部》：「熇，火
熱也。」〔註2936〕荀作「碻碻」者，《古易音訓》引晁說之曰：「碻，古文。」
〔註2937〕毛奇齡《仲氏易》曰：「荀爽作『碻碻』，難通。若劉瓛作『熇熇』。
鄭康成亦云：苦熱意。則以離火爲解耳。」〔註2938〕毛氏就卦象言之，然未必
可取。碻《易·乾·文言》「碻然其不可拔」李鼎祚《集解》引虞翻曰：「碻，
剛貌也。」〔註2939〕九三體乾，乾有剛碻之象，毛氏言荀爽義難通者非。引申
之，則碻有剛嚴之義，與嚴酷義略近。而劉瓛作「熇熇」者，訓同鄭玄。或
訓熇熇爲盛烈者，亦與苦熱義近。《周易述·卷五》依之，惠棟彼注云：「熇
熇，盛烈也。乾盛，故熇熇。」〔註2940〕則惠棟亦取乾象解之也。

**嘻嘻｜　喜悲反。馬云：笑聲。鄭云：驕佚，喜笑之意。張作「嬉嬉」。
陸作「喜喜」。**〔註2941〕

〔註2933〕〔魏〕王弼、韓康伯注，〔唐〕孔穎達等正義：《周易正義》，北京：中華書
　　　　　局景印阮刻本，1980年版，第38頁。
〔註2934〕〔晉〕郭璞注，〔宋〕邢昺疏：《爾雅注疏》，北京：中華書局景印阮刻本，
　　　　　1980年版，第25頁。
〔註2935〕〔漢〕毛公傳、鄭玄箋，〔唐〕孔穎達等正義：《毛詩正義》，北京：中華書
　　　　　局景印阮刻本，1980年版，第281頁。
〔註2936〕〔漢〕許慎撰：《說文解字》，北京：中華書局，景印同治十二年陳昌治刻本，
　　　　　1963年版，第208頁。
〔註2937〕〔宋〕呂祖謙撰，〔清〕宋咸熙輯：《古易音訓》（續四庫經部易類第2冊），
　　　　　上海：上海古籍出版社，景印清嘉慶七年刻本，2002年版，第37頁。
〔註2938〕〔清〕毛奇齡撰：《仲氏易》（皇清經解本），上海：上海書店，景印清經解
　　　　　本第一冊，1988年版，第527頁。
〔註2939〕〔唐〕李鼎祚撰：《周易集解》，北京：中國書店，景印嘉慶三年姑蘇喜墨齋
　　　　　張遇堯局鑴本，1987年版，卷一，第5頁。
〔註2940〕〔清〕惠棟撰：《周易述》（四部備要本），上海：中華書局，據學海堂經解
　　　　　本校刊，1936年版，第35頁。
〔註2941〕《經典釋文彙校》：「或云：諸『嘻』字當作『譆』，《說文》：譆，痛也。曹
　　　　　子建《七啓》『微子俯而應之曰：譆，有是言乎？』李善注：『譆』與『嘻』

【疏】所在經文爲「婦子嘻嘻，終吝。」〔註2942〕嘻《廣韻》許其切，曉之開三平止。《釋文》喜悲反，曉脂合重紐四平止。之、脂韻近。馬、鄭云者，義同。《集解》引侯果曰：「嘻嘻，笑也。」〔註2943〕《正義》：「嘻嘻，喜笑之貌也。」〔註2944〕張作「嬉嬉」、陸作「喜喜」者，音近義同，皆喜笑之貌也。《古易音訓》引晁說之曰：「喜，古文。」〔註2945〕《經典釋文彙校》引或云「諸嘻字當作謘」者，讀嘻爲謘也，《說文‧言部》：「謘，痛也。」〔註2946〕宋項安世《周易玩辭‧卷八》：「嘻嘻二字在《詩》之『噫嘻』，《禮》之『嘻其甚矣』，《左氏傳》之『謘謘出出』、『陽虎從者曰嘻』皆爲歎懼之辭，未有訓爲笑樂者也。九三重剛尙察，而不得其中，故其象如此。」〔註2947〕考嘻之舊詁，訓爲笑蓋屬後起，項氏之說殆是。《經典釋文彙校》云「當作誒」者，誒、謘古通。《說文》引《春秋傳》口「誒誒出出」，今本作「謘謘」。

之長｜ 丁丈反。

【疏】所在注文爲「爲一家之長者也」。〔註2948〕參看〈師〉「長子」條。

以近｜ 附近之近。

【疏】所在注文爲「以近至尊」。〔註2949〕參看〈乾〉「近乎」條。

古字通。案正當作『誒』，《說文》：『誒，可惡之辭，从言，矣聲，一曰誒然。春秋傳曰：誒誒出出。』」見黃焯撰：《經典釋文彙校》，北京：中華書局，1980年版，第17頁。

〔註2942〕〔魏〕王弼、韓康伯注，〔唐〕孔穎達等正義：《周易正義》，北京：中華書局景印阮刻本，1980年版，第38頁。
〔註2943〕〔唐〕李鼎祚撰：《周易集解》，北京：中國書店，景印嘉慶三年姑蘇喜墨齋張遇堯局鐫本，1987年版，卷八，第3頁。
〔註2944〕〔魏〕王弼、韓康伯注，〔唐〕孔穎達等正義：《周易正義》，北京：中華書局景印阮刻本，1980年版，第38頁。
〔註2945〕〔宋〕呂祖謙撰，〔清〕宋咸熙輯：《古易音訓》（續四庫經部易類第2冊），上海：上海古籍出版社，景印清嘉慶七年刻本，2002年版，第37頁。
〔註2946〕〔漢〕許愼撰：《說文解字》，北京：中華書局，景印同治十二年陳昌治刻本，1963年版，第55頁。
〔註2947〕〔宋〕項安世撰：《周易玩辭》，揚州：江蘇廣陵古籍刻印社，景印通志堂經解本第二冊，1996年版，第64～65頁。
〔註2948〕〔魏〕王弼、韓康伯注，〔唐〕孔穎達等正義：《周易正義》，北京：中華書局景印阮刻本，1980年版，第38頁。
〔註2949〕〔魏〕王弼、韓康伯注，〔唐〕孔穎達等正義：《周易正義》，北京：中華書局景印阮刻本，1980年版，第38頁。

王假| 更白反，注同。至也。鄭云：登也。徐古雅反。馬云：大也。

【疏】所在經文爲「王假有家」。〔註2950〕假《廣韻》二讀，假借之假《廣韻》古疋切，見馬開二上假。休假之假古訝切，見禡開二去假。而《集韻》又增數讀，其中增入聲各額切，見陌開二入梗。正與《釋文》首音同。此處注音，明假借也。假與格通，訓爲至。《廣雅・釋詁一》：「假，至也。」〔註2951〕又《詩・大雅・雲漢》「昭假無贏」毛《傳》：「假，至也。」〔註2952〕《禮記・王制》「歸假于祖禰」鄭玄注：「假，至也。」〔註2953〕此處王弼注同。鄭云「登也」者，義略同至也。《莊子・大宗師》「是知之能登假於道者也若此」〔註2954〕、《淮南子・精神》：「此精神之所以能登假於道也」，此皆登、假連用，於義則同也。徐古雅反者，音同《廣韻》古疋切。馬云「大也」者，亦假之常訓也。《爾雅・釋詁上》：「假，大也。」〔註2955〕《易・萃・象傳》「王假有廟」李鼎祚《集解》引陸績曰：「假，大也。」〔註2956〕《易・豐》「王假之，尚大也」陸德明《釋文》引馬注：「假，大也。」〔註2957〕

愛樂| 音洛。

【疏】所在注文爲「交相愛樂」。〔註2958〕參看〈乾〉「樂則」條。

以著| 張慮反。

〔註2950〕〔魏〕王弼、韓康伯注，〔唐〕孔穎達等正義：《周易正義》，北京：中華書局景印阮刻本，1980 年版，第 38 頁。
〔註2951〕〔清〕王念孫撰：《廣雅疏證》，北京：中華書局，景印嘉慶年間王氏家刻本，1983 年版，第 8 頁。
〔註2952〕〔漢〕毛公傳、鄭玄箋，〔唐〕孔穎達等正義：《毛詩正義》，北京：中華書局景印阮刻本，1980 年版，第 295 頁。
〔註2953〕〔漢〕鄭玄注，〔唐〕孔穎達等正義：《禮記正義》，北京：中華書局景印阮刻本，1980 年版，第 100 頁。
〔註2954〕〔清〕郭慶藩輯：《莊子集釋》，上海：上海書店，景印諸子集成本，1986 年版，第 103 頁。
〔註2955〕〔晉〕郭璞注，〔宋〕邢昺疏：《爾雅注疏》，北京：中華書局景印阮刻本，1980 年版，第 2 頁。
〔註2956〕〔唐〕李鼎祚撰：《周易集解》，北京：中國書店，景印嘉慶三年姑蘇喜墨齋張遇堯局鐫本，1987 年版，卷九，第 10 頁。
〔註2957〕〔唐〕陸德明撰：《經典釋文》，北京：中華書局，景印徐乾學通志堂刻本，1983 年版，第 29 頁。
〔註2958〕〔魏〕王弼、韓康伯注，〔唐〕孔穎達等正義：《周易正義》，北京：中華書局景印阮刻本，1980 年版，第 38 頁。

【疏】所在注文爲「以著于外者也」。〔註 2959〕參看〈坤〉「積著」條。

䷥睽丨 苦圭反。馬、鄭、王肅、徐、呂忱並音圭。〈序卦〉云：乖也。〈雜卦〉云：外也。《說文》云：目不相視也。艮宮四世卦。〔註 2960〕

　　【疏】睽《廣韻》苦圭切，溪齊合四平蟹。《釋文》音同。馬、鄭、王肅、徐、呂忱並音圭者，音同《集韻》涓畦切，見齊合四平蟹。義亦同。〈序卦〉云「乖也」者，今本同。又馬王堆漢墓帛書《周易》即作「乖」字。〔註 2961〕《廣雅・釋言》：「睽，衺」〔註 2962〕《易・睽》「睽，小事吉」《集解》引鄭玄曰：「睽，乖也。」〔註 2963〕《左傳・僖公十五年》「遇歸妹之睽」孔穎達疏：「睽，乖也。」〔註 2964〕〈雜卦〉云「外也」者，今本同。韓康伯注：「相疏外也。」其下文爲「家人，內也。」就其義言之，亦與乖離同。《說文》云「目不相視也」者，《說文・目部》：「睽，目不相聽也。」〔註 2965〕段注云：「聽猶順也。」〔註 2966〕

而上丨 時掌反。下上行同。

　　【疏】所在經文爲「火動而上」。〔註 2967〕參看〈乾〉「上下」條。

〔註2959〕　〔魏〕王弼、韓康伯注，〔唐〕孔穎達等正義：《周易正義》，北京：中華書局景印阮刻本，1980 年版，第 38 頁。

〔註2960〕　《經典釋文彙校》：「『視』，十行本、閩監本同。寫本、宋本、葉鈔『視』作『聽』，盧本同。《考證》云：聽者，順從之意，作『聽』與《說文》合。阮云：作『聽』是也。」見黃焯撰：《經典釋文彙校》，北京：中華書局，1980 年版，第 17 頁。

〔註2961〕　廖名春釋文：《馬王堆帛書周易經傳釋文》（續四庫經部易類第 1 冊），上海：上海古籍出版社，2002 年版，第 12 頁。

〔註2962〕　〔清〕王念孫撰：《廣雅疏證》，北京：中華書局，景印嘉慶年間王氏家刻本，1983 年版，第 146 頁。

〔註2963〕　〔唐〕李鼎祚撰：《周易集解》，北京：中國書店，景印嘉慶三年姑蘇喜墨齋張遇堯局鐫本，1987 年版，卷八，第 3 頁。

〔註2964〕　〔晉〕杜預注，〔唐〕孔穎達等正義：《春秋左傳正義》，北京：中華書局景印阮刻本，1980 年版，第 105 頁。

〔註2965〕　〔漢〕許慎撰：《說文解字》，北京：中華書局，景印同治十二年陳昌治刻本，1963 年版，第 72 頁。

〔註2966〕　〔清〕段玉裁撰：《說文解字注》，上海：上海古籍出版社，景印嘉慶二十年經韻樓本，1988 年版，第 132 頁。

〔註2967〕　〔魏〕王弼、韓康伯注，〔唐〕孔穎達等正義：《周易正義》，北京：中華書局景印阮刻本，1980 年版，第 38 頁。

同行｜ 如字。王肅遐孟反。

【疏】所在經文爲「其志不同行」。〔註 2968〕參看〈乾〉「庸行」條。

說而｜ 音悅。

【疏】所在經文爲「說而麗乎明」。〔註 2969〕說、悅，古今字。

喪馬｜ 息浪反。注同。

【疏】所在經文爲「喪馬勿逐自復。」〔註 2970〕參看〈乾〉「知喪」條。

自復｜ 音服。注同。

【疏】參看〈乾〉「反復」條。

必顯｜ 一本作「必類」。下「相顯」亦然。

【疏】所在注文爲「馬者，必顯之物。」〔註 2971〕孔疏亦作「顯」，類者，顯之誤也。

可援｜ 于眷反。下得援，同。又音袁。

【疏】所在注文爲「上无應可援」。〔註 2972〕援《廣韻》二讀，訓作援引音《廣韻》雨元切，云元合三平山。訓作接援救助音王眷切，云線合三去山。《羣經音辨・卷六》：「援，引也，于元切。引者曰援，于眷切，《春秋傳》『國有外援』，亦于万切。」〔註 2973〕由此觀之，援平聲爲動詞，去聲爲名詞。《釋文》首音同《廣韻》去聲，「又音袁」者，音同《廣韻》平聲。此處可援之援爲動詞，當讀平聲爲是。參看〈屯〉「應援」條。

〔註 2968〕〔魏〕王弼、韓康伯注，〔唐〕孔穎達等正義：《周易正義》，北京：中華書局景印阮刻本，1980 年版，第 38 頁。

〔註 2969〕〔魏〕王弼、韓康伯注，〔唐〕孔穎達等正義：《周易正義》，北京：中華書局景印阮刻本，1980 年版，第 38 頁。

〔註 2970〕〔魏〕王弼、韓康伯注，〔唐〕孔穎達等正義：《周易正義》，北京：中華書局景印阮刻本，1980 年版，第 39 頁。

〔註 2971〕〔魏〕王弼、韓康伯注，〔唐〕孔穎達等正義：《周易正義》，北京：中華書局景印阮刻本，1980 年版，第 39 頁。

〔註 2972〕〔魏〕王弼、韓康伯注，〔唐〕孔穎達等正義：《周易正義》，北京：中華書局景印阮刻本，1980 年版，第 39 頁。

〔註 2973〕〔宋〕賈昌朝撰：《羣經音辨》（叢書集成初編語文學類第 1208 冊），上海：商務印書館，景印畿輔叢書本，1939 年版，第 140 頁。

以辟｜ 音避。

【疏】所在注文爲「以辟咎也」。〔註 2974〕辟、避，古今字。

于巷｜ 戶絳反。《說文》云：里中道也。《廣雅》云：居也。《字書》作「衖」。〔註 2975〕

【疏】所在經文爲「遇主于巷」。〔註 2976〕巷《廣韻》胡絳切，匣絳開二去江。《釋文》音同。《說文》云「里中道也」者，「巷」《說文》爲「𨤲」之篆文。《說文・𨤲部》：「𨤲，里中道。从𨤲从共。皆在邑中所共也。𨤲，篆文从𨤲省。」〔註 2977〕《廣雅》云「居也」者，《廣雅・釋詁二》：「衖，尻也。」〔註 2978〕衖，同巷。尻，同居。《字書》作「衖」者，《經義述聞・通說上・巷》引王念孫曰：「衖、巷，古字通。」〔註 2979〕

曳｜ 以制反。

【疏】所在經文爲「見輿曳」。〔註 2980〕曳《廣韻》餘制切，以祭開三去蟹。《釋文》音同。

掣｜ 昌逝反。鄭作「𤙡」，云：牛角皆踊曰𤙡。徐市制反。《說文》作「觢」，之世反，云：角一俯一仰。子夏作「挈」，《傳》云：一角仰也。荀作「觭」。劉本從《說文》，解依鄭。〔註 2981〕

〔註 2974〕 〔魏〕王弼、韓康伯注，〔唐〕孔穎達等正義：《周易正義》，北京：中華書局景印阮刻本，1980 年版，第 39 頁。
〔註 2975〕 《經典釋文彙校》：「盧云：今《廣雅》作『衖』，與『巷』同。」見黃焯撰：《經典釋文彙校》，北京：中華書局，1980 年版，第 17 頁。
〔註 2976〕 〔魏〕王弼、韓康伯注，〔唐〕孔穎達等正義：《周易正義》，北京：中華書局景印阮刻本，1980 年版，第 39 頁。
〔註 2977〕 〔漢〕許慎撰：《說文解字》，北京：中華書局，景印同治十二年陳昌治刻本，1963 年版，第 137 頁。
〔註 2978〕 〔清〕王念孫撰：《廣雅疏證》，北京：中華書局，景印嘉慶年間王氏家刻本，1983 年版，第 51 頁。
〔註 2979〕 〔清〕王引之撰：《經義述聞》（續四庫經部羣經總義類第 174～175 冊），上海：上海古籍出版社，景印道光七年王氏京師刻本，2002 年版，第 175 冊，第 312 冊。
〔註 2980〕 〔魏〕王弼、韓康伯注，〔唐〕孔穎達等正義：《周易正義》，北京：中華書局景印阮刻本，1980 年版，第 39 頁。
〔註 2981〕 《經典釋文彙校》：「按，今《說文》：『觢，一角仰也，从角，切聲。《易》曰：其牛觢。』《玉篇》『掣』同『瘈』，瘈，充世切，牽也。《說文》曰：『引

【疏】所在經文爲「其牛掣」。〔註2982〕掣《廣韻》二讀，昌列切，昌薛開三入山。尺制切，昌祭開三去蟹。音異義同。挽曳也。《釋文》首音同《廣韻》尺制切。鄭作「挈」者，《玉篇·牛部》：「挈，或作觢。」〔註2983〕則或從牛、或從角，文字之異構也。《爾雅·釋畜》：「角一俯一仰，觭；皆踊，觢。」〔註2984〕鄭玄義同《爾雅》。徐市制反，禪祭開三平蟹。《說文》作「觢」者，《說文·角部》：「觢，一角仰也。」〔註2985〕與《釋文》引略異。段玉裁注曰：「一當作二。〈釋畜〉曰：角一俯一仰，觭。皆踊，觢。皆踊謂二角皆豎也。蒙上文一俯一仰，故曰皆。許一俯一仰之云在下文，故云二角。俗譌爲一。則與觭無異。〈易音義〉引《說文》，以角一俯一仰系之觢。當時筆誤耳。」〔註2986〕段氏說可備一解。觢《廣韻》時制切，禪祭開三去蟹。而《釋文》之世反，章祭開三去蟹。子夏作「挈」者，契之譌字也。此處契假借爲觢也。其訓「一角仰」者，與今本《說文》同。荀作「觭」者，參見《爾雅》，又《說文·角部》：「觭，角一俛一仰也。」〔註2987〕

其人天| 天，剠也。馬云：剠，鑿其額曰天。

【疏】所在經文爲「其人天且劓」。〔註2988〕「天，剠也」者，《集韻·先韻》：「天，刑名。剠鑿其額曰天。」〔註2989〕又李鼎祚《集解》引虞翻曰：「黥

縱曰瘖。』案如顧說，是此『掣』字《說文》作『瘖』。」見黃焯撰：《經典釋文彙校》，北京：中華書局，1980 年版，第 17 頁。《古易音訓》所引於「荀作觭」下多「音綺」二字。見〔宋〕呂祖謙撰，〔清〕宋咸熙輯：《古易音訓》（續四庫經部易類第 2 冊），上海：上海古籍出版社，景印清嘉慶七年刻本，2002 年版，第 38 頁。

〔註2982〕〔魏〕王弼、韓康伯注，〔唐〕孔穎達等正義：《周易正義》，北京：中華書局景印阮刻本，1980 年版，第 39 頁。

〔註2983〕〔梁〕顧野王撰：《宋本玉篇》，北京：中國書店，景印張氏澤存堂本，1983年版，第 428 頁。

〔註2984〕〔晉〕郭璞注，〔宋〕邢昺疏：《爾雅注疏》，北京：中華書局景印阮刻本，1980 年版，第 87 頁。

〔註2985〕〔漢〕許慎撰：《說文解字》，北京：中華書局，景印同治十二年陳昌治刻本，1963 年版，第 93 頁。

〔註2986〕〔清〕段玉裁撰：《說文解字注》，上海：上海古籍出版社，景印嘉慶二十年經韻樓本，1988 年版，第 185 頁。

〔註2987〕〔漢〕許慎撰：《說文解字》，北京：中華書局，景印同治十二年陳昌治刻本，1963 年版，第 93 頁。

〔註2988〕〔魏〕王弼、韓康伯注，〔唐〕孔穎達等正義：《周易正義》，北京：中華書局景印阮刻本，1980 年版，第 39 頁。

〔註2989〕〔宋〕丁度撰：《集韻》，北京：中華書局，景印北京圖書館藏宋刻本，1988

額爲天。」〔註 2990〕天，甲骨作（甲三六九〇）、（前二・三・七）〔註 2991〕，金文作（天鼎），〔註 2992〕皆象人頭，故其刑額之名爲天也。馬云「剠，鑿其額曰天」者，剠與黥同。

劓｜ 魚器反，截鼻也。王肅作「臲」，臲，魚一反。

【疏】劓《廣韻》魚器切，疑至開重紐三去止。《釋文》音同。「截鼻也」者，孔穎達疏：「截鼻爲劓。」〔註 2993〕又李鼎祚《集解》引虞翻曰：「割鼻爲劓。」〔註 2994〕訓皆同。王肅作「臲」者，《易・困》「劓刖，困于赤紱」陸德明《釋文》引鄭云：「『劓刖』，荀、王肅本『劓刖』作『臲䠥』。」〔註 2995〕則劓、臲古通也。臲《廣韻》五結切，疑屑開四入山。《釋文》魚一反者，音同。《古易音訓》引晁說之曰：「即隉字」〔註 2996〕

相比｜ 毗志反。下同。

【疏】所在注文爲「則近而不相比」。〔註 2997〕參看〈比〉「比」條。

元夫｜ 如字。

【疏】所在經文爲「睽孤，遇元夫」。〔註 2998〕夫如字，讀如《廣韻》甫無切，非虞合三平遇。

年版，第 46 頁。

〔註 2990〕〔唐〕李鼎祚撰：《周易集解》，北京：中國書店，景印嘉慶三年姑蘇喜墨齋張遇堯局鐫本，1987 年版，卷八，第 4 頁。

〔註 2991〕中國科學院考古研究所編輯：《甲骨文編》（考古學專刊本，乙種第十四號），北京：中華書局，1965 年版，第 2 頁。

〔註 2992〕容庚編著，張振林、馬國權摹補：《金文編》，北京：中華書局，1985 年版，第 3 頁。

〔註 2993〕〔魏〕王弼、韓康伯注，〔唐〕孔穎達等正義：《周易正義》，北京：中華書局景印阮刻本，1980 年版，第 39 頁。

〔註 2994〕〔唐〕李鼎祚撰：《周易集解》，北京：中國書店，景印嘉慶三年姑蘇喜墨齋張遇堯局鐫本，1987 年版，卷八，第 4 頁。

〔註 2995〕〔唐〕陸德明撰：《經典釋文》，北京：中華書局，景印徐乾學通志堂刻本，1983 年版，第 27 頁。

〔註 2996〕〔宋〕呂祖謙撰，〔清〕宋咸熙輯：《古易音訓》（續四庫經部易類第 2 冊），上海：上海古籍出版社，景印清嘉慶七年刻本，2002 年版，第 38 頁。

〔註 2997〕〔魏〕王弼、韓康伯注，〔唐〕孔穎達等正義：《周易正義》，北京：中華書局景印阮刻本，1980 年版，第 39 頁。

〔註 2998〕〔魏〕王弼、韓康伯注，〔唐〕孔穎達等正義：《周易正義》，北京：中華書局景印阮刻本，1980 年版，第 39 頁。

噬丨 市制反。

【疏】所在經文爲「厥宗噬膚」。〔註 2999〕噬《廣韻》時制切，禪祭開三去蟹。《釋文》音同。

之弧丨 音胡，弓也。

【疏】所在經文爲「先張之弧」。〔註 3000〕弧《廣韻》戶吳切，匣模合一平遇。《釋文》音同。「弓也」者，《說文・弓部》：「弧，木弓也。」〔註 3001〕引申之，則爲弓之統稱。《周禮・秋官・冥氏》「掌設弧張」賈公彥疏：「弧，弓也。」〔註 3002〕

後說丨 吐活反，注同。一音始銳反。〔註 3003〕

【疏】所在經文爲「後說之弧」。〔註 3004〕參看〈蒙〉「用說」條。一音始銳反者，《集解》引虞翻曰：「說，猶置也。」〔註 3005〕

之弧丨 本亦作「壺」。京、馬、鄭、王肅、翟子玄作「壺」。

【疏】所在經文注疏本爲：「後說之弧」。〔註 3006〕集解本作「壺」。〔註 3007〕又馬王堆漢墓帛書《周易》亦作「壺」。〔註 3008〕阜陽漢簡《周易》作「壺」，

〔註 2999〕〔魏〕王弼、韓康伯注，〔唐〕孔穎達等正義：《周易正義》，北京：中華書局景印阮刻本，1980 年版，第 39 頁。
〔註 3000〕〔魏〕王弼、韓康伯注，〔唐〕孔穎達等正義：《周易正義》，北京：中華書局景印阮刻本，1980 年版，第 39 頁。
〔註 3001〕〔漢〕許慎撰：《說文解字》，北京：中華書局，景印同治十二年陳昌治刻本，1963 年版，第 269 頁。
〔註 3002〕〔漢〕鄭玄注，〔唐〕賈公彥疏：《周禮注疏》，北京：中華書局景印阮刻本，1980 年版，第 250 頁。
〔註 3003〕《經典釋文彙校》：「寫本『一』作『又』。」見黃焯撰：《經典釋文彙校》，北京：中華書局，1980 年版，第 17 頁。
〔註 3004〕〔魏〕王弼、韓康伯注，〔唐〕孔穎達等正義：《周易正義》，北京：中華書局景印阮刻本，1980 年版，第 39 頁。
〔註 3005〕〔唐〕李鼎祚撰：《周易集解》，北京：中國書店，景印嘉慶三年姑蘇喜墨齋張遇堯局鐫本，1987 年版，卷八，第 5 頁。
〔註 3006〕〔魏〕王弼、韓康伯注，〔唐〕孔穎達等正義：《周易正義》，北京：中華書局景印阮刻本，1980 年版，第 39 頁。
〔註 3007〕〔唐〕李鼎祚撰：《周易集解》，北京：中國書店，景印嘉慶三年姑蘇喜墨齋張遇堯局鐫本，1987 年版，卷八，第 5 頁。
〔註 3008〕廖名春釋文：《馬王堆帛書周易經傳釋文》（續四庫經部易類第 1 冊），上海：上海古籍出版社，2002 年版，第 12 頁。

〔註3009〕蓋亦「壺」之異體也。壺，盛酒器也。《周禮·秋官·掌客》「壺四十」鄭玄注：「壺，酒器也。」〔註3010〕李鼎祚《集解》引虞翻曰：「四動震爲後。說，猶置也。兌爲口，离爲大腹，坤爲器。大腹有口。坎，酒在中壺之象也。之應歷險以與兌。故『後說之壺』矣。」〔註3011〕《古易音訓》引晁說之曰：「象數當作壺。」〔註3012〕

媾| 古豆反。

【疏】所在經文爲「匪寇婚媾」。〔註3013〕媾《廣韻》古候切，見候開一去流。《釋文》音同。

恢| 苦回反。大也。

【疏】所在注文爲「恢詭譎怪」。〔註3014〕恢《廣韻》苦回切，溪灰合一平蟹。《釋文》音同。「大也」者，《說文·心部》：「恢，大也。」〔註3015〕

詭| 女委反。異也，戾也。〔註3016〕

【疏】詭《廣韻》過委切，見紙合重紐三上止。《釋文》「女委反」，「女」當是「久」字之譌。當據宋本改。久委反音同《廣韻》。「異也」者，《莊子·齊物論》「其名爲弔詭」陸德明《釋文》：「詭，異也。」〔註3017〕「戾也」者，

〔註3009〕韓白強撰：《阜陽漢簡周易研究·阜陽漢簡周易釋文》，上海：上海古籍出版社，2004年版，第65頁。

〔註3010〕〔漢〕鄭玄注，〔唐〕賈公彥疏：《周禮注疏》，北京：中華書局景印阮刻本，1980年版，第262頁。

〔註3011〕〔唐〕李鼎祚撰：《周易集解》，北京：中國書店，景印嘉慶三年姑蘇喜墨齋張遇堯局鐫本，1987年版，卷八，第5頁。

〔註3012〕〔宋〕呂祖謙撰，〔清〕宋咸熙輯：《古易音訓》（續四庫經部易類第2冊），上海：上海古籍出版社，景印清嘉慶七年刻本，2002年版，第38頁。

〔註3013〕〔魏〕王弼、韓康伯注，〔唐〕孔穎達等正義：《周易正義》，北京：中華書局景印阮刻本，1980年版，第39頁。

〔註3014〕〔魏〕王弼、韓康伯注，〔唐〕孔穎達等正義：《周易正義》，北京：中華書局景印阮刻本，1980年版，第39頁。

〔註3015〕〔漢〕許慎撰：《說文解字》，北京：中華書局，景印同治十二年陳昌治刻本，1963年版，第218頁。

〔註3016〕《經典釋文彙校》：「『女』字誤，寫本作『九』。宋本、葉鈔作『久』，十行本、閩監本同。」見黃焯撰：《經典釋文彙校》，北京：中華書局，1980年版，第17頁。按，寫本作「九」者，音亦同。

〔註3017〕〔唐〕陸德明撰：《經典釋文》，北京：中華書局，景印徐乾學通志堂刻本，1983年版，第364頁。

與異略同，皆反常、乖違之謂也。《淮南子・主術》「詭自然之性」高誘注：「詭，違也。」〔註3018〕

譎｜ 古穴反。本亦作「決」。詐也，乖也。

【疏】譎《廣韻》古穴切，見屑合四入山。《釋文》音同。本亦作「決」者，假決爲譎也。「詐也」者，〈詩序〉「主文而譎諫」陸德明《釋文》：「譎，詐也。」〔註3019〕又《論語・憲問》「晉文公譎而不正」何晏《集解》引鄭玄曰：「譎者，詐也。」〔註3020〕「乖也」者，與異義近。《莊子・天下》「而倍譎不同」成玄英疏：「譎，異也。」〔註3021〕

吁可｜ 況于反。

【疏】所在注文爲「吁可怪也」。〔註3022〕吁《廣韻》況于切，曉虞合三平遇。《釋文》音同。吁，疑怪之辭也。

四剠｜ 其京反。《說文》或作「黥」字。〔註3023〕

【疏】所在注文爲「四剠其應」。〔註3024〕剠《廣韻》渠京切，羣庚開三平梗。《釋文》音同。《說文・黑部》：「黥，墨刑在面也。从黑京聲。剠，黥或从刀。」〔註3025〕「剠」字未見《說文》，故盧云「『或』字疑衍」。

☷ 蹇｜ 紀免反。〈彖〉及〈序卦〉皆云：難也。王肅、徐紀偃反。兌宮

〔註3018〕〔漢〕劉安著，高誘注：《淮南子》，上海：上海書店，景印諸子集成本，1986年版，第135頁。

〔註3019〕〔唐〕陸德明撰：《經典釋文》，北京：中華書局，景印徐乾學通志堂刻本，1983年版，第53頁。

〔註3020〕〔魏〕何晏等注，〔宋〕邢昺疏：《論語注疏》，北京：中華書局景印阮刻本，1980年版，第55頁。

〔註3021〕〔清〕郭慶藩輯：《莊子集釋》，上海：上海書店，景印諸子集成本，1986年版，第467頁。

〔註3022〕〔魏〕王弼、韓康伯注，〔唐〕孔穎達等正義：《周易正義》，北京：中華書局景印阮刻本，1980年版，第39頁。

〔註3023〕《經典釋文彙校》：「各本皆同。盧云：『或』字疑衍。」見黃焯撰：《經典釋文彙校》，北京：中華書局，1980年版，第17頁。

〔註3024〕〔魏〕王弼、韓康伯注，〔唐〕孔穎達等正義：《周易正義》，北京：中華書局景印阮刻本，1980年版，第39頁。

〔註3025〕〔漢〕許慎撰：《說文解字》，北京：中華書局，景印同治十二年陳昌治刻本，1963年版，第211頁。

四世卦。

【疏】蹇《廣韻》二讀，九輦切，見獮開重紐三上山。居偃切，見阮開三上山。訓跛、屯難時二讀皆可。《釋文》首音紀免反音同《廣韻》九輦切。〈彖〉及〈序卦〉皆云「難也」者，《易‧蹇‧彖傳》：「蹇，難也。」〔註3026〕《易‧序卦》：「蹇者，難也。」〔註3027〕蹇訓爲難乃常訓也。《廣雅‧釋詁三》：「蹇，難也。」〔註3028〕王肅、徐紀偃反者，音同《廣韻》居偃切。

以難｜ 乃旦反。卦內及〈解〉卦皆同。

【疏】所在注文爲「以難之平則難解」。〔註3029〕參看〈乾〉「而難」條。

難解｜ 音蟹。上六注同。

【疏】參看〈解〉「解」條。

未否｜ 備鄙反。

【疏】所在注義爲「止道未否，難由正濟，故『貞吉』也。」〔註3030〕參看〈屯〉「則否」條。

知矣｜ 音智。初六注同。

【疏】所在經義爲「知矣哉」。〔註3031〕知、智，古今字。

得中｜ 如字。鄭云：和也。又張仲反。王肅云：中，適也。〈解〉卦、〈彖〉同。

【疏】所在經文爲「蹇『利西南』，往得中也」。〔註3032〕參看〈蒙〉「時

〔註3026〕〔魏〕王弼、韓康伯注，〔唐〕孔穎達等正義：《周易正義》，北京：中華書局景印阮刻本，1980年版，第39頁。
〔註3027〕〔魏〕王弼、韓康伯注，〔唐〕孔穎達等正義：《周易正義》，北京：中華書局景印阮刻本，1980年版，第84頁。
〔註3028〕〔清〕王念孫撰：《廣雅疏證》，北京：中華書局，景印嘉慶年間王氏家刻本，1983年版，第102頁。
〔註3029〕〔魏〕王弼、韓康伯注，〔唐〕孔穎達等正義：《周易正義》，北京：中華書局景印阮刻本，1980年版，第39頁。
〔註3030〕〔魏〕王弼、韓康伯注，〔唐〕孔穎達等正義：《周易正義》，北京：中華書局景印阮刻本，1980年版，第39頁。
〔註3031〕〔魏〕王弼、韓康伯注，〔唐〕孔穎達等正義：《周易正義》，北京：中華書局景印阮刻本，1980年版，第39頁。
〔註3032〕〔魏〕王弼、韓康伯注，〔唐〕孔穎達等正義：《周易正義》，北京：中華書

中」條。

正邦| 荀、陸本作「正國」。為漢朝諱。

【疏】所在經文爲「以正邦也」。〔註3033〕「荀、陸本作正國，爲漢朝諱」者，避漢高祖劉邦諱。

宜待也| 張本作「宜時也」。鄭本「宜待時也」。

【疏】所在經文注疏本作「『往蹇來譽』，宜待也」。〔註3034〕集解本爲「宜待時也」。〔註3035〕考孔穎達疏「宜止以待時也」〔註3036〕一語，則孔氏本亦作「宜待時也」。故顧炎武《易音・卷二》云：「鄭本作『宜待時也』，於韻更切。」〔註3037〕惠棟《周易述・卷十二》於此疏云：「俗本脫『時』。」〔註3038〕

遠害| 袁万反。

【疏】所在注文爲「私身遠害」。〔註3039〕參看〈乾〉「放遠」條。

內喜| 如字。徐許意反，猶好也。

【疏】所在經文爲「內喜之也」。〔註3040〕參看〈賁〉「有喜」條。

來連| 力善反，馬云：亦難也。鄭如字，遲久之意。〔註3041〕

局景印阮刻本，1980年版，第39頁。

〔註3033〕 〔魏〕王弼、韓康伯注，〔唐〕孔穎達等正義：《周易正義》，北京：中華書局景印阮刻本，1980年版，第39頁。

〔註3034〕 〔魏〕王弼、韓康伯注，〔唐〕孔穎達等正義：《周易正義》，北京：中華書局景印阮刻本，1980年版，第39頁。

〔註3035〕 〔唐〕李鼎祚撰：《周易集解》，北京：中國書店，景印嘉慶三年姑蘇喜墨齋張遇堯局鐫本，1987年版，卷八，第6頁。

〔註3036〕 〔魏〕王弼、韓康伯注，〔唐〕孔穎達等正義：《周易正義》，北京：中華書局景印阮刻本，1980年版，第39頁。

〔註3037〕 〔清〕顧炎武撰：《音學五書》，北京：中華書局，景印觀稼樓仿刻本，1982年版，第212頁。

〔註3038〕 〔清〕惠棟撰：《周易述》（四部備要本），上海：中華書局，據學海堂經解本校刊，1936年版，第77頁。

〔註3039〕 〔魏〕王弼、韓康伯注，〔唐〕孔穎達等正義：《周易正義》，北京：中華書局景印阮刻本，1980年版，第39頁。

〔註3040〕 〔魏〕王弼、韓康伯注，〔唐〕孔穎達等正義：《周易正義》，北京：中華書局景印阮刻本，1980年版，第39頁。

〔註3041〕 《經典釋文彙校》：「王筠云：朱、葉二本無『亦』字。筠案『亦』字承『蹇

【疏】所在經文爲「往蹇來連」。〔註3042〕連《廣韻》力延切，來仙開三平山。《集韻》增有力展切，來獮開三上山，訓爲難。《釋文》首音同《集韻》力展切。馬云「亦難也」者，《漢書·楊雄傳下》「孟軻雖連蹇，猶爲萬乘師」顏師古注引張晏曰：「連蹇，難也。言值世之屯難也。」〔註3043〕王弼注云：「往來皆難。」〔註3044〕則以「往蹇」、「來連」對文視之，則連、蹇義同，皆訓爲難也。鄭「如字」者，讀如《廣韻》平聲。「遲久之意」者，《說文·辵部》：「連，員連也。」〔註3045〕段玉裁改爲「連，負車也。」〔註3046〕以「連」爲「輦」之本字，可從。《集解》引虞翻曰：「連，輦也。」〔註3047〕即用本義。引申之，負車有連屬、連續之義，故鄭玄訓爲遲久也。

之長|　直良反。

【疏】所在注文爲「執德之長」。〔註3048〕長《廣韻》三讀，訓爲久，直良切，澄陽開二平宕。訓爲人，知丈切，知養開三上宕。訓爲多，直亮切，澄漾開三去宕。《釋文》音同《廣韻》直良切，訓爲久長。

長難|　丁丈反。

【疏】所在注文爲「往則長難」。〔註3049〕參看〈師〉「長子」條。

䷧ 解|　音蟹。〈序卦〉云：緩也。震宮二世卦。

難也』來。焯案宋本亦無『亦』字，寫本闕。」見黃焯撰：《經典釋文彙校》，北京：中華書局，1980年版，第17頁。

〔註3042〕〔魏〕王弼、韓康伯注，〔唐〕孔穎達等正義：《周易正義》，北京：中華書局景印阮刻本，1980年版，第39頁。

〔註3043〕〔漢〕班固撰：《前漢書》（四部備要本），上海：中華書局，據武英殿本校刊，1936年版，第1172頁。

〔註3044〕〔魏〕王弼、韓康伯注，〔唐〕孔穎達等正義：《周易正義》，北京：中華書局景印阮刻本，1980年版，第39頁。

〔註3045〕〔漢〕許慎撰：《說文解字》，北京：中華書局，景印同治十二年陳昌治刻本，1963年版，第41頁。

〔註3046〕〔清〕段玉裁撰：《說文解字注》，上海：上海古籍出版社，景印嘉慶二十年經韻樓本，1988年版，第73頁。

〔註3047〕〔唐〕李鼎祚撰：《周易集解》，北京：中國書店，景印嘉慶三年姑蘇喜墨齋張遇堯局鑴本，1987年版，卷八，第6頁。

〔註3048〕〔魏〕王弼、韓康伯注，〔唐〕孔穎達等正義：《周易正義》，北京：中華書局景印阮刻本，1980年版，第39頁。

〔註3049〕〔魏〕王弼、韓康伯注，〔唐〕孔穎達等正義：《周易正義》，北京：中華書局景印阮刻本，1980年版，第40頁。

【疏】解《廣韻》四讀，訓作講、說、脫、散，佳買切，見蟹開二上蟹。訓作除，古隘切，見卦開二去蟹。訓作詭曲之辭，胡懈切，見卦開二去蟹。訓作曉、散，胡買切，匣蟹開二上蟹。其中佳買、胡買二切皆有緩解之義。其音義之別，孔穎達《正義》曰：「『解』者，卦名也。然解有兩音，一音古買反，一音胡買反，『解』謂解難之初，『解』謂既解之後。〈彖〉稱『動而免乎險』，明解眾難之時，故先儒皆讀爲『解』。」〔註3050〕由此觀之，讀作佳買切義爲解難之初，重其動作。讀作胡買切義爲解難之後，重其結果。《釋文》音蟹，與《廣韻》胡買切音同。〈序卦〉云「緩也」者，《易·序卦》云：「物不可以終難，故受之以解。解者，緩也。」〔註3051〕孔穎達於〈解〉卦疏曰：「然則『解』者，險難解，釋物情舒緩，故爲『解』也。」〔註3052〕

解之爲義｜ 音蟹。下「以解來復」同。

【疏】所在注文爲「解之爲義，解難而濟厄者也」。〔註3053〕參看〈解〉「解」條。

濟厄｜「厄」或作「危」。

【疏】阮元《校勘記》：「古本、足利本『厄』作『危』，下放此。《釋文》『厄』或作『危』。」〔註3054〕厄、危者，形近相淆也。義近，皆得通。

〈彖〉曰：解｜ 音蟹，自此盡初六注皆同。

【疏】參看〈解〉「解」條。

坼｜ 勅宅反。《說文》云：裂也。《廣雅》云：分也。馬、陸作「宅」，云：根也。〔註3055〕

〔註3050〕〔魏〕王弼、韓康伯注，〔唐〕孔穎達等正義：《周易正義》，北京：中華書局景印阮刻本，1980年版，第40頁。

〔註3051〕〔魏〕王弼、韓康伯注，〔唐〕孔穎達等正義：《周易正義》，北京：中華書局景印阮刻本，1980年版，第84頁。

〔註3052〕〔魏〕王弼、韓康伯注，〔唐〕孔穎達等正義：《周易正義》，北京：中華書局景印阮刻本，1980年版，第40頁。

〔註3053〕〔魏〕王弼、韓康伯注，〔唐〕孔穎達等正義：《周易正義》，北京：中華書局景印阮刻本，1980年版，第40頁。

〔註3054〕〔魏〕王弼、韓康伯注，〔唐〕孔穎達等正義：《周易正義》，北京：中華書局景印阮刻本，1980年版，第43頁。

〔註3055〕《經典釋文彙校》：「寫本、宋本『坼』作『坼』。盧曰：《說文》作『𡍩』。」

【疏】所在經文注疏本作「雷雨作，而百果草木皆甲坼。」〔註 3056〕阮元《校勘記》：「石經、岳本、錢本『坼』作『坼』，是也。下注及《正義》並同。閩監、毛本作『柝』，非。宋本注疏皆作『甲坼』，經文『坼』字不明，當亦作『坼』，《釋文》：『坼』，馬、陸作『宅』。」〔註 3057〕坼《廣韻》丑格切，徹陌開二入梗。《釋文》首音同。《說文》云者，「坼」小篆作墲，《說文·土部》：「墲，裂也。」〔註 3058〕《廣雅》云「分也」者，見《廣雅·釋詁一》。又《廣雅·釋詁二》：「坼，裂也。」〔註 3059〕《廣雅·釋詁三》：「坼，開也。」〔註 3060〕義皆同。「甲坼」者，謂莩甲開坼也。馬陸作「宅」者，《文選·〈蜀都賦〉》「百果甲宅」李善注引鄭玄曰：「木實曰果，解讀如人倦之解，解謂拆呼。皮曰甲，根曰宅。宅，居也。」〔註 3061〕由此，則鄭本《周易》作「百果草木解甲宅」。惠棟《周易述·卷九》云：「『坼』，古文『宅』壞字。」〔註 3062〕《說文》「宅」古文作「宅」。此言「坼」爲「宅」之譌也，可備一解。

否結│ 備鄙反。

【疏】所在注文爲「天地否結則雷雨不作」。〔註 3063〕參看〈屯〉「則否」條。

者亨│ 許庚反。

見黃焯撰：《經典釋文彙校》，北京：中華書局，1980 年版，第 17 頁。

〔註 3056〕〔魏〕王弼、韓康伯注，〔唐〕孔穎達等正義：《周易正義》，北京：中華書局景印阮刻本，1980 年版，第 40 頁。

〔註 3057〕〔魏〕王弼、韓康伯注，〔唐〕孔穎達等正義：《周易正義》，北京：中華書局景印阮刻本，1980 年版，第 43 頁。

〔註 3058〕〔漢〕許慎撰：《說文解字》，北京：中華書局，景印同治十二年陳昌治刻本，1963 年版，第 289 頁。

〔註 3059〕〔清〕王念孫撰：《廣雅疏證》，北京：中華書局，景印嘉慶年間王氏家刻本，1983 年版，第 47 頁。

〔註 3060〕〔清〕王念孫撰：《廣雅疏證》，北京：中華書局，景印嘉慶年間王氏家刻本，1983 年版，第 107 頁。

〔註 3061〕〔梁〕蕭統編，〔唐〕李善注：《文選》（四部精要本第十六冊），上海：上海古籍出版社，景印嘉慶十四年胡克家仿宋淳熙刊本，1992 年版，第 466 頁。

〔註 3062〕〔清〕惠棟撰：《周易述》（四部備要本），上海：中華書局，據學海堂經解本校刊，1936 年版，第 59 頁。

〔註 3063〕〔魏〕王弼、韓康伯注，〔唐〕孔穎達等正義：《周易正義》，北京：中華書局景印阮刻本，1980 年版，第 40 頁。

【疏】所在注文爲「則險厄者亨」。參看〈乾〉「元亨」、〈大有〉「用亨」條。

宥罪| 音又。京作「尤」。

【疏】所在經文爲「君子以赦過宥罪」。〔註3064〕宥《廣韻》于救切,云宥開三去流。《釋文》音同。宥,寬也。京作「尤」者,《禮記・中庸》「上不怨天,下不尤人」孔穎達疏:「尤,過也,責也。」〔註3065〕京房義蓋言赦有過而責有罪者也。

磐結| 步丹反。〔註3066〕

【疏】所在注文爲「屯難盤結」。〔註3067〕磐《廣韻》薄官切,並桓合一平山。《釋文》步丹反者,參看〈屯〉「磐」條。

或有遇| 「遇」或作「過」。

咎,非其理也。| 一本無此八字。〔註3068〕

【疏】所在注文注疏本爲:「或有過咎,非其理也」。〔註3069〕「遇」或作「過」者,「遇」當是「過」之譌也。王弼注「或有過咎」訓解「義无咎也」。過、咎同義連用。

所任| 而鴆反。

【疏】所在注文爲「爲五所任」。〔註3070〕而鴆反,日沁開三去深。參看

〔註3064〕〔魏〕王弼、韓康伯注,〔唐〕孔穎達等正義:《周易正義》,北京:中華書局景印阮刻本,1980年版,第40頁。

〔註3065〕〔漢〕鄭玄注,〔唐〕孔穎達等正義:《禮記正義》,北京:中華書局景印阮刻本,1980年版,第399頁。

〔註3066〕《經典釋文彙校》:「『磐』,宋本同。寫本作『槃』,注疏本作『盤』。」見黃焯撰:《經典釋文彙校》,北京:中華書局,1980年版,第17頁。

〔註3067〕〔魏〕王弼、韓康伯注,〔唐〕孔穎達等正義:《周易正義》,北京:中華書局景印阮刻本,1980年版,第40頁。

〔註3068〕《經典釋文彙校》:「正文『遇』,寫本、宋本同。寫本《周易》作『過』,與《釋文》或本及注疏本同。盧云:錢本《釋文》作『或有過咎,非其理也』。注『一本無此八字,過或作遇。』雅雨本從之。」見黃焯撰:《經典釋文彙校》,北京:中華書局,1980年版,第17頁。

〔註3069〕〔魏〕王弼、韓康伯注,〔唐〕孔穎達等正義:《周易正義》,北京:中華書局景印阮刻本,1980年版,第40頁。

〔註3070〕〔魏〕王弼、韓康伯注,〔唐〕孔穎達等正義:《周易正義》,北京:中華書

〈坤〉「任其」條。

斯解｜ 佳買反。

【疏】所在注文爲「以斯解物」。〔註3071〕佳買反，見蟹開二上蟹。參看〈解〉「解」條。

之稱｜ 尺證反。

【疏】所在注文爲「黃，理中之稱也」。〔註3072〕參看〈師〉「之稱」條。

失枉｜ 紆往反。

【疏】所在注文爲「不失枉直之實」。〔註3073〕枉《廣韻》紆往切，影養合三上宕。《釋文》音同。

且乘｜ 如字。王肅繩證反。

【疏】所在經文爲「負且乘」。〔註3074〕乘《廣韻》二音，如字者，讀如食陵切，乘駕也。王肅繩證反者，船證開三去曾，與《廣韻》去聲實證切音同。王肅去聲誤，此處負且乘，且字連接兩動詞，故乘當讀平聲爲是。

柔邪｜ 似嗟反。

【疏】所在注文爲「用夫柔邪以自媚者也」。〔註3075〕參看〈乾〉「邪」條。

自我致戎｜ 本又作「致寇」。

【疏】所在經文爲「自我致戎」。〔註3076〕參看〈需〉「致寇」條。

局景印阮刻本，1980年版，第40頁。
〔註3071〕 〔魏〕王弼、韓康伯注，〔唐〕孔穎達等正義：《周易正義》，北京：中華書局景印阮刻本，1980年版，第40頁。
〔註3072〕 〔魏〕王弼、韓康伯注，〔唐〕孔穎達等正義：《周易正義》，北京：中華書局景印阮刻本，1980年版，第40頁。
〔註3073〕 〔魏〕王弼、韓康伯注，〔唐〕孔穎達等正義：《周易正義》，北京：中華書局景印阮刻本，1980年版，第40頁。
〔註3074〕 〔魏〕王弼、韓康伯注，〔唐〕孔穎達等正義：《周易正義》，北京：中華書局景印阮刻本，1980年版，第40頁。
〔註3075〕 〔魏〕王弼、韓康伯注，〔唐〕孔穎達等正義：《周易正義》，北京：中華書局景印阮刻本，1980年版，第40頁。
〔註3076〕 〔魏〕王弼、韓康伯注，〔唐〕孔穎達等正義：《周易正義》，北京：中華書局景印阮刻本，1980年版，第40頁。

解而| 佳買反，注同。

【疏】所在經文爲「解而拇」。〔註3077〕參看〈解〉「解」條。

拇| 茂后反，陸云：足大指。王肅云：手大指。荀作「母」。

【疏】參看〈咸〉「拇」條。王肅云「手大指」者，朱駿聲《說文通訓定聲》：「中指爲將指，大指爲拇指。手足大指皆曰拇。」〔註3078〕荀作「母」者，《集解》引虞翻曰：「二動時艮爲指。四變之坤爲母，故『解而母』。」〔註3079〕則亦假「母」爲拇指之「拇」也。

而比| 毗志反。

【疏】所在注文爲「而比於三」。〔註3080〕參看〈比〉「比」條。

維有解| 音蟹，注「有解」及〈象〉并下注「爲解之極」同。

【疏】所在經文爲「君子維有解」。〔註3081〕參看〈解〉「解」條。

解難| 佳買反。

【疏】所在注文爲「解難釋險」。〔註3082〕參看〈解〉「解」條。

用射| 食亦反。下注同。〔註3083〕

【疏】所在經文爲「公用射隼于高墉之上」。〔註3084〕參看〈比〉「則射」條。

〔註3077〕〔魏〕王弼、韓康伯注，〔唐〕孔穎達等正義：《周易正義》，北京：中華書局景印阮刻本，1980年版，第40頁。
〔註3078〕〔清〕朱駿聲撰：《說文通訓定聲》（續四庫經部小學類第220～221冊），上海：上海古籍出版社，景印道光二十八年刻本，2002年版，第220冊，第289頁。
〔註3079〕〔唐〕李鼎祚撰：《周易集解》，北京：中國書店，景印嘉慶三年姑蘇喜墨齋張遇堯局鐫本，1987年版，卷八，第8頁。
〔註3080〕〔魏〕王弼、韓康伯注，〔唐〕孔穎達等正義：《周易正義》，北京：中華書局景印阮刻本，1980年版，第40頁。
〔註3081〕〔魏〕王弼、韓康伯注，〔唐〕孔穎達等正義：《周易正義》，北京：中華書局景印阮刻本，1980年版，第40頁。
〔註3082〕〔魏〕王弼、韓康伯注，〔唐〕孔穎達等正義：《周易正義》，北京：中華書局景印阮刻本，1980年版，第40頁。
〔註3083〕《經典釋文彙校》：「宋本作『注下』，十行本、閩監本並同。」見黃焯撰：《經典釋文彙校》，北京：中華書局，1980年版，第17頁。
〔註3084〕〔魏〕王弼、韓康伯注，〔唐〕孔穎達等正義：《周易正義》，北京：中華書局景印阮刻本，1980年版，第40頁。

隼｜ 荀尹反。《毛詩草木鳥獸疏》云：鷂。

【疏】隼《廣韻》思尹切，心準合三上臻。《釋文》音同。《毛詩草木鳥獸疏》云「鷂」者，《毛詩草木鳥獸蟲魚疏・卷二・鴥彼飛隼》：「隼，鷂屬也。齊人謂之擊征，或謂之題肩，或謂之雀鷹，春化爲布穀者。此屬數種皆爲隼。」〔註 3085〕

高墉｜ 音容。馬云：城也。〔註 3086〕

【疏】墉《廣韻》餘封切，以鍾合三平通。《釋文》音同。參看〈同人〉「其墉」條。

將解｜ 佳買反。

【疏】所在注文爲「將解荒悖而除穢亂者也」。〔註 3087〕參看〈解〉「解」條。

荒悖｜ 布內反，〈象〉同。

【疏】參看〈頤〉「悖也」條。

以解｜ 佳買反。

【疏】所在經文爲「以解悖也」。〔註 3088〕參看〈解〉「解」條。

☶☱損｜ 孫本反，虧減之義也。又訓失。〈序卦〉云：緩必有所失，是也。艮宮三世卦。

【疏】損《廣韻》蘇本切，心混合一上臻。《釋文》音同。「虧減之義也」者，《廣雅・釋詁二》：「損，減也。」〔註 3089〕孔穎達疏：「損者，減損之名。」

〔註 3085〕〔清〕焦循撰：《陸氏草木鳥獸蟲魚疏疏》（續四庫經部詩類第 65 冊），上海：上海古籍出版社，景印清光緒十四年刻南菁書院叢書本，2002 年版，第 458 頁。
〔註 3086〕《經典釋文彙校》：「各本皆同，盧本『墉』誤『庸』。」見黃焯撰：《經典釋文彙校》，北京：中華書局，1980 年版，第 17 頁。
〔註 3087〕〔魏〕王弼、韓康伯注，〔唐〕孔穎達等正義：《周易正義》，北京：中華書局景印阮刻本，1980 年版，第 40 頁。
〔註 3088〕〔魏〕王弼、韓康伯注，〔唐〕孔穎達等正義：《周易正義》，北京：中華書局景印阮刻本，1980 年版，第 40 頁。
〔註 3089〕〔清〕王念孫撰：《廣雅疏證》，北京：中華書局，景印嘉慶年間王氏家刻本，1983 年版，第 61 頁。

〔註3090〕又訓「失」者，義與減略近。《易・序卦》云：「緩必有所失，故受之以〈損〉。」〔註3091〕

曷｜何葛反。

【疏】所在經文爲「曷之用」。〔註3092〕曷《廣韻》胡葛切，匣曷開一入山。《釋文》音同。

二簋｜蜀才作「軌」。

【疏】所在經文爲「二簋可用享」。〔註3093〕蜀才作「軌」者，《古易音訓》引晁說之曰：「軌，古文簋字。」〔註3094〕《儀禮・公食大夫禮》「宰夫設黍稷六簋于俎西」鄭玄注：「古文『簋』皆作『軌』。」〔註3095〕

用享｜香兩反，下同。蜀才許庚反。〔註3096〕

【疏】享《廣韻》許兩切，曉養開三上宕。《釋文》音同。蜀才許庚反者，

〔註3090〕〔魏〕王弼、韓康伯注，〔唐〕孔穎達等正義：《周易正義》，北京：中華書局景印阮刻本，1980年版，第40頁。

〔註3091〕〔魏〕王弼、韓康伯注，〔唐〕孔穎達等正義：《周易正義》，北京：中華書局景印阮刻本，1980年版，第84頁。

〔註3092〕〔魏〕王弼、韓康伯注，〔唐〕孔穎達等正義：《周易正義》，北京：中華書局景印阮刻本，1980年版，第40頁。

〔註3093〕〔魏〕王弼、韓康伯注，〔唐〕孔穎達等正義：《周易正義》，北京：中華書局景印阮刻本，1980年版，第40頁。

〔註3094〕〔宋〕呂祖謙撰，〔清〕宋咸熙輯：《古易音訓》（續四庫經部易類第2冊），上海：上海古籍出版社，景印清嘉慶七年刻本，2002年版，第38頁。

〔註3095〕〔漢〕鄭玄注，〔唐〕賈公彥疏：《儀禮注疏》，北京：中華書局景印阮刻本，1980年版，第137頁。

〔註3096〕《經典釋文彙校》：「宋本同。唐寫本《周易》作『亨』，寫本《釋文》作『亨』，汲古本、雅雨本、盧本並作『亨』。案《釋文》此本於上經〈大有・九三〉『公用亨于天子』，〈隨・上六〉『王用亨于西山』，下經〈升・六四〉『王用亨于岐山』並音許庚反，訓爲通，字作『亨』。下經〈益・六二〉『王用享于帝』，〈困・九二〉『利用享祀』，象下傳〈萃〉『致孝享也』，〈鼎〉『聖人亨以享上帝』，象下傳〈渙〉『先王以享于帝立廟』與此卦彖辭『二簋可用享』，並音香兩反，字作『享』。惟亨、享實爲一字，篆文作『亯』，古音讀入唐部，特隸書與今音分而爲二耳。此卦『用享』、唐本與宋本互異，〈益・六二〉『王用享』，唐宋本又皆作『亨』，緣其本爲一字，故作『享』作『亨』，初無定準也。」見黃焯撰：《經典釋文彙校》，北京：中華書局，1980年版，第17頁。

讀享爲亨，亨《廣韻》許庚切，曉庚開二平梗。蜀才音同。亨，通也。〔註3097〕
參看〈乾〉「元亨」條、〈大有〉「用亨」條。

上行｜ 時掌反。凡上行皆同。

【疏】所在經文爲「其道上行」。〔註3098〕參看〈乾〉「上下」條。

陰說｜ 音悅。〔註3099〕

【疏】所在注文爲「陰說而順」。〔註3100〕說、悅，古今字。

非長｜ 丁丈反。下「德長」、「遂長」同。

【疏】所在注文爲「非長君子之道也」。〔註3101〕參看〈師〉「長子」條。

爲邪｜ 似嗟反。

〔註3097〕 宋毛居正《六經正誤》云：「《辭辭》『一簣可用亨』、〈象〉辭『一簣可用亨』，
今皆作『享』，誤。案《釋文》『用亨』音香兩反，蜀才音許庚反。若木作『享』
字，必不音許庚反。況『享』字人皆識之，亦不待音香兩反。既有兩音，是
元作『亨』字無疑。又〈大有〉卦『公用亨于天子』音許庚反，通也。卜同。
眾家並香兩反。京云：獻也。干云：享宴也。姚云：享祀也。〈隨〉卦『王
用亨于西山』音許庚反，通也。陸許兩反，祭也。〈升〉卦『王用亨于岐山』
音許庚反，通也。馬、鄭、陸、王肅許兩反。馬云：祭也。鄭云：獻也。〈益・
六二〉『王用亨于帝』音香兩反，注同。王廙許庚反。凡易中『亨』字有亨
通及亨祀亨宴兩義者，皆有兩音。蓋王注解作亨通，諸家解作亨祀、亨宴、
亨獻者則先音許庚反，次音香兩反。王注解作亨祀，諸家解作亨通者，則先
音香兩反，次音許庚反。雖作兩音，然字作『亨』，無畫斷然可知。近世傳
寫不考元本及《釋文》，但見王注解作享祀即加一畫作『享』字，併連《釋
文》所標『亨』字亦改作『享』，殊不思字既作『享』，何緣復音許庚反乎？
此字當改從舊無疑，但承訛既久，未敢遽改。若《釋文》所標，不容不正，
若亦仍俗誤，音切不通，何以垂後？」見〔宋〕毛居正撰：《六經正誤》，揚
州：江蘇廣陵古籍刻印社，景印通志堂經解本第十六冊，1996年版，第568
～569頁。按：亨、享本爲一字，毛氏以「亨」爲正體也。
〔註3098〕 〔魏〕王弼、韓康伯注，〔唐〕孔穎達等正義：《周易正義》，北京：中華書
局景印阮刻本，1980年版，第40頁。
〔註3099〕 《經典釋文彙校》：「寫本、宋本同。寫本《周易》作『悅』。」見黃焯撰：《經
典釋文彙校》，北京：中華書局，1980年版，第17頁。
〔註3100〕 〔魏〕王弼、韓康伯注，〔唐〕孔穎達等正義：《周易正義》，北京：中華書
局景印阮刻本，1980年版，第40頁。
〔註3101〕 〔魏〕王弼、韓康伯注，〔唐〕孔穎達等正義：《周易正義》，北京：中華書
局景印阮刻本，1980年版，第40頁。

【疏】所在注文爲「損剛而不爲邪」。參看〈乾〉「邪」條。

能拯|　拯救之拯。

【疏】所在注文爲「雖不能拯濟大難」。〔註3102〕參看〈屯〉「拯」條。

大難|　乃旦反。

【疏】參看〈乾〉「而難」條。

二簋應|　師如字。舊應對之應。

【疏】所在經文爲「二簋應有時」。〔註3103〕參看〈泰〉「所應」條。

偕行|　音皆。

【疏】所在經文爲「與時偕行」。〔註3104〕偕《廣韻》古諧切，見皆開二平蟹。《釋文》音同。訓爲俱也。

其分|　扶問反。

【疏】所在注文爲「各定其分」。〔註3105〕分作分際、限度解時《廣韻》扶問切，奉問合三去臻。《釋文》音同。

徵|　直升反，止也。鄭云：猶清也。劉作「懲」，云：清也。蜀才作「澄」。
〔註3106〕

【疏】所在經文注疏本爲：「君子以懲忿窒欲」。〔註3107〕懲《廣韻》直陵切，澄蒸開三平曾。《釋文》直升反者，假徵爲懲也，與《廣韻》直陵切音同。

〔註3102〕〔魏〕王弼、韓康伯注，〔唐〕孔穎達等正義：《周易正義》，北京：中華書局景印阮刻本，1980年版，第40頁。

〔註3103〕〔魏〕王弼、韓康伯注，〔唐〕孔穎達等正義：《周易正義》，北京：中華書局景印阮刻本，1980年版，第40頁。

〔註3104〕〔魏〕王弼、韓康伯注，〔唐〕孔穎達等正義：《周易正義》，北京：中華書局景印阮刻本，1980年版，第40頁。

〔註3105〕〔魏〕王弼、韓康伯注，〔唐〕孔穎達等正義：《周易正義》，北京：中華書局景印阮刻本，1980年版，第40頁。

〔註3106〕《經典釋文彙校》：「宋本同。寫本『徵』作『懲』，『懲』作『澂』。盧本『懲』改『澂』，與寫本合。『澄』，閩監本誤作『證』，寫本與今本同。」見黃焯撰：《經典釋文彙校》，北京：中華書局，1980年版，第17頁。

〔註3107〕〔魏〕王弼、韓康伯注，〔唐〕孔穎達等正義：《周易正義》，北京：中華書局景印阮刻本，1980年版，第41頁。

《荀子・正論》：「凡刑人之本，禁暴惡惡，且徵其未也。」楊倞注：「徵，讀爲懲。」〔註 3108〕此徵讀爲懲之證也。「止也」者，《詩・小雅・沔水》「寧莫之懲」毛《傳》：「懲，止也。」〔註 3109〕《詩・小雅・十月之交》「胡憯莫懲」鄭玄《箋》：「懲，止也。」〔註 3110〕鄭云「猶清也」者，假徵爲澂也，《說文・水部》「澂，清也。」〔註 3111〕段玉裁注：「徵者，澂之假借字。」〔註 3112〕劉作「懲」而訓爲「清也」者，假懲爲澂也。蜀才作「澄」者，澂、澄，古今字。《古易音訓》引晁說之曰：「蜀作登。案，登古文澄字。」〔註 3113〕

忿| 芳粉反。

【疏】忿《廣韻》二讀，匹問切，敷問合三去臻。敷粉切，敷吻合三上臻。音異義同，皆訓爲怒也。《釋文》音同《廣韻》敷粉切。

窒| 珍栗反。徐得悉反。鄭、劉作「懫」，懫，止也。孟作「恎」，陸作「眘」。

【疏】窒《廣韻》二讀，一爲陟栗切，知質開三入臻。一爲丁結切，端屑開四入山。音異而義同，窒塞也。《釋文》首音珍栗反與《廣韻》陟栗切音同。徐氏得悉反，端紐，類隔，古則無別。鄭、劉作「懫」者，懫與窒疊韻，古音同在質部。「懫，止也」者，《廣雅・釋詁三》：「懫，止也」王念孫《疏證》：「懫，與窒通。」〔註 3114〕孟作「恎」者，亦與窒通也，訓同。陸作「眘」者，《說文・心部》：「愼，謹也。从心眞聲。𥛬，古文。」〔註 3115〕「眘」爲

〔註 3108〕〔唐〕楊倞注，〔清〕王先謙集解：《荀子集解》，上海：上海書店，景印諸子集成本，1986 年版，第 218 頁。

〔註 3109〕〔漢〕毛公傳、鄭玄箋，〔唐〕孔穎達等正義：《毛詩正義》，北京：中華書局景印阮刻本，1980 年版，第 165 頁。

〔註 3110〕〔漢〕毛公傳、鄭玄箋，〔唐〕孔穎達等正義：《毛詩正義》，北京：中華書局景印阮刻本，1980 年版，第 178 頁。

〔註 3111〕〔漢〕許慎撰：《說文解字》，北京：中華書局，景印同治十二年陳昌治刻本，1963 年版，第 231 頁。

〔註 3112〕〔清〕段玉裁撰：《説文解字注》，上海：上海古籍出版社，景印嘉慶二十年經韻樓本，1988 年版，第 550 頁。

〔註 3113〕〔宋〕呂祖謙撰，〔清〕宋咸熙輯：《古易音訓》（續四庫經部易類第 2 冊），上海：上海古籍出版社，景印清嘉慶七年刻本，2002 年版，第 44 頁。

〔註 3114〕〔清〕王念孫撰：《廣雅疏證》，北京：中華書局，景印嘉慶年間王氏家刻本，1983 年版，第 93 頁。

〔註 3115〕〔漢〕許慎撰：《說文解字》，北京：中華書局，景印同治十二年陳昌治刻本，

「慎」之古文，《爾雅‧釋詁上》：「慎，靜也。」〔註3116〕義與止近。

欲| 如字。孟作「浴」。

【疏】如字者，明字形作「欲」也。孟作「浴」者，假浴為欲也。《古易音訓》引晁說之曰：「孟作谷。案，谷，古文欲字。」〔註3117〕

巳事| 音以，本亦作「以」。虞作「祀」。〔註3118〕

【疏】所在經文為「巳事遄往」。〔註3119〕「音以」者，辨字形作「巳」也。《正義》曰：「巳，竟也。」〔註3120〕本亦作「以」者，以、巳，古通。虞作「祀」者，《集解》引虞翻曰：「祀，祭祀。」〔註3121〕馬王堆漢墓帛書《周易》作「巳」，〔註3122〕與《釋文》同。

遄| 市專反，速也。荀作「顓」。

【疏】遄《廣韻》市緣切，禪仙合三平山。《釋文》音同。「速也」者，《爾雅‧釋詁下》：「遄，速也。」〔註3123〕荀作「顓」者，顓、遄，皆從耑得聲，故得相通。此處顓假借為遄也，訓同。按，馬王堆漢墓帛書《周易》作「端」，〔註3124〕義當假借為遄也。

1963年版，第217頁。

〔註3116〕 〔晉〕郭璞注，〔宋〕邢昺疏：《爾雅注疏》，北京：中華書局景印阮刻本，1980年版，第3頁。

〔註3117〕 〔宋〕呂祖謙撰，〔清〕宋咸熙輯：《古易音訓》（續四庫經部易類第2冊），上海：上海古籍出版社，景印清嘉慶七年刻本，2002年版，第44頁。

〔註3118〕 《經典釋文彙校》：「宋本同。寫本『祀』作『紀』，明監本同。阮云：作『紀』誤。」見黃焯撰：《經典釋文彙校》，北京：中華書局，1980年版，第17頁。

〔註3119〕 〔魏〕王弼、韓康伯注，〔唐〕孔穎達等正義：《周易正義》，北京：中華書局景印阮刻本，1980年版，第41頁。

〔註3120〕 〔魏〕王弼、韓康伯注，〔唐〕孔穎達等正義：《周易正義》，北京：中華書局景印阮刻本，1980年版，第41頁。

〔註3121〕 〔唐〕李鼎祚撰：《周易集解》，北京：中國書店，景印嘉慶三年姑蘇喜墨齋張遇堯局鐫本，1987年版，卷八，第10頁。

〔註3122〕 廖名春釋文：《馬王堆帛書周易經傳釋文》（續四庫經部易類第1冊），上海：上海古籍出版社，2002年版，第3頁。

〔註3123〕 〔晉〕郭璞注，〔宋〕邢昺疏：《爾雅注疏》，北京：中華書局景印阮刻本，1980年版，第8頁。

〔註3124〕 廖名春釋文：《馬王堆帛書周易經傳釋文》（續四庫經部易類第1冊），上海：上海古籍出版社，2002年版，第3頁。

復自｜ 扶又反，九二注同。

【疏】所在注文爲「復自『酌損』」。〔註3125〕參看〈蒙〉「則復」條。

以上｜ 時掌反。

【疏】所在注文爲「謂自六三巳上三陰也」。〔註3126〕阮元《校勘記》：「岳本、閩監、毛本同。《釋文》出『以上』，按以、巳古多通用。」〔註3127〕參看〈乾〉「上下」條。

化淳｜ 尚春反。

【疏】所在注文注疏本爲：「乃得化醇」。〔註3128〕阮元《校勘記》：「岳本、閩監、毛本同，宋本、古本、足利本『醇』作『淳』，疏同。《釋文》出『化淳』。」〔註3129〕淳《廣韻》常倫切，襌諄合三平臻。《釋文》音同。淳、醇音近義通，厚也。《廣雅·釋詁三》：「醇，厚也。」〔註3130〕

以離｜ 力智反。

【疏】所在注文爲「損疾以離其咎」。〔註3131〕參看〈乾〉「離隱」條。

知者｜ 音智。〔註3132〕

【疏】所在注文注疏本爲：「智者慮能」。〔註3133〕阮元《校勘記》：「閩監、

〔註3125〕〔魏〕王弼、韓康伯注，〔唐〕孔穎達等正義：《周易正義》，北京：中華書局景印阮刻本，1980年版，第41頁。

〔註3126〕〔魏〕王弼、韓康伯注，〔唐〕孔穎達等正義：《周易正義》，北京：中華書局景印阮刻本，1980年版，第41頁。

〔註3127〕〔魏〕王弼、韓康伯注，〔唐〕孔穎達等正義：《周易正義》，北京：中華書局景印阮刻本，1980年版，第44頁。

〔註3128〕〔魏〕王弼、韓康伯注，〔唐〕孔穎達等正義：《周易正義》，北京：中華書局景印阮刻本，1980年版，第41頁。

〔註3129〕〔魏〕王弼、韓康伯注，〔唐〕孔穎達等正義：《周易正義》，北京：中華書局景印阮刻本，1980年版，第44頁。

〔註3130〕〔清〕王念孫撰：《廣雅疏證》，北京：中華書局，景印嘉慶年間王氏家刻本，1983年版，第92頁。

〔註3131〕〔魏〕王弼、韓康伯注，〔唐〕孔穎達等正義：《周易正義》，北京：中華書局景印阮刻本，1980年版，第41頁。

〔註3132〕《經典釋文彙校》：「寫本同。寫本《周易》作『智』。」見黃焯撰：《經典釋文彙校》，北京：中華書局，1980年版，第17頁。

〔註3133〕〔魏〕王弼、韓康伯注，〔唐〕孔穎達等正義：《周易正義》，北京：中華書局景印阮刻本，1980年版，第41頁。

毛本同，岳本『智』作『知』。《釋文》出『知者』。」〔註3134〕知、智，古今字。

以盡| 津忍反。

【疏】所在注文爲「足以盡天人之助也」。〔註3135〕參看〈乾〉「故盡」條。

上祐| 音又。本亦作「佑」。

【疏】所在注文爲「自上祐也」。〔註3136〕祐《廣韻》于救切，云宥開三去流。《釋文》音同。本亦作「佑」者，義同，助也。《容齋三筆·六經用字》：「佑、祐、右三字一也，而在《書》爲佑，在《易》爲祐，在《詩》爲右。」〔註3137〕王氏蓋就其大略言之也。

不制| 一本作「下制」。

【疏】所在注文爲「不制於柔」。〔註3138〕阮元《校勘記》：「岳本、閩監、毛本同。《釋文》『不制』一本作『下制』。」〔註3139〕又孔疏「不利於柔」《校勘記補》云：「宋本『不利』作『下制』。閩監、毛本作『不制』。案『不制』正與注同，然注『不』字亦疑是『下』字之譌。」〔註3140〕按王弼注「不制於柔，剛德遂長」訓解此爻爻辭中「利有攸往」一語。疑本當作「下利於柔，剛德遂長」。

遂長| 丁丈反。

〔註3134〕〔魏〕王弼、韓康伯注，〔唐〕孔穎達等正義：《周易正義》，北京：中華書局景印阮刻本，1980年版，第44頁。

〔註3135〕〔魏〕王弼、韓康伯注，〔唐〕孔穎達等正義：《周易正義》，北京：中華書局景印阮刻本，1980年版，第41頁。

〔註3136〕〔魏〕王弼、韓康伯注，〔唐〕孔穎達等正義：《周易正義》，北京：中華書局景印阮刻本，1980年版，第41頁。

〔註3137〕〔宋〕洪邁撰：《容齋隨筆》，上海：上海古籍出版社，1978年版，第531～532頁。

〔註3138〕〔魏〕王弼、韓康伯注，〔唐〕孔穎達等正義：《周易正義》，北京：中華書局景印阮刻本，1980年版，第41頁。

〔註3139〕〔魏〕王弼、韓康伯注，〔唐〕孔穎達等正義：《周易正義》，北京：中華書局景印阮刻本，1980年版，第44頁。

〔註3140〕〔魏〕王弼、韓康伯注，〔唐〕孔穎達等正義：《周易正義》，北京：中華書局景印阮刻本，1980年版，第44頁。

【疏】所在注文爲「剛德遂長」。〔註3141〕參看〈師〉「長子」條。

尚夫│ 音符。

【疏】所在注文爲「尚夫剛德」。〔註3142〕參看〈乾〉「夫位」條。

䷩益│ 增長之名。又以弘裕爲義。〈繫辭〉云：益，長裕而不設。是也。巽宮三世卦。

【疏】增長之名者，《正義》曰：「『益』者，增足之名，損上益下，故謂之益。」〔註3143〕〈繫辭〉云者，王弼彼注云：「有所興爲，以益於物，故曰長裕。」〔註3144〕益《說文・皿部》：「益，饒也。」〔註3145〕增長、弘裕者，義近。

民說│ 音悅。

【疏】所在經文爲「民說无疆」。〔註3146〕說、悅，古今字。

无疆│ 居良反。下同。

【疏】疆《廣韻》居良切，見陽開三平宕。《釋文》音同。

下下│ 上遐嫁反，下如字。注同。

【疏】所在經文爲「自上下下」。〔註3147〕參看〈屯〉「下賤」條。

涉難│ 乃旦反。下同。

〔註3141〕〔魏〕王弼、韓康伯注，〔唐〕孔穎達等正義：《周易正義》，北京：中華書局景印阮刻本，1980年版，第41頁。
〔註3142〕〔魏〕王弼、韓康伯注，〔唐〕孔穎達等正義：《周易正義》，北京：中華書局景印阮刻本，1980年版，第41頁。
〔註3143〕〔魏〕王弼、韓康伯注，〔唐〕孔穎達等正義：《周易正義》，北京：中華書局景印阮刻本，1980年版，第41頁。
〔註3144〕〔魏〕王弼、韓康伯注，〔唐〕孔穎達等正義：《周易正義》，北京：中華書局景印阮刻本，1980年版，第77頁。
〔註3145〕〔漢〕許慎撰：《說文解字》，北京：中華書局，景印同治十二年陳昌治刻本，1963年版，第104頁。
〔註3146〕〔魏〕王弼、韓康伯注，〔唐〕孔穎達等正義：《周易正義》，北京：中華書局景印阮刻本，1980年版，第41頁。
〔註3147〕〔魏〕王弼、韓康伯注，〔唐〕孔穎達等正義：《周易正義》，北京：中華書局景印阮刻本，1980年版，第41頁。

【疏】所在注文爲「以益涉難」。〔註 3148〕參看〈乾〉「而難」條。

天施｜ 始豉反。

【疏】所在經文爲「天施地生」。〔註 3149〕參看〈乾〉「德施」條。

之處｜ 昌預反。下「其處」同。〔註 3150〕

【疏】所在注文爲「在卑非任重之處」。〔註 3151〕參看〈乾〉「處於」條。

用亨｜ 香兩反，注同。王虞許庚反。〔註 3152〕

【疏】所在經文注疏本作「王用享于帝，吉」。〔註 3153〕參看〈乾〉「元亨」、〈大有〉「用亨」條。

用圭｜ 王肅作「用桓圭」。

【疏】所在經文爲「告公用圭」。〔註 3154〕《集解》引《九家易》曰：「天子以尺二寸玄圭事天，以九寸事地也。上公執桓圭，九寸；諸侯執信圭，七寸；諸伯執躬圭，七寸；諸子執穀璧，五寸；諸男執蒲璧，五寸。五等諸侯，各執之以朝見天子也。」〔註 3155〕又《周禮·春官·大宗伯》：「公執桓圭。」鄭玄注：「桓圭，蓋亦以桓爲琢飾，圭長九寸。」〔註 3156〕王肅作「用桓圭」

〔註 3148〕〔魏〕王弼、韓康伯注，〔唐〕孔穎達等正義：《周易正義》，北京：中華書局景印阮刻本，1980 年版，第 41 頁。

〔註 3149〕〔魏〕王弼、韓康伯注，〔唐〕孔穎達等正義：《周易正義》，北京：中華書局景印阮刻本，1980 年版，第 41 頁。

〔註 3150〕《經典釋文彙校》：「寫本、宋本同。盧謂『預』譌，當作『慮』。焯案預、慮二字韻類相同，不知盧説所本。」見黃焯撰：《經典釋文彙校》，北京：中華書局，1980 年版，第 17 頁。

〔註 3151〕〔魏〕王弼、韓康伯注，〔唐〕孔穎達等正義：《周易正義》，北京：中華書局景印阮刻本，1980 年版，第 41 頁。

〔註 3152〕《經典釋文彙校》：「盧依宋本改作『亨』，實無須爾，説見前。」見黃焯撰：《經典釋文彙校》，北京：中華書局，1980 年版，第 17 頁。

〔註 3153〕〔魏〕王弼、韓康伯注，〔唐〕孔穎達等正義：《周易正義》，北京：中華書局景印阮刻本，1980 年版，第 41 頁。

〔註 3154〕〔魏〕王弼、韓康伯注，〔唐〕孔穎達等正義：《周易正義》，北京：中華書局景印阮刻本，1980 年版，第 41 頁。

〔註 3155〕〔唐〕李鼎祚撰：《周易集解》，北京：中國書店，景印嘉慶三年姑蘇喜墨齋張遇堯局鐫本，1987 年版，卷八，第 13 頁。

〔註 3156〕〔漢〕鄭玄注，〔唐〕賈公彥疏：《周禮注疏》，北京：中華書局景印阮刻本，1980 年版，第 124 頁。

者，「桓」衍，當是因注解而誤屬也。故毛奇齡《仲氏易》云：「王肅本有『桓』字，謬。」〔註3157〕

不為｜ 于偽反。

【疏】所在注文爲「若能益不爲私」。〔註3158〕爲《廣韻》二讀，訓作造爲，蓮支切，云支合三平止。訓作助也，于僞切，云寘合三去止。《釋文》音同《廣韻》去聲。

不處｜ 本或作「不屈」。

【疏】所在注文爲「卑不窮下，高不處亢」。〔註3159〕處者，居也。本或作「不屈」者，「屈」當是「居」字之譌也。《老子・八章》「處眾人之所惡」陸德明《釋文》云：「一本作居。」〔註3160〕《儀禮・既夕禮記》「士處適寢」鄭玄注：「今文處爲居。」〔註3161〕皆是也。若依「屈」讀之，亦通。屈，至也。《書・大禹謨》「無遠弗屆」孔安國《傳》：「屆，至也。」〔註3162〕《詩・小雅・節南山》「君子如屆」鄭玄《箋》：「屆，至也。」〔註3163〕

用費｜ 芳貴反。〔註3164〕

【疏】所在注文爲「惠而不費」。〔註3165〕費《廣韻》二讀，費邑兵媚切，

〔註3157〕 〔清〕毛奇齡撰：《仲氏易》（皇清經解本），上海：上海書店，景印清經解本第一冊，1988年版，第532頁。
〔註3158〕 〔魏〕王弼、韓康伯注，〔唐〕孔穎達等正義：《周易正義》，北京：中華書局景印阮刻本，1980年版，第41頁。
〔註3159〕 〔魏〕王弼、韓康伯注，〔唐〕孔穎達等正義：《周易正義》，北京：中華書局景印阮刻本，1980年版，第42頁。
〔註3160〕 〔唐〕陸德明撰：《經典釋文》，北京：中華書局，景印徐乾學通志堂刻本，1983年版，第356頁。
〔註3161〕 〔漢〕鄭玄注，〔唐〕賈公彥疏：《儀禮注疏》，北京：中華書局景印阮刻本，1980年版，第213頁。
〔註3162〕 〔漢〕孔安國傳，〔唐〕孔穎達等正義：《尚書正義》，北京：中華書局景印阮刻本，1980年版，第35頁。
〔註3163〕 〔漢〕毛公傳、鄭玄箋，〔唐〕孔穎達等正義：《毛詩正義》，北京：中華書局景印阮刻本，1980年版，第173頁。
〔註3164〕 《經典釋文彙校》：「『用』，寫本、宋本同。盧本改作『不』。阮云：案注云『惠而不費』，作『不』是也。」見黃焯撰：《經典釋文彙校》，北京：中華書局，1980年版，第17頁。
〔註3165〕 〔魏〕王弼、韓康伯注，〔唐〕孔穎達等正義：《周易正義》，北京：中華書局景印阮刻本，1980年版，第42頁。

幫至開重紐三去止。耗費芳未切，敷未合三去止。費姓扶沸切，奉未合三去止。《釋文》音同《廣韻》芳未切。

盡物｜ 津忍反。

【疏】所在注文爲「盡物之願」。〔註3166〕參看〈乾〉「故盡」條。

無厭｜ 於鹽反。

【疏】所在注文爲「无厭之求，人弗與也」。〔註3167〕厭《廣韻》三讀，厭魅於琰切，影琰開重紐四上咸。訓食不厭精於豔切，影豔開重紐四去咸。訓作厭伏、惡夢於葉切，影葉開重紐四入咸。《釋文》於鹽反，鹽《廣韻》二讀，余廉切、以贍切，此處反切下語當讀去聲，則於鹽反與《廣韻》於豔切音同。無厭之厭，訓爲足也。

莫和｜ 胡臥反。〔註3168〕

【疏】所在注文爲「獨唱莫和」。〔註3169〕和作唱和解時《廣韻》胡臥切，匣過合一去果。《釋文》音同。

惡盈｜ 烏路反。

【疏】所在注文爲「人道惡盈」。〔註3170〕惡《廣韻》三讀，訓作不善，烏各切，影鐸開一入宕。訓作憎惡，烏路切，影暮合一去遇。訓作安也，哀都切，影模合一平遇。《釋文》音同《廣韻》烏路切，憎惡也。參看〈蒙〉「所惡」條。

偏辭｜ 音篇。孟作「徧」，云：周匝也。〔註3171〕

〔註3166〕〔魏〕王弼、韓康伯注，〔唐〕孔穎達等正義：《周易正義》，北京：中華書局景印阮刻本，1980年版，第42頁。

〔註3167〕〔魏〕王弼、韓康伯注，〔唐〕孔穎達等正義：《周易正義》，北京：中華書局景印阮刻本，1980年版，第42頁。

〔註3168〕《經典釋文彙校》：「宋本『和』作『以』，誤。寫本與此本同。」見黃焯撰：《經典釋文彙校》，北京：中華書局，1980年版，第17頁。

〔註3169〕〔魏〕王弼、韓康伯注，〔唐〕孔穎達等正義：《周易正義》，北京：中華書局景印阮刻本，1980年版，第42頁。

〔註3170〕〔魏〕王弼、韓康伯注，〔唐〕孔穎達等正義：《周易正義》，北京：中華書局景印阮刻本，1980年版，第42頁。

〔註3171〕《經典釋文彙校》：「寫本《周易》『偏』作『徧』，與《釋文》『孟作徧』合。

【疏】所在經文注疏本爲：「『莫益之』，偏辭也」。〔註3172〕偏《廣韻》二讀，芳連切，滂仙開重紐四平山。匹戰切，滂線開重紐四去山。音異義同，不正也。《釋文》音同《廣韻》芳連切，《說文・人部》：「偏，頗也。」〔註3173〕《正義》曰：「此有求而彼不應，是『偏辭也』。」〔註3174〕則孔氏訓爲偏頗也。孟喜作「徧」者，與偏聲同，二字古通。云「周匝也」者，集解本作「莫益之，徧辭也。」《集解》引虞翻曰：「徧，周帀也。三體剛凶，故至上應乃益之矣。」〔註3175〕是訓與孟喜同也。又《古易音訓》引晁說之曰：「當作徧。」〔註3176〕

周易下經夬傳第五

䷪夬│ 古快反，決也。坤宮五世卦。

【疏】夬《廣韻》古邁切，見夬合二去蟹。《釋文》音同。「決也」者，《易・序卦》：「夬者，決也。」〔註3177〕《易・夬・彖傳》：「夬，決也，剛決柔也。」〔註3178〕〈雜卦〉同。

剛幾│ 音祈。

【疏】所在注文爲「至於剛幾盡」。〔註3179〕幾，辭也。參看〈屯〉「君子

宋本『匝』作『帀』。阮云：帀、匝，正俗字。」見黃焯撰：《經典釋文彙校》，北京：中華書局，1980年版，第17頁。
〔註3172〕〔魏〕王弼、韓康伯注，〔唐〕孔穎達等正義：《周易正義》，北京：中華書局景印阮刻本，1980年版，第42頁。
〔註3173〕〔漢〕許慎撰：《說文解字》，北京：中華書局，景印同治十二年陳昌治刻本，1963年版，第166頁。
〔註3174〕〔魏〕王弼、韓康伯注，〔唐〕孔穎達等正義：《周易正義》，北京：中華書局景印阮刻本，1980年版，第42頁。
〔註3175〕〔唐〕李鼎祚撰：《周易集解》，北京：中國書店，景印嘉慶三年姑蘇喜墨齋張遇堯局鐫本，1987年版，卷八，第14頁。
〔註3176〕〔宋〕呂祖謙撰，〔清〕宋咸熙輯：《古易音訓》（續四庫經部易類第2冊），上海：上海古籍出版社，景印清嘉慶七年刻本，2002年版，第44頁。
〔註3177〕〔魏〕王弼、韓康伯注，〔唐〕孔穎達等正義：《周易正義》，北京：中華書局景印阮刻本，1980年版，第84頁。
〔註3178〕〔魏〕王弼、韓康伯注，〔唐〕孔穎達等正義：《周易正義》，北京：中華書局景印阮刻本，1980年版，第44頁。
〔註3179〕〔魏〕王弼、韓康伯注，〔唐〕孔穎達等正義：《周易正義》，北京：中華書局景印阮刻本，1980年版，第44頁。

幾」條。

坦然｜ 他但反。

【疏】所在注文爲「刑罰之威不可得坦然而行」。〔註3180〕坦《廣韻》他但切，透旱開一上山。《釋文》音同。

夬，決｜ 徐古穴反。

【疏】所在經文爲「夬，決也」。〔註3181〕決《廣韻》二讀，決斷古穴切，見屑合四入山。決起而飛呼決切，曉屑合四入山。徐古穴反與《廣韻》古穴切同，參看〈大壯〉「藩決」。按陸德明《釋文》云「音穴」〔註3182〕，疑陸氏以穴爲決之正音，故此處錄徐氏音切，蓋存異也。

而說｜ 音悅。注皆同。

【疏】所在經文爲「健而說」。〔註3183〕說、悅，古今字。

齊長｜ 丁丈反。除上六〈象〉，並同。

【疏】所在注文爲「剛德齊長」。〔註3184〕參看〈師〉「長子」條。

則邪｜ 似嗟反。下同。

【疏】所在注文爲「則柔邪者危」。〔註3185〕參看〈乾〉「邪」條。

斷制｜ 丁亂反。注同。

【疏】所在注文爲「以剛斷制」。〔註3186〕參看〈蒙〉「能斷」條。

〔註3180〕〔魏〕王弼、韓康伯注，〔唐〕孔穎達等正義：《周易正義》，北京：中華書局景印阮刻本，1980年版，第44頁。

〔註3181〕〔魏〕王弼、韓康伯注，〔唐〕孔穎達等正義：《周易正義》，北京：中華書局景印阮刻本，1980年版，第44頁。

〔註3182〕〔唐〕陸德明撰：《經典釋文》，北京：中華書局，景印徐乾學通志堂刻本，1983年版，第25頁。

〔註3183〕〔魏〕王弼、韓康伯注，〔唐〕孔穎達等正義：《周易正義》，北京：中華書局景印阮刻本，1980年版，第44頁。

〔註3184〕〔魏〕王弼、韓康伯注，〔唐〕孔穎達等正義：《周易正義》，北京：中華書局景印阮刻本，1980年版，第44頁。

〔註3185〕〔魏〕王弼、韓康伯注，〔唐〕孔穎達等正義：《周易正義》，北京：中華書局景印阮刻本，1980年版，第44頁。

〔註3186〕〔魏〕王弼、韓康伯注，〔唐〕孔穎達等正義：《周易正義》，北京：中華書

澤上│ 時掌反。注同。

【疏】所在經文爲「澤上於天」。〔註3187〕參看〈乾〉「上下」條。

以施│ 始豉反。注同。

【疏】所在經文爲「君子以施祿及下」。〔註3188〕參看〈乾〉「德施」條。

壯于│ 側亮反。

【疏】所在經文爲「壯于前趾」。〔註3189〕壯《廣韻》側亮切，莊漾開三去宕。《釋文》音同。壯，壯健也。

前趾│ 荀作「止」。

【疏】「止」乃「趾」之本字。馬王堆漢墓帛書《周易》即作「止」。〔註3190〕參看〈噬嗑〉「滅止」條。

惕│ 勑歷反。荀、翟作「錫」，云：賜也。〔註3191〕

【疏】所在經文爲「惕號」。〔註3192〕惕《廣韻》他歷切，透錫開四入梗。《釋文》勑歷反，徹紐，類隔，古同。宋毛居正《六經正誤》：「惕，勑歷反。吳音呼勑爲逖，當作逖歷反，若從正音，呼勑如尺，則勑歷反乃是斥字，非惕字也。」〔註3193〕《集解》引虞翻曰：「惕，懼也。」〔註3194〕參看〈乾〉「夕

局景印阮刻本，1980 年版，第 44 頁。

〔註3187〕〔魏〕王弼、韓康伯注，〔唐〕孔穎達等正義：《周易正義》，北京：中華書局景印阮刻本，1980 年版，第 44 頁。

〔註3188〕〔魏〕王弼、韓康伯注，〔唐〕孔穎達等正義：《周易正義》，北京：中華書局景印阮刻本，1980 年版，第 44 頁。

〔註3189〕〔魏〕王弼、韓康伯注，〔唐〕孔穎達等正義：《周易正義》，北京：中華書局景印阮刻本，1980 年版，第 44 頁。

〔註3190〕廖名春釋文：《馬王堆帛書周易經傳釋文》（續四庫經部易類第 1 冊），上海：上海古籍出版社，2002 年版，第 10 頁。

〔註3191〕《經典釋文彙校》：「惠依葉鈔校『錫』爲『錫』。寫本、宋本作『錫』。」見黃焯撰：《經典釋文彙校》，北京：中華書局，1980 年版，第 18 頁。

〔註3192〕〔魏〕王弼、韓康伯注，〔唐〕孔穎達等正義：《周易正義》，北京：中華書局景印阮刻本，1980 年版，第 45 頁。

〔註3193〕〔宋〕毛居正撰：《六經正誤》，揚州：江蘇廣陵古籍刻印社，景印通志堂經解本第十六冊，1996 年版，第 571 頁。

〔註3194〕〔唐〕李鼎祚撰：《周易集解》，北京：中國書店，景印嘉慶三年姑蘇喜墨齋張遇堯局鐫本，1987 年版，卷九，第 2 頁。

惕」條。荀翟作「錫」者，惕、錫疊韻可通。云「賜也」者，錫、賜古今字也。《爾雅・釋詁上》：「錫，賜也。」〔註3195〕《易・訟》「或錫之鞶帶」陸德明《釋文》：「錫，賜也。」〔註3196〕又《公羊傳・莊公元年》：「錫者何？賜也。」〔註3197〕此處歷代《易》家多訓爲惕懼之惕。故毛奇齡《仲氏易》云：「荀爽、翟玄本作『錫』，云賜也。不可解。」〔註3198〕按，馬王堆漢墓帛書《周易》作「傷」，亦是从易得聲之字。

號| 戶羔反。注及下同。鄭、王廙音号。

【疏】號《廣韻》二讀，呼號胡刀切，匣豪開一平效。號令胡到切，匣號開一去效。《釋文》首音同《廣韻》平聲。「惕號」王弼注訓爲「惕懼號呼」〔註3199〕，故讀平聲。而鄭、王廙音号者，号《廣韻》中爲號令字之異體字，音胡到切。由此，鄭王訓號爲號令也。宋郭雍《郭氏傳家易說・卷五》：「惕，知懼也。號，明戒也。有備无患，故雖莫夜有戎，非所憂也。」又云：「惕號，鄭氏音號令之號。而作呼號者，非其義也。」〔註3200〕又宋李過《西谿易說・卷九》云：「二與五同德，既信于君矣，但謹懼而施號令于邑，使小人无所容，則其勢自衰，小人罪彰，利在爲亂，故莫夜有興兵之意。」〔註3201〕此皆循鄭、王之意，讀號爲號令者也。

莫夜| 音暮。注同。鄭如字，云：無也，無夜，非一夜。〔註3202〕

〔註3195〕〔晉〕郭璞注，〔宋〕邢昺疏：《爾雅注疏》，北京：中華書局景印阮刻本，1980年版，第2頁。

〔註3196〕〔唐〕陸德明撰：《經典釋文》，北京：中華書局，景印徐乾學通志堂刻本，1983年版，第20頁。

〔註3197〕〔漢〕何休注，〔唐〕徐彥疏：《春秋公羊傳注疏》，北京：中華書局景印阮刻本，1980年版，第31頁。

〔註3198〕〔清〕毛奇齡撰：《仲氏易》（皇清經解本），上海：上海書店，景印清經解本第一冊，1988年版，第533頁。

〔註3199〕〔魏〕王弼、韓康伯注，〔唐〕孔穎達等正義：《周易正義》，北京：中華書局景印阮刻本，1980年版，第45頁。

〔註3200〕〔宋〕郭雍撰：《郭氏傳家易說》（叢書集成初編哲學類第412～416冊），上海：商務印書館，據聚珍版叢書本排印，1935年版，第171頁。

〔註3201〕〔宋〕李過撰：《西谿易說》，臺灣：商務印書館，景印文淵閣四庫全書本第17冊，1983年版，第733頁。

〔註3202〕《經典釋文彙校》：「『無夜非一夜』，各本皆同。盧本『無』譌作『莫』。」見黃焯撰：《經典釋文彙校》，北京：中華書局，1980年版，第18頁。

【疏】所在經文爲「莫夜有戎」。〔註3203〕音暮者，莫、暮，古今字也。「莫」甲骨文作🔲（甲二〇三四）、🔲（粹六八二）〔註3204〕，金文作🔲（散盤）、🔲（中山王嚳壺）〔註3205〕，戰國楚簡《周易》作「🔲」。〔註3206〕皆象日落於艸中，乃暮之本字也。後莫借爲莫非之莫，故增義符日而新作暮字也。馬王堆漢墓帛書《周易》作「🔲」，隸定爲「𦱤」，亦「暮」字之異構也。莫，晚也。《詩·齊風·東方未明》「不夙則莫」毛《傳》：「莫，晚也。」〔註3207〕《詩·小雅·采薇》「歲亦莫止」鄭玄《箋》：「莫，晚也。」〔註3208〕惠棟《周易述》訓同。鄭「如字」者，讀莫爲莫非之莫也。云「無也」者，《廣雅·釋言》：「莫，無也。」〔註3209〕《書·伊訓》「亦莫不寧」孔安國《傳》：「莫，無也。」〔註3210〕《詩·邶風·谷風》「德音莫違」鄭玄《箋》：「莫，無也。」〔註3211〕此處鄭玄訓莫爲無，謂無夜，非一夜也。其意蓋言多夜有戎也。焦循亦訓莫爲無，然義稍異鄭玄，其《易章句》云：「莫，無也，不可。四之〈謙〉初成〈明夷〉也，二之〈剝〉五，下卦成〈離〉爲有戎。不可使成〈明夷〉而即戎，宜成〈革〉而有戎也，成〈明夷〉晦爲夜。」〔註3212〕則焦氏訓莫夜爲不可晦也。其義又較鄭玄迂迴。按，此處當讀莫爲暮爲是。若依如字讀之而訓爲無者，雖爲常訓，然於句法不契，以莫之後多不接名詞故也。

〔註3203〕〔魏〕王弼、韓康伯注，〔唐〕孔穎達等正義：《周易正義》，北京：中華書局景印阮刻本，1980年版，第45頁。

〔註3204〕中國科學院考古研究所編輯：《甲骨文編》（考古學專刊本，乙種第十四號），北京：中華書局，1965年版，第24頁。

〔註3205〕容庚編著，張振林、馬國權摹補：《金文編》，北京：中華書局，1985年版，第40頁。

〔註3206〕馬承源主編：《上海博物館藏戰國楚竹書（三）》，上海：上海古籍出版社，2003年版，第237頁。

〔註3207〕〔漢〕毛公傳、鄭玄箋，〔唐〕孔穎達等正義：《毛詩正義》，北京：中華書局景印阮刻本，1980年版，第83頁。

〔註3208〕〔漢〕毛公傳、鄭玄箋，〔唐〕孔穎達等正義：《毛詩正義》，北京：中華書局景印阮刻本，1980年版，第145頁。

〔註3209〕〔清〕王念孫撰：《廣雅疏證》，北京：中華書局，景印嘉慶年間王氏家刻本，1983年版，第136頁。

〔註3210〕〔漢〕孔安國傳，〔唐〕孔穎達等正義：《尚書正義》，北京：中華書局景印阮刻本，1980年版，第51頁。

〔註3211〕〔漢〕毛公傳、鄭玄箋，〔唐〕孔穎達等正義：《毛詩正義》，北京：中華書局景印阮刻本，1980年版，第145頁。

〔註3212〕〔清〕焦循撰：《易章句》，嘉慶年間雕菰樓刊本，卷二，第11頁。

號呼｜ 火故反。

【疏】所在注文爲「故雖有惕懼號呼」。〔註 3213〕呼《廣韻》一讀，荒烏切，曉模合一平遇。《釋文》火故反，曉暮合一去遇。蓋「呼」之舊音也。「呼」之異體作「謼」。《漢書·息夫躬傳》「躬仰天大謼」顏師古注：「謼，古呼字也。」〔註 3214〕又《爾雅·釋言》「號，謼也」陸德明《釋文》：「謼，又作呼。」〔註 3215〕故「謼」當爲「呼」之或體。謼《廣韻》二讀，荒烏切，曉模合一平遇。荒故切，曉暮合一去遇。《釋文》火故反正與《廣韻》謼之荒故切一音音同。故火故反者，當爲呼之舊音也。

頄｜ 求龜反，顴也。又音求，又丘倫反。翟云：面顴，頰閒骨也。鄭作「頯」，頯，夾面也。王肅音龜。江氏音琴威反。蜀才作「仇」。〔註 3216〕

【疏】所在經文爲「壯于頄」。〔註 3217〕頄《廣韻》二讀，渠追切，臺脂合重紐三平止。巨鳩切，臺尤開三平流。音異義同，面顴也。《釋文》首音同《廣韻》渠追切，「顴也」者，王弼注云：「頄，面權也。」〔註 3218〕《素問·氣府論》「頄骨下各一」王冰注：「頄，頯也。頯，面顴也。」〔註 3219〕又音求者，音同《廣韻》巨鳩切。又丘倫反者，溪諄合重紐三平臻。《集韻》據增區倫切，訓同。翟云者，《集解》引翟玄曰：「頄，面也。謂上處乾首之前，稱頄。頄，頰閒骨。三往壯上，故『有凶』也。」〔註 3220〕與陸氏引字異，義同。

〔註 3213〕〔魏〕王弼、韓康伯注，〔唐〕孔穎達等正義：《周易正義》，北京：中華書局景印阮刻本，1980 年版，第 45 頁。

〔註 3214〕〔漢〕班固撰：《前漢書》（四部備要本），上海：中華書局，據武英殿本校刊，1936 年版，第 728 頁。

〔註 3215〕〔唐〕陸德明撰：《經典釋文》，北京：中華書局，景印徐乾學通志堂刻本，1983 年版，第 412 頁。

〔註 3216〕《經典釋文彙校》：「宋本『氏』譌『比』。寫本與此本同。」見黃焯撰：《經典釋文彙校》，北京：中華書局，1980 年版，第 18 頁。

〔註 3217〕〔魏〕王弼、韓康伯注，〔唐〕孔穎達等正義：《周易正義》，北京：中華書局景印阮刻本，1980 年版，第 45 頁。

〔註 3218〕〔魏〕王弼、韓康伯注，〔唐〕孔穎達等正義：《周易正義》，北京：中華書局景印阮刻本，1980 年版，第 45 頁。

〔註 3219〕〔唐〕王冰注，〔宋〕林億等校正，孫兆重改誤：《補注黃帝內經素問》（二十二子本），上海：上海古籍出版社，景印光緒初年浙江書局輯刊本，1986 年版，第 936 頁。

〔註 3220〕〔唐〕李鼎祚撰：《周易集解》，北京：中國書店，景印嘉慶三年姑蘇喜墨齋張遇堯局鐫本，1987 年版，卷九，第 2 頁。

鄭作「頯」者，馬王堆漢墓帛書《周易》同。頯、頄，異體字。《說文·頁部》：
「頯，權也。」〔註3221〕權、顴，古今字。又《爾雅·釋魚》「蚆，博而頯」郝
懿行《義疏》：「頯，與頄同，權也。」〔註3222〕鄭玄訓爲「夾面」者，亦當即
面顴也。王肅音龜者，毛居正《六經正誤》：「頄，求龜反，又音求，王肅音
龜。案：龜字有兩音，一音居危反，一音鳩，若求龜反，則以龜字兩音，反之
皆通。正音龜，則當從鳩音，蓋頄字無居危反音也。」江氏音「琴威反」者，
羣微合三平止，《集韻》增琴威切，音同。蜀才作「仇」者，假仇爲頄也。戰國
楚簡《周易》作「頍」，〔註3223〕字从頁省，九聲。當是「頄」字之別構也。

若濡｜ 而朱反。

【疏】所在經文爲「遇雨若濡」。〔註3224〕濡《廣韻》二讀，其中訓爲霑
濡，人朱切，日虞合三平遇。《釋文》音同。

有慍｜ 紆運反，恨也。舊於問反。

【疏】慍《廣韻》於問切，影問合三去臻。《釋文》首音紆運反者，音同
而切語用字異。《釋文》舊音則與《廣韻》切語用字同。「恨也」者，王弼注：
「『遇雨若濡』，有恨而无所咎也。」〔註3225〕是亦訓爲恨也。《說文·心部》：
「慍，怒也。」〔註3226〕《左傳·襄公二十三年》「慍而不出」陸德明《釋文》：
「慍，怨也，怒也。」〔註3227〕《禮記·檀弓下》「慍，哀之變也」陸德明《釋
文》引庾皇曰：「慍，怨恚也。」〔註3228〕皆與恨義略同。

〔註3221〕 〔漢〕許慎撰：《說文解字》，北京：中華書局，景印同治十二年陳昌治刻本，
　　　　　 1963 年版，第 182 頁。
〔註3222〕 〔清〕郝懿行撰：《爾雅義疏》（漢小學四種本），成都：巴蜀書社，景印同
　　　　　 治四年郝氏家刻本，2001 年版，第 1188 頁。
〔註3223〕 馬承源主編：《上海博物館藏戰國楚竹書（三）》，上海：上海古籍出版社，
　　　　　 2003 年版，第 237 頁。
〔註3224〕 〔魏〕王弼、韓康伯注，〔唐〕孔穎達等正義：《周易正義》，北京：中華書
　　　　　 局景印阮刻本，1980 年版，第 45 頁。
〔註3225〕 〔魏〕王弼、韓康伯注，〔唐〕孔穎達等正義：《周易正義》，北京：中華書
　　　　　 局景印阮刻本，1980 年版，第 45 頁。
〔註3226〕 〔漢〕許慎撰：《說文解字》，北京：中華書局，景印同治十二年陳昌治刻本，
　　　　　 1963 年版，第 221 頁。
〔註3227〕 〔唐〕陸德明撰：《經典釋文》，北京：中華書局，景印徐乾學通志堂刻本，
　　　　　 1983 年版，第 264 頁。
〔註3228〕 〔唐〕陸德明撰：《經典釋文》，北京：中華書局，景印徐乾學通志堂刻本，

面權| 如字，《字書》作「顴」。

【疏】所在注文爲「頯，面權也」。〔註3229〕「如字」者，明字形作「權」也。《字書》作「顴」者，「權」之後起字也。《說文·木部》：「權，黃華木。」〔註3230〕面權者，權之假借義也。顴者，蓋依聲別造也。

棄夫| 本亦作「去」。羌呂反。

【疏】所在注文爲「必能棄夫情累」。〔註3231〕本亦作「去」者，義同。「去」有上去二聲，上聲者義爲除去之去，去聲者義爲來去之去。《釋文》羌呂反，音同《廣韻》上聲羌舉切。訓爲除也。參看〈蒙〉「擊去」條。

情累| 劣僞反。

【疏】參看〈乾〉「之累」條。

臀| 徐徒敦反。

【疏】所在經文爲「臀无膚」。〔註3232〕臀《廣韻》徒渾切，定魂合一平臻。《釋文》引徐氏音與《廣韻》同。

次| 本亦作「趑」，或作「跂」，《說文》及鄭作「趀」，同七私反，注下同。馬云：郤行不前也。《說文》：倉卒也。下卦放此。

【疏】所在經文爲「其行次且」。本亦作「趑」者，音義同。《別雅·卷一》：「次且，趑趄也。」〔註3233〕《廣雅·釋訓》「趑雎，難行也」王念孫《疏證》：「趑趄、次且，並與趑雎同。」〔註3234〕晁說之以「次且」爲古

　　　　　1983年版，第170頁。

〔註3229〕〔魏〕王弼、韓康伯注，〔唐〕孔穎達等正義：《周易正義》，北京：中華書局景印阮刻本，1980年版，第45頁。

〔註3230〕〔漢〕許慎撰：《說文解字》，北京：中華書局，景印同治十二年陳昌治刻本，1963年版，第117頁。

〔註3231〕〔魏〕王弼、韓康伯注，〔唐〕孔穎達等正義：《周易正義》，北京：中華書局景印阮刻本，1980年版，第45頁。

〔註3232〕〔魏〕王弼、韓康伯注，〔唐〕孔穎達等正義：《周易正義》，北京：中華書局景印阮刻本，1980年版，第45頁。

〔註3233〕〔清〕吳玉搢撰：《別雅》，光緒丁亥年蒧林山房刻益雅堂叢書本，卷一，第25頁。

〔註3234〕〔清〕王念孫撰：《廣雅疏證》，北京：中華書局，景印嘉慶年間王氏家刻本，1983年版，第109頁。

文，〔註3235〕當是。或作「趀」者，《集韻·脂韻》：「趑，《說文》：趑趄，行不進也。或作跂。」〔註3236〕《說文》及鄭作「趀」者，《說文·走部》：「趀，蒼卒也。从走朿聲。讀若資。」〔註3237〕趀本爲倉猝之義，此處蓋假作次且之次也。同七私反者，趑趄之趑，《廣韻》取私切，清脂開三平止。《釋文》七私反音同。與《廣韻》聲紐稍異。馬云「卻行不前也」者，孔穎達《正義》曰：「次且，行不前進也。」〔註3238〕《說文》「倉卒也」者，見上所引《說文·走部》「趀」字。「倉卒也」，今本作「蒼卒也」。段玉裁彼注曰：「倉俗从艸，誤。」〔註3239〕蓋以《釋文》所引爲正。按倉卒、蒼卒，音義同。

且| 本亦作「趄」，或作「跙」，同七餘反，注及下同。馬云：語助也。王肅云：趑趄，行止之礙也。下卦放此。

【疏】本亦作「趄」者，參看上條。或作「跙」者，从足从走之字古多相通，跙，與趄同。《玉篇·足部》：「跙，行不進也。」〔註3240〕義與趑趄同。同七餘反者，趑趄之趄，《廣韻》七余切，清魚合三平遇。《釋文》七餘反音同。馬云「語助」者，《詩·鄭風·山有扶蘇》「乃見狂且」毛《傳》：「且，辭也。」〔註3241〕《詩·小雅·巧言》「曰父母且」陳奐《傳疏》：「且，語助也。」〔註3242〕馬融訓次爲卻行不前，而以且爲語辭，可備一說。王肅云「趑趄，行止之礙也」者，亦趑趄之常訓也。《說文·走部》：「趄，趑趄，行不進

〔註3235〕 〔宋〕呂祖謙撰，〔清〕宋咸熙輯：《古易音訓》（續四庫經部易類第2冊），上海：上海古籍出版社，景印清嘉慶七年刻本，2002年版，第38頁。
〔註3236〕 〔宋〕丁度撰：《集韻》，北京：中華書局，景印北京圖書館藏宋刻本，1988年版，第13頁。
〔註3237〕 〔漢〕許慎撰：《說文解字》，北京：中華書局，景印同治十二年陳昌治刻本，1963年版，第36頁。
〔註3238〕 〔魏〕王弼、韓康伯注，〔唐〕孔穎達等正義：《周易正義》，北京：中華書局景印阮刻本，1980年版，第45頁。
〔註3239〕 〔清〕段玉裁撰：《說文解字注》，上海：上海古籍出版社，景印嘉慶二十年經韻樓本，1988年版，第64頁。
〔註3240〕 〔梁〕顧野王撰：《宋本玉篇》，北京：中國書店，景印張氏澤存堂本，1983年版，第133頁。
〔註3241〕 〔漢〕毛公傳、鄭玄箋，〔唐〕孔穎達等正義：《毛詩正義》，北京：中華書局景印阮刻本，1980年版，第73頁。
〔註3242〕 〔清〕陳奐撰：《詩毛氏傳疏》（續四庫經部詩類第70冊），上海：上海古籍出版社，景印道光二十七年陳氏掃葉山莊刻本，第255頁。

也。」〔註 3243〕

牽羊｜ 苦年反。子夏作「掔」。

【疏】所在經文爲「牽羊悔亡」。〔註 3244〕牽《廣韻》二讀，苦堅切，溪先開四平山。苦甸切，溪霰開四去山。音異義同，牽挽也。《釋文》音同《廣韻》平聲。子夏作「掔」者，《說文‧手部》：「掔，固也。」〔註 3245〕此處假借爲牽也。《莊子‧徐无鬼》「掔好惡」陸德明《釋文》引司馬云：「掔，牽也。」〔註 3246〕又《古易音訓》引晁說之曰：「掔，古文。」〔註 3247〕

牴｜ 丁禮反。本又作「抵」，音同。或作「羝」，丁啼反。

【疏】所在注文注疏本爲：「羊者，抵狠難移之物」。〔註 3248〕阮元《校勘記》：「閩監、毛本同。岳本『抵狠』作『牴很』。古本亦作『牴』，《釋文》出『牴很』。『牴』本又作『抵』，或作『羝』。」〔註 3249〕牴《廣韻》都禮切，端薺開四上蟹。《釋文》音同。牴者，《說文‧牛部》：「牴，觸也。」〔註 3250〕本又作「抵」者，《方言‧卷十二》「柢，刺也」錢繹《箋疏》：「柢、抵、牴古字並通。」〔註 3251〕抵者，亦有抵觸忤逆之義。或作「羝」者，亦音近相假也，《詩‧大雅‧生民》「取羝以軷」陸德明《釋文》：「牴，字亦作羝。」〔註 3252〕

〔註 3243〕〔漢〕許愼撰：《說文解字》，北京：中華書局，景印同治十二年陳昌治刻本，1963 年版，第 37 頁。

〔註 3244〕〔魏〕王弼、韓康伯注，〔唐〕孔穎達等正義：《周易正義》，北京：中華書局景印阮刻本，1980 年版，第 45 頁。

〔註 3245〕〔漢〕許愼撰：《說文解字》，北京：中華書局，景印同治十二年陳昌治刻本，1963 年版，第 254 頁。

〔註 3246〕〔唐〕陸德明撰：《經典釋文》，北京：中華書局，景印徐乾學通志堂刻本，1983 年版，第 392 頁。

〔註 3247〕〔宋〕呂祖謙撰，〔清〕宋咸熙輯：《古易音訓》（續四庫經部易類第 2 冊），上海：上海古籍出版社，景印清嘉慶七年刻本，2002 年版，第 38 頁。

〔註 3248〕〔魏〕王弼、韓康伯注，〔唐〕孔穎達等正義：《周易正義》，北京：中華書局景印阮刻本，1980 年版，第 45 頁。

〔註 3249〕〔魏〕王弼、韓康伯注，〔唐〕孔穎達等正義：《周易正義》，北京：中華書局景印阮刻本，1980 年版，第 52 頁。

〔註 3250〕〔漢〕許愼撰：《說文解字》，北京：中華書局，景印同治十二年陳昌治刻本，1963 年版，第 29 頁。

〔註 3251〕〔晉〕郭璞注，〔清〕錢繹箋疏：《方言箋疏》（漢小學四種本），成都：巴蜀書社，景印光緒庚寅年紅蝠山房校刻本，2001 年版，第 1399 頁。

〔註 3252〕〔唐〕陸德明撰：《經典釋文》，北京：中華書局，景印徐乾學通志堂刻本，

羝本義爲牡羊，此亦假借爲牴觸字。羝《廣韻》都奚切，端齊開四平蟹。《釋文》丁啼反音同。

很｜ 胡懇反。

【疏】很《廣韻》胡墾切，匣很開一上臻。《釋文》音同。很《說文‧彳部》：「很，不聽从也。」〔註3253〕注疏本作「狠」，《韓非子‧八經》「故下肆很觸」干先謙《集解》引盧文弨曰：「『很』，凌本作『狠』。」〔註3254〕又《廣韻‧很韻》：「『很』，俗作『狠』。」〔註3255〕此處狠假借爲很，義同，很戾也。

莧｜ 閑辯反，三家音胡練反。一本作「莞」，華板反。〔註3256〕

【疏】所在經文爲「莧陸夬夬」。〔註3257〕莧《廣韻》侯襇切，匣襇開二去山。《釋文》音音，匣獮開二上山。三家音胡練反者，匣霰合四去山。亦與《廣韻》音異， 本作「莞」者，莞爾之莞也。《古易音訓》引晁說之曰：「虞云：莧，說也。」〔註3258〕莞《廣韻》三讀，訓作蘭席音胡官切，匣桓合一平山。又古丸切，見桓合一平山，訓同。而莞爾而笑之莞，音戶板切，匣潸合二上山。《釋文》音同《廣韻》戶板切。其切語華當作匣紐字讀。《楚辭‧漁父》「漁父莞爾而笑」舊校：「莞，一作莧。」〔註3259〕故古之莧、莞，音近而相通。

1983 年版，第 93 頁。

〔註3253〕 〔漢〕許慎撰：《説文解字》，北京：中華書局，景印同治十二年陳昌治刻本，1963 年版，第 43 頁。

〔註3254〕 〔清〕王先謙集解：《韓非子集解》，上海：上海書店，景印諸子集成本，1986年版，第 337 頁。

〔註3255〕 〔宋〕陳彭年，丘雍撰：《宋本廣韻》，南京：江蘇教育出版社，景印南宋巾箱本，2008 年版，第 81 頁。

〔註3256〕 《經典釋文彙校》：「宋本同，寫本『辯』作『辨』。江沅曰：《爾雅音》作『辨』。」見黃焯撰：《經典釋文彙校》，北京：中華書局，1980 年版，第 18頁。

〔註3257〕 〔魏〕王弼、韓康伯注，〔唐〕孔穎達等正義：《周易正義》，北京：中華書局景印阮刻本，1980 年版，第 45 頁。

〔註3258〕 〔宋〕呂祖謙撰，〔清〕宋咸熙輯：《古易音訓》（續四庫經部易類第 2 冊），上海：上海古籍出版社，景印清嘉慶七年刻本，2002 年版，第 38 頁。

〔註3259〕 〔宋〕洪興祖撰：《楚辭補注》（叢書集成初編文學類第 1812～1816 冊），上海：商務印書館，據惜陰軒叢書本排印，1939 年版，第 140 頁。

陸｜ 如字，馬鄭云：莧陸，商陸也。宋衷云：莧，莧菜也；陸，商陸也。虞云：莧，賣也；陸，商也。蜀才作「睦」，睦，親也，通也。〔註3260〕

【疏】如字者，明字形作「陸」也。馬、鄭云「莧陸，商陸也」者，以莧陸爲一物也。《正義》曰：「馬融、鄭玄、王肅皆云『莧陸，一名商陸』，皆以莧陸爲一。」〔註3261〕而宋衷則以莧陸爲二物。「莧，莧菜也」者，《說文・艸部》：「莧，莧菜也。」〔註3262〕「陸，商陸也」者，《正義》引黃遇云：「莧，人莧也。陸，商陸也。」〔註3263〕是亦訓陸爲商陸也。又宋本、葉鈔本「商」作「當」者，當陸乃商陸之別稱。《爾雅・釋草》：「蓫薚，馬尾」郭璞注：「《廣雅》曰：馬尾，蒟陸。《本草》云：別名蕩。今關西亦呼爲蕩，江東爲當陸。」〔註3264〕虞翻亦以莧陸爲二物，「莧，賣也」者，以莧爲紅莧也。《埤雅・釋草》：「莧有紅莧、白莧、紫莧三色。《爾雅》曰：賣，赤莧，即今紅莧是也。莖葉皆高大而見，故其字從見，指事也。《易》曰：莧陸夬夬。莧謂上六，蓋兌見也。而又乘五剛，柔脆易除，莧之象也。九五剛得尊位大中，高大以平，而柔生於上，莧陸之象也。」〔註3265〕《埤雅》亦訓莧爲賣，而訓陸爲高大則與虞翻異。虞翻訓陸爲商，與宋衷同。至若黃遇訓莧爲人莧者，則又莧之別種矣。《經典釋文彙校》云葉鈔本、監本作「其」者，當是「賣」字

〔註3260〕 《經典釋文彙校》：「陸，商陸也。虞云：莧，賣也。陸，商也。宋本、葉鈔、朱鈔上『商』字作『當』，十行本、閩本同。『賣』，宋本同。葉鈔作『其』，監本同。雅雨本作『說』，盧本同。下『商』字宋本譌作『商』。盧本作『和』。《考證》云：莧通莞，故訓悦。陸通睦，故訓和。惠云：虞作莧睦，莧爲悦，睦爲親也。段云：『虞』蓋『荀』之誤。『商』下當有『陸』字。又云，此條盧氏據宋本改之，載入《考證》，不可信也。阮氏《校勘記》云：按張惠言《虞氏義》作『莧，說也。陸，和睦也』，與盧本合。」見黃焯撰：《經典釋文彙校》，北京：中華書局，1980年版，第18頁。

〔註3261〕 〔魏〕王弼、韓康伯注，〔唐〕孔穎達等正義：《周易正義》，北京：中華書局景印阮刻本，1980年版，第45頁。

〔註3262〕 〔漢〕許慎撰：《說文解字》，北京：中華書局，景印同治十二年陳昌治刻本，1963年版，第16頁。

〔註3263〕 〔魏〕王弼、韓康伯注，〔唐〕孔穎達等正義：《周易正義》，北京：中華書局景印阮刻本，1980年版，第45頁。

〔註3264〕 〔晉〕郭璞注，〔宋〕邢昺疏：《爾雅注疏》，北京：中華書局景印阮刻本，1980年版，第62頁。按阮刻本郭璞注引《廣雅》作「尾尾，蒟陸」，誤，當作「馬尾，蒟陸。」

〔註3265〕 〔宋〕陸佃撰，〔明〕牛衷增輯：《增修埤雅廣要》（續四庫子部小說家類第1271冊），上海：上海古籍出版社，景印明萬曆三十八年孫弘範刻本，2002年版，第481頁。

之譌也。戰國楚簡《周易》作「芺」，〔註3266〕當是「陸」字之別構，依字亦是植物名。然則莧陸爲一物或爲二物，蓋闕疑也。蜀才作「睦」者，陸、睦古通。《別雅·卷五》：「和陸，和睦也。《唐扶碑》『內和陸兮外奔赴』、《嚴舉碑》『九族和陸』、《郭仲奇碑》『崇和陸』皆以陸爲睦。按《易·夬卦》『莧陸夬夬』《釋文》云：『陸，蜀才作睦』，二字古或可通。」〔註3267〕《集解》引虞翻曰：「莧，說也。莧，讀『夫子莧爾而笑』之『莧』。陸，和睦也。震爲笑。言五得正位，兌爲說，故『莧陸夬夬』。」〔註3268〕據此，虞本亦作「睦」，與蜀才本同。

柔脆｜ 七歲反。〔註3269〕

【疏】所在注文爲「莧陸，草之柔脆者也」。〔註3270〕參看〈噬嗑〉「脆」條。

至易｜ 以豉反。

【疏】所在注文爲「決之至易」。〔註3271〕參看〈屯〉「以易」條。

最比｜ 毗志反。

【疏】所在注文爲「最比小人」。〔註3272〕參看〈比〉「比」條。

號咷｜ 徒刀反。

【疏】所在注文爲「故非號咷所能延也」。〔註3273〕咷《廣韻》二讀，作

〔註3266〕 馬承源主編：《上海博物館藏戰國楚竹書（三）》，上海：上海古籍出版社，2003年版，第237頁。

〔註3267〕 〔清〕吳玉搢撰：《別雅》，光緒丁亥年蕙林山房刻益雅堂叢書本，卷五，第8頁。

〔註3268〕 〔唐〕李鼎祚撰：《周易集解》，北京：中國書店，景印嘉慶三年姑蘇喜墨齋張遇堯局鐫本，1987年版，卷九，第3頁。

〔註3269〕 《經典釋文彙校》：「盧本『脆』作『脃』，是也。」見黃焯撰：《經典釋文彙校》，北京：中華書局，1980年版，第18頁。

〔註3270〕 〔魏〕王弼、韓康伯注，〔唐〕孔穎達等正義：《周易正義》，北京：中華書局景印阮刻本，1980年版，第45頁。

〔註3271〕 〔魏〕王弼、韓康伯注，〔唐〕孔穎達等正義：《周易正義》，北京：中華書局景印阮刻本，1980年版，第45頁。

〔註3272〕 〔魏〕王弼、韓康伯注，〔唐〕孔穎達等正義：《周易正義》，北京：中華書局景印阮刻本，1980年版，第45頁。

〔註3273〕 〔魏〕王弼、韓康伯注，〔唐〕孔穎達等正義：《周易正義》，北京：中華書

號咷解時，音徒刀切，定豪開一平效，《釋文》音同。

☰ 姤│ 古豆反。薛云：古文作「遘」，鄭同。〈序卦〉及〈彖〉皆云：遇也。乾宮一世卦。〔註3274〕

【疏】姤《廣韻》古候切，見候開一去流。《釋文》音同。薛云古文作「遘」者，《廣雅‧釋言》「姤，遇也」王念孫《疏證》：「『姤』，《爾雅》作『遘』，同。」〔註3275〕姤，見《說文》新附，《說文‧女部》：「姤，偶也。」〔註3276〕此處姤假借爲遘也。遘《說文‧辵部》：「遘，遇也。」〔註3277〕〈序卦〉及〈彖〉皆云「遇也」者，《易‧序卦》：「姤者，遇也。」〔註3278〕《易‧姤‧彖傳》：「姤，遇也。柔遇剛也。」〔註3279〕

用娶│ 七喻反。本亦作「取」。音同。注及下同。

【疏】所在經文爲「勿用取女」。〔註3280〕《釋文》出「娶」。本亦作「取」者，戰國楚簡、馬王堆漢墓帛書《周易》悉作「取」。〔註3281〕參看〈蒙〉「用取」條。

正乃│ 如字。「正」亦作「匹」。〔註3282〕

　　　　　　局景印阮刻本，1980年版，第45頁。
〔註3274〕《經典釋文彙校》：「李氏《集解》『姤』俱作『遘』，《說文》無『姤』有『遘』，云『遇也』，即本《易》解。」見黃焯撰：《經典釋文彙校》，北京：中華書局，1980年版，第18頁。
〔註3275〕〔清〕王念孫撰：《廣雅疏證》，北京：中華書局，景印嘉慶年間王氏家刻本，1983年版，第163～164頁。
〔註3276〕〔漢〕許慎撰：《說文解字》，北京：中華書局，景印同治十二年陳昌治刻本，1963年版，第265頁。
〔註3277〕〔漢〕許慎撰：《說文解字》，北京：中華書局，景印同治十二年陳昌治刻本，1963年版，第40頁。
〔註3278〕〔魏〕王弼、韓康伯注，〔唐〕孔穎達等正義：《周易正義》，北京：中華書局景印阮刻本，1980年版，第84頁。
〔註3279〕〔魏〕王弼、韓康伯注，〔唐〕孔穎達等正義：《周易正義》，北京：中華書局景印阮刻本，1980年版，第45頁。
〔註3280〕〔魏〕王弼、韓康伯注，〔唐〕孔穎達等正義：《周易正義》，北京：中華書局景印阮刻本，1980年版，第45頁。
〔註3281〕馬承源主編：《上海博物館藏戰國楚竹書（三）》，上海：上海古籍出版社，2003年版，第238頁。
〔註3282〕《經典釋文彙校》：「盧云：宋本、錢本、注疏並皆作『匹』，唯毛本依此作『正』，官本同。」見黃焯撰：《經典釋文彙校》，北京：中華書局，1980年

【疏】所在注文爲「正乃功成也」。〔註3283〕「如字」者，明字形當作「正」也。〈彖〉云「剛遇中正」，則作「正」者，於義有徵。而「正亦作匹」者，於義亦通。《正義》引莊氏云：「一女而遇五男，既不可取，天地匹配，則能成品物。」〔註3284〕作「匹」，則與莊氏義契。

誥四方｜ 李古報反。鄭作「詰」，起一反，止也。王肅同。〔註3285〕

【疏】所在經文爲「后以施命誥四方」。〔註3286〕誥《廣韻》占到切，見號開一去效。《釋文》引李氏音同。鄭作「詰」者，誥、詰二字形近，故相淆也。《漢書·刑法志》「昔周之法，建三典以刑邦國，詰四方。」顏師古注：「詰，責也，音口一反。字或作『誥』，音工到反，誥，謹也，以刑治之令謹敕也。」〔註3287〕此亦誥、詰混淆之例也。詰《廣韻》去吉切，溪質開重紐四入臻。《釋文》起一反音同。「止也」者，《周禮·天官·大宰》「五曰刑典，以詰邦國」鄭玄注：「詰，猶禁也。」〔註3288〕又《後漢書·魯恭傳》司徒魯恭上疏曰：「案《易》五月姤用事，經曰：『后以施令誥四方』，言君以夏至之日，施命令止四方行者，所以助微陰也。」〔註3289〕是皆訓詰爲禁止之義也。《彙校》云宋本作「正」者，義亦通。《周禮·天官·大宰》「以詰邦國」陸德明《釋文》引干云：「詰，彈正糾察也。」〔註3290〕按，《說文·言部》：「詰，

版，第18頁。

〔註3283〕〔魏〕王弼、韓康伯注，〔唐〕孔穎達等正義：《周易正義》，北京：中華書局景印阮刻本，1980年版，第45頁。

〔註3284〕〔魏〕王弼、韓康伯注，〔唐〕孔穎達等正義：《周易正義》，北京：中華書局景印阮刻本，1980年版，第45頁。

〔註3285〕《經典釋文彙校》：「宋本『止』作『正』，十行本、閩監本同。盧依宋本改。案作『止』不誤。惠云：魯恭云，君以夏至之日施命令止四方行者，明『誥』本作『詰』，鄭王是也。」見黃焯撰：《經典釋文彙校》，北京：中華書局，1980年版，第18頁。

〔註3286〕〔魏〕王弼、韓康伯注，〔唐〕孔穎達等正義：《周易正義》，北京：中華書局景印阮刻本，1980年版，第45頁。

〔註3287〕〔漢〕班固撰：《前漢書》（四部備要本），上海：中華書局，據武英殿本校刊，1936年版，第386頁。

〔註3288〕〔漢〕鄭玄注，〔唐〕賈公彥疏：《周禮注疏》，北京：中華書局景印阮刻本，1980年版，第7頁。

〔註3289〕〔南朝宋〕范曄撰：《後漢書》（四部備要本），上海：中華書局，據武英殿本校刊，1936年版，第454頁。

〔註3290〕〔唐〕陸德明撰：《經典釋文》，北京：中華書局，景印徐乾學通志堂刻本，1983年版，第108頁。

問也。」〔註 3291〕詰本義爲責問，引申之則有禁止、彈正之義，故此處或作「止」或作「正」，雖爲文字形近之譌，然義皆得通。

柅┃徐乃履反，又女紀反。《廣雅》云：止也。《說文》作「檷」，云：絡絲趺也，讀若昵。《字林》音乃米反。王肅作「抳」，從手。子夏作「鑈」。蜀才作「尼」，止也。

【疏】所在經文爲「繫于金柅」。〔註 3292〕柅《廣韻》二讀，訓爲木名，女夷切，娘脂開三平止。訓爲絡絲柎，女履切，娘旨開三上止。《釋文》引徐音乃履反，泥紐旨韻。又音女紀反，娘紐止韻。皆與《廣韻》上聲異。《廣雅》云「止也」者，《廣雅·釋詁》：「抳，止也。」王念孫《疏證》：抳、柅、尼「竝聲近而義同。」〔註 3293〕《廣雅》字作「抳」正與王肅本同。《說文》作「檷」者，《說文·木部》：「檷，絡絲檷。从木爾聲。讀若柅。」〔註 3294〕《釋文》引作「絡絲趺」者，段注本《說文》據改作「絡絲柎」，段彼注云：「『柎』各本作『檷』。今依〈易釋文〉、《玉篇》、《廣韵》正。《釋文》作『趺』。柎、趺，古今字。柎、咢足也。絡絲柎者，若今絡絲架子。〈姤〉初六：『繫於金柅』。《九家易》曰：絲繫於柅。猶女繫於男。故以喻初宜繫二也。」〔註 3295〕另「柅」又見《說文》，《說文·木部》：「柅，柅木也。實如棃。」〔註 3296〕則「繫于金柅」之「柅」，假借爲檷也。戰國楚簡《周易》亦作「柅」，〔註 3297〕蓋亦「檷」之借字也。《字林》音乃米反者，泥薺開四上蟹，《集韻》增有乃禮切，音同。王肅作「抳」者，字與《廣雅》同。子夏作「鑈」者，假借爲檷也。惠棟《周易述·卷六》依之作「鑈」，惠彼注云：「鑈謂二，乾爲金，

〔註 3291〕〔漢〕許愼撰：《說文解字》，北京：中華書局，景印同治十二年陳昌治刻本，1963 年版，第 57 頁。

〔註 3292〕〔魏〕王弼、韓康伯注，〔唐〕孔穎達等正義：《周易正義》，北京：中華書局景印阮刻本，1980 年版，第 45 頁。

〔註 3293〕〔清〕王念孫撰：《廣雅疏證》，北京：中華書局，景印嘉慶年間王氏家刻本，1983 年版，第 93～94 頁。

〔註 3294〕〔漢〕許愼撰：《說文解字》，北京：中華書局，景印同治十二年陳昌治刻本，1963 年版，第 123 頁。

〔註 3295〕〔清〕段玉裁撰：《說文解字注》，上海：上海古籍出版社，景印嘉慶二十年經韻樓本，1988 年版，第 262 頁。

〔註 3296〕〔漢〕許愼撰：《說文解字》，北京：中華書局，景印同治十二年陳昌治刻本，1963 年版，第 116 頁。

〔註 3297〕馬承源主編：《上海博物館藏戰國楚竹書（三）》，上海：上海古籍出版社，2003 年版，第 238 頁。

巽木入金，錙之象。」〔註3298〕以象數言之，可備一說。「蜀才作『尼』，止也」者，亦與梔音近相假也。《爾雅·釋詁下》：「尼，止也。」〔註3299〕《孟子·梁惠王下》「止或尼之」趙岐注：「尼，止也。」〔註3300〕《山海經·大荒北經》「其所歍所尼」郭璞注：「尼，止也。」〔註3301〕又《古易音訓》引晁說之曰：「尼，古文。」〔註3302〕

羸豕丨 劣隨反，王肅同。鄭力追反。陸讀為累。

【疏】所在經文為「羸豕孚蹢躅」。〔註3303〕羸《廣韻》力為切，來支合三平止。《釋文》首音同。鄭玄力追反，來脂開三平止。與《廣韻》音近。陸讀為累者，假羸為累也。如《易·大壯》「羸其角」、《易·井》「羸其瓶」陸德明《釋文》僉曰：「羸，蜀才作累。」〔註3304〕陸積讀為累，則訓羸為繫也。《集解》引虞翻曰：「巽繩操之，故稱『羸』也。」〔註3305〕是亦讀羸為累也。

蹢丨 直戟反，徐治益反。一本作「躑」，古文作「蹄」。

【疏】蹢《廣韻》二讀，蹢躅直炙切，澄昔開三入梗。白蹢都歷切，端錫開四入梗。《釋文》首音直戟反，澄陌開二入梗。徐治益反則與《廣韻》直炙切音同。一本作「躑」者，同。《別雅·卷五》：「蹢躅、躑躅、蹢躍、彳亍、躑躅也。」〔註3306〕蹢躅、躑躅，皆音近義通。古文作「蹄」者，蹄同蹢，《說

〔註3298〕〔清〕惠棟撰：《周易述》（四部備要本），上海：中華書局，據學海堂經解本校刊，1936年版，第41頁。

〔註3299〕〔晉〕郭璞注，〔宋〕邢昺疏：《爾雅注疏》，北京：中華書局景印阮刻本，1980年版，第9頁。

〔註3300〕〔漢〕趙岐注，〔宋〕孫奭疏：《孟子注疏》，北京：中華書局景印阮刻本，1980年版，第18頁。

〔註3301〕〔晉〕郭璞傳，〔清〕畢沅校：《山海經》（二十二子本），上海：上海古籍出版社，景印光緒初年浙江書局輯刊本，1986年版，第1385頁。

〔註3302〕〔宋〕呂祖謙撰，〔清〕宋咸熙輯：《古易音訓》（續四庫經部易類第2冊），上海：上海古籍出版社，景印清嘉慶七年刻本，2002年版，第38頁。

〔註3303〕〔魏〕王弼、韓康伯注，〔唐〕孔穎達等正義：《周易正義》，北京：中華書局景印阮刻本，1980年版，第45頁。

〔註3304〕〔唐〕陸德明撰：《經典釋文》，北京：中華書局，景印徐乾學通志堂刻本，1983年版，第25、27頁。

〔註3305〕〔唐〕李鼎祚撰：《周易集解》，北京：中國書店，景印嘉慶三年姑蘇喜墨齋張遇堯局鐫本，1987年版，卷九，第4頁。

〔註3306〕〔清〕吳玉搢撰：《別雅》，光緒丁亥年菽林山房刻益雅堂叢書本，卷五，第9頁。

文》小篆作。字形或作蹢，或作⿰足啻，皆隸變分化也。

躅｜ 直錄反。本亦作「⿰足屬」。蹢躅，不靜也。古文作「⿰足逐」。

【疏】躅《廣韻》直錄切，澄燭合三入通。《釋文》音同。本亦作「⿰足屬」者，《玉篇·足部》:「⿰足屬，同躅。」〔註3307〕「蹢躅，不靜也」者，王弼注云：「夫陰質而躁恣者，羸豕特甚焉，言以不貞之陰，失其所牽，其爲淫醜，若羸豕之孚務蹢躅也。」〔註3308〕考乎其義，訓同《釋文》。古文作「⿰足逐」者，聲符異，乃「躅」之別構也。《集韻·燭韻》:「躅，或从逐。」〔註3309〕

牝｜ 頻忍反。

【疏】所在注文爲「羸豕，謂牝豕也」。〔註3310〕參看〈坤〉「利牝」條。

豭｜ 音家。

【疏】所在注文爲「豭強而牝弱」。〔註3311〕豭《廣韻》古牙切，見麻開二平假。《釋文》音同。

包有｜ 本亦作「庖」，同白交反。下同。鄭百交反。虞云：白茅苞之。荀作「胞」。〔註3312〕

【疏】所在經文爲「包有魚」。〔註3313〕本亦作「庖」者，包、庖，音近，故字多相假。如《易·繫辭下》「古者包犧氏之王天下也」陸德明《釋文》:「包，本又作庖。」〔註3314〕又《集解》引虞翻曰：「或以包爲庖廚也。」〔註3315〕

〔註3307〕〔梁〕顧野王撰：《宋本玉篇》，北京：中國書店，景印張氏澤存堂本，1983年版，第131頁。

〔註3308〕〔魏〕王弼、韓康伯注，〔唐〕孔穎達等正義：《周易正義》，北京：中華書局景印阮刻本，1980年版，第45頁。

〔註3309〕〔宋〕丁度撰：《集韻》，北京：中華書局，景印北京圖書館藏宋刻本，1988年版，第187頁。

〔註3310〕〔魏〕王弼、韓康伯注，〔唐〕孔穎達等正義：《周易正義》，北京：中華書局景印阮刻本，1980年版，第45頁。

〔註3311〕〔魏〕王弼、韓康伯注，〔唐〕孔穎達等正義：《周易正義》，北京：中華書局景印阮刻本，1980年版，第45頁。

〔註3312〕《經典釋文彙校》:「宋本『苞』作『包』。寫本與此本同。」見黃焯撰：《經典釋文彙校》，北京：中華書局，1980年版，第18頁。

〔註3313〕〔魏〕王弼、韓康伯注，〔唐〕孔穎達等正義：《周易正義》，北京：中華書局景印阮刻本，1980年版，第45頁。

〔註3314〕〔唐〕陸德明撰：《經典釋文》，北京：中華書局，景印徐乾學通志堂刻本，

是也。此處作庖，訓爲庖廚。孔穎達《正義》亦讀如之。庖《廣韻》薄交切，並肴開二平效。《釋文》白交反音同。鄭百交反者，包《廣韻》布交切，幫肴開二平效。鄭玄音同，則鄭玄如字讀之，訓如「白茅包之」之「包」。虞云「白茅苞之」者，《集解》引虞翻曰：「巽爲白茅，在中稱包。《詩》云：白茅包之。」〔註3316〕與《釋文》所引異，而與宋本同。包、苞，義同。荀作「胞」者，《說文・包部》：「包，象人裹妊，巳在中，象子未成形也。」〔註3317〕則「包」爲「胞」之本字也。「包」後借作包含之字，故別作「胞」字。荀作「胞」者，蓋假胞爲包含字也。而若以荀本之「胞」假作庖廚之「庖」，典籍中亦有佐證，《漢書・百官公卿表》「又胞人、都水、均官，三長丞」顏師古注：「胞，與庖同。」〔註3318〕《莊子・庚桑楚》「湯以胞人籠伊尹」陸德明《釋文》：「『胞』，本又作『庖』。」〔註3319〕此皆胞、庖相假之證也。如此，則與又本作「庖」者同矣。荀義失傳，實難確考，此從闕疑。按宋馮椅《厚齋易學・卷三，易輯注第三》：「九二『包有魚』，一陰受制之象。包，今苞。《易》中並同。或作庖、胞，非。凡陽奄陰，謂之包。」〔註3320〕此說可備一解。

利賓|　如字。

【疏】所在經文爲「不利賓」。〔註3321〕賓《廣韻》必鄰切，幫眞開重紐四平臻。又《集韻》增必刃切，幫稕開重紐四去臻。二讀之別，《羣經音辨・卷六》云：「賓，客也，必鄰切。客以禮會曰賓，必吝切。」〔註3322〕蓋名詞

1983 年版，第 32 頁。

〔註3315〕〔唐〕李鼎祚撰：《周易集解》，北京：中國書店，景印嘉慶三年姑蘇喜墨齋張遇堯局鐫本，1987 年版，卷九，第 5 頁。

〔註3316〕〔唐〕李鼎祚撰：《周易集解》，北京：中國書店，景印嘉慶三年姑蘇喜墨齋張遇堯局鐫本，1987 年版，卷九，第 5 頁。

〔註3317〕〔漢〕許慎撰：《說文解字》，北京：中華書局，景印同治十二年陳昌治刻本，1963 年版，第 188 頁。

〔註3318〕〔漢〕班固撰：《前漢書》（四部備要本），上海：中華書局，據武英殿本校刊，1936 年版，第 266 頁。

〔註3319〕〔唐〕陸德明撰：《經典釋文》，北京：中華書局，景印徐乾學通志堂刻本，1983 年版，第 392 頁。

〔註3320〕〔宋〕馮椅撰：《厚齋易學》，臺灣：商務印書館，景印文淵閣四庫全書本第 16 冊，1983 年版，第 47～48 頁。

〔註3321〕〔魏〕王弼、韓康伯注，〔唐〕孔穎達等正義：《周易正義》，北京：中華書局景印阮刻本，1980 年版，第 45 頁。

〔註3322〕〔宋〕賈昌朝撰：《羣經音辨》（叢書集成初編語文學類第 1208 冊），上海：

音平聲，動詞音去聲也。《釋文》如字，讀如《廣韻》平聲。

擅人| 市戰反。

【疏】所在注文爲「擅人之物」。〔註3323〕擅《廣韻》時戰切，禪線開三去山。《釋文》音同。

遠民| 袁万反。

【疏】所在經文爲「『无魚』之凶，遠民也」。〔註3324〕參看〈乾〉「放遠」條。

以杞| 音起。張云：苟杞。馬云：大木也。鄭云：柳也。薛云：柳，柔韌木也。並同。〔註3325〕

【疏】所在經文爲「以杞包瓜」。〔註3326〕杞《廣韻》墟里切，溪止開三上止。《釋文》音同。張云「苟杞」者，即枸杞也。《爾雅・釋木》「杞，枸檵也。」郭璞注：「杞，今枸杞也。」〔註3327〕《山海經・南山經》「其下多荊杞」郭璞注：「杞，苟杞也，子赤。」〔註3328〕王弼注云：「杞之爲物，生于肥地者也」孔穎達疏云：「『生于肥地』，蓋以杞爲今之枸杞也。」〔註3329〕馬云「大木也」者，蓋以枸爲良木名。《左傳・襄公二十六年》：「如杞梓、皮革，自楚往也。」杜預注：「杞、梓皆木名。」〔註3330〕鄭云「柳也」者，《毛詩草木鳥

商務印書館，景印畿輔叢書本，1939年版，第135頁。

〔註3323〕〔魏〕王弼、韓康伯注，〔唐〕孔穎達等正義：《周易正義》，北京：中華書局景印阮刻本，1980年版，第45頁。

〔註3324〕〔魏〕王弼、韓康伯注，〔唐〕孔穎達等正義：《周易正義》，北京：中華書局景印阮刻本，1980年版，第45頁。

〔註3325〕《經典釋文彙校》：「寫本『韌』作『刃』。宋本誤作『㭕』。」見黃焯撰：《經典釋文彙校》，北京：中華書局，1980年版，第18頁。

〔註3326〕〔魏〕王弼、韓康伯注，〔唐〕孔穎達等正義：《周易正義》，北京：中華書局景印阮刻本，1980年版，第45頁。

〔註3327〕〔晉〕郭璞注，〔宋〕邢昺疏：《爾雅注疏》，北京：中華書局景印阮刻本，1980年版，第71頁。

〔註3328〕〔晉〕郭璞傳，〔清〕畢沅校：《山海經》（二十二子本），上海：上海古籍出版社，景印光緒初年浙江書局輯刊本，1986年版，第1340頁。

〔註3329〕〔魏〕王弼、韓康伯注，〔唐〕孔穎達等正義：《周易正義》，北京：中華書局景印阮刻本，1980年版，第45頁。

〔註3330〕〔晉〕杜預注，〔唐〕孔穎達等正義：《春秋左傳正義》，北京：中華書局景印阮刻本，1980年版，第289頁。

獸蟲魚疏・卷一・無折我樹杞》：「杞，柳屬也。生水傍，樹如柳，葉粗而白色，木理微赤，故今人以爲車轂。」〔註3331〕薛云者，《正義》引薛虞《記》云：「杞，杞柳也。杞性柔刃，宜屈橈，似匏瓜。」〔註3332〕與《釋文》引文稍異，義同，亦訓爲杞柳也。

包瓜｜ 白交反。子夏作「苞」。馬、鄭百交反。瓜音工花反。

【疏】白交反者，假包爲匏也。匏《廣韻》薄交切，並肴開二平效。《釋文》首音同。王弼注：「包瓜爲物，繫而不食者也。」〔註3333〕考其義，亦讀包爲匏。子夏作「苞」者，假苞爲匏也。《太玄・達》「厥美可以達于瓜苞」司馬光《集注》：「苞，與匏同。」〔註3334〕馬、鄭百交反者，如字讀之。包《廣韻》布交切，幫肴開二平效。音同百交反。又馬王堆漢墓帛書《周易》作「枹」，亦從包得聲。瓜音工花反者，瓜《廣韻》古華切，見麻合二平假。《釋文》音同。

不舍｜ 音捨。下同。

【疏】所在經文爲「志不舍命也」。〔註3335〕參看〈屯〉「如舍」條。

所復｜ 扶又反。

【疏】所在注文爲「无所復遇」。〔註3336〕參看〈蒙〉「則復」條。

物爭｜ 爭鬬之爭，下卦同。

【疏】所在注文爲「不與物爭」。〔註3337〕「爭鬬之爭」，注音兼釋義也。

〔註3331〕〔清〕焦循撰：《陸氏草木鳥獸蟲魚疏疏》（續四庫經部詩類第65冊），上海：上海古籍出版社，景印清光緒十四年刻南菁書院叢書本，2002年版，第453頁。

〔註3332〕〔魏〕王弼、韓康伯注，〔唐〕孔穎達等正義：《周易正義》，北京：中華書局景印阮刻本，1980年版，第45頁。

〔註3333〕〔魏〕王弼、韓康伯注，〔唐〕孔穎達等正義：《周易正義》，北京：中華書局景印阮刻本，1980年版，第45頁。

〔註3334〕〔漢〕楊雄撰，〔宋〕司馬光集注：《太玄集注》（新編諸子集成本），北京：中華書局，1998年版，第35頁。

〔註3335〕〔魏〕王弼、韓康伯注，〔唐〕孔穎達等正義：《周易正義》，北京：中華書局景印阮刻本，1980年版，第45頁。

〔註3336〕〔魏〕王弼、韓康伯注，〔唐〕孔穎達等正義：《周易正義》，北京：中華書局景印阮刻本，1980年版，第46頁。

〔註3337〕〔魏〕王弼、韓康伯注，〔唐〕孔穎達等正義：《周易正義》，北京：中華書

䷬萃｜ 在李反。〈彖〉及〈序卦〉皆云：聚也。兌宮二世卦。〔註 3338〕

【疏】萃《廣韻》秦醉切，從至合三去止。《釋文》當依《彙校》改作「在季反」，音同《廣韻》。《易·萃·彖傳》曰：「萃，聚也。」〔註 3339〕《易·序卦》：「萃者，聚也。」〔註 3340〕

亨｜ 王肅本同。馬、鄭、陸、虞等並無此字。〔註 3341〕

【疏】所在經文注疏本爲：「萃，亨。」〔註 3342〕《集解》本無「亨」字。〔註 3343〕下文有「利見大人，亨。」此處「亨」字疑衍。《古易音訓》引晁說之曰：「王昭素謂當无此字。說之案：象數无。」〔註 3344〕

王假｜ 更白反。

【疏】所在經文爲「王假有廟」。〔註 3345〕《釋文》更白反者，讀假爲格也。《集韻》增有各額切，音同。格，至也。參看〈家人〉「王假」條。

以說｜ 音悅。下注皆同。

【疏】所在經文爲「順以說」。〔註 3346〕說、悅，古今字。

則邪｜ 似嗟反。

　　　　　局景印阮刻本，1980 年版，第 46 頁。
〔註 3338〕《經典釋文彙校》：「『李』字誤，各本皆作『季』。」見黃焯撰：《經典釋文彙校》，北京：中華書局，1980 年版，第 18 頁。
〔註 3339〕〔魏〕王弼、韓康伯注，〔唐〕孔穎達等正義：《周易正義》，北京：中華書局景印阮刻本，1980 年版，第 46 頁。
〔註 3340〕〔魏〕王弼、韓康伯注，〔唐〕孔穎達等正義：《周易正義》，北京：中華書局景印阮刻本，1980 年版，第 84 頁。
〔註 3341〕《經典釋文彙校》：「寫本『王肅』上出『許庚反』三字。」見黃焯撰：《經典釋文彙校》，北京：中華書局，1980 年版，第 18 頁。
〔註 3342〕〔魏〕王弼、韓康伯注，〔唐〕孔穎達等正義：《周易正義》，北京：中華書局景印阮刻本，1980 年版，第 46 頁。
〔註 3343〕〔唐〕李鼎祚撰：《周易集解》，北京：中國書店，景印嘉慶三年姑蘇喜墨齋張遇堯局鐫本，1987 年版，卷九，第 6 頁。
〔註 3344〕〔宋〕呂祖謙撰，〔清〕宋咸熙輯：《古易音訓》（續四庫經部易類第 2 冊），上海：上海古籍出版社，景印清嘉慶七年刻本，2002 年版，第 39 頁。
〔註 3345〕〔魏〕王弼、韓康伯注，〔唐〕孔穎達等正義：《周易正義》，北京：中華書局景印阮刻本，1980 年版，第 46 頁。
〔註 3346〕〔魏〕王弼、韓康伯注，〔唐〕孔穎達等正義：《周易正義》，北京：中華書局景印阮刻本，1980 年版，第 46 頁。

【疏】所在經文爲「則邪佞之道也」。〔註3347〕參看〈乾〉「邪」條。

孝享| 香兩反。

【疏】所在經文爲「致孝享也」。〔註3348〕享《廣韻》許兩切，曉養開三上宕。《釋文》音同。

聚以正| 荀作「取以正」。

【疏】所在經文爲「『利見大人，亨』，聚以正也。」〔註3349〕荀作「取以正」者，「取」當是「聚」字之殘泐也。又《古易音訓》引晁說之曰：「取，古文。」〔註3350〕又是一說。

澤上| 時掌反。

【疏】所在經文爲「澤上於地」。〔註3351〕參看〈乾〉「上下」條。

除戎器| 如字。本亦作「儲」。又作「治」。王肅·姚·陸云：除，猶脩治。師同。鄭云：除，去也。蜀才云：除去戎器，脩行文德也。荀作「慮」。

【疏】「如字」者，明字形作「除」也。本亦作「儲」者，讀除爲儲也。二字音近可通。《羣經平議·毛詩三》「何福不除」俞樾按：「除，當讀爲儲。」〔註3352〕儲者，聚也。當萃之時，儲戎器以備不虞。於義可通。又作「治」者，《易經異文釋·卷四》：「『君子以除戎器』。《文選注·西京賦、張協雜詩》引作『治』。」〔註3353〕此作「治」者，訓除爲修治之治也。《禮記·曲禮下》「馳

〔註3347〕〔魏〕王弼、韓康伯注，〔唐〕孔穎達等正義：《周易正義》，北京：中華書局景印阮刻本，1980年版，第46頁。

〔註3348〕〔魏〕王弼、韓康伯注，〔唐〕孔穎達等正義：《周易正義》，北京：中華書局景印阮刻本，1980年版，第46頁。

〔註3349〕〔魏〕王弼、韓康伯注，〔唐〕孔穎達等正義：《周易正義》，北京：中華書局景印阮刻本，1980年版，第46頁。

〔註3350〕〔宋〕呂祖謙撰，〔清〕宋咸熙輯：《古易音訓》（續四庫經部易類第2冊），上海：上海古籍出版社，景印清嘉慶七年刻本，2002年版，第43頁。

〔註3351〕〔魏〕王弼、韓康伯注，〔唐〕孔穎達等正義：《周易正義》，北京：中華書局景印阮刻本，1980年版，第46頁。

〔註3352〕〔清〕俞樾撰：《羣經平議》（續四庫經部羣經總義類第178冊），上海：上海古籍出版社，景印清光緒二十五年刻春在堂全書本，2002年版，第152頁。

〔註3353〕〔清〕李富孫撰：《易經異文釋》（續四庫經部易類第27冊），上海：上海古

道不除」鄭玄注：「除，治也。」〔註3354〕《戰國策・秦策二》「扁鵲請除，除之未必已也」高誘注：「除，治也。」〔註3355〕又《集解》引虞翻曰：「除，修。」〔註3356〕孔穎達疏云：「除者，治也。」〔註3357〕王肅、姚、陸訓同。鄭云「除，去也」者，亦除之常訓也。《廣雅・釋詁二》：「除，去也。」〔註3358〕蜀才云者，亦訓除爲去也。《周易口義・卷八》：「除，去也。言君子之人，當此萃聚之世，民既和說，海內晏然，于是之時，不可復用其兵。是必韜藏其弓矢，偃息其戈矛，以示天下不復用兵也。」〔註3359〕其義與蜀才同。荀作「慮」者，除、慮古音同在魚部。音近可通。《爾雅・釋詁上》：「慮，謀也。」〔註3360〕謀戎器，於義亦通。

若號| 絕句。戶報反。馬、鄭、王肅、王廙戶羔反。

【疏】所在經文爲「若號，一握爲笑。勿恤，往无咎。」〔註3361〕《周易本義》斷句同。朱熹云：「若呼號正應，則眾以爲笑。」〔註3362〕又注疏本斷句爲：「若號一握爲笑，勿恤，往无咎。」孔穎達疏云：「若自號比爲一握之小。」此外，亦有斷句爲「若號一握，爲笑勿恤，往无咎。」如張載《橫渠易說・卷二》：「若能啼號齎咨，專一其守，不恤眾侮，則往而无咎。」〔註3363〕

籍出版社，景印南菁書院續經解本，2002年版，第690頁。
〔註3354〕〔漢〕鄭玄注，〔唐〕孔穎達等正義：《禮記正義》，北京：中華書局景印阮刻本，1980年版，第31頁。
〔註3355〕〔漢〕高誘注：《戰國策》（叢書集成初編史地類第3684～3687冊），上海：商務印書館，據士禮居景宋本排印，1937年版，第3684冊，第30頁。
〔註3356〕〔唐〕李鼎祚撰：《周易集解》，北京：中國書店，景印嘉慶三年姑蘇喜墨齋張遇堯局鐫本，1987年版，卷九，第7頁。
〔註3357〕〔魏〕王弼、韓康伯注，〔唐〕孔穎達等正義：《周易正義》，北京：中華書局景印阮刻本，1980年版，第46頁。
〔註3358〕〔清〕王念孫撰：《廣雅疏證》，北京：中華書局，景印嘉慶年間王氏家刻本，1983年版，第53頁。
〔註3359〕〔宋〕胡瑗撰，倪天隱述：《周易口義》，臺灣：商務印書館，景印文淵閣四庫全書本第8冊，1983年版，第369頁。
〔註3360〕〔晉〕郭璞注，〔宋〕邢昺疏：《爾雅注疏》，北京：中華書局景印阮刻本，1980年版，第3頁。
〔註3361〕〔魏〕王弼、韓康伯注，〔唐〕孔穎達等正義：《周易正義》，北京：中華書局景印阮刻本，1980年版，第46頁。
〔註3362〕〔宋〕朱熹撰：《周易本義》（四書五經本），北京：中國書店，據世界書局本景印，1985年版，第40頁。
〔註3363〕〔宋〕張載撰：《橫渠先生易說》，揚州：江蘇廣陵古籍刻印社，景印通志堂

《釋文》戶報反者，讀爲號令、號稱之號，孔穎達讀同。馬、鄭等讀戶羔反者，讀爲號咷、呼號之號，朱熹讀同。

一握| 烏學反。傅氏作「渥」。鄭云：握，當讀爲「夫三爲屋」之「屋」。蜀才同。

【疏】握《廣韻》於角切，影覺開二入江。《釋文》音同。傅氏作「渥」者，握、渥聲同字通。焦循依之讀爲渥，其《易章句》云：「握與渥同，〈鼎〉『其形渥』，渥，足也。足則終，終則亂。」〔註3364〕鄭云「握，當讀爲『夫三爲屋』之『屋』」者，馬王堆漢墓帛書《周易》即作「屋」。〔註3365〕《爾雅·釋言》「握，具也」郝懿行《義疏》：「握，通作屋。」〔註3366〕又《詩·陳風·東門之枌》「貽我握椒」李富孫《異文釋》：「《御覽·九百五十八》引作『屋椒』。」〔註3367〕是握、屋古通也。「夫三爲屋」者，《周禮·地官·小司徒》「乃經土地」鄭玄注引《司馬法》曰：「六尺爲步，步百爲畮，畮百爲夫，夫二爲屋，屋三爲井，井十爲通。」〔註3368〕《周易述·卷六》依之，惠彼疏云：「一屋謂坤三爻，若然。〈益·六三〉云：三人行。虞彼注云：泰乾三爻爲三人。此不稱三人而稱一屋者，乾爲人，故三爻爲三人，坤陰无稱人之例，故云一屋也。」〔註3369〕

至好| 呼報反。

【疏】所在注文爲「以結至好」。〔註3370〕參看〈屯〉「合好」條。

愞| 乃亂反。

經解本第一冊，1996年版，第81頁。
〔註3364〕〔清〕焦循撰：《易章句》，嘉慶年間雕菰樓刊本，卷二，第13頁。
〔註3365〕廖名春釋文：《馬王堆帛書周易經傳釋文》（續四庫經部易類第1冊），上海：上海古籍出版社，2002年版，第10頁。
〔註3366〕〔清〕郝懿行撰：《爾雅義疏》（漢小學四種本），成都：巴蜀書社，景印同治四年郝氏家刻本，2001年版，第1012～1013頁。
〔註3367〕〔清〕李富孫撰：《詩經異文釋》（續四庫經部詩類第75冊），上海：上海古籍出版社，景印南菁書院續經解本，2002年版，第177頁。
〔註3368〕〔漢〕鄭玄注，〔唐〕賈公彥疏：《周禮注疏》，北京：中華書局景印阮刻本，1980年版，第74頁。
〔註3369〕〔清〕惠棟撰：《周易述》（四部備要本），上海：中華書局，據學海堂經解本校刊，1936年版，第43頁。
〔註3370〕〔魏〕王弼、韓康伯注，〔唐〕孔穎達等正義：《周易正義》，北京：中華書局景印阮刻本，1980年版，第46頁。

【疏】所在注文爲「懦劣之貌也」。〔註3371〕阮元《校勘記》：「閩監、毛本同。岳本『懦』作『愞』，《釋文》同。按《釋文》乃亂反則當從耎，古音耎聲需聲劃然不同。《說文》云：愞，弱也，從人從耎。作愞者，後出字。」〔註3372〕阮說是，懦爲愞之俗字也。二字音形異而義略同。今《廣韻》愞有三讀，而兗切，曰獮合三上山。奴亂切，泥換合一去山。乃卧切，泥過合一去果。義同，愞弱也。《釋文》音同《廣韻》奴亂切。

正｜ 本亦作「匹」。

【疏】所在注文爲「己爲正配」。〔註3373〕作「正」是。正配者，言初六應四，故爲正配，而三承九四，而爲近寵。本作「匹」者，正字之譌也。

妃｜ 音配。

【疏】所在注文爲「己爲正配」。〔註3374〕阮元《校勘記》：「閩監、毛本同，岳本、古本『配』作『妃』。《釋文》出『正妃』。」〔註3375〕妃、配，古通。如《左傳·文公十四年》：「子叔姬妃齊昭公，生舍。」陸德明《釋文》：「妃，音配，本亦作『配』。」〔註3376〕又《十駕齋養新錄·古無輕脣音》：「古文妃與配同。」〔註3377〕妃《廣韻》二讀，訓爲嘉偶，音芳非切，敷微合三平止。訓爲妃偶，音滂佩切，滂隊合一去蟹。《釋文》音同《廣韻》滂佩切。

禴｜ 羊略反。殷春祭名。馬、王肅同。鄭云：夏祭名。蜀才作「躍」，劉作「爚」。

〔註3371〕〔魏〕王弼、韓康伯注，〔唐〕孔穎達等正義：《周易正義》，北京：中華書局景印阮刻本，1980 年版，第 46 頁。

〔註3372〕〔魏〕王弼、韓康伯注，〔唐〕孔穎達等正義：《周易正義》，北京：中華書局景印阮刻本，1980 年版，第 53 頁。

〔註3373〕〔魏〕王弼、韓康伯注，〔唐〕孔穎達等正義：《周易正義》，北京：中華書局景印阮刻本，1980 年版，第 46 頁。

〔註3374〕〔魏〕王弼、韓康伯注，〔唐〕孔穎達等正義：《周易正義》，北京：中華書局景印阮刻本，1980 年版，第 46 頁。

〔註3375〕〔魏〕王弼、韓康伯注，〔唐〕孔穎達等正義：《周易正義》，北京：中華書局景印阮刻本，1980 年版，第 53 頁。

〔註3376〕〔唐〕陸德明撰：《經典釋文》，北京：中華書局，景印徐乾學通志堂刻本，1983 年版，第 242 頁。

〔註3377〕〔清〕錢大昕撰：《十駕齋養新錄》（續四庫子部雜家類第 1151 冊），上海：上海古籍出版社，景印清嘉慶間刻本，2002 年版，第 157 頁。

【疏】所在經文爲「孚乃利用禴」。〔註3378〕禴《廣韻》以灼切，以藥開三入宕。《釋文》音同。「殷春祭名」者，王弼注：「禴，殷者祭名也，四時祭之省者也。」〔註3379〕按「禴」又作「礿」，音義同。王弼之說，蓋本《禮記》，《禮記·祭統》：「春祭曰礿。」〔註3380〕鄭云「夏祭名」者，《集解》引虞翻曰：「禴，夏祭也。」〔註3381〕虞義同鄭玄。又《爾雅·釋天》：「夏祭曰礿」。〔註3382〕《詩·小雅·天保》「禴祠烝嘗」毛《傳》：「夏曰禴。」〔註3383〕《爾雅·釋詁下》「禴，祭也」陸德明《釋文》曰：「禴，夏祭名。」〔註3384〕此皆訓禴爲夏祭者也。禴或訓爲春祭，或訓爲夏祭，二說不知孰是。蜀才作「躍」者，禴、躍古音同在余紐藥部。《廣雅·釋詁二》云：「躍，進也。」〔註3385〕《太平御覽·卷五百二十六·禮儀部五·祭禮下》引《白虎通》曰：「夏曰礿者，麥熟，進之。」〔註3386〕礿與禴同。由是觀之，禴、躍，音義可通。蜀才作「躍」者，假借爲「禴」也。馬王堆漢墓帛書《周易》作「濯」，〔註3387〕亦是从翟得聲之字。劉作「爚」者，《集韻》以「爚」爲「禴」之異體，蓋本《釋文》。按「爚」字从火，當是「爍」之或體，劉氏假借爲禴也。

〔註3378〕〔魏〕王弼、韓康伯注，〔唐〕孔穎達等正義：《周易正義》，北京：中華書局景印阮刻本，1980年版，第46頁。

〔註3379〕〔魏〕王弼、韓康伯注，〔唐〕孔穎達等正義：《周易正義》，北京：中華書局景印阮刻本，1980年版，第46頁。

〔註3380〕〔漢〕鄭玄注，〔唐〕孔穎達等正義：《禮記正義》，北京：中華書局景印阮刻本，1980年版，第378頁。

〔註3381〕〔唐〕李鼎祚撰：《周易集解》，北京：中國書店，景印嘉慶三年姑蘇喜墨齋張遇堯局鐫本，1987年版，卷九，第9頁。

〔註3382〕〔晉〕郭璞注，〔宋〕邢昺疏：《爾雅注疏》，北京：中華書局景印阮刻本，1980年版，第43頁。

〔註3383〕〔漢〕毛公傳、鄭玄箋，〔唐〕孔穎達等正義：《毛詩正義》，北京：中華書局景印阮刻本，1980年版，第144頁。

〔註3384〕〔唐〕陸德明撰：《經典釋文》，北京：中華書局，景印徐乾學通志堂刻本，1983年版，第409頁。

〔註3385〕〔清〕王念孫撰：《廣雅疏證》，北京：中華書局，景印嘉慶年間王氏家刻本，1983年版，第46頁。

〔註3386〕〔宋〕李昉等撰：《太平御覽》，北京：中華書局，景印商務印書館四部叢刊景宋本，1960年版，第2389頁。按，《太平御覽》所引今本《白虎通》無，蓋脫文也。

〔註3387〕廖名春釋文：《馬王堆帛書周易經傳釋文》（續四庫經部易類第1冊），上海：上海古籍出版社，2002年版，第10頁。

多僻｜ 匹亦反。

【疏】所在注文爲「民之多僻」。〔註3388〕僻《廣韻》二讀，普擊切，滂錫開四入梗。芳辟切，滂昔開三入梗。訓爲邪僻，二讀皆可。《釋文》音同《廣韻》芳辟切。

以遠｜ 袁万反。

【疏】所在注文爲「能變體以遠於害」。〔註3389〕參看〈乾〉「放遠」條。

之省｜ 生領反。下同。

【疏】所在注文爲「四時祭之省者也」。〔註3390〕省《廣韻》二讀，省察《廣韻》息井切，心靜開三上梗。簡省《廣韻》所景切，生梗開二上梗。《釋文》生領反，生紐靜韻。《釋文》梗、靜二韻通。

以比｜ 毗志反。

【疏】所在注文爲「以比於四」。〔註3391〕參看〈比〉「比」條。

未光也｜ 一本作「志未光也」。

【疏】所在經文集解本〔註3392〕、注疏本〔註3393〕皆爲：「『萃有位』，志未光也。」

齎｜ 徐將池反。王肅將啼反。

【疏】所在經文爲「齎咨涕洟」。〔註3394〕齎《廣韻》二讀，訓作持、付、

〔註3388〕〔魏〕王弼、韓康伯注，〔唐〕孔穎達等正義：《周易正義》，北京：中華書局景印阮刻本，1980年版，第46頁。

〔註3389〕〔魏〕王弼、韓康伯注，〔唐〕孔穎達等正義：《周易正義》，北京：中華書局景印阮刻本，1980年版，第46頁。

〔註3390〕〔魏〕王弼、韓康伯注，〔唐〕孔穎達等正義：《周易正義》，北京：中華書局景印阮刻本，1980年版，第46頁。

〔註3391〕〔魏〕王弼、韓康伯注，〔唐〕孔穎達等正義：《周易正義》，北京：中華書局景印阮刻本，1980年版，第46頁。

〔註3392〕〔唐〕李鼎祚撰：《周易集解》，北京：中國書店，景印嘉慶三年姑蘇喜墨齋張遇堯局鐫本，1987年版，卷九，第8頁。

〔註3393〕〔魏〕王弼、韓康伯注，〔唐〕孔穎達等正義：《周易正義》，北京：中華書局景印阮刻本，1980年版，第46頁。

〔註3394〕〔魏〕王弼、韓康伯注，〔唐〕孔穎達等正義：《周易正義》，北京：中華書局景印阮刻本，1980年版，第46頁。

遺、送，音祖稽切，精齊開四平蟹。訓作齎持，音即夷切，精脂開三平止。徐將池反，精支開三平止。《集韻》增有將支切，與徐氏音同，訓爲歎聲。而王肅將啼反音同《廣韻》祖稽切。

咨| 音諮。又將利反。齎咨，嗟歎之辭也。鄭同。馬云：悲聲，怨聲。
〔註 3395〕

【疏】咨《廣韻》即夷切，精脂開三平止。《釋文》首音同。又將利反，精至開三去止。《集韻》增資四切，音同《釋文》又音，訓爲歎聲。「齎咨，嗟歎之辭也」者，王弼注：「齎咨，嗟歎之辭也。」〔註 3396〕與《釋文》訓同。馬云者，《爾雅·釋詁下》：「咨，嗟也。」〔註 3397〕嗟者，悲歎之聲也。又集解本作「齎資涕洟」，注引虞翻曰：「齎，持。資，賻，貨財喪稱賻。」〔註 3398〕此又是一義。

涕| 徐音體。

【疏】徐音同《廣韻》他禮切。參看〈離〉「涕」條。

洟| 他麗反，又音夷。鄭云：自目曰涕，自鼻曰洟。

【疏】洟《廣韻》二讀，他計切，透齊開四去蟹。以脂切，以脂開三平止。音異義同，鼻洟也。《釋文》首音同《廣韻》他計切。又音同《廣韻》以脂切。鄭云者，《集解》引虞翻曰：「自目曰涕，自鼻稱洟。」〔註 3399〕又《禮記·檀弓上》「垂涕洟」陸德明《釋文》：「自目曰涕，自鼻曰洟。」〔註 3400〕訓同。又毛居正《六經正誤》云：「涕，他麗反，徐音體。洟音夷。今本『涕，

〔註 3395〕《經典釋文彙校》：「嚴曰：《集解》虞翻曰：齎，持；資，賻也。又曰：故齎，資也。則虞本作『資』。《釋文》亦漏。」見黃焯撰：《經典釋文彙校》，北京：中華書局，1980 年版，第 18 頁。

〔註 3396〕〔魏〕王弼、韓康伯注，〔唐〕孔穎達等正義：《周易正義》，北京：中華書局景印阮刻本，1980 年版，第 46 頁。

〔註 3397〕〔晉〕郭璞注，〔宋〕邢昺疏：《爾雅注疏》，北京：中華書局景印阮刻本，1980 年版，第 10 頁。

〔註 3398〕〔唐〕李鼎祚撰：《周易集解》，北京：中國書店，景印嘉慶三年姑蘇喜墨齋張遇堯局鐫本，1987 年版，卷九，第 8 頁。

〔註 3399〕〔唐〕李鼎祚撰：《周易集解》，北京：中國書店，景印嘉慶三年姑蘇喜墨齋張遇堯局鐫本，1987 年版，卷九，第 8 頁。

〔註 3400〕〔唐〕陸德明撰：《經典釋文》，北京：中華書局，景印徐乾學通志堂刻本，1983 年版，第 169 頁。

徐音體。』『湀，他麗反，又音夷。』誤。案〈檀弓〉『垂涕洟』《釋文》：洟，他計反。湀音夷。此是《易》音傳寫誤明矣。」〔註 3401〕毛氏說不知然否，存以備考。

☷☴升 | 式陵反。〈序卦〉云：上也。上音時掌反。鄭本作「昇」。馬云：高也。震宮四世卦。

【疏】升《廣韻》識蒸切，書蒸開三平曾。《釋文》音同。〈序卦〉云者，《易·序卦》：「聚而上者謂之升，故受之以升。」〔註 3402〕與《釋文》所引異。依〈序卦〉文例，疑陸氏所見《周易》「故受之以升」下有「升者，上也」四字。上音時掌反者，參看〈乾〉「上下」條。鄭本作「昇」者，升《說文·斗部》：「升，十龠也。从斗，亦象形。」〔註 3403〕「十龠」者，「十合」之誤也。升本爲容量單位，上升者，其假借義也。昇則後起，見《說文新附》，《說文新附·日部》：「昇，日上也。从日升聲。古只用升。」〔註 3404〕故《古易音訓》引晁說之曰：「昇，古文作升。」〔註 3405〕馬云「高也」者，《文選·陸機〈漢高祖功臣頌〉》「亮跡雙升」呂向注：「升，高。」〔註 3406〕高者，上義之引申也。

用見大人 | 本或作「利見」。

【疏】所在經文爲「用見大人」。〔註 3407〕本或作「利見」者，「利見大人」一語，見〈乾〉、〈訟〉、〈蹇〉、〈萃〉、〈巽〉諸卦。而「用見大人」僅此一見。

〔註 3401〕〔宋〕毛居正撰：《六經正誤》，揚州：江蘇廣陵古籍刻印社，景印通志堂經解本第十六冊，1996 年版，第 569 頁。

〔註 3402〕〔魏〕王弼、韓康伯注，〔唐〕孔穎達等正義：《周易正義》，北京：中華書局景印阮刻本，1980 年版，第 84 頁。

〔註 3403〕〔漢〕許慎撰：《說文解字》，北京：中華書局，景印同治十二年陳昌治刻本，1963 年版，第 300 頁。

〔註 3404〕〔漢〕許慎撰：《說文解字》，北京：中華書局，景印同治十二年陳昌治刻本，1963 年版，第 140 頁。

〔註 3405〕〔宋〕呂祖謙撰，〔清〕宋咸熙輯：《古易音訓》（續四庫經部易類第 2 冊），上海：上海古籍出版社，景印清嘉慶七年刻本，2002 年版，第 39 頁。

〔註 3406〕〔梁〕蕭統編，〔唐〕李善、呂延濟、劉良、張銑、呂向、李周翰注：《六臣注文選》，北京：中華書局，景印涵芬樓藏宋刊本，1987 年版，第 894 頁。

〔註 3407〕〔魏〕王弼、韓康伯注，〔唐〕孔穎達等正義：《周易正義》，北京：中華書局景印阮刻本，1980 年版，第 46 頁。

以順德｜ 如字，王肅同。本又作「愼」，師同。姚本「德」作「得」。

【疏】所在經文注疏本爲：「君子以順德」。〔註 3408〕「如字」者，明字形作「順」也。「順德」者，順行其德也。本又作「愼」者，集解本同。《集解》引虞翻曰：「二之五，艮爲愼」〔註 3409〕又《古易音訓》引晁說之曰：「順古文作愼，與愼多相亂。」〔註 3410〕姚本「德」作「得」者，德、得古通。姚信蓋假得爲德也。

以高大｜ 本或作「以成高大」。

【疏】所在經文注疏本爲：「積小以高大」。〔註 3411〕集解本作「積小以成高大」。〔註 3412〕義同。

允當｜ 如字。下同。

【疏】所在注文爲「允，當也。」〔註 3413〕當《廣韻》二讀，此處「如字」者，當讀平聲都郎切，端唐開一平宕。訓爲應當。

閑邪｜ 似嗟反。

【疏】所在注文爲「閑邪存誠」。〔註 3414〕參看〈乾〉「邪」條。

升虛｜ 如字，空也。徐去餘反。馬云：丘也。

【疏】所在經文爲「升虛邑」。〔註 3415〕虛《廣韻》二讀，訓爲空虛，音

〔註 3408〕 〔魏〕王弼、韓康伯注，〔唐〕孔穎達等正義：《周易正義》，北京：中華書局景印阮刻本，1980 年版，第 46 頁。
〔註 3409〕 〔唐〕李鼎祚撰：《周易集解》，北京：中國書店，景印嘉慶三年姑蘇喜墨齋張遇堯局鑴本，1987 年版，卷九，第 9 頁。
〔註 3410〕 〔宋〕呂祖謙撰，〔清〕宋咸熙輯：《古易音訓》（續四庫經部易類第 2 冊），上海：上海古籍出版社，景印清嘉慶七年刻本，2002 年版，第 44 頁。
〔註 3411〕 〔魏〕王弼、韓康伯注，〔唐〕孔穎達等正義：《周易正義》，北京：中華書局景印阮刻本，1980 年版，第 46 頁。
〔註 3412〕 〔唐〕李鼎祚撰：《周易集解》，北京：中國書店，景印嘉慶三年姑蘇喜墨齋張遇堯局鑴本，1987 年版，卷九，第 9 頁。
〔註 3413〕 〔魏〕王弼、韓康伯注，〔唐〕孔穎達等正義：《周易正義》，北京：中華書局景印阮刻本，1980 年版，第 46 頁。
〔註 3414〕 〔魏〕王弼、韓康伯注，〔唐〕孔穎達等正義：《周易正義》，北京：中華書局景印阮刻本，1980 年版，第 46 頁。
〔註 3415〕 〔魏〕王弼、韓康伯注，〔唐〕孔穎達等正義：《周易正義》，北京：中華書局景印阮刻本，1980 年版，第 46 頁。

朽居切，曉魚合三平遇。訓爲大丘，去魚切，溪魚合三平遇。《釋文》「如字」者，讀如《廣韻》朽居切，空也者，孔穎達疏曰：「若升空虛之邑也」〔註3416〕，訓同《釋文》。徐去餘反者，音同《廣韻》去魚切，則徐氏亦訓爲丘也。馬云「丘也」者，《說文·丘部》：「虛，大丘也。」〔註3417〕黃宗炎依之，《周易象辭·卷十三》曰：「四邑爲邱，邱謂之虛，小國寡民之象也。」〔註3418〕

用亨｜ 許庚反，通也。馬、鄭、陸、王肅許兩反。馬云：祭也。鄭云：獻也。

【疏】所在經文爲「王用亨于岐山」。〔註3419〕亨之音義參看〈乾〉「元亨」條、〈大有〉「用亨」條。按王弼讀亨通之亨。

岐山｜ 其宜反，或祁支反。

【疏】岐《廣韻》巨支切，羣支開重紐四平止。《釋文》其宜、祁支二切音同，俱羣支開重紐三平止，《集韻》增渠羈切，音同。

攘來｜ 如羊反。

【疏】所在注文爲「攘來自專」。〔註3420〕攘《廣韻》三讀，訓爲以手禦，音汝陽切，日陽開三平宕。訓爲擾攘，音如兩切，日養開三上宕。訓爲揖攘，音人樣切，日漾開三去宕。《釋文》音同《廣韻》汝陽切，訓爲卻也、拒也。《公羊傳·僖公四年》「桓公救中國而攘夷狄」何休注：「攘，卻也。」〔註3421〕《莊子·胠篋》「攘棄仁義」成玄英疏：「攘，卻也。」〔註3422〕「攘來自專」

〔註3416〕〔魏〕王弼、韓康伯注，〔唐〕孔穎達等正義：《周易正義》，北京：中華書局景印阮刻本，1980年版，第46頁。
〔註3417〕〔漢〕許慎撰：《說文解字》，北京：中華書局，景印同治十二年陳昌治刻本，1963年版，第169頁。
〔註3418〕〔清〕黃宗炎撰：《周易象辭》，臺灣：商務印書館，景印文淵閣四庫全書本第40冊，1983年版，第498頁。
〔註3419〕〔魏〕王弼、韓康伯注，〔唐〕孔穎達等正義：《周易正義》，北京：中華書局景印阮刻本，1980年版，第46頁。
〔註3420〕〔魏〕王弼、韓康伯注，〔唐〕孔穎達等正義：《周易正義》，北京：中華書局景印阮刻本，1980年版，第47頁。
〔註3421〕〔漢〕何休注，〔唐〕徐彥疏：《春秋公羊傳注疏》，北京：中華書局景印阮刻本，1980年版，第55頁。
〔註3422〕〔清〕郭慶藩輯：《莊子集釋》，上海：上海書店，景印諸子集成本，1986年版，第161頁。

者，言卻納皆自專斷也。

冥｜ 覓經反，闇昧之義也。注同。又云：日冥也。

【疏】所在經文爲「冥升」。〔註3423〕冥《廣韻》莫經切，明青開四平梗。《釋文》音同。「闇昧之義也」者，《說文‧冥部》：「冥，幽也。」〔註3424〕段玉裁注云：「冥，引申爲凡闇昧之偁。」〔註3425〕又云「日冥也」者，《玉篇‧冥部》：「冥，夜也。」〔註3426〕此亦闇昧義之引申也，俗作「暝」。

則喪｜ 息浪反。

【疏】所在注文爲「用于爲物之主則喪矣」。參看〈乾〉「知喪」條。

䷮困｜ 窮也，窮悴掩蔽之義，故〈彖〉云：剛掩也。《廣雅》云：困，悴也。兌宮一世卦。

【疏】「窮也」者，《廣雅‧釋詁四》：「困，窮也。」〔註3427〕「窮悴掩蔽」者，此困窮之引申義而合於卦象者也。《易‧困‧彖傳》曰：「困，剛揜也」孔穎達疏曰：「此就二體以釋卦名，兌陰卦爲柔，坎陽卦爲剛，坎在兌下，是『剛見揜于柔也』。」〔註3428〕《釋文》作「掩」者，「揜」之異體字也。《廣雅》云「困，悴也」者，見《廣雅‧釋言》。

剛揜｜ 本又作「掩」，於撿反，李於範反。虞作「弇」。

【疏】所在經文爲「剛揜也」。〔註3429〕本又作「掩」者，「揜」之異體

〔註3423〕〔魏〕王弼、韓康伯注，〔唐〕孔穎達等正義：《周易正義》，北京：中華書局景印阮刻本，1980年版，第47頁。

〔註3424〕〔漢〕許慎撰：《說文解字》，北京：中華書局，景印同治十二年陳昌治刻本，1963年版，第141頁。

〔註3425〕〔清〕段玉裁撰：《說文解字注》，上海：上海古籍出版社，景印嘉慶二十年經韻樓本，1988年版，第312頁。

〔註3426〕〔梁〕顧野王撰：《宋本玉篇》，北京：中國書店，景印張氏澤存堂本，1983年版，第386頁。

〔註3427〕〔清〕王念孫撰：《廣雅疏證》，北京：中華書局，景印嘉慶年間王氏家刻本，1983年版，第114頁。

〔註3428〕〔魏〕王弼、韓康伯注，〔唐〕孔穎達等正義：《周易正義》，北京：中華書局景印阮刻本，1980年版，第47頁。

〔註3429〕〔魏〕王弼、韓康伯注，〔唐〕孔穎達等正義：《周易正義》，北京：中華書局景印阮刻本，1980年版，第47頁。

也。《五經文字・手部》:「揜、掩,二同。」﹝註 3430﹞揜《廣韻》二讀,衣檢切,影琰開重紐三上咸。烏敢切,影敢開一上咸。《釋文》於擪反音同《廣韻》衣檢切,李於範反,影紐范韻。音近。虞作「弇」者,《說文・収部》:「弇,蓋也。」﹝註 3431﹞《說文・手部》「揜,一曰覆也」﹝註 3432﹞王筠《句讀》云:「此謂揜爲弇之絫增字。」故《古易音訓》引晁說之曰:「弇,古文。」﹝註 3433﹞惠棟《周易述・卷九》亦云:「弇,古文揜。」﹝註 3434﹞揜、掩、弇,皆聲近義通。

以說| 音悅。卦內同。

【疏】所在經文爲「險以說」。﹝註 3435﹞說、悅,古今字。

固窮| 如字。或作「困窮」,非。

【疏】所在注文爲「君子固窮」。﹝註 3436﹞如字者,明字形作「固」也。「君子固窮」語出《論語》,《論語・衛靈公》:「子曰:『君子固窮,小人窮斯濫矣。』」朱熹《集注》:「程子曰:『固窮者,固守其窮。』」﹝註 3437﹞作「困」者,乃「固」字之譌,非。

臀| 徒敦反。

【疏】所在經文爲「臀困于株木」。﹝註 3438﹞臀《廣韻》徒渾切,定魂合

﹝註 3430﹞ 〔唐〕張參撰:《五經文字》(叢書集成初編語文學類第 1064 冊),上海:商務印書館,景印後知不足齋叢書本,1936 年版,第 6 頁。

﹝註 3431﹞ 〔漢〕許慎撰:《說文解字》,北京:中華書局,景印同治十二年陳昌治刻本,1963 年版,第 59 頁。

﹝註 3432﹞ 〔清〕段玉裁撰:《說文解字注》,上海:上海古籍出版社,景印嘉慶二十年經韻樓本,1988 年版,第 253 頁。

﹝註 3433﹞ 〔宋〕呂祖謙撰,〔清〕宋咸熙輯:《古易音訓》(續四庫經部易類第 2 冊),上海:上海古籍出版社,景印清嘉慶七年刻本,2002 年版,第 43 頁。

﹝註 3434﹞ 〔清〕惠棟撰:《周易述》(四部備要本),上海:中華書局,據學海堂經解本校刊,1936 年版,第 61 頁。

﹝註 3435﹞ 〔魏〕王弼、韓康伯注,〔唐〕孔穎達等正義:《周易正義》,北京:中華書局景印阮刻本,1980 年版,第 47 頁。

﹝註 3436﹞ 〔魏〕王弼、韓康伯注,〔唐〕孔穎達等正義:《周易正義》,北京:中華書局景印阮刻本,1980 年版,第 47 頁。

﹝註 3437﹞ 〔宋〕朱熹注:《孟子集注》(四書五經本),北京:中國書店,據世界書局本景印,1985 年版,第 65 頁。

﹝註 3438﹞ 〔魏〕王弼、韓康伯注,〔唐〕孔穎達等正義:《周易正義》,北京:中華書

一平臻。《釋文》音同。

株木| 張愚反。

　　【疏】株《廣韻》陟輸切，知虞合三平遇。《釋文》音同。

幽谷| 徐古木反。

　　【疏】所在經文爲「入于幽谷」。〔註3439〕谷《廣韻》三讀，溪谷音古祿切，見屋合一入通。《釋文》引徐氏音同。

不覿| 大歷反，見也。注同。

　　【疏】所在經文爲「三歲不覿」。〔註3440〕覿《廣韻》徒歷切，定錫開四入梗。《釋文》音同。「見也」者，《爾雅·釋詁下》：「覿，見也。」〔註3441〕

獲拯| 拯救之拯。

　　【疏】所在注文爲「進不獲拯」。〔註3442〕參看〈屯〉「拯」條。

隱遯| 徒困反。

　　【疏】所在注文爲「必隱遯者也」。〔註3443〕遯《廣韻》二讀，徒困切，定慁合一去臻。徒損切，定混合一上臻。音異義同。《釋文》音同《廣韻》去聲。

數歲| 色柱反。本亦作「三歲」。〔註3444〕

　　　　　局景印阮刻本，1980年版，第47頁。
〔註3439〕〔魏〕王弼、韓康伯注，〔唐〕孔穎達等正義：《周易正義》，北京：中華書局景印阮刻本，1980年版，第47頁。
〔註3440〕〔魏〕王弼、韓康伯注，〔唐〕孔穎達等正義：《周易正義》，北京：中華書局景印阮刻本，1980年版，第47頁。
〔註3441〕〔晉〕郭璞注，〔宋〕邢昺疏：《爾雅注疏》，北京：中華書局景印阮刻本，1980年版，第9頁。
〔註3442〕〔魏〕王弼、韓康伯注，〔唐〕孔穎達等正義：《周易正義》，北京：中華書局景印阮刻本，1980年版，第47頁。
〔註3443〕〔魏〕王弼、韓康伯注，〔唐〕孔穎達等正義：《周易正義》，北京：中華書局景印阮刻本，1980年版，第47頁。
〔註3444〕《經典釋文彙校》：「『柱』，寫本、宋本、葉鈔、十行本、閩監本同。盧本改作『主』。」見黃焯撰：《經典釋文彙校》，北京：中華書局，1980年版，第18頁。

【疏】所在注文爲「困之爲道，不過數歲者也。」〔註3445〕數《廣韻》三讀，訓作計時所矩切，生麌合三上遇。訓作算數時音色句切，生遇合三去遇。訓作頻數時所角切，生覺開二入江。又《羣經音辨·卷二》曰：「數，計也，色主切。數，計目也，尸故切。數，屢也，色角切。」〔註3446〕《釋文》音同《廣韻》所矩切，《釋文》讀數爲動詞，義不可通。盧本改作「主」者，主蓋依如字讀之，則盧本音同《釋文》色柱反。

困解｜ 音蟹。

【疏】所在注文爲「困解乃出」。〔註3447〕參看〈解〉「解」條。

朱紱｜ 音弗。下同。

【疏】所在經文爲「朱紱方來」。〔註3448〕紱《廣韻》分勿切，非物合三入臻。《釋文》音同。

享祀｜ 許兩反。注同。

【疏】所在經文爲「利用享祀」。〔註3449〕享《廣韻》許兩切，曉養開三上宕。《釋文》音同。

難之｜ 乃旦反。

【疏】所在注文爲「難之所濟」。〔註3450〕參看〈乾〉「而難」條。

不勝｜ 音升。

【疏】所在注文爲「不勝豐衍」。〔註3451〕勝《廣韻》二讀，訓作任、舉

〔註3445〕〔魏〕王弼、韓康伯注，〔唐〕孔穎達等正義：《周易正義》，北京：中華書局景印阮刻本，1980年版，第47頁。
〔註3446〕〔宋〕賈昌朝撰：《羣經音辨》（叢書集成初編語文學類第1208冊），上海：商務印書館，景印畿輔叢書本，1939年版，第32頁。
〔註3447〕〔魏〕王弼、韓康伯注，〔唐〕孔穎達等正義：《周易正義》，北京：中華書局景印阮刻本，1980年版，第47頁。
〔註3448〕〔魏〕王弼、韓康伯注，〔唐〕孔穎達等正義：《周易正義》，北京：中華書局景印阮刻本，1980年版，第47頁。
〔註3449〕〔魏〕王弼、韓康伯注，〔唐〕孔穎達等正義：《周易正義》，北京：中華書局景印阮刻本，1980年版，第47頁。
〔註3450〕〔魏〕王弼、韓康伯注，〔唐〕孔穎達等正義：《周易正義》，北京：中華書局景印阮刻本，1980年版，第47頁。
〔註3451〕〔魏〕王弼、韓康伯注，〔唐〕孔穎達等正義：《周易正義》，北京：中華書

音識蒸切，書蒸開三平曾。訓作勝負、加、克音詩證切，書證開三去曾。《釋文》音同《廣韻》平聲。「不勝」者，不盡也。

豐衍｜　延善反。

　　【疏】參看〈需〉「衍在」條。

蒺｜　音疾。

　　【疏】所在經文爲「據于蒺藜」。〔註 3452〕蒺《廣韻》秦悉切，從質開三入臻。《釋文》音同。馬王堆漢墓帛書《周易》作「疾」。

藜｜　音梨。蒺藜，茨草。〔註 3453〕

　　【疏】藜《廣韻》二讀，蒺藜力脂切，來脂開三平止。藜蘆郎奚切，來齊開四平蟹。《釋文》音同《廣韻》力脂切。「茨草」者，《爾雅·釋草》：「茨，蒺藜。」郭璞注：「布地蔓生，細葉，子有三角，刺人。」〔註 3454〕蒺藜，草名也。而《易·困》「據于蒺藜」李鼎祚《集解》引虞翻曰：「蒺藜，木名。」〔註 3455〕又是一義。

上比｜　毗志反。

　　【疏】所在注文爲「上比困石」。〔註 3456〕參看〈比〉「比」條。

焉得｜　於虔反。

　　【疏】所在注文爲「焉得配偶」。〔註 3457〕焉《廣韻》三讀，訓作語助，

　　　　局景印阮刻本，1980 年版，第 47 頁。
〔註 3452〕〔魏〕王弼、韓康伯注，〔唐〕孔穎達等正義：《周易正義》，北京：中華書局景印阮刻本，1980 年版，第 47 頁。
〔註 3453〕《經典釋文彙校》：「盧本『藜』作『藜』。他本並與此本同。『梨』，宋本作『黎』。」見黃焯撰：《經典釋文彙校》，北京：中華書局，1980 年版，第 18 頁。
〔註 3454〕〔晉〕郭璞注，〔宋〕邢昺疏：《爾雅注疏》，北京：中華書局景印阮刻本，1980 年版，第 61 頁。
〔註 3455〕〔唐〕李鼎祚撰：《周易集解》，北京：中國書店，景印嘉慶三年姑蘇喜墨齋張遇堯局鐫本，1987 年版，卷九，第 11 頁。
〔註 3456〕〔魏〕王弼、韓康伯注，〔唐〕孔穎達等正義：《周易正義》，北京：中華書局景印阮刻本，1980 年版，第 47 頁。
〔註 3457〕〔魏〕王弼、韓康伯注，〔唐〕孔穎達等正義：《周易正義》，北京：中華書局景印阮刻本，1980 年版，第 47 頁。

有乾切，云仙開三平山。訓作安也，謁言切，影元開三平山。訓作何也，於乾切，影仙開重紐三平山。《羣經音辨‧卷六》：「焉，何也，常居語初，於乾切。焉，已也，常居語末，于乾切。」〔註3458〕《釋文》音同《廣韻》於乾切，訓爲何也，居語前。

來徐徐｜ 徐徐，疑懼貌。馬云：安行貌。子夏作「荼荼」，翟同，荼音圖，云：內不定之意。王肅作「余余」。

【疏】所在經文爲「來徐徐，困于金車。」〔註3459〕「徐徐，疑懼貌」者，王弼注云：「『徐徐』者，疑懼之辭也。」〔註3460〕馬云「安行貌」者，《說文‧彳部》：「徐，安行也。」〔註3461〕子夏作「荼荼」者，其義蓋與徐徐同也。《周禮‧考工記‧弓人》「斲目必荼」鄭玄注引鄭司農云：「荼，讀爲舒。舒，徐也。」〔註3462〕是徐、荼、舒，皆一聲之轉也。《集解》亦作「荼荼」，李鼎祚引虞翻曰：「荼荼，舒遲也。」〔註3463〕虞翻與馬融徐徐之義同。翟同者，翟玄與子夏同作「荼」。荼音圖者，荼《廣韻》三讀，訓爲苦菜，或同都切，定模合一平遇，或宅加切，澄麻開二平假。訓爲蔈荂，食遮切，船麻開三平假。《釋文》音同《廣韻》同都切。云「內不定之意」者，與王弼徐徐之義近。王肅作「余余」者，《說文‧八部》：「余，語之舒也。」〔註3464〕引申之，則有舒遲之義，王肅之義殆是。《古易音訓》引晁說之曰：「余，古文。」〔註3465〕毛奇齡《仲氏易》云：「王肅本作『余余』，

〔註3458〕〔宋〕賈昌朝撰：《羣經音辨》（叢書集成初編語文學類第 1208 冊），上海：商務印書館，景印畿輔叢書本，1939 年版，第 148 頁。

〔註3459〕〔魏〕王弼、韓康伯注，〔唐〕孔穎達等正義：《周易正義》，北京：中華書局景印阮刻本，1980 年版，第 47 頁。

〔註3460〕〔魏〕王弼、韓康伯注，〔唐〕孔穎達等正義：《周易正義》，北京：中華書局景印阮刻本，1980 年版，第 47 頁。

〔註3461〕〔漢〕許慎撰：《說文解字》，北京：中華書局，景印同治十二年陳昌治刻本，1963 年版，第 43 頁。

〔註3462〕〔漢〕鄭玄注，〔唐〕賈公彥疏：《周禮注疏》，北京：中華書局景印阮刻本，1980 年版，第 297 頁。

〔註3463〕〔唐〕李鼎祚撰：《周易集解》，北京：中國書店，景印嘉慶三年姑蘇喜墨齋張遇堯局鐫本，1987 年版，卷九，第 11 頁。

〔註3464〕〔漢〕許慎撰：《說文解字》，北京：中華書局，景印同治十二年陳昌治刻本，1963 年版，第 28 頁。

〔註3465〕〔宋〕呂祖謙撰，〔清〕宋咸熙輯：《古易音訓》（續四庫經部易類第 2 冊），上海：上海古籍出版社，景印清嘉慶七年刻本，2002 年版，第 39 頁。

未詳。」〔註 3466〕

金車| 本亦作「金輿」。

【疏】所在經文爲「困于金車」。〔註 3467〕參看〈大有〉「大車」條。

劓| 徐魚器反。

【疏】所在經文爲「劓刖」。〔註 3468〕劓《廣韻》魚器切，疑至開重紐三去止。《釋文》引徐氏音同。

刖| 徐五刮反，又音月。荀、王肅本「劓刖」作「臲卼」，云：不安貌。陸同。鄭云：劓刖當爲倪仉。京作「劓劊」。案《說文》：劊，斷也。

【疏】刖《廣韻》三讀，魚厥切，疑月合三入山。五忽切，疑沒合一入臻。五刮切，疑鎋合二入山。音異義同，皆訓爲絕也。徐五刮反音同《廣韻》五刮切。《釋文》又音月者，音同《廣韻》魚厥切。《集解》引虞翻曰：「割鼻曰劓。斷足曰刖。」〔註 3469〕陸氏之義蓋取乎此。其下錄荀、王、鄭、京之說，以存異也。荀爽、王肅本作「臲卼」者，劓刖、臲卼，皆爲疑紐字，音近相假也。漢王符《潛夫論·夢列》：「傾倚徵邪，劓刖不安。」〔註 3470〕亦以劓刖假借作臲卼也。臲卼者，不安也。陸同者，陸績本同荀、王本。鄭云者，倪仉同臲卼，亦即臲卼也。《別雅·卷五》：「倪仉，臲卼也。《易·困卦》『困丁臲卼』，古文《易》作『倪仉』。」〔註 3471〕《古易音訓》引晁說之曰：「象數當作倪仉，倪仉即之臲卼古文也。」〔註 3472〕惠棟《周易述》依鄭玄讀爲「倪仉」。

〔註 3466〕〔清〕毛奇齡撰：《仲氏易》（皇清經解本），上海：上海書店，景印清經解本第一冊，1988 年版，第 537 頁。

〔註 3467〕〔魏〕王弼、韓康伯注，〔唐〕孔穎達等正義：《周易正義》，北京：中華書局景印阮刻本，1980 年版，第 47 頁。

〔註 3468〕〔魏〕王弼、韓康伯注，〔唐〕孔穎達等正義：《周易正義》，北京：中華書局景印阮刻本，1980 年版，第 47 頁。

〔註 3469〕〔唐〕李鼎祚撰：《周易集解》，北京：中國書店，景印嘉慶三年姑蘇喜墨齋張遇堯局鐫本，1987 年版，卷九，第 12 頁。

〔註 3470〕〔漢〕王符著，〔清〕汪繼培箋：《潛夫論》，上海：上海書店，景印諸子集成本，1986 年版，第 134 頁。

〔註 3471〕〔清〕吳玉搢撰：《別雅》，光緒丁亥年菽林山房刻益雅堂叢書本，卷五，第 26 頁。

〔註 3472〕〔宋〕呂祖謙撰，〔清〕宋咸熙輯：《古易音訓》（續四庫經部易類第 2 冊），上海：上海古籍出版社，景印清嘉慶七年刻本，2002 年版，第 39 頁。

京作「劓劊」者，亦音近而字異也。案《說文》「劊，斷也」者，見《說文・刀部》。

祭祀｜ 本亦作「享祀」。

【疏】所在經文爲「利用祭祀」。〔註3473〕《書・盤庚上》「茲予大享于先王」孔穎達疏：「《周禮・大宗伯》祭祀之名：天神曰祀，地祇曰祭，人鬼曰享。」〔註3474〕析言則異，渾言則同。《易・渙・象傳》「先王以享于帝立廟」李鼎祚《集解》引虞翻曰：「享，祭也。」〔註3475〕是祭、享二字義同而成異文也。又毛奇齡《仲氏易》：「陸德明作『享』，誤。」〔註3476〕不知所據。

遐遠｜ 本或作「遐邇」。

【疏】所在經文注疏本爲「異方愈乖，遐邇愈叛」。〔註3477〕本或作「遐邇」者，疑爲「遐遠」之譌也。依王注義，作「遐遠」是。

藟｜ 力軌反，似葛之草。本又作「虆」。《毛詩草木疏》云：一名巨荒，似虆薁，連蔓而生，幽州人謂之䕼虆。〔註3478〕

【疏】所在經文爲「困于葛藟」。〔註3479〕藟《廣韻》力軌切，來旨合三上止。《釋文》音同。「似葛之草」者，《詩・王風・葛藟序》「葛藟」陸德明《釋文》：「藟，似葛。」〔註3480〕《詩・周南・樛木》「葛藟纍之」孔穎達疏：

〔註3473〕〔魏〕王弼、韓康伯注，〔唐〕孔穎達等正義：《周易正義》，北京：中華書局景印阮刻本，1980年版，第47頁。

〔註3474〕〔漢〕孔安國傳，〔唐〕孔穎達等正義：《尚書正義》，北京：中華書局景印阮刻本，1980年版，第57～58頁。

〔註3475〕〔唐〕李鼎祚撰：《周易集解》，北京：中國書店，景印嘉慶三年姑蘇喜墨齋張遇堯局鐫本，1987年版，卷十二，第1頁。

〔註3476〕〔清〕毛奇齡撰：《仲氏易》（皇清經解本），上海：上海書店，景印清經解本第一冊，1988年版，第537頁。

〔註3477〕〔魏〕王弼、韓康伯注，〔唐〕孔穎達等正義：《周易正義》，北京：中華書局景印阮刻本，1980年版，第47頁。

〔註3478〕《經典釋文彙校》：「盧曰：〈周南釋文〉引《草木疏》作『一名巨苽，似燕薁』，此似誤。焯案《廣雅》燕薁，虆舌也。王念孫《廣雅疏證》云：即虆薁。虆、燕聲之轉。『䕼』，寫本、宋本作『推』。」見黃焯撰：《經典釋文彙校》，北京：中華書局，1980年版，第18頁。

〔註3479〕〔魏〕王弼、韓康伯注，〔唐〕孔穎達等正義：《周易正義》，北京：中華書局景印阮刻本，1980年版，第47頁。

〔註3480〕〔唐〕陸德明撰：《經典釋文》，北京：中華書局，景印徐乾學通志堂刻本，

「藟與葛異，亦葛之類也。」〔註 3481〕本又作「蘽」者，「藟」之或異體也。《集韻・旨部》：「藟，或作蘽。」〔註 3482〕陸璣《毛詩草木鳥獸蟲魚疏・卷上》：「藟，一名巨苽，似燕薁，亦延蔓生，葉如艾，白色，其子赤，可食，酢而不美。幽州人謂之推藟。」〔註 3483〕《釋文》引稍異。馬王堆漢墓帛書《周易》作「纍」，亦假作藟也。

鼿｜ 五結反，干肅妍喆反。《說文》作「劓」，牛列反。薛同。〔註 3484〕

【疏】所在經文爲「于臲鼿」。〔註 3485〕鼿《廣韻》五結切，疑屑開四入山。《釋文》首音同。王肅妍喆反，疑薛開重紐三入山。當是鼿之別聲也。按闑字《廣韻》二讀，五結切，疑屑開四入山。魚列切，疑薛開重紐三入山。鼿、闑俱從臬得聲，王肅之音蓋有所憑據也。《說文》作「劓」，《說文・刀部》：「劓，刑鼻也。从刀臬聲。《易》曰：『天且劓。』」〔註 3486〕劓非「鼿」之異構，而爲「劓」之或體也。且與此引《易》曰「天且劓」者，〈睽〉卦六三爻辭也。疑此條「說文」至「薛同」九字衍，當入〈睽〉卦「劓」條下。牛列反者，劓《廣韻》魚器切，疑至開重紐三去止。《釋文》牛列反，疑薛開重紐三入山。

臲｜ 五骨反。又音月。《說文》作「槷」，云：槷，不安也。薛又作「扤」，字同。〔註 3487〕

1983 年版，第 63 頁。

〔註 3481〕 〔漢〕毛公傳、鄭玄箋，〔唐〕孔穎達等正義：《毛詩正義》，北京：中華書局景印阮刻本，1980 年版，第 10 頁。

〔註 3482〕 〔宋〕丁度撰：《集韻》，北京：中華書局，景印北京圖書館藏宋刻本，1988 年版，第 92 頁。

〔註 3483〕 〔清〕焦循撰：《陸氏草木鳥獸蟲魚疏疏》（續四庫經部詩類第 65 冊），上海：上海古籍出版社，景印清光緒十四年刻南菁書院叢書本，2002 年版，第 446 頁。

〔註 3484〕 《經典釋文彙校》：「惠云：劓，劓或字，見《玉篇》。案《說文》無『鼿』字，《刀部》劓，刑鼻也。重文从鼻作『劓』，非『鼿』字，陸蓋偶誤。黃云：鼿鼿，正當作陧阢。」見黃焯撰：《經典釋文彙校》，北京：中華書局，1980 年版，第 18 頁。

〔註 3485〕 〔魏〕王弼、韓康伯注，〔唐〕孔穎達等正義：《周易正義》，北京：中華書局景印阮刻本，1980 年版，第 47 頁。

〔註 3486〕 〔漢〕許慎撰：《說文解字》，北京：中華書局，景印同治十二年陳昌治刻本，1963 年版，第 92 頁。

〔註 3487〕 《經典釋文彙校》：「惠曰：《說文》『槷』字下云：『槷槷，不安也。《易》曰

【疏】唲《廣韻》五忽切，疑沒合一入臻。《釋文》首音同。《釋文》又音月，疑月合三入山。薛又作「朾」者，音近相通也。故《說文·出部》段玉裁注云：「黜，與朾、氿、尢、仉同。」〔註3488〕

曰動悔｜ 音越。向云：言其無不然。

【疏】所在經文爲「曰動悔，有悔，征吉。」〔註3489〕曰《廣韻》王伐切，云月合三入山。《釋文》音同。向云「言其無不然」者，《廣雅·釋詁四》：「曰，言也。」〔註3490〕向氏意在肯定之義，故云「言其無不然」。

令生｜ 力呈反。

【疏】所在注文爲「令生有悔」。〔註3491〕參看〈訟〉「而令」條。

䷯井｜ 精領反。〈雜卦〉云：通也。〈象〉云：養而不窮。《周書》云：黃帝穿井。《世本》云：化益作井。宋衷云：化益，伯益也，堯臣。《廣雅》云：井，深也。鄭云：井，法也。《字林》作井，子挺反。周云：井以不變更爲義。師說：井以清絜爲義。震宮五世卦。

【疏】井《廣韻》子郢切，精靜開三上梗。《釋文》音同。〈雜卦〉云「通也」者，世傳本《周易》作「井通，而困相遇也。」〔註3492〕〈象〉云者，世傳本作「井養而不窮也。」《周書》云「黃帝穿井」者，世傳典籍多爲伯益事，言黃帝者，始見陸氏所引。《世本》云「化益作井」者，《呂氏春秋·勿躬》云：「伯益作井。」〔註3493〕《淮南子·本經》云：「昔者蒼頡作書而天雨粟，

槃黜。』」見黃焯撰：《經典釋文彙校》，北京：中華書局，1980年版，第18頁。

〔註3488〕〔漢〕許慎撰：《說文解字》，北京：中華書局，景印同治十二年陳昌治刻本，1963年版，第273頁。

〔註3489〕〔魏〕王弼、韓康伯注，〔唐〕孔穎達等正義：《周易正義》，北京：中華書局景印阮刻本，1980年版，第47頁。

〔註3490〕〔清〕王念孫撰：《廣雅疏證》，北京：中華書局，景印嘉慶年間王氏家刻本，1983年版，第117頁。

〔註3491〕〔魏〕王弼、韓康伯注，〔唐〕孔穎達等正義：《周易正義》，北京：中華書局景印阮刻本，1980年版，第47頁。

〔註3492〕〔魏〕王弼、韓康伯注，〔唐〕孔穎達等正義：《周易正義》，北京：中華書局景印阮刻本，1980年版，第84頁。

〔註3493〕〔漢〕高誘注：《呂氏春秋》，上海：上海書店，景印諸子集成本，1986年版，第206頁。

鬼夜哭；伯益作井，而龍登玄雲，神棲昆侖；能愈多而德愈薄矣。」〔註3494〕
是皆作伯益也，故明陳士元《名疑・卷一》云：「《世本》云『化益作井』。《漢
志》又稱伊益。化、伊，伯字譌。」〔註3495〕《廣雅》云者，見《廣雅・釋詁
三》。鄭云「井，法也」者，《廣雅・釋詁一》：「井，瀳也。」〔註3496〕《初學
記・地部下・井第六》引《風俗通》云：「井者，法也，節也，言法制居人，
令節其飲食，無窮竭也。」〔註3497〕「《字林》作丼，子挺反」者，《釋文》重
在存異，故此處疑「《字林》作丼」之「丼」，當作「丼」。丼爲井之本字，典
籍多簡省爲井。子挺反，精紐迵韻。周云「井以不變更爲義」者，《易・井》
「改邑不改井」王弼注：「井，以不變爲德者也。」〔註3498〕師說「井以清絜
爲義」者，《易・井》「改邑不改井」李鼎祚《集解》引干寶曰：「夫井，德之
地也，所以養民性命而清潔之主者也。」〔註3499〕

无喪| 息浪反。

【疏】所在經文爲「无喪无得」。〔註3500〕參看〈乾〉「知喪」條。

汔| 徐許訖反，注同，幾也。王肅音其乞反。

【疏】所在經文爲「汔至亦未繘井」。〔註3501〕汔《廣韻》許訖切，曉迄
開三入臻。徐氏音同。「幾也」者，《集解》引虞翻曰：「汔，幾也。」〔註3502〕

〔註3494〕〔漢〕劉安著，高誘注：《淮南子》，上海：上海書店，景印諸子集成本，1986
年版，第116～117頁。

〔註3495〕〔明〕陳士元撰：《名疑》（湖北叢書本），光緒辛卯年三餘艸堂刊本，卷一，
第10頁。

〔註3496〕〔清〕王念孫撰：《廣雅疏證》，北京：中華書局，景印嘉慶年間王氏家刻本，
1983年版，第10頁。

〔註3497〕〔唐〕徐堅等撰：《初學記》，北京：中華書局，1962年版，第153頁。

〔註3498〕〔魏〕王弼、韓康伯注，〔唐〕孔穎達等正義：《周易正義》，北京：中華書
局景印阮刻本，1980年版，第47頁。

〔註3499〕〔唐〕李鼎祚撰：《周易集解》，北京：中國書店，景印嘉慶三年姑蘇喜墨齋
張遇堯局鐫本，1987年版，卷十，第1頁。

〔註3500〕〔魏〕王弼、韓康伯注，〔唐〕孔穎達等正義：《周易正義》，北京：中華書
局景印阮刻本，1980年版，第47頁。

〔註3501〕〔魏〕王弼、韓康伯注，〔唐〕孔穎達等正義：《周易正義》，北京：中華書
局景印阮刻本，1980年版，第48頁。

〔註3502〕〔唐〕李鼎祚撰：《周易集解》，北京：中國書店，景印嘉慶三年姑蘇喜墨齋
張遇堯局鐫本，1987年版，卷十，第1頁。

又《詩・大雅・民勞》「汔可小康」鄭玄《箋》：「汔，幾也。」〔註3503〕訓同。王肅音其乞反，臺汔開三入臻，《集韻》。

繘｜ 音橘，徐又居密反。鄭云：綆也。《方言》云：關西謂綆爲繘。郭璞云：汲，水索也。又其律反，又音述。

【疏】繘《廣韻》二讀，餘律切，以術合三入臻。居聿切，見術合重紐四入臻。音異義同，汲綆也。《釋文》音橘者，音同《廣韻》居聿切。徐又居密反，見質合三入臻。鄭云「綆也」者，《廣雅・釋器》：「繘，綆也。」〔註3504〕《方言》云者，《方言・卷五》：「繘，自關而東，周洛韓魏之間謂之綆。或謂之絡。關西謂之繘。」〔註3505〕《釋文》所引義同。郭璞云者，見《方言・卷五》郭璞注。又其律反，臺紐術韻。又音述，船術合三入臻，《集韻》增食律切，音同。

羸｜ 律悲反，徐力追反。下同。蜀才作「累」，鄭讀曰虆。

【疏】所在經文爲「羸其瓶」。〔註3506〕蜀才作「累」者，馬王堆漢墓帛書《周易》作「纍」。參看〈大壯〉「羸」條。

瓶｜ 白經反。

【疏】瓶《廣韻》薄經切，並青開四平梗。《釋文》音同。

幾至｜ 音祈，或音機。

【疏】所在注文爲「幾至而覆」。〔註3507〕參看〈屯〉「君子幾」條。

而覆｜ 芳福反。

【疏】覆《廣韻》四讀，訓爲反覆、敗、倒、審，音芳福切，敷屋合三

〔註3503〕〔漢〕毛公傳、鄭玄箋，〔唐〕孔穎達等正義：《毛詩正義》，北京：中華書局景印阮刻本，1980年版，第280頁。

〔註3504〕〔清〕王念孫撰：《廣雅疏證》，北京：中華書局，景印嘉慶年間王氏家刻本，1983年版，第239頁。

〔註3505〕〔晉〕郭璞注，〔清〕錢繹箋疏：《方言箋疏》（漢小學四種本），成都：巴蜀書社，景印光緒庚寅年紅蝠山房校刻本，2001年版，第1310頁。

〔註3506〕〔魏〕王弼、韓康伯注，〔唐〕孔穎達等正義：《周易正義》，北京：中華書局景印阮刻本，1980年版，第48頁。

〔註3507〕〔魏〕王弼、韓康伯注，〔唐〕孔穎達等正義：《周易正義》，北京：中華書局景印阮刻本，1980年版，第48頁。

入通。訓爲伏兵，音扶富切，奉宥開三去流。訓爲蓋，音敷救切，敷宥開三去流。訓爲反，音匹北切，滂德開一入曾。《釋文》音同《廣韻》芳福切，訓爲傾覆。

而上水｜ 時掌反，注及下注「上水」皆同。

【疏】所在經文爲「巽乎水而上水」。〔註3508〕參看〈乾〉「上下」條。

井養｜ 如字，徐以上反。

【疏】所在經文爲「井養而不窮也」。〔註3509〕養《廣韻》二讀，養育音餘兩切，以養開三上宕。供養音餘亮切，以漾開三去宕。又《羣經音辨‧卷六》：「上育下曰養，餘兩切，《書》政在養民。下奉上曰養，餘亮切。」〔註3510〕「如字」者，讀如《廣韻》餘兩切，而徐以上反，蓋讀爲去聲。音同《廣韻》餘亮切。二讀義皆得通。

木上｜ 如字。師又時掌反。

【疏】所在經文爲「木上有水」。〔註3511〕參看〈乾〉「上下」條。

以勞｜ 力報反。注同。

【疏】所在經文爲「君子以勞民勸相」。〔註3512〕勞《廣韻》二讀，勞苦音魯刀切，來豪開一平效。慰勞音郎到切，來號開一去效。《羣經音辨‧卷六》：「勞，勤也，力刀切。賞勤勸功曰勞，力到切。」〔註3513〕《釋文》音同《廣韻》去聲。孔穎達疏云：「勞謂勞賚，相猶助也。」〔註3514〕按勞字音，

〔註3508〕〔魏〕王弼、韓康伯注，〔唐〕孔穎達等正義：《周易正義》，北京：中華書局景印阮刻本，1980年版，第48頁。

〔註3509〕〔魏〕王弼、韓康伯注，〔唐〕孔穎達等正義：《周易正義》，北京：中華書局景印阮刻本，1980年版，第48頁。

〔註3510〕〔宋〕賈昌朝撰：《羣經音辨》（叢書集成初編語文學類第1208冊），上海：商務印書館，景印畿輔叢書本，1939年版，第147頁。

〔註3511〕〔魏〕王弼、韓康伯注，〔唐〕孔穎達等正義：《周易正義》，北京：中華書局景印阮刻本，1980年版，第48頁。

〔註3512〕〔魏〕王弼、韓康伯注，〔唐〕孔穎達等正義：《周易正義》，北京：中華書局景印阮刻本，1980年版，第48頁。

〔註3513〕〔宋〕賈昌朝撰：《羣經音辨》（叢書集成初編語文學類第1208冊），上海：商務印書館，景印畿輔叢書本，1939年版，第144頁。

〔註3514〕〔魏〕王弼、韓康伯注，〔唐〕孔穎達等正義：《周易正義》，北京：中華書局景印阮刻本，1980年版，第48頁。

歷代《易》家多讀爲去聲，而明倪元璐《兒易內儀以・卷五》云：「勞，讀如字。」〔註3515〕

勸相| 息亮反，注同。王肅如字。

【疏】相《廣韻》二讀，訓爲相共音息良切，心陽開三平宕。訓爲助音息亮切，心漾開三去宕。《釋文》音同《廣韻》去聲，助也。王肅「如字」者，讀如《廣韻》平聲。誤。

井泥| 乃計反，注及下同。

【疏】所在經文爲「井泥不食」。〔註3516〕泥《廣韻》二讀，水和土奴低切，泥齊開四平蟹。滯陷不通音奴計切，泥霽開四去蟹。《釋文》音同《廣韻》去聲。王弼注云：「沈滯滓穢」。〔註3517〕是亦讀泥爲去聲也。

滓穢| 側里反。

【疏】所在注文爲「沈滯滓穢」。〔註3518〕滓《廣韻》阻史切，莊止開三上止。《釋文》音同。

不嚮| 許亮反。

【疏】所在注文爲「禽所不嚮」。〔註3519〕嚮《廣韻》二讀，與向同時，音許亮切，曉漾開三去宕。而兩階之間謂之嚮，音許兩切，曉養開三上宕。《釋文》音同《廣韻》去聲。

棄舍| 音捨。下文同。

【疏】所在注文爲「一時所共棄舍也」。〔註3520〕參看〈屯〉「如舍」條。

〔註3515〕〔明〕倪元璐撰：《兒易內儀以》（叢書集成初編哲學類第427冊），上海：商務印書館，據粵雅堂叢書本排印，1936年版，第55頁。

〔註3516〕〔魏〕王弼、韓康伯注，〔唐〕孔穎達等正義：《周易正義》，北京：中華書局景印阮刻本，1980年版，第48頁。

〔註3517〕〔魏〕王弼、韓康伯注，〔唐〕孔穎達等正義：《周易正義》，北京：中華書局景印阮刻本，1980年版，第48頁。

〔註3518〕〔魏〕王弼、韓康伯注，〔唐〕孔穎達等正義：《周易正義》，北京：中華書局景印阮刻本，1980年版，第48頁。

〔註3519〕〔魏〕王弼、韓康伯注，〔唐〕孔穎達等正義：《周易正義》，北京：中華書局景印阮刻本，1980年版，第48頁。

〔註3520〕〔魏〕王弼、韓康伯注，〔唐〕孔穎達等正義：《周易正義》，北京：中華書

井谷| 古木反。又音浴。

【疏】所在經文爲「井谷射鮒」。〔註3521〕谷《廣韻》四讀，其中山谷之谷，古祿切，見屋合一入通；余蜀切，以燭合三入通。二讀皆可。《釋文》首音同《廣韻》古祿切。又音同《廣韻》余蜀切。戰國楚簡《周易》作「浴」。〔註3522〕

射| 食亦反。注同。徐食夜反。鄭、王肅皆音亦，云：厭也。荀作「耶」。

【疏】射《廣韻》四讀，作僕射讀時音羊謝切，以禡開三去假；作無射讀時音羊益切，以昔開三入梗；作射弓讀時音神夜切，船禡開三去假；作逢蒙作射讀時音食亦切，船昔開三入梗。《釋文》首音同《廣韻》食亦切。參看〈比〉「則射」條。徐食夜反音同《廣韻》神夜切。「鄭王肅皆音亦」者，音同羊益切。云「厭也」者，《爾雅·釋詁下》：「射，厭也。」〔註3523〕又《易·說卦》「水火不相射」陸德明《釋文》引虞、陸、董、姚、王肅云：「射，厭也。」〔註3524〕亦訓射爲厭也。此處鄭、王訓「井谷射鮒」爲厭者，蓋厭棄也，井谷厭棄鮒魚，以甕敝漏之故也。荀作「耶」者，「射」字之譌也。

鮒| 音附，魚名也。《子夏傳》謂蝦蟇。

【疏】鮒《廣韻》符遇切，奉遇合三去遇。《釋文》音同。魚名也者，《說文·魚部》：「鮒，魚名。」〔註3525〕又《集解》引虞翻曰：「鮒，小鮮也。」〔註3526〕小鮮者，小魚也。訓同《釋文》。又《急就篇·卷三》「鯉鮒蟹鱓鮐鮑

局景印阮刻本，1980年版，第48頁。
〔註3521〕〔魏〕王弼、韓康伯注，〔唐〕孔穎達等正義：《周易正義》，北京：中華書局景印阮刻本，1980年版，第48頁。
〔註3522〕馬承源主編：《上海博物館藏戰國楚竹書（三）》，上海：上海古籍出版社，2003年版，第241頁。
〔註3523〕〔晉〕郭璞注，〔宋〕邢昺疏：《爾雅注疏》，北京：中華書局景印阮刻本，1980年版，第9頁。
〔註3524〕〔唐〕陸德明撰：《經典釋文》，北京：中華書局，景印徐乾學通志堂刻本，1983年版，第33頁。
〔註3525〕〔漢〕許慎撰：《說文解字》，北京：中華書局，景印同治十二年陳昌治刻本，1963年版，第243頁。
〔註3526〕〔唐〕李鼎祚撰：《周易集解》，北京：中國書店，景印嘉慶三年姑蘇喜墨齋張遇堯局鑴本，1987年版，卷十，第2頁。

鰕」顏師古注：「魜，今之鱧魚也，亦呼爲鰂。」〔註 3527〕《子夏傳》謂「蝦蟇」者，宋程迥《周易章句外編》云：「『井谷射鮒』，舊說爲蝦蟇子，然古書未有以鮒爲蝦蟇子者。今考《爾雅》等書，宜作蚹，爲蠃蝓蝓，郭璞曰：蝸牛。《古今注》曰：陵螺，廢井中多有之。」〔註 3528〕

甕｜ 屋送反。李於鍾反。鄭作「罋」，云：停水器也。《說文》作「罋」，汲缾也。〔註 3529〕

【疏】所在經文爲「甕敝漏」。〔註 3530〕甕《廣韻》烏貢切，影送合一去通。《釋文》首音同《廣韻》。李於鍾反者，疑李氏本經文作「雍」，雍《廣韻》於容切，影鍾合三平通。則與李音同。「鄭作罋，云：停水器也」者，《史記·李斯列傳》「夫擊甕叩缻，彈箏搏髀，而歌呼嗚嗚快耳目者，眞秦之聲也」司馬貞《索隱》引《說文》云：「甕，汲缻也。」〔註 3531〕《漢書·西域傳上》「卵如甕」顏師古注：「汲水缾也。」〔註 3532〕《說文》作「罋」者，《說文·缶部》：「罋，汲缾也。从缶雝聲。」〔註 3533〕雝、雍，隸定分化，實則同字。《經典釋文彙校》云汲古本、雅雨本作「缻」者，與缶同。

敝｜ 婢世反。王肅、徐扶滅反。

〔註 3527〕〔漢〕史游撰，〔唐〕顏師古注，〔宋〕王應麟補注：《急就篇》（叢書集成初編語文學類第 1052 冊），上海：商務印書館，景印天壤閣叢書本，1936 年版，第 181 頁。

〔註 3528〕〔宋〕程迥撰：《周易章句外編》，臺灣：商務印書館，景印文淵閣四庫全書本第 12 冊，1983 年版，第 611 頁。

〔註 3529〕《經典釋文彙校》：「經文『罋』，寫本、宋本、十行本、閩監本同。盧從雅雨本作『雍』。《考證》曰：〈觀〉注云鄭作『罋』，則正文非『罋』明矣。惠亦云：依字當作『雍』，鄭讀爲『罋』。阮云：陸改『雍』非，惟與『鄭作罋』二『罋』字當有一誤。『罋』，宋本同。寫本作『罋』，監本同。案罋、甕，正俗字。『缾』，寫本同。宋本誤作『餠』。汲古本、雅雨本作『缻』。」見黃焯撰：《經典釋文彙校》，北京：中華書局，1980 年版，第 18 頁。

〔註 3530〕〔魏〕王弼、韓康伯注，〔唐〕孔穎達等正義：《周易正義》，北京：中華書局景印阮刻本，1980 年版，第 48 頁。

〔註 3531〕〔漢〕司馬遷撰：《史記》（四部備要本），上海：中華書局，據武英殿本校刊，1936 年版，第 900 頁。

〔註 3532〕〔漢〕班固撰：《前漢書》（四部備要本），上海：中華書局，據武英殿本校刊，1936 年版，第 1276 頁。

〔註 3533〕〔漢〕許慎撰：《說文解字》，北京：中華書局，景印同治十二年陳昌治刻本，1963 年版，第 109 頁。

【疏】敝《廣韻》毗祭切，並祭重紐四去蟹。《釋文》首音同《廣韻》。《集韻》增有便滅切，並薛開重紐四入山，王肅、徐扶滅反，奉紐，古同爲重脣音。

谿谷｜ 口啼反。

【疏】所在注文爲「谿谷出水」。〔註3534〕谿《廣韻》苦奚切，溪齊開四平蟹。《釋文》音同。

注下｜ 章喻反。下同。

【疏】所在注文爲「從上注下」。〔註3535〕注《廣韻》之戍切，章遇合三去遇。《釋文》音同。

而復｜ 扶又反。

【疏】所在注文爲「而復下注」。〔註3536〕復《廣韻》二音，一爲扶富切，奉宥開三去流。訓爲又也，返也，往來也，安也，白也，告也。一爲房六切，奉屋合三入通。訓爲返也，重也，亦州名。《釋文》音同《廣韻》去聲。訓爲又。參看〈蒙〉「則復」條。

无與之也｜ 一本作「則莫之與也」。

【疏】所在注文注疏本爲：「則莫之與也」。〔註3537〕《釋文》出「无與之也」，義同。

渫｜ 息列反。徐又食列反。黃云：治也。

【疏】所在經文爲「井渫不食」。〔註3538〕渫《廣韻》二讀，訓爲治井，音私列切，心薛開三入山。訓爲水名，音士洽切，崇洽開二入咸。《釋文》首

〔註3534〕〔魏〕王弼、韓康伯注，〔唐〕孔穎達等正義：《周易正義》，北京：中華書局景印阮刻本，1980年版，第48頁。

〔註3535〕〔魏〕王弼、韓康伯注，〔唐〕孔穎達等正義：《周易正義》，北京：中華書局景印阮刻本，1980年版，第48頁。

〔註3536〕〔魏〕王弼、韓康伯注，〔唐〕孔穎達等正義：《周易正義》，北京：中華書局景印阮刻本，1980年版，第48頁。

〔註3537〕〔魏〕王弼、韓康伯注，〔唐〕孔穎達等正義：《周易正義》，北京：中華書局景印阮刻本，1980年版，第48頁。

〔註3538〕〔魏〕王弼、韓康伯注，〔唐〕孔穎達等正義：《周易正義》，北京：中華書局景印阮刻本，1980年版，第48頁。

音同《廣韻》私列切。徐氏又食列反，船薛開三入山，《集韻》據徐氏增此音，訓同。黃云「治也」者，治井也。《說文·水部》:「渫，除去也。」〔註3539〕《集解》引荀注:「渫，去穢濁，清絜之意也。」〔註3540〕

心惻| 初力反。《說文》云:痛也。

【疏】所在經文爲「爲我心惻」。〔註3541〕惻《廣韻》初力切，初職開三入曾。《釋文》音同《廣韻》。《說文》云「痛也」者，見《說文·心部》。

汲| 音急。

【疏】所在經文爲「可用汲」。〔註3542〕汲《廣韻》居立切，見緝開重紐三入深。《釋文》音同。

停汙| 音烏。

【疏】所在注文爲「不停汚之謂也」。〔註3543〕汚、汙，異體字。汙《廣韻》三讀，訓爲水名，羽俱切，云虞合三平遇。訓爲濁水，哀都切，影模合一平遇。訓爲染也、穢也，烏路切，影暮合一去遇。《釋文》音同《廣韻》哀都切。

其行| 下孟反，〈象〉并注皆同。

【疏】所在注文爲「既嘉其行」。〔註3544〕參看〈乾〉「庸行」條。

甃| 側舊反。馬云:為瓦裏下達上也。〔註3545〕《子夏傳》云:脩治也。

〔註3539〕〔漢〕許慎撰:《說文解字》，北京:中華書局，景印同治十二年陳昌治刻本，1963年版，第237頁。

〔註3540〕〔唐〕李鼎祚撰:《周易集解》，北京:中國書店，景印嘉慶三年姑蘇喜墨齋張遇堯局鐫本，1987年版，卷十，第2頁。

〔註3541〕〔魏〕王弼、韓康伯注，〔唐〕孔穎達等正義:《周易正義》，北京:中華書局景印阮刻本，1980年版，第48頁。

〔註3542〕〔魏〕王弼、韓康伯注，〔唐〕孔穎達等正義:《周易正義》，北京:中華書局景印阮刻本，1980年版，第48頁。

〔註3543〕〔魏〕王弼、韓康伯注，〔唐〕孔穎達等正義:《周易正義》，北京:中華書局景印阮刻本，1980年版，第48頁。

〔註3544〕〔魏〕王弼、韓康伯注，〔唐〕孔穎達等正義:《周易正義》，北京:中華書局景印阮刻本，1980年版，第48頁。

〔註3545〕宋毛居正《六經正誤》:「『裏』作『裏』，誤。」〔宋〕毛居正撰:《六經正誤》，揚州:江蘇廣陵古籍刻印社，景印通志堂經解本第十六冊，1996年

干云：以瓴甋纍井曰甃。《字林》云：井壁也。

【疏】所在經文爲「井甃，无咎。」〔註3546〕《廣韻》側救切，莊宥開三去流。《釋文》音同。馬云者，蓋謂以瓦裏井壁自下而上也。《集解》引虞翻曰：「以瓦甓纍井稱甃。」〔註3547〕《子夏傳》云「修治也」者，《廣雅·釋宮》「甋，甃也」王念孫《疏證》：「甃之言聚也，脩也。」〔註3548〕孔穎達疏引《子夏傳》云：「甃，亦治也。」〔註3549〕與《釋文》引文稍異。干云「以瓴甋纍井曰甃」者，與虞翻義近。孔穎達疏云：「以塼纍井，脩井之壞謂之爲甃。」〔註3550〕塼、瓴，皆磚之異體字也。《字林》云「井壁也」者，《說文·瓦部》：「甃，井壁也。」〔註3551〕

洌│ 音列，絜也。《說文》云：水清也。王肅音例。

【疏】所在經文爲「井洌寒泉，食。」〔註3552〕洌《廣韻》二讀，良薛切，來薛開三入山。力制切，來祭開三去蟹。音異義同，水清也。《釋文》首音同《廣韻》良薛切。「絜也」者，假絜爲潔也。《集解》引崔憬曰：「洌，清絜也。」〔註3553〕義與《釋文》同。《說文》云「水清也」者，見《說文·水部》，義與潔同，皆清澂之義也。王肅音例者，音同《廣韻》力制切。

不橈│ 乃孝反。

版，第 569 頁。若依毛氏，則《釋文》當作「爲瓦裏下達上也」，義亦費解。

〔註3546〕〔魏〕王弼、韓康伯注，〔唐〕孔穎達等正義：《周易正義》，北京：中華書局景印阮刻本，1980 年版，第 48 頁。

〔註3547〕〔唐〕李鼎祚撰：《周易集解》，北京：中國書店，景印嘉慶三年姑蘇喜墨齋張遇堯局鐫本，1987 年版，卷十，第 3 頁。

〔註3548〕〔清〕王念孫撰：《廣雅疏證》，北京：中華書局，景印嘉慶年間王氏家刻本，1983 年版，第 211 頁。

〔註3549〕〔魏〕王弼、韓康伯注，〔唐〕孔穎達等正義：《周易正義》，北京：中華書局景印阮刻本，1980 年版，第 48 頁。

〔註3550〕〔魏〕王弼、韓康伯注，〔唐〕孔穎達等正義：《周易正義》，北京：中華書局景印阮刻本，1980 年版，第 48 頁。

〔註3551〕〔漢〕許慎撰：《說文解字》，北京：中華書局，景印同治十二年陳昌治刻本，1963 年版，第 269 頁。

〔註3552〕〔魏〕王弼、韓康伯注，〔唐〕孔穎達等正義：《周易正義》，北京：中華書局景印阮刻本，1980 年版，第 48 頁。

〔註3553〕〔唐〕李鼎祚撰：《周易集解》，北京：中國書店，景印嘉慶三年姑蘇喜墨齋張遇堯局鐫本，1987 年版，卷十，第 3 頁。

【疏】所在注文爲「體剛不撓」。〔註3554〕《釋文》橈字爲撓字之譌。撓《廣韻》二讀，訓爲撓亂，音奴巧切，娘巧開二上效。訓爲攪，音呼毛切，曉豪開一平效。《釋文》乃孝反，泥紐效韻。《集韻》增有女教切，娘效開二去效。泥娘古音同。訓爲屈也。

不食｜ 如字。又音嗣。

【疏】所在注文爲「不食不義」。〔註3555〕參看〈坎〉「之食」條。

井收｜ 徐詩救反，又如字。馬云：汲也。陸云：井幹也。荀作「甃」。
〔註3556〕

【疏】所在經文爲「井收」。〔註3557〕收《廣韻》二讀，訓爲收斂音式州切，書尤開三平流。訓爲穫多音舒救切，書宥開三去流。《羣經音辨・卷六》：「收，斂也，式周切。斂穫曰收，式救切，《禮》『農事備收』。」〔註3558〕由此觀之，收之平聲，重在動作，而收之去聲，重其結果也。徐詩救反者，音同《廣韻》去聲。又「如字」者，讀爲平聲也。馬云「汲也」者，《周易本義》云：「收，汲取也。」〔註3559〕陸云「井幹也」者，井幹爲井上之圍欄也。《莊子・秋水》「出跳梁乎井幹之上，入休乎缺甃之崖」成玄英疏：「幹，井欄也。」〔註3560〕《集解》引虞翻曰：「收，謂以轆轤收緕也。」〔註3561〕陸績訓爲井幹，即轆轤收緕之處，皆一義之轉移也。荀作「甃」者，收、甃古音

〔註3554〕 〔魏〕王弼、韓康伯注，〔唐〕孔穎達等正義：《周易正義》，北京：中華書局景印阮刻本，1980年版，第48頁。

〔註3555〕 〔魏〕王弼、韓康伯注，〔唐〕孔穎達等正義：《周易正義》，北京：中華書局景印阮刻本，1980年版，第48頁。

〔註3556〕 《古易音訓》「井幹」作「井幹」，義通。見〔宋〕呂祖謙撰，〔清〕宋咸熙輯：《古易音訓》（續四庫經部易類第2冊），上海：上海古籍出版社，景印清嘉慶七年刻本，2002年版，第39頁。

〔註3557〕 〔魏〕王弼、韓康伯注，〔唐〕孔穎達等正義：《周易正義》，北京：中華書局景印阮刻本，1980年版，第48頁。

〔註3558〕 〔宋〕賈昌朝撰：《羣經音辨》（叢書集成初編語文學類第1208冊），上海：商務印書館，景印畿輔叢書本，1939年版，第139頁。

〔註3559〕 〔宋〕朱熹撰：《周易本義》（四書五經本），北京：中國書店，據世界書局本景印，1985年版，第42頁。

〔註3560〕 〔清〕郭慶藩輯：《莊子集釋》，上海：上海書店，景印諸子集成本，1986年版，第264頁。

〔註3561〕 〔唐〕李鼎祚撰：《周易集解》，北京：中國書店，景印嘉慶三年姑蘇喜墨齋張遇堯局鐫本，1987年版，卷十，第3頁。

同在幽部，疊韻相通。按此卦初六「井泥」、九二「井谷」、九三「井渫」、六四「井甃」、九五「井洌」，蓋自下而上之序也，故此處當作「收」爲是，荀本蓋誤。

勿幕｜ 音莫，覆也。干本「勿」作「网」。 〔註3562〕

【疏】所在經文爲「勿幕有孚」。〔註3563〕幕《廣韻》慕各切，明鐸開一入宕。《釋文》音同。「覆也」者，《方言‧卷十二》：「幕，覆也。」〔註3564〕《廣雅》同。干本「勿」作「网」者，「勿」者，蓋「网」字之形譌也。「勿幕有孚」與〈无妄〉九五「勿藥有喜」句式正同。又《周易》中未見「网」字，故干本非。又戰國楚簡、馬王堆漢墓帛書《周易》亦皆作「勿」〔註3565〕也。

☲☱革｜ 馬、鄭云：改也。坎宮四世卦。

【疏】馬、鄭云「改也」者，《集解》引鄭玄曰：「革，改也。」〔註3566〕與《釋文》引同。訓作改，常訓也。《玉篇‧革部》：「革，改也。」〔註3567〕

樂成｜ 音洛。上六注同。

【疏】所在注文爲「可與樂成，難與慮始」。〔註3568〕參看〈乾〉「樂則」條。

〔註3562〕 《經典釋文彙校》：「惠云：勿猶罔也，罔猶無也，無與勿同。」見黃焯撰：《經典釋文彙校》，北京：中華書局，1980年版，第18頁。《古易音訓》引作「罔」。見〔宋〕呂祖謙撰，〔清〕宋咸熙輯：《古易音訓》（續四庫經部易類第2冊），上海：上海古籍出版社，景印清嘉慶七年刻本，2002年版，第39頁。

〔註3563〕 〔魏〕王弼、韓康伯注，〔唐〕孔穎達等正義：《周易正義》，北京：中華書局景印阮刻本，1980年版，第48頁。

〔註3564〕 〔晉〕郭璞注，〔清〕錢繹箋疏：《方言箋疏》（漢小學四種本），成都：巴蜀書社，景印光緒庚寅年紅蝠山房校刻本，2001年版，第1395頁。

〔註3565〕 馬承源主編：《上海博物館藏戰國楚竹書（三)》，上海：上海古籍出版社，2003年版，第241頁。

〔註3566〕 〔唐〕李鼎祚撰：《周易集解》，北京：中國書店，景印嘉慶三年姑蘇喜墨齋張遇堯局鐫本，1987年版，卷十，第4頁。

〔註3567〕 〔梁〕顧野王撰：《宋本玉篇》，北京：中國書店，景印張氏澤存堂本，1983年版，第483頁。

〔註3568〕 〔魏〕王弼、韓康伯注，〔唐〕孔穎達等正義：《周易正義》，北京：中華書局景印阮刻本，1980年版，第48頁。

相息丨 如字。馬云：滅也。李斐注《漢書》同。《說文》作「熄」。

【疏】所在經文爲「水火相息」。〔註3569〕「如字」者，明字形作「息」
也。馬云「滅也」者，《易・明夷》「明不可息也」孔穎達疏：「息，滅也。」
〔註3570〕《禮記・中庸》「則其政息」鄭玄注：「息，猶滅也。」〔註3571〕此皆
訓息爲滅也。而《集解》引虞翻曰：「息，長也。」〔註3572〕孔疏同之，則訓
息爲長也。息訓爲長者，亦常訓也，《孟子・告子上》「是其日夜之所息」趙
岐注：「息，長也。」〔註3573〕又《漢書・宣帝紀》「刑者不可息」顏師古注：
「息，謂生長也。」〔註3574〕故息有長、滅二義。此處馬融訓爲滅，前人《易》
注同之者，如《周易口義・卷八》：「息，滅也。下離爲火，上兌爲澤。夫水
本積于澤中，火本炎上，水火之性本不相得，水遇火而消，火遇水而滅，是
水火之性自然相息滅也。」〔註3575〕李斐注《漢書》同者，《漢書・宣帝紀》
「刑者不可息」顏師古注引李斐曰：「息，滅也。若黥劓者，雖欲改過，其創
瘢不可復滅也。」〔註3576〕《說文》作「熄」者，《說文・火部》：「熄，畜火
也。从火息聲。亦曰滅火。」〔註3577〕而「息」字《說文・心部》：「息，喘也。
从心从自，自亦聲。」〔註3578〕息引申之則爲滋長，而《說文》熄有滅義，故
陸氏云《說文》作「熄」也。

〔註3569〕〔魏〕王弼、韓康伯注，〔唐〕孔穎達等正義：《周易正義》，北京：中華書
　　　　　局景印阮刻本，1980年版，第48頁。
〔註3570〕〔魏〕王弼、韓康伯注，〔唐〕孔穎達等正義：《周易正義》，北京：中華書
　　　　　局景印阮刻本，1980年版，第38頁。
〔註3571〕〔漢〕鄭玄注，〔唐〕孔穎達等正義：《禮記正義》，北京：中華書局景印阮
　　　　　刻本，1980年版，第401頁。
〔註3572〕〔唐〕李鼎祚撰：《周易集解》，北京：中國書店，景印嘉慶三年姑蘇喜墨齋
　　　　　張遇堯局鐫本，1987年版，卷十，第4頁。
〔註3573〕〔漢〕趙岐注，〔宋〕孫奭疏：《孟子注疏》，北京：中華書局景印阮刻本，
　　　　　1980年版，第87頁。
〔註3574〕〔漢〕班固撰：《前漢書》（四部備要本），上海：中華書局，據武英殿本校
　　　　　刊，1936年版，第89頁。
〔註3575〕〔宋〕胡瑗撰，倪天隱述：《周易口義》，臺灣：商務印書館，景印文淵閣四
　　　　　庫全書本第8冊，1983年版，第384頁。
〔註3576〕〔漢〕班固撰：《前漢書》（四部備要本），上海：中華書局，據武英殿本校
　　　　　刊，1936年版，第89頁。
〔註3577〕〔漢〕許慎撰：《說文解字》，北京：中華書局，景印同治十二年陳昌治刻本，
　　　　　1963年版，第208頁。
〔註3578〕〔漢〕許慎撰：《說文解字》，北京：中華書局，景印同治十二年陳昌治刻本，
　　　　　1963年版，第217頁。

欲上| 時掌反。

【疏】所在注文爲「火欲上而澤欲下」。〔註3579〕參看〈乾〉「上下」條。

革而信之| 一本無「之」字。

【疏】所在經文爲「『巳日乃孚』，革而信之。」〔註3580〕阮元《校勘記》：「石經、岳本、閩監、毛本同。《釋文》一本無之字。」〔註3581〕按依王弼注、孔穎達疏觀之，似亦無「之」字。

以說| 音悅。注同。

【疏】所在經文爲「文明以說」。〔註3582〕說、悅，古今字。

鞏| 九勇反，固也。馬同。

【疏】所在經文爲「鞏用黃牛之革」。〔註3583〕鞏《廣韻》居悚切，見腫合三上通。《釋文》音同。「固也」者，《爾雅·釋詁上》：「鞏，固也。」〔註3584〕土弼注同。

堅靭| 仁震反。〔註3585〕

【疏】所在注文爲「堅仞不可變也」。〔註3586〕靭《廣韻》而振切，日震開三去臻。《釋文》音同。

〔註3579〕〔魏〕王弼、韓康伯注，〔唐〕孔穎達等正義：《周易正義》，北京：中華書局景印阮刻本，1980年版，第48頁。

〔註3580〕〔魏〕王弼、韓康伯注，〔唐〕孔穎達等正義：《周易正義》，北京：中華書局景印阮刻本，1980年版，第48頁。

〔註3581〕〔魏〕王弼、韓康伯注，〔唐〕孔穎達等正義：《周易正義》，北京：中華書局景印阮刻本，1980年版，第54頁。

〔註3582〕〔魏〕王弼、韓康伯注，〔唐〕孔穎達等正義：《周易正義》，北京：中華書局景印阮刻本，1980年版，第48頁。

〔註3583〕〔魏〕王弼、韓康伯注，〔唐〕孔穎達等正義：《周易正義》，北京：中華書局景印阮刻本，1980年版，第48頁。

〔註3584〕〔晉〕郭璞注，〔宋〕邢昺疏：《爾雅注疏》，北京：中華書局景印阮刻本，1980年版，第7頁。

〔註3585〕《經典釋文彙校》：「寫本、宋本『靭』作『仞』，十行本、閩監本、盧本同。《考證》云：神廟本、萬卷堂本、毛本作『靭』，案仞與靭、刃、忍並通用。」見黃焯撰：《經典釋文彙校》，北京：中華書局，1980年版，第18頁。

〔註3586〕〔魏〕王弼、韓康伯注，〔唐〕孔穎達等正義：《周易正義》，北京：中華書局景印阮刻本，1980年版，第48頁。

行有| 如字。又下孟反。

【疏】所在經文爲「『巳日革之』，行有嘉也」。〔註3587〕參看〈乾〉「庸行」條。《正義》曰：「『行有嘉』者，往應見納，故行有嘉慶也。」〔註3588〕則孔穎達亦讀爲平聲也。

相比| 毗志反。

【疏】所在經文爲「與水火相比」。〔註3589〕參看〈比〉「比」條。

文炳| 兵領反。

【疏】所在經文爲「其文炳也」。〔註3590〕炳《廣韻》兵永切，幫梗開三上梗。《釋文》兵領反，幫靜開三上梗。梗、靜二韻《釋文》多混用。

文蔚| 音尉，又紆弗反。《廣雅》云：茂也，敷也。《說文》作「斐」。
〔註3591〕

【疏】所在經文爲「其文蔚也」。〔註3592〕蔚《廣韻》二讀，訓爲芄蔚於胃切，影未合三去止。《釋文》首音同。訓爲草名紆物切，影物合三入臻。《釋文》又音同。《廣雅》云者，當依《經典釋文彙校》定爲「茂也，數也。」《廣雅·釋訓》：「蔚蔚，茂也。」〔註3593〕又《廣雅·釋詁三》：「蔚，數也。」〔註3594〕《說文》作「斐」者，《說文·文部》：「斐，分別文也。从

〔註3587〕〔魏〕王弼、韓康伯注，〔唐〕孔穎達等正義：《周易正義》，北京：中華書局景印阮刻本，1980年版，第49頁。

〔註3588〕〔魏〕王弼、韓康伯注，〔唐〕孔穎達等正義：《周易正義》，北京：中華書局景印阮刻本，1980年版，第49頁。

〔註3589〕〔魏〕王弼、韓康伯注，〔唐〕孔穎達等正義：《周易正義》，北京：中華書局景印阮刻本，1980年版，第49頁。

〔註3590〕〔魏〕王弼、韓康伯注，〔唐〕孔穎達等正義：《周易正義》，北京：中華書局景印阮刻本，1980年版，第49頁。

〔註3591〕《經典釋文彙校》：「數，監本、雅雨本同。寫本、宋本『數』作『數』，是也。阮云：蔚訓繁數之數，見《廣雅三》。」見黃焯撰：《經典釋文彙校》，北京：中華書局，1980年版，第18頁。

〔註3592〕〔魏〕王弼、韓康伯注，〔唐〕孔穎達等正義：《周易正義》，北京：中華書局景印阮刻本，1980年版，第49頁。

〔註3593〕〔清〕王念孫撰：《廣雅疏證》，北京：中華書局，景印嘉慶年間王氏家刻本，1983年版，第185頁。

〔註3594〕〔清〕王念孫撰：《廣雅疏證》，北京：中華書局，景印嘉慶年間王氏家刻本，1983年版，第103頁。

文非聲。《易》曰：『君子豹變，其文斐也。』」〔註3595〕段玉裁注云：「許所據、葢孟《易》。」〔註3596〕

☲ 鼎｜ 丁冷反，法象也，即鼎器也。離宮二世卦。

【疏】鼎《廣韻》都挺切，端迥開四上梗。《釋文》丁冷反。冷《廣韻》二讀，一爲魯打切，來梗開二上梗。一爲力鼎切，來迥開四上梗。《釋文》丁冷反之冷，蓋讀爲力鼎切也。「法象也」者，法乎象也。《易·鼎·象》曰：「鼎，象也。」《集解》引虞翻曰：「六十四卦，皆觀象繫辭，而獨於鼎言『象』，何也？象事知器，故獨言象也。」〔註3597〕又引《九家易》曰：「鼎言象者，卦也，木火互有乾兌。乾金兌澤。澤者，水也。爨以木火，是鼎鑊亨飪之象。亦象三公之位，上則調和陰陽，下而撫毓百姓，鼎能孰物養人，故云『象也』。」〔註3598〕

革去｜ 羌呂反。下皆同。

【疏】所在注義爲「革去故而鼎取新」。〔註3599〕參看〈蒙〉「擊上」條。

賢愚別｜ 彼列反。

【疏】所在注文注疏本爲：「賢愚有別，尊卑有序」。〔註3600〕阮元《校勘記》：「岳本、閩監、毛本同。《釋文》『賢愚別，尊卑序』，本亦作『有序』。」〔註3601〕「別」之音義，參看〈節〉「男女別」條。

尊卑序｜ 本亦作「有別」、「有序」。

〔註3595〕〔漢〕許慎撰：《說文解字》，北京：中華書局，景印同治十二年陳昌治刻本，1963 年版，第 185 頁。

〔註3596〕〔清〕段玉裁撰：《說文解字注》，上海：上海古籍出版社，景印嘉慶二十年經韻樓本，1988 年版，第 425 頁。

〔註3597〕〔唐〕李鼎祚撰：《周易集解》，北京：中國書店，景印嘉慶三年姑蘇喜墨齋張遇堯局鐫本，1987 年版，卷十，第 6 頁。

〔註3598〕〔唐〕李鼎祚撰：《周易集解》，北京：中國書店，景印嘉慶三年姑蘇喜墨齋張遇堯局鐫本，1987 年版，卷十，第 6～7 頁。

〔註3599〕〔魏〕王弼、韓康伯注，〔唐〕孔穎達等正義：《周易正義》，北京：中華書局景印阮刻本，1980 年版，第 49 頁。

〔註3600〕〔魏〕王弼、韓康伯注，〔唐〕孔穎達等正義：《周易正義》，北京：中華書局景印阮刻本，1980 年版，第 49 頁。

〔註3601〕〔魏〕王弼、韓康伯注，〔唐〕孔穎達等正義：《周易正義》，北京：中華書局景印阮刻本，1980 年版，第 54 頁。

【疏】本亦作「有別」、「有序」者，義亦通。

以木巽火，亨│ 本又作「亯」，同。普庚反，煮也。下及注「聖人亨」、「大亨」、「亨飪」、「亨者」並同。〔註3602〕

　　【疏】所在經文爲「以木巽火，亨飪也。」〔註3603〕本又作「亯」者，「享」之古文也。《古易音訓》引晁說之曰：「亯，古文。」〔註3604〕按古之亨、享、烹，皆作「亨」。此處讀爲烹飪之「烹」。則亨讀如《廣韻》撫庚切，滂庚開二平梗。《釋文》音同。「煮也」者，又《詩・召南・采蘋》「于以湘之」毛《傳》「湘，亨也」〔註3605〕、《詩・檜風・匪風》「誰能亨魚」、《左傳・襄公四年》「家眾殺而亨之」、《左傳・昭公二十年》「以亨魚肉」，陸德明《釋文》亦皆訓爲煮也。〔註3606〕《經典釋文彙校》云宋本作「飪」者，同。

飪│ 入甚反，熟也。徐而鴆反。

　　【疏】飪《廣韻》如甚切，日寢開三上深。《釋文》首音同。「熟也」者，《方言・卷七》：「飪，熟也。徐揚之間曰飪。」〔註3607〕王弼注云：「飪，孰也。」〔註3608〕孰、熟，古今字也。徐而鴆反，日沁開三去深。《集韻》增汝鴆切，蓋依徐音，訓同。

以享│ 香兩反，注「享上帝」。〔註3609〕

〔註3602〕《經典釋文彙校》：「寫本『亨』皆作『烹』。亨飪之『亨』，宋本、葉鈔、朱鈔皆缺，寫本有。『飪』，宋本作『飪』。」見黃焯撰：《經典釋文彙校》，北京：中華書局，1980年版，第18頁。

〔註3603〕〔魏〕王弼、韓康伯注，〔唐〕孔穎達等正義：《周易正義》，北京：中華書局景印阮刻本，1980年版，第49頁。

〔註3604〕〔宋〕呂祖謙撰，〔清〕宋咸熙輯：《古易音訓》（續四庫經部易類第2冊），上海：上海古籍出版社，景印清嘉慶七年刻本，2002年版，第43頁。

〔註3605〕〔漢〕毛公傳、鄭玄箋，〔唐〕孔穎達等正義：《毛詩正義》，北京：中華書局景印阮刻本，1980年版，第18頁。

〔註3606〕〔唐〕陸德明撰：《經典釋文》，北京：中華書局，景印徐乾學通志堂刻本，1983年版，第72、256、286頁。

〔註3607〕〔晉〕郭璞注，〔清〕錢繹箋疏：《方言箋疏》（漢小學四種本），成都：巴蜀書社，景印光緒庚寅年紅蝠山房校刻本，2001年版，第1338頁。

〔註3608〕〔魏〕王弼、韓康伯注，〔唐〕孔穎達等正義：《周易正義》，北京：中華書局景印阮刻本，1980年版，第49頁。

〔註3609〕《經典釋文彙校》：「寫本、宋本『帝』下有『同』字，汲古本、雅雨本同。王筠云：『同』字朱本空白。案此本脫。」見黃焯撰：《經典釋文彙校》，北

【疏】所在經文爲「以享上帝」。〔註3610〕享《廣韻》許兩切，曉養開三上宕。《釋文》音同。

上行| 時掌反。

【疏】所在經文爲「柔進而上行」。〔註3611〕參看〈乾〉「上下」條。

凝| 魚承反，嚴貌。鄭云：成也。翟作「擬」，云：度也。

【疏】所在經文爲「君子以正位凝命」。〔註3612〕凝《廣韻》魚陵切，疑蒸開三平曾。《釋文》音同。「嚴貌」者，王弼注云：「『凝』者，嚴整之貌也。」〔註3613〕按陸氏之釋義，多依王注。鄭云「成也」者，《禮記・樂記》「而凝是精粗之體」鄭玄注：「凝，成也。」〔註3614〕翟作「擬」者，凝、擬，形音悉近，故成異文。云「度也」者，《廣雅・釋詁一》：「擬，度也。」〔註3615〕

顚| 丁田反，倒也。

【疏】所在經文爲「鼎顚趾」。〔註3616〕顚《廣韻》都年切，端先開四平山。《釋文》音同。「倒也」者，《詩・大雅・蕩》「顚沛之揭」毛《傳》：「顚，仆。」〔註3617〕又《楚辭・離騷》「厥首用夫顚隕」洪興祖《補注》：「顚，倒也。」〔註3618〕

京：中華書局，1980年版，第19頁。

〔註3610〕〔魏〕王弼、韓康伯注，〔唐〕孔穎達等正義：《周易正義》，北京：中華書局景印阮刻本，1980年版，第49頁。

〔註3611〕〔魏〕王弼、韓康伯注，〔唐〕孔穎達等正義：《周易正義》，北京：中華書局景印阮刻本，1980年版，第49頁。

〔註3612〕〔魏〕王弼、韓康伯注，〔唐〕孔穎達等正義：《周易正義》，北京：中華書局景印阮刻本，1980年版，第49頁。

〔註3613〕〔魏〕王弼、韓康伯注，〔唐〕孔穎達等正義：《周易正義》，北京：中華書局景印阮刻本，1980年版，第49頁。

〔註3614〕〔漢〕鄭玄注，〔唐〕孔穎達等正義：《禮記正義》，北京：中華書局景印阮刻本，1980年版，第309頁。

〔註3615〕〔清〕王念孫撰：《廣雅疏證》，北京：中華書局，景印嘉慶年間王氏家刻本，1983年版，第31頁。

〔註3616〕〔魏〕王弼、韓康伯注，〔唐〕孔穎達等正義：《周易正義》，北京：中華書局景印阮刻本，1980年版，第49頁。

〔註3617〕〔漢〕毛公傳、鄭玄箋，〔唐〕孔穎達等正義：《毛詩正義》，北京：中華書局景印阮刻本，1980年版，第286頁。

〔註3618〕〔宋〕洪興祖撰：《楚辭補注》（叢書集成初編文學類第1812～1816冊），上海：商務印書館，據惜陰軒叢書本排印，1939年版，第17頁。

趾｜ 音止。

【疏】趾《廣韻》諸市切，章止開三上止。《釋文》音同。參看〈噬嗑〉「滅止」條。

利出｜ 徐尺遂反，或如字。注及下同。

【疏】所在經文爲「利出否」。〔註 3619〕出《廣韻》二讀，赤律切，昌術合三入臻。尺類切，昌至合三去止。音異義同。徐尺遂反音同《廣韻》尺類切。

否｜ 悲巳反。惡也。注及下同。

【疏】否惡之否《廣韻》符鄙切，奉旨開重紐三上止。《集韻》有補美切，幫旨開重紐三上止，義同。《釋文》悲巳反，幫紐止韻，韻近《集韻》。

是覆｜ 芳目反。下皆同。〔註 3620〕

【疏】所在注文爲「則是爲覆鼎也」。〔註 3621〕覆《廣韻》四讀，訓爲反覆、敗、倒、審，音芳福切，敷屋合三入通。訓爲伏兵，音扶富切，奉宥開三去流。訓爲蓋，音敷救切，敷宥開三去流。訓爲反，音匹北切，滂德開一入曾。《釋文》音同《廣韻》芳福切，訓爲傾覆。

趾倒｜ 丁老反，下同。〔註 3622〕

【疏】所在注文爲「鼎覆則趾倒矣」。〔註 3623〕倒《廣韻》二讀，仆倒都皓切，端皓開一上效。倒懸都導切，端弓開一去效。《釋文》音同《廣韻》上聲，誤。當依《彙校》引毛氏說。

〔註 3619〕〔魏〕王弼、韓康伯注，〔唐〕孔穎達等正義：《周易正義》，北京：中華書局景印阮刻本，1980 年版，第 49 頁。

〔註 3620〕《經典釋文彙校》：「盧云，今注云『則是爲覆鼎也』，據此知『爲』字衍。」見黃焯撰：《經典釋文彙校》，北京：中華書局，1980 年版，第 19 頁。

〔註 3621〕〔魏〕王弼、韓康伯注，〔唐〕孔穎達等正義：《周易正義》，北京：中華書局景印阮刻本，1980 年版，第 49 頁。

〔註 3622〕《經典釋文彙校》：「盧云：毛居正云：王注『鼎覆則趾倒矣』，此是顛倒之『倒』，當音丁耄反，是去聲，非上聲，傾倒之『倒』，作丁老，誤。」見黃焯撰：《經典釋文彙校》，北京：中華書局，1980 年版，第 19 頁。

〔註 3623〕〔魏〕王弼、韓康伯注，〔唐〕孔穎達等正義：《周易正義》，北京：中華書局景印阮刻本，1980 年版，第 49 頁。

以為丨 于偽反，下「體為」同。〔註3624〕

【疏】所在注文為「得妾以為子」。〔註3625〕為《廣韻》二讀，訓作造為，薳支切，云支合三平止。訓作助也，于偽切，云寘合三去止。《釋文》音同《廣韻》去聲。為，表原因也。

未悖丨 必內反，逆也。

【疏】所在經文為「未悖也」。〔註3626〕必內反，幫隊合一去蟹。參看〈頤〉「悖也」條。

我仇丨 音求，匹也。鄭云：怨耦曰仇。

【疏】所在經文為「我仇有疾」。〔註3627〕仇《廣韻》巨鳩切，羣尤開三平流。《釋文》音同。「匹也」者，《爾雅・釋詁上》：「仇，匹也。」〔註3628〕仇與逑同，故訓為匹也。孔穎達訓同。鄭云「怨耦曰仇」者，仇之又一義也。《左傳・桓公二年》：「怨耦曰仇。」〔註3629〕又《詩・周南・關雎》「君子好逑」〔註3630〕、《詩・周南・兔罝》「公侯好仇」〔註3631〕、《詩・秦風・無衣》「與子同仇」〔註3632〕、《詩・大雅・皇矣》「詢爾仇方」〔註3633〕鄭玄《箋》

〔註3624〕《經典釋文彙校》：「寫本、宋本同。盧本『為』下增『子』字，阮云，是也。」見黃焯撰：《經典釋文彙校》，北京：中華書局，1980 年版，第 19 頁。

〔註3625〕〔魏〕王弼、韓康伯注，〔唐〕孔穎達等正義：《周易正義》，北京：中華書局景印阮刻本，1980 年版，第 49 頁。

〔註3626〕〔魏〕王弼、韓康伯注，〔唐〕孔穎達等正義：《周易正義》，北京：中華書局景印阮刻本，1980 年版，第 49 頁。

〔註3627〕〔魏〕王弼、韓康伯注，〔唐〕孔穎達等正義：《周易正義》，北京：中華書局景印阮刻本，1980 年版，第 49 頁。

〔註3628〕〔晉〕郭璞注，〔宋〕邢昺疏：《爾雅注疏》，北京：中華書局景印阮刻本，1980 年版，第 3 頁。

〔註3629〕〔晉〕杜預注，〔唐〕孔穎達等正義：《春秋左傳正義》，北京：中華書局景印阮刻本，1980 年版，第 41 頁。

〔註3630〕〔漢〕毛公傳、鄭玄箋，〔唐〕孔穎達等正義：《毛詩正義》，北京：中華書局景印阮刻本，1980 年版，第 5 頁。

〔註3631〕〔漢〕毛公傳、鄭玄箋，〔唐〕孔穎達等正義：《毛詩正義》，北京：中華書局景印阮刻本，1980 年版，第 13 頁。

〔註3632〕〔漢〕毛公傳、鄭玄箋，〔唐〕孔穎達等正義：《毛詩正義》，北京：中華書局景印阮刻本，1980 年版，第 105 頁。

〔註3633〕〔漢〕毛公傳、鄭玄箋，〔唐〕孔穎達等正義：《毛詩正義》，北京：中華書局景印阮刻本，1980 年版，第 254 頁。

同，亦訓爲怨耦也。宋張浚《紫巖易傳·卷五》：「怨耦曰仇，指四言之。四折足爲疾，四處近臣位，亢滿不正，阻蔽二陽之進，而擅權用事于鼎，我之仇也。」〔註3634〕訓同鄭玄。

可復| 扶又反。下同。

【疏】所在注文爲「不可復有所加」。〔註3635〕參看〈蒙〉「則復」條。

其行| 下孟反。注同。

【疏】所在經文爲「其行塞」。〔註3636〕參看〈乾〉「庸行」條。

塞| 悉則反。

【疏】塞《廣韻》二讀，窒塞蘇則切，心德開一入曾。邊塞先代切，心代開一去蟹。《釋文》音同《廣韻》入聲。

雉膏| 如字。鄭云：雉膏，食之美者。

【疏】所在經文爲「雉膏不食」。〔註3637〕雉者，野雞也。膏者，肉之肥美者也。故鄭云「食之美者」。

折足| 之舌反。注同。〔註3638〕

【疏】所在經文爲「鼎折足」。〔註3639〕折《廣韻》三讀，折斷之折旨熱切，章薛開三入山。《釋文》音同。宋本「之」作「示」者，示舌反，船薛開三入山，《集韻》增食列切，音同。

〔註3634〕〔宋〕張浚撰：《紫巖居士易傳》，揚州：江蘇廣陵古籍刻印社，景印通志堂經解本第一冊，1996年版，第158頁。

〔註3635〕〔魏〕王弼、韓康伯注，〔唐〕孔穎達等正義：《周易正義》，北京：中華書局景印阮刻本，1980年版，第49頁。

〔註3636〕〔魏〕王弼、韓康伯注，〔唐〕孔穎達等正義：《周易正義》，北京：中華書局景印阮刻本，1980年版，第49頁。

〔註3637〕〔魏〕王弼、韓康伯注，〔唐〕孔穎達等正義：《周易正義》，北京：中華書局景印阮刻本，1980年版，第49頁。

〔註3638〕《經典釋文彙校》：「『之』寫本、十行本、閩監本、雅雨本同。宋本『之』作『示』。」見黃焯撰：《經典釋文彙校》，北京：中華書局，1980年版，第19頁。

〔註3639〕〔魏〕王弼、韓康伯注，〔唐〕孔穎達等正義：《周易正義》，北京：中華書局景印阮刻本，1980年版，第49頁。

餗| 送鹿反。虞云：八珍之具也。馬云：**餬**也。**餬**音之然反。鄭云：菜也。

【疏】所在經文爲「覆公餗」。〔註3640〕餗《廣韻》桑谷切，心屋合一入通。《釋文》音同。虞云「八珍之具也」者，孔穎達疏：「餗，糝也。八珍之膳，鼎之實也。」「八珍」者，《周禮·天官·膳夫》：「珍用八物。」鄭玄注：「珍，謂淳熬、淳母、炮豚、炮牂、擣珍、漬、熬、肝膋也。」〔註3641〕馬云「餬也」者，《說文·鬵部》：「鬻，鼎實。惟葦及蒲。陳留謂餬爲鬻。从鬵速聲。」〔註3642〕按鬻、餗，異體字。據此，陳留亦以餬爲餗也。《說文·鬵部》：「鬻，餬也。从鬵米聲。」〔註3643〕鬻讀爲粥，糜也。餬音之然反者，餬《廣韻》居言切，見元開三平山。《釋文》之然反，章仙開三平山，《集韻》增諸延切，音同。按餬有異體，《說文·鬵部》：「鬻，鬻也。从鬵侃聲。餰，鬻或从食衍聲。飦，或从干聲。餬，或从建聲。」〔註3644〕其中餰字《廣韻》諸延切，與《釋文》之然反音同。鄭云「菜也」者，《周禮·天官·醢人》「羞豆之實，酏食糝食」賈公彥疏引鄭玄《易》注云：「糝謂之餗。震爲竹，竹萌曰筍。筍者，餗之爲菜也，是八珍之食。臣下曠官，失君之美道，當刑之於屋中。」〔註3645〕

形渥| 於角反，沾也。鄭作「剭」，音屋。

【疏】所在經文爲「其形渥」。〔註3646〕渥《廣韻》於角切，影覺開二入江。《釋文》音同。「沾也」者，《說文·水部》：「渥，霑也。」〔註3647〕王弼

〔註3640〕〔魏〕王弼、韓康伯注，〔唐〕孔穎達等正義：《周易正義》，北京：中華書局景印阮刻本，1980年版，第49頁。
〔註3641〕〔漢〕鄭玄注，〔唐〕賈公彥疏：《周禮注疏》，北京：中華書局景印阮刻本，1980年版，第21頁。
〔註3642〕〔漢〕許慎撰：《說文解字》，北京：中華書局，景印同治十二年陳昌治刻本，1963年版，第63頁。
〔註3643〕〔漢〕許慎撰：《說文解字》，北京：中華書局，景印同治十二年陳昌治刻本，1963年版，第62頁。
〔註3644〕〔漢〕許慎撰：《說文解字》，北京：中華書局，景印同治十二年陳昌治刻本，1963年版，第62頁。
〔註3645〕〔漢〕鄭玄注，〔唐〕賈公彥疏：《周禮注疏》，北京：中華書局景印阮刻本，1980年版，第37頁。
〔註3646〕〔魏〕王弼、韓康伯注，〔唐〕孔穎達等正義：《周易正義》，北京：中華書局景印阮刻本，1980年版，第49頁。
〔註3647〕〔漢〕許慎撰：《說文解字》，北京：中華書局，景印同治十二年陳昌治刻本，

注云：「渥，沾濡之貌也。」〔註3648〕鄭作「劅」者，《周官·秋官·司烜氏》「邦若屋誅」鄭云：「『屋』讀如其刑劅之『劅』。『劅誅』謂所殺不於市，而以適甸師氏者也。」劅《廣韻》烏谷切，影屋合一入通。《釋文》音同。按，鄭玄本又作「屋」。馬王堆漢墓帛書《周易》同。〔註3649〕《周禮·天官·醢人》賈公彥疏引《易》作「其刑屋」，并引鄭玄注云：「當刑之於屋中。」〔註3650〕按，鄭玄本二字雖異，於義則通。「劅」者，刑於屋中也，亦即鄭玄所謂「適甸師氏者」也，故屋、劅同源。

且施｜ 始豉反。

【疏】所在注文爲「既承且施」。〔註3651〕參看〈乾〉「德施」條。

所盛｜ 音成。

【疏】所在注文爲「至四所盛」。〔註3652〕盛《廣韻》二讀，訓爲器受物，音是征切，禪清開三平梗。多、長，音承正切，禪勁開三去梗。《釋文》音同《廣韻》平聲。

知小｜ 音智。

【疏】所在注文爲「知小謀大」。〔註3653〕知、智，古今字。

金鉉｜ 玄典反。徐又古玄反，又古冥反。一音古螢反。馬云：鉉，扛鼎而舉之也。〔註3654〕

1963 年版，第 234 頁。

〔註3648〕〔魏〕王弼、韓康伯注，〔唐〕孔穎達等正義：《周易正義》，北京：中華書局景印阮刻本，1980 年版，第 49 頁。

〔註3649〕廖名春釋文：《馬王堆帛書周易經傳釋文》（續四庫經部易類第 1 冊），上海：上海古籍出版社，2002 年版，第 13 頁。

〔註3650〕〔漢〕鄭玄注，〔唐〕賈公彥疏：《周禮注疏》，北京：中華書局景印阮刻本，1980 年版，第 37 頁。

〔註3651〕〔魏〕王弼、韓康伯注，〔唐〕孔穎達等正義：《周易正義》，北京：中華書局景印阮刻本，1980 年版，第 49 頁。

〔註3652〕〔魏〕王弼、韓康伯注，〔唐〕孔穎達等正義：《周易正義》，北京：中華書局景印阮刻本，1980 年版，第 49 頁。

〔註3653〕〔魏〕王弼、韓康伯注，〔唐〕孔穎達等正義：《周易正義》，北京：中華書局景印阮刻本，1980 年版，第 49 頁。

〔註3654〕《經典釋文彙校》：「阮云：宋本、十行本、閩本同。監本『古』並作『胡』，『冥』誤『宴』。焯案寫本亦作『古玄反』，無古冥、古螢二音。雅雨本『冥』

【疏】所在經文為「鼎黃耳金鉉」。〔註3655〕鉉《廣韻》胡畎切，匣銑合四上山。《釋文》首音同。徐又古玄反，見先合四平山。又古冥反，見青合四平梗。一音古螢反，與古冥反音同。《集韻》增有圭玄切，與徐氏古玄反音同。又增涓熒切，與徐氏古冥反音同。馬云「鉉，扛鼎而舉之也」者，《說文‧金部》：「鉉，舉鼎也。《易》謂之鉉，《禮》謂之鼏。从金，玄聲。」〔註3656〕

用勁| 古政反。〔註3657〕

【疏】所在注義為「用勁施鉉」。〔註3658〕勁《廣韻》居正切，見勁開三去梗。《釋文》音同。《經典釋文彙校》云寫本「古」作「吉」者，吉政反，音同。

☷震| 止慎反。動也。八純卦，象雷。

【疏】震《廣韻》章刃切，章震開三去臻。《釋文》音同。「動也」者，《爾雅‧釋詁下》：「震，動也。」〔註3659〕又《易‧說卦》：「震，動也。」〔註3660〕按，馬王堆漢墓帛書《周易》作「辰」，《說文‧辰部》：「辰，震也。三月陽氣動，雷電振，民農時也。物皆生。」〔註3661〕

以成| 「成」亦作「盛」。〔註3662〕

亦誤『宴』。黃云：古冥、古螢今則無別。」見黃焯撰：《經典釋文彙校》，北京：中華書局，1980年版，第19頁。
〔註3655〕〔魏〕王弼、韓康伯注，〔唐〕孔穎達等正義：《周易正義》，北京：中華書局景印阮刻本，1980年版，第49頁。
〔註3656〕〔漢〕許慎撰：《說文解字》，北京：中華書局，景印同治十二年陳昌治刻本，1963年版，第295頁。
〔註3657〕《經典釋文彙校》：「寫本『古』作『吉』。」見黃焯撰：《經典釋文彙校》，北京：中華書局，1980年版，第19頁。
〔註3658〕〔魏〕王弼、韓康伯注，〔唐〕孔穎達等正義：《周易正義》，北京：中華書局景印阮刻本，1980年版，第49頁。
〔註3659〕〔晉〕郭璞注，〔宋〕邢昺疏：《爾雅注疏》，北京：中華書局景印阮刻本，1980年版，第10頁。
〔註3660〕〔魏〕王弼、韓康伯注，〔唐〕孔穎達等正義：《周易正義》，北京：中華書局景印阮刻本，1980年版，第82頁。
〔註3661〕〔漢〕許慎撰：《說文解字》，北京：中華書局，景印同治十二年陳昌治刻本，1963年版，第311頁。
〔註3662〕《經典釋文彙校》：「寫本、宋本同。十行本、閩監本、盧本『盛』作『成』。案作『成』是也。」見黃焯撰：《經典釋文彙校》，北京：中華書局，1980年版，第19頁。

【疏】所在注文爲「懼以成」。〔註3663〕「成」亦作「盛」者，「盛」當是「威」字之譌，當依十行本、閩監本改之。《易‧震》「震來虩虩」王弼注云：「震之爲義，威至而後乃懼也，故曰『震來虩虩』，恐懼之貌也。」〔註3664〕成、威，形近致譌，然義皆得通。

虩虩｜ 許逆反。馬云：恐懼貌。鄭同。荀作「愬愬」。〔註3665〕

【疏】所在經文爲「震來虩虩」。〔註3666〕虩《廣韻》許卻切，曉陌開三入梗。《釋文》音同。馬云「恐懼貌」者，《說文‧虎部》：「虩，《易》『履虎尾虩虩。』恐懼。」〔註3667〕王弼於「震來虩虩」下注云：「虩虩，恐懼之貌也。」〔註3668〕與馬融同。荀作「愬愬」者，假借爲虩虩也。《說文‧虎部》王筠《句讀》：「荀《九家易》作愬愬，則是同音借用字也。」〔註3669〕

笑言｜ 「言」亦作「語」，下同。〔註3670〕

【疏】所在經文爲「笑言啞啞」。〔註3671〕今多作「言」字。

啞啞｜ 烏客反，馬云笑聲。鄭云：樂也。

〔註3663〕 〔魏〕王弼、韓康伯注，〔唐〕孔穎達等正義：《周易正義》，北京：中華書局景印阮刻本，1980年版，第49頁。

〔註3664〕 〔魏〕王弼、韓康伯注，〔唐〕孔穎達等正義：《周易正義》，北京：中華書局景印阮刻本，1980年版，第50頁。

〔註3665〕 《經典釋文彙校》：「各本皆同。寫本作『許戟』。」見黃焯撰：《經典釋文彙校》，北京：中華書局，1980年版，第19頁。按，寫本作「許戟」者，音亦同。

〔註3666〕 〔魏〕王弼、韓康伯注，〔唐〕孔穎達等正義：《周易正義》，北京：中華書局景印阮刻本，1980年版，第50頁。

〔註3667〕 〔漢〕許慎撰：《說文解字》，北京：中華書局，景印同治十二年陳昌治刻本，1963年版，第103頁。

〔註3668〕 〔魏〕王弼、韓康伯注，〔唐〕孔穎達等正義：《周易正義》，北京：中華書局景印阮刻本，1980年版，第50頁。

〔註3669〕 〔清〕王筠撰：《說文解字句讀》（續四庫經部小學類第216～219冊），上海：上海古籍出版社，景印道光庚戌刊本，2002年版，第217冊，第296頁。

〔註3670〕 《經典釋文彙校》：「嚴云：石經『語』磨改作『言』，《易舉正》載《經》〈象〉並是『語』字，《一切經音義》卷六、卷二十二引作『語』。《易林》『无妄之履，啞啞笑語』，亦一證也。今各本作『言』。」見黃焯撰：《經典釋文彙校》，北京：中華書局，1980年版，第19頁。

〔註3671〕 〔魏〕王弼、韓康伯注，〔唐〕孔穎達等正義：《周易正義》，北京：中華書局景印阮刻本，1980年版，第50頁。

【疏】啞《廣韻》四讀，訓爲笑聲，烏格切，影陌開二入梗。或於革切，影麥開二入梗。訓爲不言，烏下切，影馬開二上假。訓爲鳥聲，衣嫁切，影禡開二去假。《釋文》烏客反音同《廣韻》烏格切。馬云「笑聲」者，《廣雅·釋訓》：「啞啞，笑也。」〔註3672〕鄭云「樂也」者，義近。

怠| 本又作「殆」。

【疏】所在注文爲「驚駭怠惰以肅解慢者也」。〔註3673〕本又作「殆」者，假殆爲怠也。通「怠」。懈怠。《詩·商頌·玄鳥》：「受命不殆」馬瑞辰《通釋》：「『殆』即『怠』借字。」〔註3674〕

惰| 徒臥反，下同。

【疏】惰《廣韻》二讀，徒臥切，定過合一去果。徒果切，定果合一上果。音異義同。《釋文》音同《廣韻》徒臥切。

解慢| 佳賣反。下同。

【疏】解怠之解《廣韻》古隘切，見卦開二去蟹。《釋文》音同。解、懈，古今字。參看〈乾〉「解怠」條。

恐致| 曲勇反。下文、注皆同。

【疏】所在注文爲「恐致福也」。〔註3675〕恐《廣韻》二讀，訓作懼，丘隴切，溪腫合三上通。訓作疑，區用切，溪用合三去通。《釋文》音同《廣韻》上聲。

不喪| 息浪反。卦內並同。

【疏】所在經文爲「不喪匕鬯」。〔註3676〕喪《廣韻》二讀，此息浪反與

〔註3672〕〔清〕王念孫撰：《廣雅疏證》，北京：中華書局，景印嘉慶年間王氏家刻本，1983年版，第178頁。

〔註3673〕〔魏〕王弼、韓康伯注，〔唐〕孔穎達等正義：《周易正義》，北京：中華書局景印阮刻本，1980年版，第50頁。

〔註3674〕〔清〕馬瑞辰撰：《毛詩傳箋通釋》（四部備要本），上海：中華書局，據南菁書院續經解本校刊，1936年版，第388頁。

〔註3675〕〔魏〕王弼、韓康伯注，〔唐〕孔穎達等正義：《周易正義》，北京：中華書局景印阮刻本，1980年版，第50頁。

〔註3676〕〔魏〕王弼、韓康伯注，〔唐〕孔穎達等正義：《周易正義》，北京：中華書局景印阮刻本，1980年版，第50頁。

《廣韻》蘇浪切同，心宕開一去宕。參看〈乾〉「知喪」條。

匕│ 必以反。

【疏】匕《廣韻》卑履切，幫旨開重紐四上止。《釋文》音同。

鬯│ 勅亮反。香酒。

【疏】鬯《廣韻》丑亮切，徹漾開三去宕。《釋文》音同。「香酒」者，《禮記・曲禮下》：「凡摯：天子，鬯；諸侯，圭」孔穎達疏：「天子鬯者，釀黑黍爲酒，其氣芬芳調暢，故因謂爲『鬯』也。」〔註3677〕

堪長│ 丁丈反。

【疏】所在注文爲「明所以堪長子之義也」。〔註3678〕參看〈師〉「長子」條。

已出│ 音紀。

【疏】所在經文爲「則己『出可以守宗廟』」。〔註3679〕「音紀」者，辨字形作「己」也。

洊│ 在薦反。徐又在悶反。

【疏】所在經文爲「洊雷，震。」〔註3680〕洊《廣韻》在甸切，從霰開四去山。《釋文》首音同。徐又在悶反，從慁合一去臻。《集韻》增有徂悶切，蓋依徐氏音也。

億│ 本又作「噫」，同於其反，辭也。六五同。鄭於力反，云：十万曰億。

【疏】所在經文爲「震來厲，億喪貝。」〔註3681〕本又作「噫」者，又如

〔註3677〕〔漢〕鄭玄注，〔唐〕孔穎達等正義：《禮記正義》，北京：中華書局景印阮刻本，1980年版，第42頁。

〔註3678〕〔魏〕王弼、韓康伯注，〔唐〕孔穎達等正義：《周易正義》，北京：中華書局景印阮刻本，1980年版，第50頁。

〔註3679〕〔魏〕王弼、韓康伯注，〔唐〕孔穎達等正義：《周易正義》，北京：中華書局景印阮刻本，1980年版，第50頁。

〔註3680〕〔魏〕王弼、韓康伯注，〔唐〕孔穎達等正義：《周易正義》，北京：中華書局景印阮刻本，1980年版，第50頁。

〔註3681〕〔魏〕王弼、韓康伯注，〔唐〕孔穎達等正義：《周易正義》，北京：中華書

《禮記・文王世子》「凡學春官釋奠于其先師」鄭玄注「億可以爲之也」陸德明《釋文》：「億，本又作噫。」〔註3682〕故訓爲語辭，則二字可通。同於其反者，億《廣韻》於力切，影職開三入曾。《集韻》增於其切，影之開三平止，《釋文》音同《集韻》。「辭也」者，王弼注云：「億，辭也。」〔註3683〕又《集解》引虞翻曰：「億，惜辭也。」〔註3684〕引干寶曰：「億，歎辭也。」〔註3685〕而鄭於力反者，依如字讀之也，與《廣韻》音同。云「十萬曰億」者，《詩・魏風・伐檀》「胡取禾三百億兮」〔註3686〕、《詩・小雅・楚茨》「我庾維億」〔註3687〕鄭玄《箋》僉曰：「十萬曰億。」依鄭氏義，億喪貝，謂大喪朋貝也。《周易口義・卷九》：「十萬曰億。貝者，寶之謂也。言當威震之時，而乘震動之主，則其身危厲，而所喪失者多，故曰億喪貝也。」〔註3688〕其義殆與鄭同。

喪| 息浪反，注同。荀如字。

【疏】喪，《廣韻》二讀，訓爲死亡，息郎切，心唐開一下宕。訓爲失亡，蘇浪切，心宕開一去宕。《釋文》音同《廣韻》去聲，喪失也。荀如字者，讀如《廣韻》平聲。荀爽讀喪貝爲喪敗，是訓喪爲死亡也。參看〈乾〉「知喪」條。

貝| 如字。荀音敗。

【疏】「如字」者，明不作假借，依本字讀之。貝，歷代《易》家多訓爲

局景印阮刻本，1980年版，第50頁。

〔註3682〕 〔唐〕陸德明撰：《經典釋文》，北京：中華書局，景印徐乾學通志堂刻本，1983年版，第181頁。

〔註3683〕 〔魏〕王弼、韓康伯注，〔唐〕孔穎達等正義：《周易正義》，北京：中華書局景印阮刻本，1980年版，第50頁。

〔註3684〕 〔唐〕李鼎祚撰：《周易集解》，北京：中國書店，景印嘉慶三年姑蘇喜墨齋張遇堯局鐫本，1987年版，卷十，第10頁。

〔註3685〕 〔唐〕李鼎祚撰：《周易集解》，北京：中國書店，景印嘉慶三年姑蘇喜墨齋張遇堯局鐫本，1987年版，卷十，第10頁。

〔註3686〕 〔漢〕毛公傳、鄭玄箋，〔唐〕孔穎達等正義：《毛詩正義》，北京：中華書局景印阮刻本，1980年版，第91頁。

〔註3687〕 〔漢〕毛公傳、鄭玄箋，〔唐〕孔穎達等正義：《毛詩正義》，北京：中華書局景印阮刻本，1980年版，第199頁。

〔註3688〕 〔宋〕胡瑗撰，倪天隱述：《周易口義》，臺灣：商務印書館，景印文淵閣四庫全書本第8冊，1983年版，第394頁。

朋貝之貝，即財貨之謂也。荀音敗者，假貝爲敗也，義亦通。

躋｜ 本又作「隮」。子西反，升也。

　　【疏】所在經文爲「躋于九陵」。〔註3689〕本又作「隮」者，「躋」之異體字也。《廣韻·平聲·齊韻》：「躋、登也，升也。隮、上同。」躋《廣韻》二讀，祖稽切，精齊開四平蟹。子計切，精霽開四去蟹。音異義同，皆訓爲升。《釋文》音同《廣韻》平聲。「升也」者，《爾雅·釋詁下》：「躋，陞也。」〔註3690〕

雖復｜ 扶又反，上六注同。

　　【疏】所在注文爲「雖復超越陵險」。〔註3691〕參看〈蒙〉「則復」條。

蘇蘇｜ 疑懼貌。王肅云：躁動貌。鄭云：不安也。馬云：尸祿素餐貌。〔註3692〕

　　【疏】所在經文爲「震蘇蘇」。〔註3693〕《正義》曰：「蘇蘇，畏懼不安之貌。」〔註3694〕陸、王、鄭義皆近之。馬云「尸祿素餐貌」者，蓋言六三以陰居陽，其位不當，有尸位素餐之象也。

无眚｜ 生領反。

　　【疏】所在注文爲「震行无眚」。〔註3695〕參看〈訟〉「眚」條。

遂泥｜ 乃計反。下同。荀本「遂」作「隊」，泥音乃低反。

〔註3689〕〔魏〕王弼、韓康伯注，〔唐〕孔穎達等正義：《周易正義》，北京：中華書局景印阮刻本，1980年版，第50頁。

〔註3690〕〔晉〕郭璞注，〔宋〕邢昺疏：《爾雅注疏》，北京：中華書局景印阮刻本，1980年版，第10頁。

〔註3691〕〔魏〕王弼、韓康伯注，〔唐〕孔穎達等正義：《周易正義》，北京：中華書局景印阮刻本，1980年版，第50頁。

〔註3692〕《經典釋文彙校》：「寫本、宋本『餐』作『飡』。」見黃焯撰：《經典釋文彙校》，北京：中華書局，1980年版，第19頁。

〔註3693〕〔魏〕王弼、韓康伯注，〔唐〕孔穎達等正義：《周易正義》，北京：中華書局景印阮刻本，1980年版，第50頁。

〔註3694〕〔魏〕王弼、韓康伯注，〔唐〕孔穎達等正義：《周易正義》，北京：中華書局景印阮刻本，1980年版，第50頁。

〔註3695〕〔魏〕王弼、韓康伯注，〔唐〕孔穎達等正義：《周易正義》，北京：中華書局景印阮刻本，1980年版，第50頁。

【疏】所在經文爲「震遂泥」。〔註3696〕泥《廣韻》三讀，訓作滯陷不通時音奴計切，泥霽開四去蟹。《釋文》首音同。故震遂泥者，義爲震懼而遂滯溺也。王弼、孔穎達亦然。而荀本「遂」作「隊」者，二字古通。此處讀隊爲墜，泥音乃低反者，泥齊開四平蟹，與《廣韻》奴低切音同，訓爲泥土之泥。「隊泥」義爲墜於泥中。義亦通。

困難| 乃旦反。

【疏】所在注文爲「遂困難矣」。〔註3697〕「困難」者，困於難中也。

索索| 桑洛反，注及下同，懼也。馬云：內不安貌。鄭云：猶縮縮，足不正也。

【疏】所在經文爲「震索索」。〔註3698〕索《廣韻》三讀，繩索蘇各切，心鐸開一入宕。求索山戟切，生陌開二入梗，或山責切，生麥開二入梗。《釋文》音同《廣韻》入聲。孔穎達疏曰：「索索，心不安之貌。」〔註3699〕陸、馬、鄭義皆近之。

視| 如字，徐市至反。〔註3700〕

【疏】所在經文爲「視矍矍」。〔註3701〕視《廣韻》二讀，常利切，禪至開三去止。承矢切，禪旨開三上止。訓作瞻看二讀皆可。「如字」者，讀如《廣韻》上聲。徐市至反者，首同《廣韻》去聲。

矍矍| 俱縛反，徐許縛反。馬云：中未得之貌。鄭云：目不正。

〔註3696〕〔魏〕王弼、韓康伯注，〔唐〕孔穎達等正義：《周易正義》，北京：中華書局景印阮刻本，1980年版，第50頁。

〔註3697〕〔魏〕王弼、韓康伯注，〔唐〕孔穎達等正義：《周易正義》，北京：中華書局景印阮刻本，1980年版，第50頁。

〔註3698〕〔魏〕王弼、韓康伯注，〔唐〕孔穎達等正義：《周易正義》，北京：中華書局景印阮刻本，1980年版，第50頁。

〔註3699〕〔魏〕王弼、韓康伯注，〔唐〕孔穎達等正義：《周易正義》，北京：中華書局景印阮刻本，1980年版，第50頁。

〔註3700〕《經典釋文彙校》：「宋本、十行本、閩監本同。盧從錢本『至』作『志』，取與〈頤〉卦同。案《釋文》反語用字間不一律，不煩改作。」見黃焯撰：《經典釋文彙校》，北京：中華書局，1980年版，第19頁。

〔註3701〕〔魏〕王弼、韓康伯注，〔唐〕孔穎達等正義：《周易正義》，北京：中華書局景印阮刻本，1980年版，第50頁。

【疏】矍《廣韻》居縛切，見藥合三入宕。《釋文》首音同。徐許縛反，曉藥合三入宕。《集韻》增俱縛切，音同。馬云「中未得之貌」者，《玉篇·矍部》：「矍，矍矍，視而無所依之也。」〔註3702〕其義與馬融近。鄭云「目不正」者，《集韻·藥韻》：「矍，目不正兒。」〔註3703〕又《說文·瞿部》徐鍇《繫傳》：「矍，左右驚顧。」〔註3704〕

婚媾| 古豆反。

【疏】所在經文爲「婚媾有言」〔註3705〕媾《廣韻》古候切，見候開一去流。《釋文》音同。

彼動故懼| 「故」或作「而」。

【疏】所在注文爲「彼動故懼」。〔註3706〕孔穎達疏亦作「故」也。「而」亦通。

☶艮| 根恨反，止也。鄭云：艮之言很也。八純卦，象山。

【疏】艮《廣韻》古恨切，見恨開一去臻。《釋文》音同。「止也」者，〈象傳〉文。〈說卦〉、〈雜卦〉亦云：「艮，止也。」鄭云「艮之言很也」者，《說文·匕部》：「𥃩，很也。从匕、目。匕目，猶目相匕，不相下也。《易》曰：『𥃩其限。』匕目爲𥃩，匕目爲眞也。」〔註3707〕很者，很戾也。《集解》引鄭玄曰：「艮爲山。山立峙各於其所，无相順之時。猶君在上，臣在下，恩敬不相與通，故謂之艮也。」〔註3708〕義與很戾同。又《古易音訓》引《釋文》鄭玄

〔註3702〕〔梁〕顧野王撰：《宋本玉篇》，北京：中國書店，景印張氏澤存堂本，1983年版，第453頁。

〔註3703〕〔宋〕丁度撰：《集韻》，北京：中華書局，景印北京圖書館藏宋刻本，1988年版，第207頁。

〔註3704〕〔南唐〕徐鍇撰：《說文解字繫傳》，北京：中華書局，景印道光年間祁寯藻刻本，1987年版，第82頁。

〔註3705〕〔魏〕王弼、韓康伯注，〔唐〕孔穎達等正義：《周易正義》，北京：中華書局景印阮刻本，1980年版，第50頁。

〔註3706〕〔魏〕王弼、韓康伯注，〔唐〕孔穎達等正義：《周易正義》，北京：中華書局景印阮刻本，1980年版，第50頁。

〔註3707〕〔漢〕許慎撰：《說文解字》，北京：中華書局，景印同治十二年陳昌治刻本，1963年版，第168頁。

〔註3708〕〔唐〕李鼎祚撰：《周易集解》，北京：中國書店，景印嘉慶三年姑蘇喜墨齋張遇堯局鐫本，1987年版，卷十，第11頁。

語作「艮之言限也」〔註3709〕，義亦通。

其背丨 必內反。徐甫載反。

【疏】所在經文爲「艮，其背」。〔註3710〕背《廣韻》二讀，作脊背解時音補妹切，幫隊合一去蟹。作弃背解時音蒲昧切，並隊合一去蟹。《釋文》必內反音同《廣韻》補妹切，訓爲名詞，義爲脊背。徐甫載反，幫代開一去蟹。按違背之「背」又作「偝」，偝《集韻》有蒲代切一音。與甫載反音近，故徐音必有所據也。毛居正《六經正誤》云「徐甫載反，甫當作補」〔註3711〕者，恐失武斷。

相背丨 音佩。下相背同。

【疏】所在注文爲「相背故也」。〔註3712〕參看〈師〉「背高」條。

否之丨 備鄙反。

【疏】所在注文爲「否之道也」。〔註3713〕參看〈屯〉「則否」條。

令物丨 力呈反。

【疏】所在注文爲「令物自然而止」。〔註3714〕參看〈訟〉「而令」條。

而強丨 其兩反。

【疏】所在注文爲「而強止之」。〔註3715〕勉強之強《集韻》巨兩切，羣養開三上宕。《釋文》音同。

〔註3709〕〔宋〕呂祖謙撰，〔清〕宋咸熙輯：《古易音訓》（續四庫經部易類第2冊），上海：上海古籍出版社，景印清嘉慶七年刻本，2002年版，第40頁。
〔註3710〕〔魏〕王弼、韓康伯注，〔唐〕孔穎達等正義：《周易正義》，北京：中華書局景印阮刻本，1980年版，第50頁。
〔註3711〕〔宋〕毛居正撰：《六經正誤》，揚州：江蘇廣陵古籍刻印社，景印通志堂經解本第十六冊，1996年版，第571頁。
〔註3712〕〔魏〕王弼、韓康伯注，〔唐〕孔穎達等正義：《周易正義》，北京：中華書局景印阮刻本，1980年版，第50頁。
〔註3713〕〔魏〕王弼、韓康伯注，〔唐〕孔穎達等正義：《周易正義》，北京：中華書局景印阮刻本，1980年版，第50頁。
〔註3714〕〔魏〕王弼、韓康伯注，〔唐〕孔穎達等正義：《周易正義》，北京：中華書局景印阮刻本，1980年版，第50頁。
〔註3715〕〔魏〕王弼、韓康伯注，〔唐〕孔穎達等正義：《周易正義》，北京：中華書局景印阮刻本，1980年版，第50頁。

姦邪｜ 似嗟反。

【疏】所在注文爲「則姦邪並興」。〔註3716〕參看〈乾〉「邪」條。

敵應｜ 應對之應。又音膺。〔註3717〕

【疏】所在經文爲「上下敵應」。〔註3718〕參看〈泰〉「所應」條。

其趾｜ 如字，荀作「止」。

【疏】所在經文爲「艮其趾」。〔註3719〕「如字」者，明字形作趾也。荀作「止」者，止、趾，古今字。《古易音訓》引晁說之曰：「荀從古作止。」〔註3720〕戰國楚簡、馬王堆漢墓帛書《周易》悉作「止」。〔註3721〕參看〈噬嗑〉「滅止」條。

腓｜ 符非反。本又作「肥」。義與〈咸〉卦同。

【疏】所在經文爲「艮其腓」。〔註3722〕腓《廣韻》二讀，符非切，奉微合三平止。扶沸切，奉未合三去止。音異義同，脚腨腸也。《釋文》音同《廣韻》平聲。本又作「肥」者，馬王堆漢墓帛書《周易》同。〔註3723〕參看〈咸〉「腓」條。

不承｜ 音拯救之拯。馬云：舉也。〔註3724〕

〔註3716〕〔魏〕王弼、韓康伯注，〔唐〕孔穎達等正義：《周易正義》，北京：中華書局景印阮刻本，1980年版，第50頁。

〔註3717〕《經典釋文彙校》：「寫本『膺』作『鷹』。」見黃焯撰：《經典釋文彙校》，北京：中華書局，1980年版，第19頁。

〔註3718〕〔魏〕王弼、韓康伯注，〔唐〕孔穎達等正義：《周易正義》，北京：中華書局景印阮刻本，1980年版，第50頁。

〔註3719〕〔魏〕王弼、韓康伯注，〔唐〕孔穎達等正義：《周易正義》，北京：中華書局景印阮刻本，1980年版，第51頁。

〔註3720〕〔宋〕呂祖謙撰，〔清〕宋咸熙輯：《古易音訓》（續四庫經部易類第2冊），上海：上海古籍出版社，景印清嘉慶七年刻本，2002年版，第40頁。

〔註3721〕馬承源主編：《上海博物館藏戰國楚竹書（三）》，上海：上海古籍出版社，2003年版，第243頁。

〔註3722〕〔魏〕王弼、韓康伯注，〔唐〕孔穎達等正義：《周易正義》，北京：中華書局景印阮刻本，1980年版，第51頁。

〔註3723〕廖名春釋文：《馬王堆帛書周易經傳釋文》（續四庫經部易類第1冊），上海：上海古籍出版社，2002年版，第2頁。

〔註3724〕《經典釋文彙校》：「寫本『承』作『拯』，無『不』字，注唯出『拯救』二字。案作『拯』與注疏本合。」見黃焯撰：《經典釋文彙校》，北京：中華書

【疏】所在經文爲「不拯其隨」。〔註 3725〕承，假借爲拯也。音拯救之拯者，參看〈屯〉「拯」條。「舉也」者，孔穎達疏：「拯，舉也。」〔註 3726〕

不快｜ 苦夬反。

【疏】所在經文爲「其心不快」。〔註 3727〕快《廣韻》苦夬切，溪夬合二去蟹。《釋文》音同。

其限｜ 馬云：限，要也。鄭、荀、虞同。

【疏】所在經文爲「艮其限」。〔註 3728〕馬云「限，要也」者，《廣雅·釋詁三》：「限，界也。」〔註 3729〕引申之，要爲上下身之界也。故訓爲要。「要」者，「腰」之本字也。《集解》引虞翻曰：「限，要帶處也。」〔註 3730〕王弼注：「限，身之中也。」〔註 3731〕

夤｜ 引真反。馬云：夾脊肉也。鄭本作「**臏**」。徐又音胤。荀作「**腎**」，云：互體有坎，坎爲腎。〔註 3732〕

【疏】所在經文爲「列其夤」。〔註 3733〕夤《廣韻》翼眞切，以眞開三不臻。《釋文》音同。馬云「夾脊肉也」者，《集解》引虞翻曰：「夤，脊肉。」

局，1980 年版，第 19 頁。

〔註 3725〕 〔魏〕王弼、韓康伯注，〔唐〕孔穎達等正義：《周易正義》，北京：中華書局景印阮刻本，1980 年版，第 51 頁。

〔註 3726〕 〔魏〕王弼、韓康伯注，〔唐〕孔穎達等正義：《周易正義》，北京：中華書局景印阮刻本，1980 年版，第 51 頁。

〔註 3727〕 〔魏〕王弼、韓康伯注，〔唐〕孔穎達等正義：《周易正義》，北京：中華書局景印阮刻本，1980 年版，第 51 頁。

〔註 3728〕 〔魏〕王弼、韓康伯注，〔唐〕孔穎達等正義：《周易正義》，北京：中華書局景印阮刻本，1980 年版，第 51 頁。

〔註 3729〕 〔清〕王念孫撰：《廣雅疏證》，北京：中華書局，景印嘉慶年間王氏家刻本，1983 年版，第 100 頁。

〔註 3730〕 〔唐〕李鼎祚撰：《周易集解》，北京：中國書店，景印嘉慶三年姑蘇喜墨齋張遇堯局鐫本，1987 年版，卷十，第 12 頁。

〔註 3731〕 〔魏〕王弼、韓康伯注，〔唐〕孔穎達等正義：《周易正義》，北京：中華書局景印阮刻本，1980 年版，第 51 頁。

〔註 3732〕 《經典釋文彙校》：「寫本『肉』作『宍』，俗『肉』字。宋本作『肎』。」見黃焯撰：《經典釋文彙校》，北京：中華書局，1980 年版，第 19 頁。《彙校》云寫本作「宍」、宋本作「肎」，皆「肉」之異體字也。

〔註 3733〕 〔魏〕王弼、韓康伯注，〔唐〕孔穎達等正義：《周易正義》，北京：中華書局景印阮刻本，1980 年版，第 51 頁。

〔註3734〕王弼注云：「夤，當中脊之肉也。」〔註3735〕按夤《說文·夕部》：「夤，敬惕也。从夕，寅聲。」〔註3736〕夤本義爲敬，此處假借爲胂也。《說文·肉部》：「胂，夾脊肉也。」〔註3737〕鄭本作「臏」者，當是「胂」之別構也。徐又音胤者，以震開三去臻。疑徐本經文作「胤」也。所在經文戰國楚簡《周易》作「𢔌」，隸定爲「衚」，疑爲「胤」之本字。〔註3738〕徐氏音切蓋有所本也。荀作「腎」者，胂、臏、腎，皆一聲之轉也。云「互體有坎，坎爲腎」者，九三當二陰之間，互體爲坎。《易·說卦》：「坎爲水。」〔註3739〕五臟中腎屬水，故稱坎爲腎。

薰｜ 許云反。荀作「動」，云：互體有震，震為動。〔註3740〕

【疏】所在經文注疏本爲：「厲薰心」。〔註3741〕薰《廣韻》許云切，曉文合三平臻。《釋文》音同。荀作「動」者，《集解》云：「荀氏以『薰』爲『動』，讀作『動』。」〔註3742〕按戰國楚簡《周易》作「同」。〔註3743〕同、動，古音同在東部，音近可通。荀作「動」，蓋有所本。云「互體有震，震爲動」者，

〔註3734〕〔唐〕李鼎祚撰：《周易集解》，北京：中國書店，景印嘉慶三年姑蘇喜墨齋張遇堯局鐫本，1987年版，卷十，第12頁。

〔註3735〕〔魏〕王弼、韓康伯注，〔唐〕孔穎達等正義：《周易正義》，北京：中華書局景印阮刻本，1980年版，第51頁。

〔註3736〕〔漢〕許慎撰：《說文解字》，北京：中華書局，景印同治十二年陳昌治刻本，1963年版，第142頁。

〔註3737〕〔漢〕許慎撰：《說文解字》，北京：中華書局，景印同治十二年陳昌治刻本，1963年版，第87頁。

〔註3738〕濮茅左持此說。所在經文楚簡《周易》作「𡈼丌衚，礪同心。」濮氏讀作「列其胤，厲痛心。」釋爲「子孫分裂，憂危而痛心。喻上下離心，君臣不接，令人心痛。」可備一說。參看馬承源主編：《上海博物館藏戰國楚竹書（三）》，上海：上海古籍出版社，2003年版，第202頁。

〔註3739〕〔魏〕王弼、韓康伯注，〔唐〕孔穎達等正義：《周易正義》，北京：中華書局景印阮刻本，1980年版，第83頁。

〔註3740〕《經典釋文彙校》：「李鼎祚《周易集解》作『闇』。」見黃焯撰：《經典釋文彙校》，北京：中華書局，1980年版，第19頁。

〔註3741〕〔魏〕王弼、韓康伯注，〔唐〕孔穎達等正義：《周易正義》，北京：中華書局景印阮刻本，1980年版，第51頁。

〔註3742〕〔唐〕李鼎祚撰：《周易集解》，北京：中國書店，景印嘉慶三年姑蘇喜墨齋張遇堯局鐫本，1987年版，卷十，第12頁。

〔註3743〕馬承源主編：《上海博物館藏戰國楚竹書（三）》，上海：上海古籍出版社，2003年版，第243頁。

九三、六四、六五互體爲震。《易・說卦》:「震,動也。」〔註3744〕按「薰」集解本作「闇」,訓爲守門人,又是一義。

器喪|　息浪反。

【疏】所在注文爲「大器喪矣」。〔註3745〕參看〈乾〉「知喪」條。

☷☶漸|　捷撿反。以之前爲義,即階漸之道。艮宮歸魂卦。

【疏】漸《廣韻》二讀,訓爲漸次,慈染切,從琰開三上咸。訓爲入、漬,子廉切,精鹽開三平咸。《釋文》音同《廣韻》上聲。「以之前爲義,即階漸之道」者,「之前」,猶「之進」,義爲往前也。《易・序卦》:「漸者,進也。」〔註3746〕《羣經平議・周易三》:「〈漸〉,所以別於〈晉〉之進也,〈晉〉與〈漸〉雖竝有進義,然〈漸〉則以漸而進,其義微有不同。」〔註3747〕

女歸吉也|　王肅本還作「女歸吉,利貞」。

【疏】所在經文爲「漸之進也,女歸吉也。」〔註3748〕《周易章句證異・卷四》:「王肅作『女歸吉利貞』,李心傳從王本。吳澄刪『也』字,增『利貞』字。」〔註3749〕

善俗|　王肅本作「善風俗」。

【疏】所在經文爲「君子以居賢德善俗」。〔註3750〕《周易章句證異・卷六》:「『善俗』王肅本作『善風俗』,郭京曰:脫『風』字。朱震從之。鄭東

〔註3744〕〔魏〕王弼、韓康伯注,〔唐〕孔穎達等正義:《周易正義》,北京:中華書局景印阮刻本,1980年版,第82頁。

〔註3745〕〔魏〕王弼、韓康伯注,〔唐〕孔穎達等正義:《周易正義》,北京:中華書局景印阮刻本,1980年版,第51頁。

〔註3746〕〔魏〕王弼、韓康伯注,〔唐〕孔穎達等正義:《周易正義》,北京:中華書局景印阮刻本,1980年版,第84頁。

〔註3747〕〔清〕俞樾撰:《羣經平議》(續四庫經部羣經總義類第178冊),上海:上海古籍出版社,景印清光緒二十五年刻春在堂全書本,2002年版,第23頁。

〔註3748〕〔魏〕王弼、韓康伯注,〔唐〕孔穎達等正義:《周易正義》,北京:中華書局景印阮刻本,1980年版,第51頁。

〔註3749〕〔清〕翟均廉撰:《周易章句證異》,臺灣:商務印書館,景印文淵閣四庫全書本第53冊,1983年版,第748頁。

〔註3750〕〔魏〕王弼、韓康伯注,〔唐〕孔穎達等正義:《周易正義》,北京:中華書局景印阮刻本,1980年版,第51頁。

鄉曰：古《易》『善』字下有『風』字。熊良輔、梁寅同。吳澄增『風』字。朱子曰：『賢』字衍，或『善』下有脫字。蔡節齋、胡一桂、胡炳文、陳仁錫同。」〔註 3751〕

于干| 如字。鄭云：干，水傍，故停水處。陸云：水畔稱干。毛傳《詩》云：涯也。又云：澗也。荀、王肅云：山間澗水也。翟云：涯也。

【疏】所在經文爲「鴻漸于干」。〔註 3752〕如字者，讀如《廣韻》古寒切，見寒開一平山。鄭云「干，水傍故停水處」者，《詩·魏風·伐檀》孔穎達《正義》曰：「《易·漸卦》『鴻漸於干』，注云：干謂大水之傍，故停水處。」〔註 3753〕又《詩·小雅·斯干》孔穎達《正義》曰：「〈漸〉卦鄭注云：『干謂大水之傍，故停水處者。』彼以鴻之所居，故爲舊停水處。」〔註 3754〕陸云「水畔稱干」者，義與鄭玄同。毛傳《詩》云「涯也又云澗也」者，《詩·魏風·伐檀》「寘之河之干兮」毛《傳》：「干，厓也。」〔註 3755〕厓、涯，同。翟玄訓同。《詩·小雅·斯干》「秩秩斯干」毛《傳》：「干，澗也。」〔註 3756〕荀、王肅訓同。

則困於小子| 本又作「則困讒於小子」。

【疏】所在注文爲「則困於小子」。〔註 3757〕本又作「則困讒於小子」者，「讒」衍。

於謗| 博浪反。

〔註 3751〕〔清〕翟均廉撰：《周易章句證異》，臺灣：商務印書館，景印文淵閣四庫全書本第 53 冊，1983 年版，第 768 頁。

〔註 3752〕〔魏〕王弼、韓康伯注，〔唐〕孔穎達等正義：《周易正義》，北京：中華書局景印阮刻本，1980 年版，第 51 頁。

〔註 3753〕〔漢〕毛公傳、鄭玄箋，〔唐〕孔穎達等正義：《毛詩正義》，北京：中華書局景印阮刻本，1980 年版，第 90 頁。

〔註 3754〕〔漢〕毛公傳、鄭玄箋，〔唐〕孔穎達等正義：《毛詩正義》，北京：中華書局景印阮刻本，1980 年版，第 168 頁。

〔註 3755〕〔漢〕毛公傳、鄭玄箋，〔唐〕孔穎達等正義：《毛詩正義》，北京：中華書局景印阮刻本，1980 年版，第 90 頁。

〔註 3756〕〔漢〕毛公傳、鄭玄箋，〔唐〕孔穎達等正義：《毛詩正義》，北京：中華書局景印阮刻本，1980 年版，第 168 頁。

〔註 3757〕〔魏〕王弼、韓康伯注，〔唐〕孔穎達等正義：《周易正義》，北京：中華書局景印阮刻本，1980 年版，第 51 頁。

【疏】所在注文爲「窮於謗言」。〔註3758〕謗《廣韻》補曠切，幫宕開一去宕。《釋文》音同。

讒諛｜音臾。

【疏】所在注文爲「困於小子讒諛之言」。〔註3759〕諛《廣韻》羊朱切，以虞合三平遇。《釋文》音同。

磐｜畔干反，山石之安也。馬云：山中磐紆。〔註3760〕

【疏】所在經文爲「鴻漸于磐」。〔註3761〕磐《廣韻》薄官切，並桓合一平山。《釋文》畔干反，並紐寒韻。參看〈屯〉「磐」條。「山石之安也」者，王弼注：「磐，山石之安者。」〔註3762〕馬云「山中磐紆」者，孔穎達疏引馬融曰：「山中石磐紆，故稱磐也。」〔註3763〕《釋文》引馬融注挩石，當依孔疏、寫本。

衎衎｜苦旦反。馬云：饒衎。〔註3764〕

【疏】所在經文爲「飲食衎衎」。〔註3765〕衎《廣韻》二讀，訓爲和樂，音苦旰切，溪翰開一去山。訓爲信言，音空旱切，溪旱開一上山。《釋文》音同《廣韻》去聲。馬云「饒衎」者，富饒也。《文選・左思〈魏都賦〉》「豐肴衎衎」李善注引《周易》「飲食衎衎」王肅注：「衎衎，寬饒之貌也。」〔註3766〕

〔註3758〕 〔魏〕王弼、韓康伯注，〔唐〕孔穎達等正義：《周易正義》，北京：中華書局景印阮刻本，1980年版，第51頁。

〔註3759〕 〔魏〕王弼、韓康伯注，〔唐〕孔穎達等正義：《周易正義》，北京：中華書局景印阮刻本，1980年版，第51頁。

〔註3760〕 《經典釋文彙校》：「寫本『山中』下有『石』字，與孔疏引馬季良語合。」見黃焯撰：《經典釋文彙校》，北京：中華書局，1980年版，第19頁。

〔註3761〕 〔魏〕王弼、韓康伯注，〔唐〕孔穎達等正義：《周易正義》，北京：中華書局景印阮刻本，1980年版，第51頁。

〔註3762〕 〔魏〕王弼、韓康伯注，〔唐〕孔穎達等正義：《周易正義》，北京：中華書局景印阮刻本，1980年版，第51頁。

〔註3763〕 〔魏〕王弼、韓康伯注，〔唐〕孔穎達等正義：《周易正義》，北京：中華書局景印阮刻本，1980年版，第51頁。

〔註3764〕 《經典釋文彙校》：「盧本『衎』誤『行』。」見黃焯撰：《經典釋文彙校》，北京：中華書局，1980年版，第19頁。

〔註3765〕 〔魏〕王弼、韓康伯注，〔唐〕孔穎達等正義：《周易正義》，北京：中華書局景印阮刻本，1980年版，第51頁。

〔註3766〕 〔梁〕蕭統編，〔唐〕李善注：《文選》（四部精要本第十六冊），上海：上海古

衍衍，《易》家又訓爲和樂，《廣雅・釋訓》：「衍衍，和也。」〔註3767〕孔穎達疏：「衍衍，樂也。」〔註3768〕而馬、王肅訓爲饒者，假衍爲衍也。馬王堆漢墓帛書《周易》即作「衍」字，〔註3769〕義殆同之。《廣雅・釋詁一》：「衍，大也。」〔註3770〕《廣雅・釋詁二》：「衍，廣也。」〔註3771〕是衍有饒多之義也。

祿養| 羊尚反。

【疏】所在注文爲「本无祿養」。〔註3772〕養《廣韻》二讀，《釋文》音同《廣韻》去聲。參看〈井〉「井養」條。

歡樂| 音洛。

【疏】所在注文爲「其爲歡樂」。〔註3773〕參看〈乾〉「樂則」條。

于陸| 陸，高之頂也。馬云：山上高平曰陸。〔註3774〕

【疏】所在經文爲「鴻漸于陸」。〔註3775〕「陸，高之頂也」者，王弼注：「陸，高之頂也。」〔註3776〕王弼蓋訓陸爲高也。《說文・𨸏部》「陸，高平地。

籍出版社，景印嘉慶十四年胡克家仿宋淳熙刊本，1992 年版，第 478 頁。

〔註3767〕〔清〕王念孫撰：《廣雅疏證》，北京：中華書局，景印嘉慶年間王氏家刻本，1983 年版，第 178 頁。

〔註3768〕〔魏〕王弼、韓康伯注，〔唐〕孔穎達等正義：《周易正義》，北京：中華書局景印阮刻本，1980 年版，第 51 頁。

〔註3769〕廖名春釋文：《馬王堆帛書周易經傳釋文》（續四庫經部易類第 1 冊），上海：上海古籍出版社，2002 年版，第 14 頁。

〔註3770〕〔清〕王念孫撰：《廣雅疏證》，北京：中華書局，景印嘉慶年間王氏家刻本，1983 年版，第 5 頁。

〔註3771〕〔清〕王念孫撰：《廣雅疏證》，北京：中華書局，景印嘉慶年間王氏家刻本，1983 年版，第 46 頁。

〔註3772〕〔魏〕王弼、韓康伯注，〔唐〕孔穎達等正義：《周易正義》，北京：中華書局景印阮刻本，1980 年版，第 51 頁。

〔註3773〕〔魏〕王弼、韓康伯注，〔唐〕孔穎達等正義：《周易正義》，北京：中華書局景印阮刻本，1980 年版，第 51 頁。

〔註3774〕《經典釋文彙校》：「寫本、宋本同。盧云：監本、雅雨本俱作『高山頂也』。則與馬說無異，非也。」見黃焯撰：《經典釋文彙校》，北京：中華書局，1980 年版，第 19 頁。

〔註3775〕〔魏〕王弼、韓康伯注，〔唐〕孔穎達等正義：《周易正義》，北京：中華書局景印阮刻本，1980 年版，第 51 頁。

〔註3776〕〔魏〕王弼、韓康伯注，〔唐〕孔穎達等正義：《周易正義》，北京：中華書

从𨸏从坴，坴亦聲。」〔註3777〕引申之，則有高義，故《廣韻·屋部》：「陸，高也。」馬云「山上高平曰陸」者，「陸」之本義也。《釋名·釋地》：「高平曰陸。」〔註3778〕又《集解》引虞翻曰：「高平稱陸。」〔註3779〕

孕｜ 以證反。《說文》云：懷子曰孕。弋甑反。鄭云：猶娠也。荀作「乘」。

【疏】所在經文爲「婦孕不育」。〔註3780〕孕《廣韻》以證切，以證開三去曾。《釋文》音同。《說文》云者，《說文·子部》：「孕，裹子也。」〔註3781〕裹，同懷。弋甑反，音同。鄭云「猶娠也」者，《集解》引虞翻曰：「孕，妊娠也。」〔註3782〕荀作「乘」者，《古易音訓》引晁說之曰：「乘，古文。」〔註3783〕按，此處蓋假乘爲孕也。孕、乘古音同在蒸部，音近相通。又同卦「婦三歲不孕」馬王堆漢墓帛書《周易》作「繩」，〔註3784〕亦一聲之轉。當以「孕」爲本字，餘皆假借字也。

復反｜ 扶又反。

【疏】所在注文爲「不能復反者也」。〔註3785〕參看〈蒙〉「則復」條。

邪配｜ 似嗟反。

局景印阮刻本，1980 年版，第 51 頁。

〔註3777〕〔漢〕許慎撰：《說文解字》，北京：中華書局，景印同治十二年陳昌治刻本，1963 年版，第 304 頁。

〔註3778〕〔漢〕劉熙撰，〔清〕畢沅疏證，王先謙補：《釋名疏證補》（漢小學四種本），成都：巴蜀書社，景印光緒二十二年刊本，2001 年版，第 1470 頁。

〔註3779〕〔唐〕李鼎祚撰：《周易集解》，北京：中國書店，景印嘉慶三年姑蘇喜墨齋張遇堯局鐫本，1987 年版，卷十一，第 2 頁。

〔註3780〕〔魏〕王弼、韓康伯注，〔唐〕孔穎達等正義：《周易正義》，北京：中華書局景印阮刻本，1980 年版，第 51 頁。

〔註3781〕〔漢〕許慎撰：《說文解字》，北京：中華書局，景印同治十二年陳昌治刻本，1963 年版，第 310 頁。

〔註3782〕〔唐〕李鼎祚撰：《周易集解》，北京：中國書店，景印嘉慶三年姑蘇喜墨齋張遇堯局鐫本，1987 年版，卷十一，第 2 頁。

〔註3783〕〔宋〕呂祖謙撰，〔清〕宋咸熙輯：《古易音訓》（續四庫經部易類第 2 冊），上海：上海古籍出版社，景印清嘉慶七年刻本，2002 年版，第 40 頁。

〔註3784〕廖名春釋文：《馬王堆帛書周易經傳釋文》（續四庫經部易類第 1 冊），上海：上海古籍出版社，2002 年版，第 14 頁。

〔註3785〕〔魏〕王弼、韓康伯注，〔唐〕孔穎達等正義：《周易正義》，北京：中華書局景印阮刻本，1980 年版，第 51 頁。

【疏】所在注文爲「樂於邪配」。〔註3786〕參看〈乾〉「邪」條。

合好｜ 呼報反。

【疏】所在注文爲「異體合好」。〔註3787〕參看〈屯〉「合好」條。

能間｜ 間厠之間。

【疏】所在注文爲「物莫能間」。〔註3788〕間厠之間《廣韻》古莧切，見襇開二去山。

離羣｜ 力智反。鄭云：猶去也。

【疏】所在經文爲「離羣醜也」。〔註3789〕參看〈乾〉「離隱」條。

桷｜ 音角。翟云：方曰桷。桷，椽也。馬、陸云：桷，榱也。《說文》云：秦曰榱，周謂之椽，齊魯謂之桷。

【疏】所在經文爲「或得其桷」。〔註3790〕桷《廣韻》古岳切，見覺開二入江。《釋文》音同。翟云「方曰桷。桷，椽也」者，《說文‧木部》：「桷，榱也，椽方曰桷。」〔註3791〕又《春秋穀梁傳‧莊公二十四年》「刻桓宮桷」陸德明《釋文》：「桷，榱也。方曰桷，圓曰椽。」〔註3792〕馬、陸訓同。《釋文》引《說文》語者，見《說文》「榱」字下。《說文‧木部》：「榱，秦名爲屋椽，周謂之椽，齊魯謂之桷。」〔註3793〕

〔註3786〕〔魏〕王弼、韓康伯注，〔唐〕孔穎達等正義：《周易正義》，北京：中華書局景印阮刻本，1980年版，第51頁。

〔註3787〕〔魏〕王弼、韓康伯注，〔唐〕孔穎達等正義：《周易正義》，北京：中華書局景印阮刻本，1980年版，第51頁。

〔註3788〕〔魏〕王弼、韓康伯注，〔唐〕孔穎達等正義：《周易正義》，北京：中華書局景印阮刻本，1980年版，第51頁。

〔註3789〕〔魏〕王弼、韓康伯注，〔唐〕孔穎達等正義：《周易正義》，北京：中華書局景印阮刻本，1980年版，第51頁。

〔註3790〕〔魏〕王弼、韓康伯注，〔唐〕孔穎達等正義：《周易正義》，北京：中華書局景印阮刻本，1980年版，第51頁。

〔註3791〕〔漢〕許慎撰：《說文解字》，北京：中華書局，景印同治十二年陳昌治刻本，1963年版，第120頁。

〔註3792〕〔唐〕陸德明撰：《經典釋文》，北京：中華書局，景印徐乾學通志堂刻本，1983年版，第329頁。

〔註3793〕〔漢〕許慎撰：《說文解字》，北京：中華書局，景印同治十二年陳昌治刻本，1963年版，第120頁。

安棲| 音西。字亦作「栖」。

【疏】所在注文爲「遇安棲也」。〔註 3794〕棲《廣韻》先稽切，心齊開四平蟹。《釋文》音同。字亦作「栖」者，「棲」之異體字也。《廣韻·齊部》：「栖，同棲。」

不累| 劣僞反。

【疏】所在注文爲「不累於位」。〔註 3795〕參看〈乾〉「之累」條。

峩峩| 五何反。

【疏】所在注文爲「峨峨清遠」。〔註 3796〕阮元《校勘記》：「閩監毛本同。岳本『峨峨』作『峩峩』。《釋文》出『峩峩』。」〔註 3797〕峩、峨，同。峩《廣韻》五何切，疑歌開一平果。《釋文》音同。

䷵歸妹| 婦人謂嫁曰歸。妹者，少女之稱。兌宮歸魂卦。

【疏】「婦人謂嫁曰歸」者，《穀梁傳·隱公二年》：「婦人謂嫁曰歸，反曰來歸。」〔註 3798〕「妹者，少女之稱」者，王弼注：「妹者，少女之稱也。」〔註 3799〕又《後漢書·后紀》「《易》稱歸妹」李賢注：「妹爲少女之稱。」〔註 3800〕

少女| 詩照反。下皆同。

【疏】所在注文爲「妹者，少女之稱也。」〔註 3801〕少《廣韻》二讀，多

〔註 3794〕〔魏〕王弼、韓康伯注，〔唐〕孔穎達等正義：《周易正義》，北京：中華書局景印阮刻本，1980 年版，第 51 頁。

〔註 3795〕〔魏〕王弼、韓康伯注，〔唐〕孔穎達等正義：《周易正義》，北京：中華書局景印阮刻本，1980 年版，第 51 頁。

〔註 3796〕〔魏〕王弼、韓康伯注，〔唐〕孔穎達等正義：《周易正義》，北京：中華書局景印阮刻本，1980 年版，第 51 頁。

〔註 3797〕〔魏〕王弼、韓康伯注，〔唐〕孔穎達等正義：《周易正義》，北京：中華書局景印阮刻本，1980 年版，第 55 頁。

〔註 3798〕〔晉〕范甯注，〔唐〕楊士勛疏：《春秋穀梁傳》，北京：中華書局景印阮刻本，1980 年版，第 3 頁。

〔註 3799〕〔魏〕王弼、韓康伯注，〔唐〕孔穎達等正義：《周易正義》，北京：中華書局景印阮刻本，1980 年版，第 52 頁。

〔註 3800〕〔南朝宋〕范曄撰：《後漢書》（四部備要本），上海：中華書局，據武英殿本校刊，1936 年版，第 133 頁。

〔註 3801〕〔魏〕王弼、韓康伯注，〔唐〕孔穎達等正義：《周易正義》，北京：中華書

少音書沼切，書小開三上效。幼少失照切，書笑開三去效。《釋文》音同《廣韻》去聲。

之稱| 尺證反，下同。

　　【疏】參看〈師〉「之稱」條。

為長| 丁丈反，下皆同。

　　【疏】所在注文爲「少陰而乘長陽」。〔註3802〕參看〈師〉「長子」條。

說以| 音悅，後並同。

　　【疏】所在經文爲「說以動，所歸妹也。」〔註3803〕說、悅，古今字。

所歸妹也| 本或作「所以歸妹」。

　　【疏】所在經文爲「說以動，所歸妹也。」〔註3804〕阮元《校勘記》：「石經、岳本、閩監、毛本同。《釋文》本或作『所以歸妹』。」〔註3805〕

不樂| 音洛。

　　【疏】所在注文爲「少女所不樂也」。〔註3806〕參看〈乾〉「樂則」條。

妖邪| 似嗟反。

　　【疏】所在注文爲「妖邪之道也」。〔註3807〕參看〈乾〉「邪」條。

知弊| 婢世反。

　　　　　局景印阮刻本，1980 年版，第 52 頁。
〔註3802〕〔魏〕王弼、韓康伯注，〔唐〕孔穎達等正義：《周易正義》，北京：中華書局景印阮刻本，1980 年版，第 52 頁。
〔註3803〕〔魏〕王弼、韓康伯注，〔唐〕孔穎達等正義：《周易正義》，北京：中華書局景印阮刻本，1980 年版，第 52 頁。
〔註3804〕〔魏〕王弼、韓康伯注，〔唐〕孔穎達等正義：《周易正義》，北京：中華書局景印阮刻本，1980 年版，第 52 頁。
〔註3805〕〔魏〕王弼、韓康伯注，〔唐〕孔穎達等正義：《周易正義》，北京：中華書局景印阮刻本，1980 年版，第 55 頁。
〔註3806〕〔魏〕王弼、韓康伯注，〔唐〕孔穎達等正義：《周易正義》，北京：中華書局景印阮刻本，1980 年版，第 52 頁。
〔註3807〕〔魏〕王弼、韓康伯注，〔唐〕孔穎達等正義：《周易正義》，北京：中華書局景印阮刻本，1980 年版，第 52 頁。

【疏】所在經文爲「君子以永終知敝」。〔註3808〕阮元《校勘記》：「石經、岳本、閩監、毛本同。《釋文》出知弊。」〔註3809〕弊《廣韻》毗祭切，並祭開重紐四去蟹。《釋文》音同。

以娣｜ 大計反。

【疏】所在經文爲「歸妹以娣」。〔註3810〕娣《廣韻》二讀，特計切，定薺開四去蟹。徒禮切，定薺開四上蟹。音異義同，娣姒也。《釋文》音同《廣韻》去聲。

跛｜ 波我反。

【疏】所在經文爲「跛能履」。〔註3811〕跛《廣韻》二讀，訓爲跛足，布火切，幫果合一上果。訓爲偏任，彼義切，幫寘開重紐三去止。《釋文》波我反，幫紐哿韻。參看〈履〉「跛」條。

娣從｜ 才用反，又如字。

【疏】所在注文爲「是娣從之義也」。〔註3812〕從《廣韻》三讀，一爲疾容切，從鍾合三平通，就也。一爲疾用切，從用合三去通，隨行也。又《羣經音辨·卷三》：「從，隨也，在容切。從，邍其後也，才用切。」〔註3813〕因此，從讀平聲爲動詞，去聲爲名詞。《釋文》才用反音同《廣韻》疾用切，隨從也。「如字」者，讀如《廣韻》疾容切，追隨也。

眇｜ 彌小反。

〔註3808〕〔魏〕王弼、韓康伯注，〔唐〕孔穎達等正義：《周易正義》，北京：中華書局景印阮刻本，1980 年版，第 52 頁。

〔註3809〕〔魏〕王弼、韓康伯注，〔唐〕孔穎達等正義：《周易正義》，北京：中華書局景印阮刻本，1980 年版，第 55 頁。

〔註3810〕〔魏〕王弼、韓康伯注，〔唐〕孔穎達等正義：《周易正義》，北京：中華書局景印阮刻本，1980 年版，第 52 頁。

〔註3811〕〔魏〕王弼、韓康伯注，〔唐〕孔穎達等正義：《周易正義》，北京：中華書局景印阮刻本，1980 年版，第 52 頁。

〔註3812〕〔魏〕王弼、韓康伯注，〔唐〕孔穎達等正義：《周易正義》，北京：中華書局景印阮刻本，1980 年版，第 52 頁。

〔註3813〕〔宋〕賈昌朝撰：《羣經音辨》（叢書集成初編語文學類第 1208 冊），上海：商務印書館，景印畿輔叢書本，1939 年版，第 74 頁。

【疏】所在經文爲「眇能視」。〔註3814〕眇《廣韻》亡沼切，明小開重紐四上效。《釋文》音同。

以須｜ 如字，待也。鄭云：有才智之稱。荀、陸作「嬬」，陸云：姜也。〔註3815〕

【疏】所在經文爲「歸妹以須」。〔註3816〕「如字」者，明字形作「須」也。「待也」者，假須爲頷也。《爾雅・釋詁下》：「頷，待也。」邢昺疏：「頷、須，音義同。」〔註3817〕鄭云「有才智之稱」者，假須爲諝也。《說文・女部》「嬃」字段玉裁注：「《周易》『歸妹以須』，鄭云：須，有才智之稱。天文有須女。按鄭意與諝、胥同音通用。諝，有才智也。」〔註3818〕荀、陸作「嬬」者，《說文・女部》：「嬬，弱也，一曰下妻也。」〔註3819〕段玉裁注：「下妻，猶小妻。《後漢書・光武紀》曰：『依託爲人下妻。』《周易》『歸妹以須』《釋文》云：『須，荀、陸作嬬。陸云：姜也。』」〔註3820〕

愆期｜ 起虔反。馬云：過也。

【疏】所在經文爲「歸妹愆期」。〔註3821〕愆《廣韻》去乾切，溪仙開重紐三平山。《釋文》音同。馬云「過也」者，《說文・心部》：「愆，過也。」〔註3822〕

〔註3814〕〔魏〕王弼、韓康伯注，〔唐〕孔穎達等正義：《周易正義》，北京：中華書局景印阮刻本，1980年版，第52頁。

〔註3815〕《經典釋文彙校》：「『嬬』，寫本、宋本同。阮云，十行本、閩監本『嬬』作『孺』。」見黃焯撰：《經典釋文彙校》，北京：中華書局，1980年版，第19頁。

〔註3816〕〔魏〕王弼、韓康伯注，〔唐〕孔穎達等正義：《周易正義》，北京：中華書局景印阮刻本，1980年版，第52頁。

〔註3817〕〔晉〕郭璞注，〔宋〕邢昺疏：《爾雅注疏》，北京：中華書局景印阮刻本，1980年版，第8頁。

〔註3818〕〔漢〕許慎撰：《說文解字》，北京：中華書局，景印同治十二年陳昌治刻本，1963年版，第617頁。

〔註3819〕〔漢〕許慎撰：《說文解字》，北京：中華書局，景印同治十二年陳昌治刻本，1963年版，第264頁。

〔註3820〕〔清〕段玉裁撰：《說文解字注》，上海：上海古籍出版社，景印嘉慶二十年經韻樓本，1988年版，第624頁。

〔註3821〕〔魏〕王弼、韓康伯注，〔唐〕孔穎達等正義：《周易正義》，北京：中華書局景印阮刻本，1980年版，第52頁。

〔註3822〕〔漢〕許慎撰：《說文解字》，北京：中華書局，景印同治十二年陳昌治刻本，

遲｜雉夷反。晚也，緩也。陸云：待也。一音直冀反。

【疏】所在經文爲「遲歸有時」。〔註3823〕遲《廣韻》二讀，訓爲徐、久、緩，直尼切，澄脂開三平止。訓爲待，直利切，澄至開三去止。《釋文》雉夷反音同《廣韻》平聲。「晚也，緩也」者，《廣雅・釋詁三》：「遲，晚也。」〔註3824〕《廣雅・釋詁二》：「遲，緩也。」〔註3825〕《集解》引虞翻曰：「震爲行，行曳故遲也。」〔註3826〕陸云「待也」者，《荀子・修身》：「故學曰遲」楊倞注：「遲，待也。」〔註3827〕《史記・衛將軍驃騎列傳》「遲明」司馬貞《索隱》：「遲者，待也。」〔註3828〕一音直冀反者，音同《廣韻》去聲。又《訂譌雜錄》：「遲讀稺。遲音稺，待也。《易・歸妹》『遲歸有時』。《史》、《漢》讀去聲處甚多，如『遲明圍宛』音苑、『臣老遲還，恐不相見』、『側席遲士』、『營中遲旦』之類，又《韓詩》『遲爾一來翔』、『國家遲子榮』。」〔註3829〕此注陸積之音也。《詩・南有嘉魚》「遲之」下陸德明《釋文》云：「直冀反，下同。」〔註3830〕又《禮記・樂記》「歌遲」陸德明《釋文》云：「直冀反」。〔註3831〕由此知之，陸氏時，遲分平、去二聲，亦以別義焉。

不正不應｜本亦作「尢應」。〔註3832〕

1963 年版，第 221 頁。

〔註3823〕〔魏〕王弼、韓康伯注，〔唐〕孔穎達等正義：《周易正義》，北京：中華書局景印阮刻本，1980 年版，第 52 頁。

〔註3824〕〔清〕王念孫撰：《廣雅疏證》，北京：中華書局，景印嘉慶年間王氏家刻本，1983 年版，第 88 頁。

〔註3825〕〔清〕王念孫撰：《廣雅疏證》，北京：中華書局，景印嘉慶年間王氏家刻本，1983 年版，第 51 頁。

〔註3826〕〔唐〕李鼎祚撰：《周易集解》，北京：中國書店，景印嘉慶三年姑蘇喜墨齋張遇堯局鐫本，1987 年版，卷十一，第 4 頁。

〔註3827〕〔唐〕楊倞注，〔清〕王先謙集解：《荀子集解》，上海：上海書店，景印諸子集成本，1986 年版，第 19 頁。

〔註3828〕〔漢〕司馬遷撰：《史記》（四部備要本），上海：中華書局，據武英殿本校刊，1936 年版，第 1047 頁。

〔註3829〕〔清〕胡鳴玉撰：《訂譌雜錄》（叢書集成初編總類第 350 冊），上海：商務印書館，據湖海樓叢書本排印，1936 年版，第 46 頁。

〔註3830〕〔唐〕陸德明撰：《經典釋文》，北京：中華書局，景印徐乾學通志堂刻本，1983 年版，第 77 頁。

〔註3831〕〔唐〕陸德明撰：《經典釋文》，北京：中華書局，景印徐乾學通志堂刻本，1983 年版，第 197 頁。

〔註3832〕《經典釋文彙校》：「宋本同。寫本正文止作『不應』二字，注作『或無應字』四字。盧從錢本，正文『不應』『不』字與注文『尢應』『尢』字互易。」見

【疏】所在注文爲「夫以不正无應而適人也」。〔註 3833〕

有待而行也丨 一本「待」作「時」。

　　【疏】所在經文爲「有待而行也」。〔註 3834〕

之袂丨 彌世反。〔註 3835〕

　　【疏】所在經文爲「其君之袂」。〔註 3836〕袂《廣韻》彌弊切，明祭開重紐四去蟹。《釋文》音同。寫本作「勢」，音同。

月幾丨 音機，又音祈。荀作「既」。

　　【疏】所在經文爲「月幾望」。〔註 3837〕幾《廣韻》四讀，訓作近音渠希切，羣微開三平止。訓作庶幾音居依切，見微開三平止。訓作幾何音居狶切，見尾開三上止。訓作未已音其既切，羣未開三去止。《釋文》首音同《廣韻》居依切，庶幾也。《釋文》又音祈，音同《廣韻》渠希切。孔穎達疏云：「如月之近望。」〔註 3838〕孔氏訓爲近。參看〈屯〉「君子幾」條。荀作「既」者，所在經文馬王堆漢墓帛書《周易》作「日月既望」。〔註 3839〕《諸子平議・呂氏春秋三》「寡人與仲父爲樂將幾之」俞樾按：「幾，與既通。」「既之言終也。」〔註 3840〕元吳澄《易纂言・卷一》於〈小畜〉卦「月幾望」下云：「幾，孟、

　　　　黃焯撰：《經典釋文彙校》，北京：中華書局，1980 年版，第 19 頁。
〔註 3833〕〔魏〕王弼、韓康伯注，〔唐〕孔穎達等正義：《周易正義》，北京：中華書局景印阮刻本，1980 年版，第 52 頁。
〔註 3834〕〔魏〕王弼、韓康伯注，〔唐〕孔穎達等正義：《周易正義》，北京：中華書局景印阮刻本，1980 年版，第 52 頁。
〔註 3835〕《經典釋文彙校》：「寫本『世』作『勢』。」見黃焯撰：《經典釋文彙校》，北京：中華書局，1980 年版，第 19 頁。
〔註 3836〕〔魏〕王弼、韓康伯注，〔唐〕孔穎達等正義：《周易正義》，北京：中華書局景印阮刻本，1980 年版，第 52 頁。
〔註 3837〕〔魏〕王弼、韓康伯注，〔唐〕孔穎達等正義：《周易正義》，北京：中華書局景印阮刻本，1980 年版，第 52 頁。
〔註 3838〕〔魏〕王弼、韓康伯注，〔唐〕孔穎達等正義：《周易正義》，北京：中華書局景印阮刻本，1980 年版，第 52 頁。
〔註 3839〕廖名春釋文：《馬王堆帛書周易經傳釋文》（續四庫經部易類第 1 冊），上海：上海古籍出版社，2002 年版，第 7 頁。
〔註 3840〕〔清〕俞樾撰：《諸子平議》（續四庫子部雜家類第 1161～1162 冊），上海：上海古籍出版社，景印同治丙寅春在堂刊本，2002 年版，第 1162 冊，第 158 頁。

荀、一行作既。今案：幾亦有既音。《左氏傳》『庸可幾乎』，幾、既古字蓋通。用納甲，巽卦象既望之月。《參同契》曰：『十六轉受統，巽辛見平明。』月幾望者，陰之盛，謂六四爲卦主也。《易》以月幾望爲象者三，皆陰爲主之卦也。筮曰得此爻，則以此象爲占。」〔註3841〕

承匡｜　曲亡反。鄭作「筐」。〔註3842〕

　　【疏】所在經文爲「女承筐」。〔註3843〕《釋文》出「匡」字，匡、筐，異體字也。《說文·匚部》：「匡，飲器，笪也。从匚㞷聲。筐，匡或从竹。」〔註3844〕匡《廣韻》去王切，溪陽合三平宕。《釋文》音同。

刲｜　苦圭反。馬云：刺也。一音工惠反。

　　【疏】所在經文爲「士刲羊」。〔註3845〕刲《廣韻》苦圭切，溪齊合四平蟹。《釋文》音同。《說文·刀部》：「刲，刺也。」〔註3846〕《國語·楚語下》「必自射其牛，刲羊，擊豕。」韋昭注：「刲，刺也。」〔註3847〕　音工惠反者，見霽合四去蟹，《集韻》增涓惠切，音義同。

〔註3841〕　〔元〕吳澄撰：《易纂言》，揚州：江蘇廣陵古籍刻印社，景印通志堂經解本第四冊，1996年版，第70頁。

〔註3842〕　《經典釋文彙校》：「宋本同。寫本無注文『鄭作筐』三字。十行本、閩監本、盧本『匡』、『筐』互易。《考證》云：今從錢本，與《玉海》同。」見黃焯撰：《經典釋文彙校》，北京：中華書局，1980年版，第19頁。

〔註3843〕　〔魏〕王弼、韓康伯注，〔唐〕孔穎達等正義：《周易正義》，北京：中華書局景印阮刻本，1980年版，第52頁。

〔註3844〕　〔漢〕許慎撰：《說文解字》，北京：中華書局，景印同治十二年陳昌治刻本，1963年版，第268頁。

〔註3845〕　〔魏〕王弼、韓康伯注，〔唐〕孔穎達等正義：《周易正義》，北京：中華書局景印阮刻本，1980年版，第52頁。

〔註3846〕　〔漢〕許慎撰：《說文解字》，北京：中華書局，景印同治十二年陳昌治刻本，1963年版，第92頁。

〔註3847〕　〔吳〕韋昭注，〔清〕董增齡正義：《國語正義》（續四庫史部雜史類第422冊），上海：上海古籍出版社，景印光緒庚辰會稽章氏式訓堂刊本，2002年版，第293頁。